L. ROGERON.

PROVINS
PENDANT
L'INVASION
1870-1871.

OUVRAGE ILLUSTRÉ DE GRAVURES
ET PRÉCÉDÉ D'UNE PRÉFACE PAR M. JULES COUSIN,
Conservateur de la Bibliothèque et du Musée Historique
de la Ville de Paris.

PROVINS
A. VERNANT, IMPRIMEUR-ÉDITEUR

1886.

PROVINS

PENDANT

L'INVASION

Il n'a été tiré de cet Ouvrage que 550 exemplaires, nombre égal à celui des Souscripteurs.

L. ROGERON

PROVINS
PENDANT
L'INVASION
1870-1871

OUVRAGE ILLUSTRÉ DE GRAVURES DESSINÉES PAR MM. DENIS ET MOREL,
D'APRÈS LES CROQUIS DE L'AUTEUR,

ET PRÉCÉDÉ D'UNE PRÉFACE PAR M. JULES COUSIN,
Conservateur de la Bibliothèque et du Musée Historique
de la Ville de Paris.

PROVINS
A. VERNANT, IMPRIMEUR-EDITEUR
1886

AUX
ENFANTS DE PROVINS
ET
DE SON ARRONDISSEMENT
MORTS POUR LA PATRIE
1870-1871.

Gloria victis.

Honneur aux fils pieux tombés pour la Patrie,
Aux enfants qui faisaient à leur mère meurtrie
Un soutien de leur bras, un rempart de leur corps ;
A tous ceux qu'un trépas illustre ou sans mémoire
Côte à côte, sanglants, a couchés ! Paix et Gloire
A vous tous, ô pauvres chers morts !

L. GUIBERT.

PROVINS.

Eugène-Auguste Boby de la Chapelle, lieutenant-colonel des dragons de la garde impériale, percé d'un coup de lance à Gravelotte, en chargeant à la tête de son régiment.

Joseph-Xavier Mouchin, sous-lieutenant au 53ᵉ de ligne, coupé en deux par un boulet à la bataille de Sedan, en portant le drapeau du régiment.

Ernest Crétien, sergent-major au 61ᵉ de ligne, tué à Beaumont, frappé de plusieurs coups de feu au flanc et au ventre, en ramenant sa compagnie au combat.

Paul Couesnon, sergent au 6ᵉ de ligne, tué au combat d'Ormes (Loiret).

Adolphe Monglas, 20ᵉ bataillon de chasseurs à pied, tué à Servigny (Moselle).

Emile Cheminot, volontaire au 8ᵉ d'artillerie, tué à la redoute de Châtillon (siége de Paris).

Amédée Chauché, volontaire, garde mobile, 38ᵉ régiment, tué à la bataille de Montretout.

Victor Chenou, canonnier de marine. — Louis Bourgoin, tambour au 23º de ligne. — Germain Blu, soldat à la 2ᵉ section d'ouvriers. — Louis Debarge, soldat au 86ᵉ de marche. — Casimir Miraut, volontaire, 17 ans, garde national à Paris. — Emile Barbeaux, garde mobile. — Jules Luxembourg et Gustave Laumône, mobilisés.

Alexandre Marchant, horticulteur, et Edouard Senet, clerc d'huissier, combattants civils, tués à Bois-Bourdin. — Henri Lemoine, id., tué à Sourdun. — Alexandre Massé, vigneron, blessé mortellement route de Bray.

Communes du canton de Provins.

Chalautre-la-Petite. — Léon Bacquet, soldat au 30ᵉ de ligne, mort en captivité à Gloyau (Allemagne). -- Camuset, mobilisé.

Chenoise. — Larousse, garde mobile, mort au siége de Paris.

La Chapelle-Saint-Sulpice. — Marry, soldat au 41ᵉ de ligne, mort à Metz.

Poigny. — Emile Boileau et Honoré Guérard, gardes mobiles, morts au siège de Paris.

Rouilly. — Firmin Pigal, soldat au 117ᵉ régiment de marche, disparu à la bataille de Champigny.

Saint-Brice. — Stanislas Giat, 21ᵉ d'artillerie, médaillé militaire, amputé d'un bras, mort de fatigues.

Sainte-Colombe. — Louis Bessonnat, 36ᵉ d'infanterie de marche, tué au combat de Nozelles, près d'Amboise (Indre-et-Loire).

Saint-Hilliers. — Toussaint Caillat, prisonnier à Metz, mort en Allemagne.

Saint-Loup. — Henri Mauche, garde mobile, mort au siége de Paris.

Canton de Bray-sur-Seine.

Bray. — Jean Vivier, mobilisé. — Alexandre Denisot, garde mobile. — Auguste Cornet, 9ᵉ d'artillerie.

Balloy. — Louis Leroy.

Bazoches-les-Bray. — Bigeat, blessé mortellement à Reischoffen. — Pierre Forget. — Emile Lasnier, garde mobile. — Edmond Chalan, garde mobile. — Louis Thibault, garde mobile. — Jules Lorin, mobilisé.

Chalmaison. — Joseph Bridou (du hameau de Tachy), soldat au 5ᵉ bataillon de chasseurs à pied, blessé mortellement à Amanvilliers, près Metz.

Everly. — Louis-Henri Bourgeois, soldat au 19ᵉ de ligne, disparu à la bataille de Borny.

Fontaine-Fourches. — Arsène Languillat, soldat au 15ᵉ de ligne, tué à Amanvilliers, près Metz. — Léonidas Picard, soldat au train des équipages, mort au siége de Paris. — Joseph Huot, garde mobile, tué à Champigny. — Auguste Vajou, garde mobile, blessé mortellement à Montretout. — Ernest Lizet, soldat au 2ᵉ bataillon de chasseurs à pied. — Maxime Lizet, mobilisé.

Gouaix. — Ernest Delort, clairon aux mobiles, blessé mortellement à la bataille de Champigny. — Ernest Mourlot, garde national mobilisé, tué à Montretout.

Grisy-sur-Seine. — Augustin Lucquin, garde mobile, tué à l'ennemi à Montretout. — Célestin Ramond, soldat au 1ᵉʳ régiment de grenadiers de la garde impériale, mort en captivité à Darmstadt.

Hermé. — Alphonse Detté, garde mobile, mort au siége de Paris.

Les Ormes. — Benoni Coutrot, garde mobile, disparu à Montretout. — Léon Hubert, garde mobile, mort au siége de Paris. — Prudent Cognot, prisonnier à Metz, et Louis Lesage, sergent d'infanterie, morts tous deux des suites de fatigues.

Mousseaux-les-Bray. -- Eugène Guérin, garde mobilisé.

Mouy. — Basile Benoit, caporal au 21ᵉ de ligne, mort en captivité à Mayence. --- Auguste Jouy, garde mobile, mort à Paris.

Noyen-sur-Seine. — Jules Chevrier, prisonnier à Sedan, mort en captivité à Coblentz. — Achille Mignot, tambour au 21e de ligne, prisonnier à Sedan, mort en captivité à Mayence. — Onézime Noizet, sergent-major au 68e de ligne, blessé mortellement à la bataille de Châtillon (Paris). — Urbain Clément, garde mobile, mort à Châtellerault.

Villiers-sur-Seine. — Jules Prin, mort en captivité en Allemagne. — Alfred Lecourt, garde mobile. — Blanchon (du hameau d'Athis), brûlé dans sa maison par les Prussiens.

Villuis. — Isidore Dupont, mobilisé. — Eugène Pléau, mort à Paris. — Louis-Désiré Enfert.

Canton de Donnemarie.

Donnemarie. — ARMÉE ACTIVE. — Ernest-Henri-Gabriel de Mazenod, tué à Patay. — Henri-Désiré Paré. — Jules Richard.

Rodolphe Blanchard, garde mobile, blessé mortellement à la bataille de Champigny, chevalier de la Légion d'honneur. — Adolphe Fassier, garde mobile, blessé mortellement à Champigny, décoré de la médaille militaire. — Oscar Mareschal, sergent de la garde mobile, blessé mortellement à Montretout, décoré de la médaille militaire. — Charles Bétrouille, garde mobile, mort à Paris. — Jean-Baptiste Bellagué, garde mobilisé.

Chalautre-la-Reposte. — Gangneux, disparu à la bataille de Sedan. — Marcelin Durand et Etienne Viel, gardes mobiles, morts à Paris.

Châtenay. — Edmond Piou, caporal au 15e de ligne, prisonnier à Metz, mort en captivité à Kœnisberg. — Adrien Roux, soldat au 14e de ligne, prisonnier à Metz, mort en captivité à Stolp.

Dontilly. — Eugène Cartereau, garde mobile, mort au siège de Paris. — Emile-Désiré Grandrue, id. — Emile Chevru, garde mobile, disparu à la bataille de Montretout.

Egligny. — Paul Haret. — Prosper Cochet. — Désiré Faugé.

Luisetaines. — Honoré Chevanier, mort au siège de Paris. — Louis Séverin, tué à la bataille de Wœrth.

Meigneux. — Noël Pecquenard, garde mobilisé.

Mons. — Anatole Lemire, mort dans une sortie sous Metz.

Montigny-Lencoup. — Charles-Ernest Destrot, garde mobile. — Louis Tanné, garde mobile.

Paroy. — Céleste Delettre, garde mobilisé.

Thénisy. — Ernest Delettre, garde mobilisé.

Canton de Nangis.

Nangis. — Frédéric Floriot, soldat au 4e cuirassiers, mort à Strasbourg. — Emile Pelletier, soldat au 19e de ligne, mort en captivité à l'Ile Buderisch (Allemagne). — Alfred Charreyron, sergent-fourrier, garde mobile, mort à Paris. — Désiré Hardoin, 16 ans, franc-tireur à la compagnie de Seine-et-Marne, mort à Fontainebleau.

Bannost. — Frédéric Fleury, mobilisé, mort à Issoudun.

Bezalles. — Savinien Viré, garde mobile, disparu à Montretout, mort à l'ambulance prussienne à Versailles.

Boisdon. — Louis Prieur, garde mobile, tué par un éclat d'obus à Champigny.

Gastins. — Alphonse Camus, tué à Paris.

Jouy-le-Châtel. — Louis Vinat, soldat au 4e bataillon de chasseurs à pied. — Edmond Evrard, mobilisé. — Savinien Heurteleux, mobilisé. — François Maraux, mobilisé. — Clément Camus, 7e bataillon de marche de la Seine, tué au siège de Paris. — Anatole Bernard, garde mobile, disparu à la bataille de Montretout.

La Chapelle-Rablais. — Savinien-François Fourquenay, soldat au 15e de ligne, mort pendant le blocus de Metz.

La Croix-en-Brie. — Léon Leclerc, soldat au 93ᵉ de ligne, tué à Villeneuve-Saint-Georges (siége de Paris). -- Auguste Brouard, garde mobile, blessé mortellement à la bataille de Montretout. -- Lucien Champcenest, garde mobile, mort à Paris. -- Raphaël Legouge, mobilisé.

Maison-Rouge. — Charles Bailly, garde mobile, frappé de quatre coups de feu à Montretout, mort quelques jours après. -- Etienne-Hippolyte Legras, garde mobile, blessé mortellement à Champigny. -- Auguste Jarry, garde mobile, mort au siége de Paris. -- Hubert Bedon, garde mobile, mort au siége de Paris. -- Albert Jeanneau, mobilisé. -- Adolphe Voulminot, restaurateur à Colmar (Haut-Rhin), garde national, tué dans une attaque des Prussiens, près de cette ville.

Pécy. — Félix Langlois, soldat d'infanterie, tué au siége de Paris. -- Adolphe Réchaux. -- Louis Lebel, garde mobile, mort au siége de Paris. -- François Petit, mobilisé. -- Félix Guillet, franc-tireur, décédé en captivité à Mayence.

Rampillon. — Toussaint Lemaur. -- Vendrechech. -- Auguste Lenoble, garde mobile, tué à Montretout.

Villegagnon. — Louis Lucas, garde mobile, mort au siége de Paris.

Canton de Villiers-Saint-Georges.

Villiers-Saint-Georges. -- Les deux frères Achille et Arthur Ferry, engagés volontaires, disparus dans les combats livrés par l'armée de la Loire. -- Jules Passetemps, soldat dans un régiment d'infanterie, tué à Gravelotte. -- Victor Parisot, sous-officier au train des équipages. -- Hector Nonat, garde mobilisé.

Augers. — Etienne Charbonnier, garde mobile, mort à Paris.

Beton-Bazoches. — Alexandre Hautréaut, garde mobile, mort à Paris. -- Désiré Chemin, garde mobile, id. -- Alfred-Armand Viennot, mobilisé.

Chalautre-la-Grande. -- Charles Dorbais, soldat au 41ᵉ de ligne, tué à Metz par éclat d'obus. -- Louis Thiellement, garde mobile, mort à Paris. -- François Prévost, garde mobile, mort à Paris.

Champcenest. -- Anatole Delong, garde mobilisé.

Courtacon. — Louis-Eugène Farabeuf, garde mobile, blessé mortellement à Champigny par éclat d'obus.

Fontaine-sous-Montaiguillon. — Léon Pigot, garde mobile, mort au siége de Paris.

Léchelle. — Edmond Michon. -- Alfred Poiret. -- Claude Richard, tous trois gardes mobiles, morts au siége de Paris.

Louan. — Pierre-Restide Fargette, soldat d'infanterie, mort en captivité au lazareth de Grabow, près Stettin.

Les Marêts. — Jules Chapotot, garde mobile, mort au siége de Paris.

Mels-sur-Seine. — Auguste Pelletier, garde mobile, -- Arthur Roulon, garde mobile. -- Ernest Mourlot, garde mobile, tous trois morts à Paris. -- Améril Nardon, garde mobile.

Montceaux-les-Provins. — Louis Sirot, garde mobile, mort à Paris.

Rupéreux. — Alphonse Provence, soldat au 106ᵉ de ligne. -- Louis Mulot, garde mobile, morts tous deux pendant le siége de Paris

Saint-Martin-Chennetron. — Victor Voisembert, soldat au 19ᵉ de ligne, prisonnier à Metz, mort en captivité à Magdebourg (Allemagne).

Saint-Martin-du-Boschet. — Albert-Henri Gallot, soldat au 51ᵉ de ligne, disparu le 11 décembre 1870, au combat de Josne. -- Albert-Paul-Louis Du Bern de Boislandry, capitaine des mobiles, mort pendant le siége de Paris. -- Désiré Dubois, soldat au 47ᵉ de ligne, mort à Paris.

Sourdun. — Gabriel-Justin Roger, lieutenant de mobile, tué à l'ennemi à la bataille de Montretout. -- Lange, cultivateur, blessé mortellement par un coup de feu tiré par un Prussien, le 18 octobre 1870. -- Justin Chaumont, chasseur à pied, blessé mortellement à Freschwiller. -- Louis Chaudieu, garde mobilisé.

Villegruis. — Laurent Dorbais, mobilisé.

PRÉFACE

ET

INTRODUCTION

PRÉFACE

> Je dirai : j'étais là ; telle chose m'avint.
> Vous y croirez être vous-même.

Ces vers du bon La Fontaine « chantaient dans ma mémoire » en lisant ces souvenirs d'un enfant de Provins, photographiés pour ainsi dire, au jour le jour, avec une singulière intensité de vérité.

Et en effet le souvenir de La Fontaine revient naturellement à l'esprit à propos de ce charmant pays « trop beau pour rien faire » qui sommeille nonchalamment, drapé dans ses vieilles ruines et dans sa jeune verdure, à quelques lieues de Paris, sans se préoccuper du bruit et des fièvres de sa turbulente voisine,

> Pourvu qu'on dorme encore au milieu du tapage.

La Fontaine aurait dû naître à Provins. Il y aurait trouvé, au gré de son génie, la mise en scène et tout le petit monde de ses fables, dans un paysage merveilleux. Il y aurait trouvé sa douce insouciance des biens « chose peu nécessaire, » son horreur de la gêne et de la pose, sa fine bonhomie faite de naïveté champenoise aiguisée de sel gaulois mais quelque peu entachée d'indifférence. Car le Provinois est une nature à part. Sensible à toutes les délicatesses du goût, du cœur et de l'esprit, il reste froid devant les grands mots et les gros effets. Il ne s'enthousiasme ni ne s'emporte facilement. L'expérience de la vie, l'exemple de Paris, peut-être, lui a laissé peu d'estime mais beaucoup d'indulgence pour l'humanité ; et tous les *boniments* du charlatanisme viennent échouer devant son fin sourire. Le fort de son caractère paraît être un grand fond de scepticisme tempéré par la bienveillance facile des gens heureux.

Jugez d'après cela de l'effet que dut produire la guerre, l'invasion allemande au milieu de ce nid de tranquilles épicuriens. La secousse fut telle que Provins se réveilla tout à fait ; il sentit bouillonner dans ses veines le vieux patriotisme de 1592 et de 1814 ; et, ma foi, pour quelqu'un qui depuis si longtemps avait perdu toutes habitudes belliqueuses il se comporta très dignement devant l'ennemi.

Provins est une ancienne grande ville de guerre ; jadis rivale de Paris, place d'avant-garde des comtes souverains de Champagne et de Brie. Elle ne comptait pas moins de quatre-vingt mille habitants au XIIIe siècle, sous Thibault le Chansonnier ; et peut-être est-ce bien contre les ducs de France eux-mêmes devenus rois en dépit de leurs pairs, que se dressaient les formidables remparts qui depuis trois siècles, sans trop qu'il y paraisse, s'égrènent dans les fossés. Aujourd'hui Provins n'est plus qu'une petite sous-préfecture de sept mille âmes, sans défense; mais non pas sans prestige. Les vignerons de la Ville-Haute n'ont plus les couleuvrines dont ils saluèrent de si près Henri IV au couvent des Cordelières; les artisans du Murot et du Bourg-Neuf n'ont plus les bonnes *arbalestres* et les solides *colichemardes* dont ils *ferirent* si vaillamment les Anglais sous le commandeur de Giresme; les bourgeois de la Ville-Basse ont laissé abattre les portes fortifiées qu'ils gardaient jadis avec tant de vigilance; mais tous ont encore le cœur français et le firent bien voir en cette circonstance où ils trouvaient du moins un motif d'enthousiasme digne de leur caractère. C'est par acclamation qu'ils s'enrôlèrent. Les trop jeunes et les trop vieux inventant — détail vraiment héroïque — des fraudes pieuses et jusqu'à des faux sublimes pour se faire accepter sous les drapeaux.

C'est ce que raconte *de visu* l'auteur de ces SOUVENIRS qui, s'il n'était pas si modeste, aurait pu mettre en épigraphe sur le titre de son livre le « *quorum pars magna fui* » de l'Énéide. Ce qui se passait sous ses yeux, il l'a écrit tout bonnement, au jour le jour, sans forfanterie et sans prétention au style, ce qui n'exclut ni la clarté ni l'agrément du récit. Cela est simple et franc; cela se lit couramment et cela *s'impose*. Sans avoir assisté aux événements, on sent que tout en est vrai; comme devant certains portraits on sent la ressemblance sans avoir connu l'original.

Ces souvenirs d'un enfant de Provins sont surtout bien *provinois*. Le patriotisme très sincère ne s'y manifeste pas sous cette apparence de fougue factice et d'élan sur place qui rappelle l'impétuosité des choristes de théâtre; il est calme dans sa douleur, sans jactance comme sans faiblesse, soutenu et consolé s'il se peut par l'immense mépris que le vainqueur inspire au vaincu. On cède sous l'étreinte mais sans s'incliner; on est écrasé par la force, mais non soumis; et ces légions de Germains qui ont trouvé moyen de déshonorer la victoire inspirent à leurs adversaires bien moins de crainte que de dégoût.

La France succombe; tant pis pour l'humanité frappée à la tête. Une race inférieure, sans générosité, sans grandeur, va usurper le rôle que nous tenions depuis tant de siècles; mais ce peuple de soudards ne saura pas le remplir et le niveau de la civilisation baissera. Les sentiments les plus délicats et les plus fiers, les aspirations les plus nobles et les plus hautes que seule la France pouvait comprendre et soutenir seront dès le premier jour de sa défaite raillés et outragés : LA FORCE PRIME LE DROIT; tel est l'axiome barbare qui prétend marquer le terme de la mission divine de notre cher pays : *Gesta Dei per Francos*. Cela peut-il être? Cela peut-il durer?...

Telles sont les pensées que l'auteur de ce livre fait discrètement mais impérieusement surgir par le simple récit des faits qui se sont passés sous ses yeux. Et cela, avec un arrière sentiment de pitié pour ces pauvres diables que leurs officiers hobereaux conduisent à la gloire comme on mène les bestiaux à l'abattoir, sous le bâton du bouvier. Oui, tout cela est bien *provinois*.

Ce fut un triste jour, pour l'ancienne cité des Comtes, que le 12 septembre 1870, où les premiers uhlans pénétrèrent dans ses murs désarmés. Du sommet de la Ville-Haute, le vieux donjon, les antiques murailles, les hautes tours effondrées semblaient crier à Paris dont jadis ils couvraient la route :

> Et ce fer que mon bras ne peut plus soutenir,
> Je le remets au tien pour venger et punir !

En présence des immenses éléments de résistance accumulés dans la double enceinte de la capitale, on pouvait encore avoir foi dans le succès, et c'est vraiment chose touchante de voir quelles ruses naïves, quelles astuces innocentes ces braves gens imaginent pour gêner, pour entraver l'ennemi qui les tient sous sa main de fer. Les bourgeois sont vexés et tourmentés de toutes manières ; les magistrats municipaux emmenés prisonniers et menacés d'exécution, n'importe, il ne cesseront de protester, de résister, traînant en longueur les négociations et ne cédant qu'à la dernière extrémité. Une heureuse diversion de Chanzy, une sortie en masse de l'armée parisienne peuvent refouler l'envahisseur, et alors....

Mais non. Le destin leur refusa cette récompense, et Provins restera sous le joug de la *Commandatur* jusqu'au 15 juin 1871, où des hauteurs de Saint-Syllas l'état-major allemand en retraite se retournera pour jeter un dernier regard insolent sur la ville dont la silhouette pittoresque se profile au soleil couchant.

Quel soupir de soulagement alors ! Et comme on eut tôt fait de balayer les immondices, d'écraser la vermine et de brûler du sucre dans tous les foyers salis par le contact de cette engeance !

Quinze ans se sont passés depuis lors. Au bord de ses ruisseaux, sous ses bosquets fleuris, Provins a repris sa sieste et tout cela n'est plus qu'un souvenir. Souvenir douloureux mais honorable, en somme, que vont perpétuer ce livre et le monument érigé par la ville de Provins à ses enfants morts pour la Patrie. La liste en est longue, en y comprenant, comme de juste, les victimes de l'arrondissement tout entier. Ce tableau d'honneur devait servir de glorieux frontispice à notre livre, et il témoigne d'abord de son utilité, l'auteur — le croirait-on ? ayant eu quelque peine à recueillir les noms de ces héros obscurs, déjà doublement ensevelis dans le cercueil et dans l'oubli !

Il me reste maintenant à expliquer comment moi, vieux parisien, étranger au pays et bloqué dans Paris pendant que se passaient les évènements racontés dans ces mémoires, j'ai été appelé à en écrire la préface et à les présenter ainsi aux acteurs mêmes de l'histoire.

Je ne connaissais Provins que de réputation, par la célébrité de ses ruines archéologiques, de sa Voulzie et de ses roses. Les hasards d'un voyage de vacances m'y amenèrent il y a trois ans. Ce fut comme le *coup de foudre* dont abusent les romanciers. Je fus frappé soudain d'un violent amour pour ce charmant pays et ses aimables habitants. J'y retrouvais Paris, mon Paris à moi, le vieux Paris d'antan, si différent du Paris actuel dénaturé par l'afflux incessant des pires choses et des pires gens de toutes nations. L'Athènes des comtes de Champagne s'était modelée jadis sur ce Paris d'autrefois à l'esprit délicat, aux politesses exquises, aux élégances raffinées ; et, restée en dehors du *progrès* moderne qui a changé tout cela, elle en a conservé la vivace empreinte. Si bien que moi, vieux parisien de Paris, vivant surtout dans le passé par mes goûts et par mes études, je me suis retrouvé plus chez moi dans cette petite ville intelligente et fine, douce, polie et charmeuse, que dans ce nouveau Paris aux *embellissements* bêtes, aux souvenirs effacés, en proie à la basse politique, aux sentiments vulgaires et à la décadence intellectuelle de l'*âge de papier* que nous avons la male chance de traverser.

Voilà pourquoi j'ai été heureux que l'auteur de l'Invasion allemande de 1870, me demandât cette préface qui me fournit l'occasion de dire, tout haut, un peu du bien que je pense de Provins et des Provinois — terme générique qui, naturellement, *embrasse* les gracieuses Provinoises, parmi lesquelles Musset eut trouvé sa blonde Jacqueline et Horace sa brune Lydie

Lydie au doux parler, Lydie au doux sourire.

Car rien ne manque à ce paradis terrestre, ni les Eves ni les pommes ; mais depuis la suppression des Cordeliers, dit la chronique, on n'y rencontre plus de serpents.

Jules COUSIN.

Le 12 septembre 1870, Provins a été envahi pour la troisième fois par les armées étrangères. Quoique cette époque ne soit pas très éloignée, déjà il ne reste plus qu'un souvenir confus des événements qui vinrent nous affliger. La plupart de ceux qui en furent témoins ne se rappellent que d'une manière vague ce qui est arrivé dans la ville ou dans les environs et, en effet, chacun alors, au milieu du bruit des armes, en proie à la frayeur comme aux vexations d'une soldatesque insolente et de plus enorgueillie de ses succès, ne s'occupait guère de ce qui se passait au dehors.

Bien que les événements qui se sont accomplis à Provins n'aient eu qu'une importance très secondaire, ils n'en portent pas moins avec eux leurs enseignements et il eût été regrettable qu'ils fussent perdus pour notre histoire locale. Recueillis et groupés, c'est un hommage à la mémoire de ceux des nôtres qui sont tombés pour la défense de la Patrie, ils offrent un souvenir à ceux qui ont survécu, et ils apportent un témoignage à ceux qui voudront plus tard raconter à nos fils cette sombre période de nos annales, comprise entre le mois d'août 1870 et le mois de septembre 1871, période de larmes, de deuil et de sang pour tous, et que Victor Hugo a si justement appelée l'Année terrible.

Ah! comme nous le rappelait dernièrement le chroniqueur d'un journal de Seine-et-Marne, terrible elle fut en effet, cette année qui vit sombrer la valeur guerrière de la France, qui vit mutiler sa frontière, qui vit le reître allemand aux portes de Paris!

Et pourtant nul n'avait ménagé son sang, ses espérances, sa vie; car comme en 92, un immense cri d'alarme avait traversé le pays : La Patrie est en danger!

Ceux de la vingtième année, inexpérimentés aux choses de la guerre, partaient avec leurs aînés. Le fusil ne fut point lourd à leurs épaules; ils s'en servirent en braves, c'est-à-dire en vrais français. Beaucoup sont morts sans avoir eu la douleur de la défaite suprême. Le drapeau de la France s'est depuis, et bien souvent, incliné devant leur glorieux souvenir. Que leur exemple soit l'espérance et la consolation de ceux qui sont restés.

Parmi ceux-ci, nous devons compter les vaincus — dont nous étions — ceux qui perdirent tout « fors l'honneur » et ceux enfin que l'adolescence retenait encore au coin de l'âtre hospitalier, près de la mère et de l'épouse inquiète.

C'est à ces derniers que ce récit s'adresse. Composé de notes prises au jour le jour, sous l'impression du moment, à travers les phases d'espérance et de désillusions, de confiance et de découragement par lesquelles nous avons passé; il est écrit avec sincérité, notre seul désir est qu'il soit lu avec indulgence.

L'INVASION

> C'est une bonne fortune pour une cité d'avoir un annaliste, ne fût-ce que pour des jours malheureux. Les villes comme les États ne peuvent que gagner à compter leurs blessures : la vue du mal fait remonter à sa cause.
> On s'unit plus dans le malheur que dans la prospérité, relisons plus souvent nos défaites que nos succès.
>
> Henri MARTIN.

Le 19 juillet 1870, par un de ces actes d'aberration comme l'histoire nous en montre dans la vie des souverains et des peuples, Napoléon III, poussé par ses ministres : Émile Olivier, l'homme au *cœur léger*, et le maréchal Lebœuf, déclara la guerre à la Prusse. La cause ou le prétexte de ce conflit était la candidature du prince allemand Antoine de Hohenzollern au trône d'Espagne.

Quelques semaines auparavant, le général Prim (1), cherchant un monarque pour la couronne de Charles-Quint, était venu à Paris, il avait vu Napoléon aux Tuileries et avait essayé d'obtenir son consentement comme roi d'Espagne du duc de Montpensier :
— N'importe qui en Espagne, avait répondu l'Empereur, même la République ; tout, excepté un membre de la famille d'Orléans !

N'osant passer outre, absolument gêné par cet insuccès, le général Prim, ne sachant de quel côté se tourner, donna tête baissée dans le piège que lui tendait la Prusse. Il faut remarquer que dans cette intrigue, Prim fut joué avec persistance ; la candidature Hohenzollern ne fut jamais qu'une candidature fictive, elle fut retirée, mais rien ne pouvait plus s'arranger après l'échange des notes aigres et hautaines fait entre Saint-Cloud et Ems. La vérité est que M. de Bismarck avait besoin d'un prétexte pour brouiller les cartes avec la France. Prim servit ses projets avec une candeur parfaite.

La Prusse voulait nous faire la guerre à laquelle elle se préparait indirectement depuis soixante ans et directement depuis quatre ans, depuis Sadowa.

---

(1) Assassiné six mois plus tard à Madrid, le 27 décembre 1870, en sortant d'une séance des Cortès.

De son côté l'Empire avait besoin de la guerre, il la voulait et ce n'était pas les 1,500,000 *Non* du plébiscite qui pouvaient l'arrêter.

Malgré les énergiques protestations de MM. Thiers, Jules Favre et de leurs collègues de la gauche, il se trouva dans le Corps Législatif, une majorité de députés officiels pour ratifier l'œuvre de l'Empereur et crier : *A Berlin!*

On sait ce qui en est résulté pour nous.

La France n'était nullement préparée à la lutte, bien que le maréchal Lebœuf eût osé affirmer, à la tribune de la Chambre, que la guerre *dût-elle durer deux ans, il ne manquerait pas un bouton de guêtre.*

Les insensés qui gouvernaient nous jetèrent à 200,000 au devant de 600,000 hommes ; en quelques semaines, nos armées furent détruites, des centaines de mille soldats prirent le chemin de la captivité de l'autre côté du Rhin. Sur 120 régiments de ligne, 116 étaient prisonniers. Il ne restait ni soldats, ni officiers, ni cavalerie, ni artillerie ; nos fusils étaient dans Metz et Strasbourg. Il n'y avait plus de capsules, pas même de papier pour les cartouches et dans toute la France il ne restait que 6 canons attelés.

Les hostilités avaient commencé le 2 août, à Sarrebrück, par une petite escarmouche où l'avantage nous resta et dont on se hâta de profiter pour faire placarder partout des affiches annonçant un grand fait d'armes où le Prince impérial avait reçu le baptême du feu.

Deux jours plus tard, tout changeait. Le 4 août, le général Abel Douai était surpris et tué à Wissembourg. A partir de ce moment, nous n'eûmes plus que des revers à enregistrer.

Partout, jusqu'à la sombre journée de Sedan, qui marque la chute de l'Empire, et celle de la reddition de Metz, qui priva la France de sa dernière armée organisée, partout, malgré leur courage, nos soldats, les vainqueurs de Sébastopol, de Magenta, de Solférino, furent écrasés par le nombre.

La nation affligée, mais non abattue par tant de revers, ne désespéra pas. Quelques fuyards, quelques évadés se réunirent sur la Loire, auprès d'Orléans, et dans le Nord, autour du général Faidherbe, au grand cœur : voilà tout ce qui restait à opposer à ces masses allemandes qui s'avançaient pour enserrer Paris d'un cercle si serré qu'elles espéraient que la France ne sentirait même plus battre son cœur.

Eh bien non ! ce n'était pas fini ! Des armées s'improvisèrent, mal outillées, mal équipées, mal encadrées, quelquefois mal commandées, hélas ! il faut le reconnaître, et cependant ces conscrits, ces mobiles et ces volontaires s'élevèrent à la hauteur de vrais héros. Leurs légions disputèrent pied à pied le sol de la Patrie, balançant par moment la fortune et faisant trembler les **vainqueurs.**

Nous venons de dire que la guerre avait été déclarée le 19 juillet : moins de deux mois après, le 12 septembre, Provins était envahi par DIX-HUIT uhlans Bavarois.

Si on réfléchit qu'il a suffi seulement de QUATRE de ces hardis avant-coureurs des armées allemandes pour surprendre Nancy, ville de 45,000 habitants, on jugera à quel degré d'affaissement moral étaient tombées les populations.

Pour l'honneur de notre cité, nous devons dire qu'elle ne renfermait pas un seul homme de troupe, que tous les jeunes gens valides étaient partis rejoindre l'armée ou la mobile et que les pompiers et les gardes nationaux avaient été désarmés quelques jours auparavant.

Le lundi 12 septembre, il était dix heures et demie du matin, quand les premiers éclaireurs ennemis parurent devant Provins. Après avoir examiné la ville à leur aise du haut de la montagne Saint-Syllas, ils descendirent lentement la route en lacet qui traverse le hameau de Fontaine-Riante, s'arrêtant de temps à autre pour se concerter entre eux ; ils firent halte près du Cimetière. La première personne à laquelle ils adressèrent la parole, fut M. Billy père, entrepreneur de menuiserie, qui sortait de son chantier ; ils s'inquiétèrent si les habitants allaient se défendre et s'il y avait des francs-tireurs, puis ils demandèrent « Bourgmestre et Hôtel-de-Ville, » pendant ce temps quelques-uns s'étaient approchés des ouvriers tailleurs de pierres de M. Péricat, auxquels ils firent les mêmes questions.

N'étant qu'à moitié rassurés par les réponses évasives qu'ils avaient reçues de nos concitoyens, les uhlans laissèrent près du Cimetière deux des leurs qui devaient, en cas de surprise, aller donner l'alarme au gros du régiment, et ne se hasardèrent que petit à petit à franchir le pont ; d'abord un sous-officier et un cavalier, le pistolet au point, descendirent la rue Courloison jusqu'au Magasin à fourrages ; deux autres, qui suivaient derrière, les eurent bientôt rejoints, les deux premiers piquèrent leurs chevaux et s'avancèrent sur la place Saint-Ayoul, les autres suivirent, toujours à distance, ainsi de suite, jusqu'à l'Hôtel-de-Ville, où ils furent aussitôt rejoints par le restant du détachement qui arriva au galop sans rencontrer la moindre opposition.

L'officier, un jeune homme blond, ayant à peine vingt ans, mit pied à terre et monta les marches du perron, il tira de son plastron un plan de la ville et des environs, puis fit un signe à deux de ses hommes, qui se dirigèrent au galop par la rue de la Gare, allèrent s'assurer que le chemin de fer ne marchait plus, et coupèrent à coups de sabre les fils télégraphiques près du passage à niveau qui mène à Champbenoist.

Une foule considérable, où les femmes et les enfants dominaient, ne tarda pas à entourer les uhlans qui ne paraissaient pas très rassurés. Le sous-officier fit avec son sabre des moulinets pour écarter les curieux qui poussaient l'audace jusqu'à soulever la chabraque pour examiner la monture des cavaliers, qui n'avaient que de simples couvertures et pas de selles.

Les Conseillers municipaux, que l'on était allé prévenir, se réunirent. L'officier, la tête couverte et tout en fumant, fit la réquisition de 12,000 cigares; sur l'observation que ce chiffre était très élevé et ne se trouverait peut-être pas dans toute la ville, il répondit qu'il se contenterait de ce qu'il y aurait.

Après des recherches chez tous les débitants, on réunit 3,533 cigares qui furent acceptés sans difficultés, et dont l'officier donna un reçu signé : Baron d'Eichtal.

Pendant que l'on s'occupait de réunir la réquisition, l'officier, qui parlait fort bien le français, dit à des personnes qui se récriaient contre l'ennemi :

« Vous n'avez rien à dire, c'est votre faute à vous, Français, « si la guerre existe; au plébiscite du 8 mai, vous avez donné « plein pouvoir à l'Empereur. »

Parmi les uhlans envoyés en éclaireurs, plusieurs avaient travaillé à Provins ou dans les environs; ils reconnurent et appelèrent par leurs noms deux de nos concitoyens qui se trouvaient là, MM. Méot et Mignot, ferblantiers.

L'officier requit pour ses hommes du pain et du vin, qu'ils mangèrent et burent sans descendre de cheval.

Nous avons eu la douleur de constater que pendant le séjour des uhlans sur la place, la conduite de certains habitants, dont nous tairons les noms, a été inqualifiable; ils sont allés au-devant de leurs désirs en leur offrant des cigares, en remplissant leurs gourdes de vin et d'eau-de-vie et en allant au café trinquer avec eux. Telles n'étaient pourtant pas les dispositions de la population, qui a blâmé hautement ces actes et a témoigné par son attitude, lors du départ de ces cavaliers, de l'indignation dont elle était animée.

Ce détachement était composé de 18 hommes, dont la tenue consistait en une veste verte avec plastron de même couleur, pantalon pareil, basané dans le fond et sur le devant jusqu'aux genoux, coiffés de petits chapskas, armés de pistolets, de sabre et d'une lance à flamme bleue et blanche, et dont le fer, à la base, se terminait par un bourrelet. Il faisait partie du 1er régiment de uhlans Bavarois et était campé avec un gros de cavalerie et d'artillerie au château du Houssay, où, le camionneur du chemin de fer, Jean Guillaume, alla conduire les cigares réquisitionnés.

Des particuliers, dont la curiosité ne fut point assez punie, louèrent des voitures et des vélocipèdes pour aller voir le camp; ils furent faits prisonniers par les vedettes; conduits près d'un officier, on les relâcha, et sans leur donner le temps de reprendre leurs véhicules et montures, on leur indiqua le chemin pour s'en aller. On ne saurait trop blâmer leur acte : c'était déjà bien assez de subir la présence de l'ennemi sans courir plusieurs kilomètres pour l'aller voir.

Après le départ des uhlans des groupes se formèrent dans tous les quartiers de la ville. Partout on ne causait que des incidents de la journée en se communiquant les premières impressions éprouvées à l'apparition des envahisseurs. Comme toujours les petits détails eurent leur côté comique : on racontait notamment qu'au moment où les uhlans traversaient la grande rue de la Cordonnerie pour se rendre à l'Hôtel-de-Ville, leur apparition brusque causa une certaine panique dans le quartier. Un menuisier, nommé Canivet, se hâta de fermer sa boutique ; il mettait avec précipitation la barre de fer qui tient les volets, quand l'officier lui fit un signe de la main en lui disant : « Ce que vous faites-là est inutile, nous n'avons pas de mauvaises intentions. »

Peu rassuré, M. Canivet n'en continua pas moins de se clore hermétiquement, et, travaillé par la peur, il alla immédiatement chez son voisin, le coiffeur Alexandre, faire couper ses moustaches, répétant à qui voulait l'entendre que l'officier l'avait reconnu et que pour sûr il allait le rechercher.

On sut aussi que, dans le bureau de la Mairie, lorsqu'on vint annoncer au jeune officier de Uhlans qu'au lieu de 12,000 cigares qu'il demandait on n'en avait trouvé que 3,533, il répondit :

— Quoi ! dans une ville comme Provins, vous n'avez pu réunir que cela : j'en suis surpris ; à Vitry, où le chiffre de la population est le même, j'en ai eu 30,000.

Un conseiller municipal, M. Mézières, avoué, lui demanda s'il voulait donner un reçu pour la réquisition, il ajouta :

— Mais certainement.

Puis, voyant M. Mézières occupé à en rédiger la formule, il lui dit :

— Ah ! ne vous donnez pas cette peine-là, je sais fort bien écrire le français, et je vais vous en faire un.

Il prit place au bureau et écrivit le reçu suivant :

« La Ville de Provins a fourni, sur ma réquisition, 3,533 cigares
« de différentes sortes.
« *Provins, le 12 septembre* 1870.
                    « B^{on} d'EICHTAL, Lieutenant.
    « *H-B-L-E,*
        « *Uhlanen heyrmns.* »

On ne fut plus étonné de la manière peu empruntée avec laquelle agissait le jeune officier des éclaireurs, lorsqu'on sut que quelques mois auparavant il résidait encore à Paris, où il avait fait ses études et où un de ses proches parents dirigeait une importante administration financière ; il déclara aux personnes présentes qu'il connaissait parfaitement bien les environs de Provins, et qu'il était venu chasser plusieurs fois au château de Ferreux, distant de quelques kilomètres seulement.

La ville était encore sous l'impression de la surprise de la veille, lorsque le mardi 13 septembre, vers neuf heures du matin, on signala de nouveau l'arrivée des Uhlans ; cette fois, ils ne firent que passer sans rien dire à personne.

La colonne était composée du régiment n° 2, qui, avec celui n° 1er auquel appartenait le détachement dont nous avions reçu la première visite, formait la brigade de Uhlans du IIe corps Bavarois, et servait d'éclaireurs à la IIIe armée allemande qui, sous les ordres de S. A. R. le Prince de Prusse, se dirigeait à marche forcée sur Paris. La colonne venait de Villenauxe-la-Grande, traînant à sa suite de nombreux fourgons de bagages et de munitions, ainsi que des voitures d'ambulance, portant sur fond blanc la croix rouge, adoptée par le Congrès de Genève, comme signe de neutralité.

Ce régiment, après avoir traversé Provins, alla prendre ses cantonnements à Maison-Rouge et aux environs, où il fit d'importantes réquisitions en vivres.

Le soir, vers sept heures, après le départ d'un petit détachement de chasseurs à pied Bavarois, qui était venu de Courchamp, et que le concierge de la mairie, M. Dubois, avait dû conduire immédiatement chez « le bourgmestre » pour avoir des renseignements sur le régiment de cavalerie passé le matin, le bruit se répandit que deux de nos plus honorables concitoyens, MM. de Salvert et Louis Michaud, avaient été faits prisonniers.

En effet, ces messieurs qui se rendaient en voiture à la ferme des Essarts, appartenant à l'un d'eux, avaient été arrêtés par un détachement de dragons ennemi et conduits au château de Bouchy-le-Repos, devant le colonel du régiment qui les renvoya à Villiers-Saint-Georges, où ils furent relâchés.

Le cheval attelé à la voiture et qui appartenait à M. Michaud, était une bête de prix : il convint au commandant ennemi, qui déclara le garder. Il fit faire un bon de réquisition portant un prix dérisoire (400 francs) et le remit à notre concitoyen, en échange ; celui-ci protesta, comme on pense bien, mais l'officier devint furieux et menaça M. Michaud de l'envoyer en Allemagne ; il fallut donc s'incliner devant la force qui primait le droit.

Si Provins ne fut pas trop tracassé dans la journée du 13, il n'en fut pas de même de la partie nord de l'arrondissement, qui reçut un corps d'armée évalué à 50,000 hommes ; tous les villages, hameaux et fermes avoisinant la grande route d'Allemagne regorgeaient de troupes et étaient écrasés de réquisitions.

Dans le canton de Villiers-Saint-Georges, beaucoup d'habitants furent soumis aux plus cruelles vexations, surtout de la part d'officiers porteurs de grands noms et paraissant très distingués et qui, sans égards pour les peines qu'on se donnait afin de satisfaire à la multiplicité de leurs réquisitions, exigeaient avec insolence ce qu'il était impossible de leur procurer.

C'est particulièrement dans les perquisitions faites dans les maisons pour rechercher les armes que les soldats eurent occasion d'exercer leur brutalité. A Montceaux, une patrouille entra chez un habitant et lui demanda son fusil, il répondit qu'il était caché avec tous ceux des gardes nationaux, dans le clocher de l'église; l'officier conduisit sa troupe chez le maire, M. Mirvault, et le somma de livrer les armes de la commune. Ce dernier répondit qu'il n'y en avait pas, mais les Prussiens qui étaient renseignés se dirigèrent droit au clocher et découvrirent la cachette. M. Mirvault fut arrêté, emmené et traduit devant une commission militaire qui le condamna à mort. Après lui avoir fait subir une foule de mauvais traitements, les Prussiens abandonnèrent ce maire courageux dans un fossé de la route de Courgivaux; lorsqu'on le retrouva, il avait les mains liées derrière le dos, comme un criminel.

M. Deroy, maire de Beton-Bazoches, qui refusa aussi de livrer les fusils de sa commune et défendit autant qu'il put les intérêts de ses administrés, fut aussi très maltraité.

La journée du mercredi 14 septembre s'écoula avec assez de calme. A l'exception de deux détachements venus des environs en réquisition, l'ennemi ne parut pas à Provins.

Depuis trois jours, et comme cela a eu lieu continuellement pendant toute la durée de la guerre, l'Administration municipale était en permanence et nos Conseillers n'avaient guère de bon temps. Obligés de courir à droite et à gauche pour faire face aux exigences des envahisseurs, qui étaient presque toujours accompagnées de menaces, aucun instant de relâche ne leur était laissé; aussi, pendant les sept longs mois que cet état de choses a duré, par quelles transes et quelles angoisses, leurs cœurs de patriotes ont-ils dû passer!

Il était trois heures après midi, quand le premier détachement, qui venait de Chenoise, s'arrêta sur la place du Val; il appartenait au 2ᵉ régiment de chevau-légers Bavarois, et était commandé par un officier d'une arrogance extrême.

Lorsque les hommes eurent mis pied à terre, le maire, M. Le Bailly, qui attendait sur le perron de l'Hôtel-de-Ville, invita l'officier à monter pour formuler sa réquisition; mais ce dernier,

sans en rien faire, répondit d'une voix brève et avec un geste impérieux :
— Non! non! vous, descendre ici?
Il n'y avait aucune observation à hasarder, la volonté du vainqueur et la force des armes faisaient loi.

Une heure plus tard, on chargeait dans des voitures de paysans que les Bavarois avaient amenées avec eux, la réquisition dont le reçu suivant donne le détail :

   Reçu pour le 2ᵉ régiment de Chevau-Légers Bavarois :

    50 sacs d'avoine,
    500 litres de vin,
   1,243 cigares de différents prix,
   11 kilogrammes 800 grammes de tabac.

      Le Capitaine, Bᵒⁿ DE ROTENHEIM.

Provins, le 12 Septembre 1870.

Pendant qu'on s'occupait de réunir ces différentes choses, l'officier Bavarois eut l'audace de réclamer des *truffes,* et à la réponse négative qu'on lui fit sur sa réquisition par trop fantaisiste, il ajouta qu'il saurait bien en trouver lui-même.

En effet, quelques instants après, ce gourmet au crâne obtus reparaissait sur la place de l'Hôtel-de-Ville, tenant de chaque main un bocal du précieux produit du Périgord, qu'il avait découvert chez un marchand de comestibles.

Ce capitaine était celui qui, la veille, à Villiers-Saint-Georges, avait pris le cheval de M. Michaud. Ce dernier, qui faisait partie du Conseil municipal et comme tel était présent, le reconnut; il essaya quelques réclamations qui n'eurent aucun succès.

Trouvant sans doute que la provision de cigares qu'on avait réunie n'était pas assez grande, les officiers devinrent furieux et se mirent en quête d'agir eux-mêmes; ils firent des perquisitions chez tous les débitants de tabac, en tempêtant, bouleversant les meubles, renversant jusqu'aux paillasses des lits pour en trouver.

Chez M. Hennequin, rue de la Friperie, le capitaine frappa du talon de sa botte toutes les dalles du magasin où il flairait quelque cachette; dehors, il sonda avec le fourreau de son sabre toutes les pierres de la devanture, qui est très-élevée; mais il en fut pour ses frais, il ne découvrit rien.

En sortant de chez M. Debouy, dans la rue Hugues-le-Grand, un de ces pillards arrêta un jeune ouvrier maçon de la ville, nommé Malabre, et lui intima l'ordre de le guider dans ses recherches. Malabre s'y refusa, le Bavarois tira son revolver et le menaça de mort; sans l'intervention d'autres habitants qui engagèrent Malabre à se résigner à faire ce qu'on exigeait de lui, il aurait pu arriver malheur.

PROVINS PENDANT L'INVASION — 12 SEPTEMBRE 1870

Après avoir essayé d'enfoncer les portes de la gare du chemin de fer et brisé une partie des carreaux, ils voulurent y mettre le feu, puis tournant leur rage d'un autre côté, ils entrèrent au café de M. Marin, où ils firent un vacarme épouvantable ; tout cela sans autre motif que celui d'assouvir leur haine contre tout ce qui était français.

A peine en était-on quitte avec ce détachement, qu'un autre faisait son apparition sur la place. Cette fois, c'étaient bien encore des Bavarois, mais de l'infanterie, des chasseurs à pied ; ils venaient de Courchamp, accompagnés également par des voitures.

Vêtus de grandes capotes bleu de ciel et coiffés de casques en cuir bouilli, surmontés d'une petite chenille verte, ils marchaient en rangs serrés sous la conduite d'un officier qui, sous le rapport de la politesse, ne ressemblait pas du tout à son collègue des chevau-légers.

Il entra à la Mairie et réclama :

    500 litres de vin,
      40 bouteilles de vin fin pour les officiers,
    500 kilogrammes de farine,
     50   id.   de café,
     50   id.   de sucre,
     50   id.   de sel,
    600 cigares et du tabac.

Couchés nonchalamment sur le pavé, près de leurs fusils en faisceaux, les Bavarois étaient l'objet d'une grande curiosité de la part de gamins accourus là en grand nombre. L'officier, impatienté apparemment d'être obligé de les repousser pour aller et venir, leur dit d'une voix qu'il s'empressait de rendre le moins dure possible :

— Pourquoi n'êtes-vous pas à l'école, enfants ; vous y seriez mieux qu'ici ?...

Puis il ajouta en *a parte :*

— Quelle singulière négligence ont les parents, en France, de laisser courir ainsi leurs enfants en ce moment !

Il alla chez M. Bénard, horloger, pour faire régler sa montre et apercevant un journal de Paris sur le comptoir, il demanda à l'emporter. A cette époque un journal était une chose qui commençait à être rare par suite de l'interception des communications, aussi l'officier Bavarois parcourut-il avec la plus grande attention celui qu'il venait de rencontrer.

Avant de quitter la ville, d'autres officiers faisant partie des détachements, firent des emplettes pour leur compte particulier ;

un d'eux acheta chez un confiseur une provision de chocolat qu'il paya en papier-monnaie allemand ; comme la marchande, qui n'avait pas grande confiance dans la valeur de ses billets, hésitait à les recevoir, il se mit à rire et la solda en pièces de monnaie française.

A six heures du soir, on achevait de charger les voitures, et après que les officiers de cavalerie et d'infanterie se furent concertés une dernière fois entre eux, les détachements reprirent chacun de leur côté la route de leurs campements.

Dans la prévision des événements qui pouvaient surgir d'un moment à l'autre et comme il est dit plus haut, le Conseil municipal de Provins avait décidé que tous les membres se réuniraient à l'Hôtel-de-Ville, sans convocation, aussitôt que la présence de l'ennemi serait signalée.

Afin de pouvoir circuler librement dans l'exercice des missions qui ne pouvaient manquer d'incomber à chacun d'eux, il fut convenu qu'un brassard bleu et blanc leur servirait de signe distinctif. On reconnut souvent plus tard, dans les jours de grande occupation, toute l'importance de cette mesure.

Il avait, en outre, été décidé que pour éviter à la ville, privée de tous moyens de défense, des rigueurs et des charges, il serait fait droit, autant que possible et dans la mesure du patriotisme, aux réquisitions demandées ; toutefois, le Maire ne pouvait agir sans avoir pris l'avis du Conseil qui était alors ainsi composé :

MM. Le Bailly, maire ; Lebeau et Bourquelot, adjoints ; Bellanger, Guerreau, Bourgeat, Prieur (Etienne), Charlot, Mézières, Gallot, Michaud, Charpentier, Ozeré, de Salvert, Chevalier, Degois, Molleveaux, Verrier, Charbaut, Boby de la Chapelle, Gennerat, Cruel, Arnoul.

Le jeudi 15 septembre 1870 devait être un jour de grand passage à Provins ; les habitants étaient à peine éveillés que déjà ils voyaient les Prussiens aller et venir dans les rues de la ville.

Vers sept heures du matin, un officier appartenant au corps de l'intendance, se présentait à l'Hôtel-de-Ville ; chose assez rare, il ne parlait aucun mot de français, on dut avoir recours à l'obligeance d'un Alsacien, M. Manheimer, préposé aux fourrages militaires, pour savoir ce que nous annonçait ce blond fils de la Germanie.

Il venait de Villenauxe et demandait au bourgmestre le logement et la nourriture pour un corps d'environ 4,000 hommes qui, disait-il, allait arriver *tout de suite ;* il réclamait en outre une voiture pour le conduire à Nangis.

Une demi-heure plus tard, des détachements de toutes armes apparaissent. Les fourriers marquent à la craie, sur les volets et les portes, le nombre d'hommes et de chevaux que chaque maison doit loger. Le service d'organisation s'installe à l'hôtel de la Boule-d'Or, l'inscription : *Intanduntur VIe Armée-Corps*, l'indique ; en même temps le bruit se répand en ville que c'est le Prince qui va passer avec sa suite. On se demande quel est ce prince, les uns disent que c'est le fils du roi Guillaume, d'autres disent que c'est son neveu.

Les vieillards, qui ont vu l'invasion de 1814, regardent comme un bon augure la venue d'un prince de la famille royale ; ils se rappellent qu'à cette époque la présence de hauts personnages était toujours, pour la ville, un préservatif des exactions des soldats (1).

A dix heures, l'avant-garde du corps d'armée, composée du 2e régiment de hussards de Leib et du 5e régiment de hussards de Poméranie (hussards de Blücher), franchit la porte de Troyes ; elle est suivie presque aussitôt par le 5e régiment de dragons Rhénan, aux uniformes bleu clair, par des batteries des 5e et 11e régiments d'artillerie de Poméranie, avec 14 pièces de canon et 28 caissons, par un escadron de cuirassiers blancs (ces fameux cuirassiers que les dépêches officielles et les journaux de l'Empire nous avaient dit ensevelis dans les carrières de Jaumont), les trois quarts des hommes portent des cuirasses trouées ou bossuées par les balles de nos chassepots ; viennent ensuite différents détachements des 1er, 6e et 10e régiments de uhlans (uhlans de Posen et de Silésie), un escadron de reîtres du roi Guillaume, des hussards de Frédéric-Charles, aux riches dolmans rouges, des hussards de la mort dont le colback est orné de tibias croisés, des compagnies de soldats d'ambulances et un matériel considérable composé de fourgons remplis de munitions et de voitures chargées de bagages et d'objets de réquisitions.

A onze heures, le prince fait son entrée en ville ; c'est un grand vieillard aux moustaches et aux favoris blancs, c'est le prince Albrecht, frère du roi de Prusse, commandant en chef la cavalerie de tout le royaume ; encore un personnage que les dépêches nous avaient dit mort et qui se portait fort bien.

Il était accompagné des généraux von Treskow, de Wittich, de Stolberg-Wernigerode, de Rheinbaden, von Tumpling et d'un brillant état-major d'officiers supérieurs appartenant à la 2^e

---

(1) Pendant la campagne de 1814, Provins reçut dans ses murs l'Impératrice Marie-Louise et le Roi de Rome, qui descendirent chez Mme veuve Chaillot, rue aux Aulx (maison de M. Molleveaux) ; l'Empereur d'Autriche, chez M. Charon, rue de la Venière (maison de M. Gallot-Meunier) ; le prince de Metternich, chez M. Simon-Bardin, le grand-père de M. Auguste Simon actuel ; l'empereur Napoléon, chez Mme de Montmirail (maison de M. de Savigny, sur la place de la Ville-Haute).

et à la 4ᵉ divisions de cavalerie, et parmi lesquels se faisait remarquer par son costume rouge et or le duc d'Oldenbourg, qui fut tué quelques jours plus tard à Toury, près d'Orléans.

Le général von Treskow, chef du cabinet militaire du roi de Prusse, avait déjà fait la campagne de France en 1814 et il venait à Provins pour la deuxième fois.

Le prince Albrecht se logea dans la maison de M. Victor Arnoul, rue de la Charronnerie, un drapeau blanc portant au centre les mots : *Général Stab* (quartier général), fut arboré à l'une des fenêtres du grenier.

S. A. R. le Prince fit à la ville les réquisitions suivantes :

5,000 kilos de foin,	15 kil. de clous de cheval,
10,000 — d'avoine,	100 kil. de fer en barres,
3,000 — de pain,	5,000 cigares et 10 kil. de tabac,
2,000 — de viande,	28 blouses,
100 — de café,	33 pantalons,
400 litres d'eau-de-vie,	25 paires de souliers,
50 kilos de sel,	35 casquettes,
100 ceintures de flanelle,	5,000 fr. d'argent en échange de monnaie et billets prussiens,
6 chemises de laine,	
24 cadenas,	Tous les plans de Paris.

On devine facilement que les blouses, pantalons et casquettes étaient destinés à déguiser les espions qui devaient tâcher d'entrer dans Paris.

M. Breton, procureur de la République, informa de suite, par une dépêche, le général Trochu du fait (1).

Les Conseillers municipaux, auxquels incombait la mission de l'échange des monnaies, ne pouvant parvenir à trouver la somme de 5,000 francs demandée, se rendirent à l'hôtel de la Boule-d'Or, près de l'officier chargé de recevoir les réclamations, c'était dans la vie civile un juge au tribunal de Berlin, finaud comme le sont les avocats en tous pays ; l'officier trouva moyen d'éluder toutes les raisons exposées par nos concitoyens, ne voulut rien entendre et finalement les congédia en déclarant que si une heure plus tard il n'avait pas l'argent demandé, il doublerait la somme ; bon gré mal gré, il fallut chercher de nouveau, et grâce à l'obligeance de nos banquiers on réussit à temps.

Par ordre de l'autorité militaire, les habitants ont dû déposer à la Mairie toutes les armes quelconques en leur possession, et ce, dans le délai d'une heure, sous peine de mort, en cas de désobéissance. Les fusils de munition furent immédiatement brisés sur les marches du perron, et les fusils de chasse furent mis sous scellés pour être rendus après la guerre.

---

(1) **La dépêche de M. le Procureur de la République, qui était pourtant *toute confidentielle*,** fut reproduite en son entier, avec la signature, dans le *Figaro* du 18 septembre.

On blâma ici très sévèrement cette imprudence du Gouverneur de Paris ou de son Etat-Major. Par cette communication maladroite à des journaux qui pouvaient être lus par les Allemands, on désignait M. Breton à la vengeance de l'ennemi et on l'exposait à être arrêté et fusillé comme espion.

Les employés de la poste allemande prirent possession du bureau de poste, rue de la Gare : ils avaient accroché au-dessus de la boîte extérieure un grand tableau surmonté de l'aigle noir, avec les tarifs en usage dans les différentes parties de la France occupées, et qu'ils considéraient comme soumises à leur juridiction.

L'affiche suivante fut collée en beaucoup d'endroits de la ville, elle fut arrachée presque partout aussitôt ; de nouveaux exemplaires remplacèrent ceux enlevés et des factionnaires les gardèrent.

PROCLAMATION.

Nous, général commandant la 3e armée allemande,

Vu la proclamation de S. M. le Roi de Prusse, qui autorise les généraux commandant en chef les différents corps de l'armée allemande à établir des dispositions spéciales relativement aux mesures à prendre contre les communes et les personnes qui se mettraient en contradiction avec les usages de la guerre, relativement aux réquisitions qui seront jugées nécessaires pour le besoin des troupes et de fixer la différence du cours entre les valeurs allemandes et françaises,

Avons arrêté et arrêtons les dispositions suivantes, que nous portons à la connaissance du public :

1° La juridiction militaire est établie par la présente. Elle sera appliquée dans toute l'étendue du territoire français occupé par les troupes allemandes, à toute action tendant à compromettre la sécurité de ces troupes, à leur causer des dommages ou à prêter assistance à l'ennemi. La juridiction militaire sera réputée en vigueur et proclamée par toute l'étendue d'un canton aussitôt qu'elle sera affichée dans une des localités qui en font partie.

2° Toutes les personnes qui ne font pas partie de l'armée française et n'établiront pas leur qualité de soldat par des signes extérieurs et qui

a. Serviront l'ennemi en qualité d'espion,

b. Egareront les troupes allemandes quand elles seront chargées de leur servir de guides.

c. Tueront, blesseront ou pilleront des personnes appartenant aux troupes allemandes ou faisant partie de leur suite,

d. Détruiront des ponts ou des canaux, endommageront les lignes télégraphiques ou les chemins de fer, rendront les routes impraticables, incendieront des munitions, des provisions de guerre ou les quartiers des troupes.

e. Prendront les armes contre les troupes allemandes,

Seront punis de la peine de mort.

Dans chaque cas, l'officier ordonnant la procédure instituera un conseil de guerre chargé d'instruire l'affaire et de prononcer le jugement. Les conseils de guerre ne pourront condamner à une autre peine que la peine de mort. Leurs jugements seront exécutés immédiatement.

3° Les communes auxquelles les coupables appartiendront, ainsi que celles dont le territoire aura servi à l'action incriminée, seront passibles, dans chaque cas, d'une amende égale au montant annuel de leur impôt foncier.

4° Les habitants auront à fournir ce qui est nécessaire pour l'entretien des troupes. Chaque soldat recevra, par jour, 750 grammes de pain, 500 grammes de viande, 250 gr. de lard, 30 gr. de café, 60 gr. de tabac ou 5 cigares, 1/2 litre de vin ou 1 litre de bière ou 1/10 d'eau-de-vie.

La ration à livrer par jour pour chaque cheval sera de 6 kilog. d'avoine, 2 kilog. de foin, 1 kilog. 1/2 de paille.

Pour les cas où les habitants préféreront une indemnité en argent à l'entretien en nature, l'indemnité est fixée à 2 fr. par jour pour chaque soldat.

5° Tous les commandants de corps détachés auront le droit d'ordonner la réquisition des fournitures nécessaires à l'entretien de leurs troupes. La réquisition d'autres fournitures jugées indispensables dans l'intérêt de l'armée ne pourra être ordonnée que par les généraux et les officiers faisant fonctions de généraux.

Sous tous les rapports, il ne sera exigé des habitants que ce qui est nécessaire pour l'entretien des troupes, et il sera délivré des reçus officiels pour toutes les fournitures.

Nous espérous, en conséquence, que les habitants ne feront aucune difficulté de satisfaire aux réquisitions qui seront jugées indispensables.

6° A l'égard des transactions individuelles entre les troupes et les habitants, nous arrêtons que 8 silbergros ou 28 kreutzer équivalent à 1 franc.

Le général commandant en chef de la 3ᵉ armée allemande,

FRÉDÉRIC - GUILLAUME,
Prince Royal de Prusse.

Le prince Albrecht faisait observer la discipline la plus sévère. Un soldat qui avait commis des actes de violence et volé un accordéon chez M. Toudy, fut condamné à mort et ne dut la vie qu'à l'intervention du propriétaire de l'instrument.

Des soldats d'artillerie, logés à la ville haute, chez M. Lebrun, sénateur, après avoir bu le vin que leur avait donné le jardinier, M. Alexandre Delacroix, en exigeaient encore : ils réclamaient du Champagne et menaçaient de briser tout dans la maison si on n'obtempérait à leur désir. On vint se plaindre au quartier-général. Le prince envoya un de ses officiers qui mit les soldats à la raison en leur administrant une volée de coups de canne.

Le soir, nos rues fourmillaient d'uniformes noirs, les cafés regorgeaient de Prussiens et, chose extraordinaire, on n'en rencontrait aucun en état d'ivresse.

Les portes de la ville étaient gardées militairement, il fallait un laisser-passer pour les franchir; la circulation était interdite sur la place du Marché, qui était transformée en parc d'artillerie, et de nombreuses patrouilles à pied et à cheval circulaient de tous côtés.

Des postes avancés étaient établis sur toutes les routes, à plusieurs kilomètres.

Bien que nous n'ayons pas à faire l'éloge du corps d'armée du prince Albrecht, nous devons dire cependant qu'il est celui dont on eut le moins à se plaindre à Provins.

Durant les vingt-quatre heures de son séjour, à l'exception des faits arrivés chez MM. Toudy et Lebrun, aucun cas de brutalité ne fut commis envers les habitants, on ne signala pas non plus de vol.

Il est vrai que l'écrasante réquisition faite par l'état-major de la 4e division de cavalerie fut fournie toute entière, et aussi les deux fantaisies assez luxueuses qui suivent :

RÉQUISITION

50 dîners : { 25 au Coq-à-la-Poule (M. Lasnier)
{ 25 au Château-Fort (M. Paillard)

Plus le café, le lendemain matin, pour autant d'hommes.

15 *Septembre* 1870.
JEULAR.

Bon pour un déjeuner de 30 hussards, à servir de suite dans le principal hôtel de la ville, et 10 bottes de foin.

Provins, 15 *Septembre* 1870.

Comte de ROTHKIRCH,
Lieutenant au 2e hussards de Leib.

Le vendredi 16, dès cinq heures du matin, les sous-officiers des différents régiments parcouraient les rues, allant de maison en maison et faisant rassembler leurs hommes. Contrairement à ce qui se fait en France, on n'entendit aucune sonnerie de trompette ; à six heures, tout le monde était dehors et l'artillerie commençait à défiler.

Même remuement avait lieu sur le petit terrain de manœuvres et sur la route de Saint-Brice, où avaient été établis des camps renfermant 500 voitures environ, contenant des réquisitions de toutes sortes, une grande quantité de tentes et d'objets de campement français, ainsi que des fusils chassepots ; tout cela provenait de Sedan, probablement.

Les Prussiens ne se servaient pas du matériel qu'ils nous avaient pris, nos tentes étaient dans les voitures et les soldats d'infanterie des postes dormaient à terre, enveloppés dans leur capote qu'ils portent roulée en sautoir comme chez nous les cavaliers portent le manteau.

Quand le dernier caisson d'artillerie eut tourné l'angle de la rue du Marché-Neuf, les hussards de la mort, qui avaient couché à la caserne et qui attendaient rangés dans la rue du Val, prirent la suite de la colonne ; ils chantaient en chœur et avec beaucoup d'ensemble le chant national allemand : *Gott erlost der Kœnig und das Vaterland* (Dieu sauve le Roi et la Patrie) ; les cuirassiers de Brandebourg et les hussards de Frédéric-Charles suivaient.

Le prince Albrecht, à cheval, ayant à ses côtés un officier des dragons du Rhin, qu'on a dit être son fils, et escorté de son état-major dans lequel se trouvait un nègre du plus beau noir, vêtu d'un habit rouge galonné semblable en tout point à la livrée d'un suisse de grande maison, partirent à huit heures.

Le défilé des voitures dura plus de trois heures, le 5ᵉ régiment de dragons Rhénan, les uhlans et le service des ambulances quittèrent la ville les derniers.

A la suite des régiments de cavalerie et du convoi de charriots de réquisition, venait le personnel du service de l'intendance ; une calèche, attelée à la daumon, renfermait un officier supérieur qui, arrivé en face le grimpon de la Tour du Bourreau, près la propriété de M. Michelin, donna ordre à son cocher d'arrêter. Après avoir admiré un peu de temps l'imposant panorama que présentent les arcades de l'ancien abbaye de Saint-Jacques, la Tour de César, la vieille basilique de St-Quiriace et son dôme oriental, ainsi que les terrasses du Rubis, l'officier ouvrit un album et en quelques coups de crayon exécuta un croquis du magnifique point de vue qui l'avait frappé. Puis il fit fouetter ses chevaux et regagna la colonne, emportant un souvenir tout pacifique de son passage dans la ville des Thibault.

Toutes ces troupes, qui se rendaient à Fontainebleau, par Nangis, furent obligées de faire halte entre Vulaines et Maison-Rouge, la route de Paris ayant été coupée par de profondes tranchées afin d'entraver le plus possible la marche de l'ennemi, l'artillerie eut beaucoup de peine à franchir les fossés et les cavaliers mirent pied à terre pour faire gravir aux chevaux les talus et passer à travers champs.

Après le départ de la colonne, on ne voyait pas beaucoup de traînards, les officiers du service télégraphique, les aumôniers et quelques retardataires restèrent à Provins jusqu'à midi.

Le même jour, vers deux heures, arriva, venant d'Epernay, un détachement de trente-six fantassins Bavarois, commandé par un officier. Les hommes de cette petite troupe qui étaient accablés de fatigue ne voulurent point se séparer ; vu leur nombre, ils n'étaient pas très rassurés au milieu de notre population ; ils regrettaient, disaient-ils, d'être obligés de marcher avec la Prusse ; on les logea à l'Hôtel-de-France ; le soir, le tambour, qui ne faisait que pleurer, raconta à des personnes qu'il avait eu un frère de tué à Sedan, que lui-même avait servi précédemment la France dans la légion étrangère, qu'il avait fait la campagne du Mexique sous les ordres de Bazaine, était marié, avait des enfants et voudrait bien trouver des habits civils pour pouvoir déserter. Comme on se défiait des espions, on ne fit pas attention à son récit qui pourtant pouvait être vrai.

Le samedi matin, en partant, toutes les intentions pacifiques manifestées la veille par les Bavarois avaient fait place au naturel rapace et violent dont les hommes de cette nation nous ont plus d'une fois donné la preuve. Arrivés en haut de la montagne de Paris, ils aperçurent dans un champ voisin de la route un cultivateur de la Ville-Haute, M. Quiriace Philippe, qui labourait à la charrue, ils s'approchèrent et voulurent lui prendre son attelage. Notre concitoyen résista ; il fut rudoyé, et un de ces pillards lui tira un coup de fusil qui, heureusement, ne l'atteignit pas. M. Quiriace dut prendre la fuite, laissant ses deux chevaux aux mains des Bavarois. Un peu plus loin, à Vulaines, ils exigèrent que M. Clergeot, le maire, leur donnât une voiture et des chevaux ; ils prirent encore une autre voiture dans la cour de son habitation. Mme Clergeot, en voulant s'y opposer, fut frappée brutalement par le sous-officier et le tambour.

Après bien des difficultés, M. Clergeot, qui avait fait suivre le détachement par un de ses charretiers, parvint à rentrer en possession, à Rozoy-en-Brie, de son attirail et aussi des chevaux de M. Philippe.

Le samedi 17, vers deux heures, quatre cuirassiers blancs arrivent en ville par la porte de Paris et s'arrêtent devant l'atelier de M. Fleury, maréchal-ferrant, en face l'auberge de la Croix-d'Or ; l'un d'eux lui intime l'ordre de ferrer son cheval. Pendant cette opération, une foule nombreuse fait cercle autour des cavaliers qui paraissent visiblement inquiets ; remontant à cheval précipitamment, ils se lancent au galop dans les rues de la ville qu'ils suivent jusque vers l'église Saint-Ayoul. Là, ils rencontrent une charrette remplie de bagages et un cabriolet dans lequel se trouvent un jeune officier d'artillerie et un médecin ; ils les escortent et descendent avec eux à l'Hôtel-de-Ville.

Ces officiers viennent de Sézanne et demandent qu'on leur procure d'autres chevaux et des voitures pour aller à Nangis. La foule, composée d'habitants de la campagne venus au marché, manifeste des sentiments peu bienveillants à leur égard ; l'officier d'artillerie a peur ; il consulte à toute minute une carte géographique qu'il tire d'un sac de voyage artistement garni de perles ; il crie, jure, menace, et dit à M. Le Bailly, maire, qu'il fera un rapport sur la mauvaise volonté que met l'Administration à leur procurer la réquisition demandée, puis se radoucissant, il supplie qu'on leur donne les moyens de partir ; enfin les voitures sont amenées et ils se mettent en route vers cinq heures.

Ils n'étaient pas encore sortis de la ville que deux jeunes soldats Bavarois, dont le plus âgé pouvait avoir dix-huit ans, faisaient aussi leur apparition à la Mairie, ils étaient exténués de fatigue et demandaient également une voiture ; en présence de l'attitude de la population ils ont jugé prudent de continuer leur route sans attendre ; ils furent escortés par de nombreux curieux jusqu'à la porte de Paris et allèrent coucher à Vulaines.

Le même jour, 17 septembre, le Procureur de la République de Provins fait arrêter un manouvrier de la rue du Murot, nommé Alexandre Picard, âgé de 33 ans, sous l'inculpation d'avoir fourni à l'ennemi, le 15 septembre, des indications sur les maisons bonnes à piller. Picard, qui ne vivait pour ainsi dire que de braconnage, était la terreur de beaucoup de gens ; il avait menacé de montrer aux Prussiens les cachettes faites dans les caveaux, à la Ville-Haute.

Conduit immédiatement à Sens et mis à la disposition de l'autorité militaire, Picard fut transféré à Nevers où il passa devant la cour martiale. Condamné à mort, on le fusilla dans la cour de la prison de cette ville, le 26 novembre suivant, à sept heures du matin, en même temps qu'un charretier des environs de Melun, nommé Tolle, âgé de 17 ans, convaincu d'avoir livré à l'ennemi des soldats français, prisonniers évadés, qu'il s'était chargé de conduire hors des lignes allemandes.

Le 19 septembre, il n'y avait encore que sept jours que nous étions envahis, et déjà en dépit de l'adage qui dit que « les jours se suivent et ne se ressemblent pas », à Provins, ils s'étaient trop ressemblés ; chaque journée avait été marquée par des visites dont on se souciait peu et dont on se serait bien passé.

Ce jour-là, vers deux heures, trois détachements du 4ᵉ régiment de chevau-légers Bavarois vinrent à la mairie lever une réquisition dont le reçu suivant donne le détail :

> 28 sacs d'avoine,
> 670 kilos de pain,
> 680 litres de vin ordinaire et 30 bouteilles de vin extra,
> 25 kilos de sucre,
> 20 — de café,
> 90 paquets de cigares,
> 40 — de tabac,
> 1 sac de cigares reçu de la commune de Provins, pour le régiment stationnant à Mortery et à Chenoise.

Provins, le 10 Septembre 1870.

(Trois signatures illisibles.)

Ce n'est qu'après un temps assez long que les Conseillers municipaux de service parvinrent à réunir toutes les choses ci-dessus, l'absence des communications par le chemin de fer et le peu de sûreté des routes commençaient à rendre l'approvisionnement de la ville difficile.

Pendant que les soldats ravageaient l'intérieur des boutiques des marchands de tabac, furetant jusque dans les endroits les moins parfumés pour y trouver des cigares dont ils faisaient une ample consommation, les officiers se faisaient servir, à l'hôtel de la Boule d'Or, un copieux déjeuner qu'ils ne manquaient pas d'arroser de vin de Champagne ; du reste, partout en France on a eu occasion de constater que messieurs les officiers allemands avaient un faible très prononcé pour les produits de la veuve Cliquot et de MM. Moët et Chandon ; mais ils étaient moins gourmets que gourmands, et nous connaissons ici plus d'un négociant qui profita de cette disposition de leur palais pour leur faire consommer du *poiré* additionné de sucre candi, et cela sans qu'ils se soient une seule fois aperçus de la supercherie, bien pardonnable après tout, car ils ne voulaient jamais payer la valeur de ce qu'ils prenaient.

Au moment où, les voitures chargées, les Bavarois remontaient à cheval pour reprendre le chemin de leur camp, des complications faillirent surgir. Ces cavaliers, qui portent (ironie, sans doute!) la dénomination de *chevau-légers*, étaient si lourds, si embarrassés que, pour se mettre en selle, ils étaient obligés de se soulever mutuellement : cela provoqua dans la foule de curieux des rires et des quolibets peu flatteurs pour les Bavarois qui se fâchèrent, mais cela n'eut pas de suite.

A peine les détachements avaient-ils quitté la place du Val, qu'une quatrième colonne arriva de Sourdun, réclamant aussi des provisions ; cette fois l'Administration tint bon et ne donna rien. L'officier partit en menaçant de revenir en force et de piller, mais on ne les a jamais revus.

On a beaucoup blâmé, pendant les premiers jours de l'invasion, ceux des habitants qui, chaque fois que des détachements ennemis se présentaient, accouraient aux abords de la Mairie dont ils envahissaient le perron ; outre que leur curiosité était déplacée, de graves inconvénients étaient à redouter, car la guerre ayant fait fermer un certain nombre d'ateliers et de chantiers, beaucoup d'ouvriers étaient sans travail, et c'est les larmes aux yeux et la rage au cœur que la plupart d'entre eux, pères de famille, au foyer desquels le besoin commençait à se faire sentir, assistaient à l'enlèvement de tant de superflu par les soldats étrangers, qui furent plus d'une fois obligés de se défendre pour conserver leurs réquisitions. On comprend qu'il était difficile pour les nôtres de se contenir en voyant ces choses, et c'est la seule excuse qu'on peut donner aux différents mécontentements manifestés plusieurs fois contre les Conseillers municipaux, qui pourtant ne remplissaient leur ingrate mission que bien à regret et toujours pour éviter à la ville des désagréments.

Afin d'empêcher, autant que possible, le renouvellement de pareilles scènes et surtout dans un but d'humanité, l'Administration municipale, dans sa séance du soir même, prit des mesures pour assurer de l'ouvrage aux ouvriers. On adopta la rectification de différents chemins et routes et la démolition et la reconstruction de la Maison d'école. Le Conseil décida ensuite à l'unanimité que la proclamation suivante serait affichée :

PROCLAMATION

Le Maire informe les habitants de la ville que le Conseil municipal s'est occupé, dans sa séance d'aujourd'hui, de toutes les mesures à prendre pour procurer le plus tôt possible du travail et du pain à la population ouvrière.
En conséquence, le Maire et le Conseil municipal recommandent à tout le monde de se rassurer et de rester calme et digne en présence de l'ennemi, et d'éviter tout rassemblement autour des troupes de passage.

19 *Septembre* 1870.

Le soir, la ville fut très calme ; seules des patrouilles de gardes nationaux qui, bien que désarmés, n'en continuaient pas moins à faire un service d'ordre et de surveillance, parcouraient les rues. Des hauteurs de la place du Châtel et du rempart de la porte Saint-Jean, on apercevait au loin dans les plaines, entre la forêt de Chenoise et Mortery, les feux des bivouacs des troupes allemandes qui, ce jour-là, occupaient, au nombre de 10,000 hommes environ, toute la partie nord de notre arrondissement.

Le 21 septembre on reçoit à la sous-préfecture de Provins plusieurs maires des communes voisines qui viennent appuyer les réclamations de leurs administrés demandant qu'on constate les réquisitions de chevaux et bestiaux que leur fait l'ennemi sans vouloir donner de récépissé.

A propos de cette manière de procéder de nos envahisseurs, et bien qu'il n'ait pas de rapport direct avec les événements d'aujourd'hui, il n'est pas sans intérêt de placer ici le document suivant qui est conservé dans les archives administratives de notre arrondissement ; c'est un écho de l'invasion de 1814, il montre la différence qu'il y avait entre certains officiers ennemis de cette époque et les officiers Allemands de 1870.

Copie d'une lettre adressée par M. DELORT, *colonel à l'état-major autrichien, à M.* OPOIX, *notaire, et l'un des présidents remplissant les fonctions de maire à la permanence de la ville de Donnemarie, arrondissement de Provins, département de Seine-et-Marne.*

Mayence, le 18 août 1814.

Monsieur le Maire,

Vous voudrez bien vous rappeler que le Corps sous les ordres de Monsieur le Maréchal Prince de WREDE, séjourna, le 17 février de cette année, à Donnemarie, et que j'eus l'honneur d'être en quartier chez vous, où, ayant besoin de deux chevaux de charroi pour mon fourgon, vous m'avez procuré un charretier avec deux chevaux par réquisition.

Ce charretier avait à peine placé ses chevaux dans votre cour, que l'attaque et les mouvements qui eurent lieu, le même jour, dans les environs de votre ville, l'engagèrent sans doute à se sauver et à abandonner ses chevaux. Les événements de la guerre ayant conduit le corps où je servais dans des directions éloignées, je n'ai rejoint mes équipages que sur les bords du Rhin, deux mois après la paix. Je retrouvai les deux chevaux dans un état si misérable, que j'en différai la vente jusqu'à ce qu'ils fussent remis. J'ai enfin été assez heureux pour trouver à les vendre le mieux possible, et je m'empresse de m'adresser à vous, Monsieur, pour vous prier de bien vouloir me faire savoir celui à qui ces deux chevaux ont appartenu, afin que je puisse sur-le-champ lui faire tenir la somme que j'en ai retirée.

Si le charretier, au lieu d'abandonner ses chevaux, eût rempli le but de sa réquisition, il eût été relevé par un autre dans les premières stations et n'eût essuyé aucune perte et je n'aurais pas eu l'embarras et les frais d'entretien de ses chevaux qui, d'après les usages de la guerre, devaient être perdus pour lui; mais comme il n'entre pas dans mon caractère de profiter du malheur de mes semblables, et que je serais inconsolable d'ajouter à tous les maux de la guerre peut-être la ruine d'un honnête homme, j'aurai une véritable satisfaction de restituer au propriétaire le prix de la vente de ses deux chevaux, sans aucune espèce de retenue sur les frais d'entretien qui restent à mon compte.

L'un a été vendu 96 fr. et l'autre 270 fr., total 366 fr.

Vous m'obligerez infiniment, Monsieur le Maire, en m'honorant d'une prompte réponse, de m'indiquer les moyens de vous faire parvenir cette somme.

Agréez l'assurance de la considération de celui qui a l'honneur d'être, Monsieur,

Votre très humble serviteur.

Jos. DELORT,
Colonel à l'Etat-Major Autrichien.

Le soussigné certifie que la somme de 366 fr. a été touchée en un billet, acquitté au propriétaire, par M. le Receveur particulier de Provins (1).

OPOIX.

---

(1) Bon nombre de nos concitoyens de la ville et des environs auxquels, en 1870, il a été réquisitionné des chevaux, n'ont pas eu la chance de rencontrer des ennemis dont la loyauté égalât celle du colonel Delort. MM. Michaud et autres, en savent malheureusement quelque chose; ils attendent encore le retour de leurs animaux qu'on leur avait cependant bien promis de leur rendre à la paix ou de leur en faire tenir la valeur.

Le vendredi 23 septembre 1870, vers huit heures du matin, une douzaine de fantassins prussiens traversent les rues de Provins, demandant la route de Château-Thierry, où ils vont chercher des bestiaux, disent-ils.

Après leur départ, M. Chamoin, agent d'assurances, prit un cheval et une voiture pour se rendre à Villenauxe, afin de les faire arrêter comme prisonniers ; il croisa le petit détachement, qui ne se doutait de rien, sur la route, vers Saint-Martin-Chennetron et arriva bien avant lui à Villenauxe, où il prévint le maire, M. Chenuat qui, accompagné de plusieurs habitants, se transporta immédiatement au-devant des Prussiens.

Ils les rencontrèrent vers onze heures. M. Chenuat, armé d'un revolver, leur fit sommation de se rendre ; les hommes ne demandaient pas mieux, mais le sous-officier commandant fit quelques difficultés. Après des pourparlers assez longs dans lesquels on put comprendre qu'ils craignaient qu'il leur fût fait du mal, M. Chenuat le laissa libre de garder son sabre, le prit par le bras et lui promit que la population ne leur ferait rien.

La brigade de gendarmerie de Nogent-sur-Seine, seule force militaire française qui, à cette époque, n'avait pas encore quitté notre région, fut avertie par le télégraphe et vint chercher les prisonniers. Dans le trajet de Villenauxe à Nogent, un d'entre eux essaya de s'échapper, il se sauva dans une vigne où un gendarme l'eut bientôt rejoint : le fuyard tremblait de tous ses membres, ses dents claquaient de peur et il ne cessait de répéter les mots : *Capout ! Capout !...* tout en faisant signe qu'on allait lui couper le cou ; le gendarme, qui était alsacien et comprenait l'allemand, le rassura en lui disant qu'il serait seulement interné dans une forteresse, alors il se décida à marcher sans résistance.

Le 24 septembre, on apprend en ville que toute la partie nord de l'arrondissement est occupée de nouveau par l'ennemi, qui écrase les habitants de réquisitions. Il y a 800 Saxons à Villiers-Saint-Georges : un camp de ravitaillement très considérable est établi à Montceaux, les Prussiens y réunissent beaucoup de bestiaux qu'ils ramènent des environs de la Ferté-Gaucher où le typhus s'est déclaré.

A Provins, on s'occupe toujours du service de la garde nationale, on installe des guetteurs dans la lanterne du dôme de St-Quiriace ; ils ont pour mission d'explorer, à l'aide de longues-vues, les routes et les plaines des environs et de signaler l'ennemi dès qu'il paraîtra.

Vers dix heures, le factionnaire annonce deux cuirassiers blancs, venant par l'ancienne route de Chenoise ; selon lui, ils auraient traversé les champs derrière le cimetière de la ville-haute et seraient descendus dans les Courtils ; malgré les recherches d'une patrouille, on n'a rien retrouvé.

Dans la soirée du 26 septembre, vers six heures, un jeune homme de la campagne montant un cheval que son harnachement indiquait appartenir à l'ennemi, arrivait à francs étriers sur la place de l'Hôtel-de-Ville, à Provins, et jetait à la foule de curieux qui, malgré les recommandations de l'Administration, accouraient toujours au moindre fait ou geste annonçant quelque chose d'extraordinaire, ces mots : *Au secours pour Villiers-Saint-Georges, les Prussiens sont en marche pour venir le brûler !...* puis sans descendre de cheval, il partit immédiatement pour aller à Nogent faire une semblable demande de secours.

L'effet que produisit sur les assistants cette nouvelle est indescriptible, et un étranger qui se fût trouvé là, aurait eu de la peine à reconnaître en eux des paisibles habitants de la ville des Roses ; toutes les têtes étaient montées, une fièvre guerrière circulait partout. Tandis que les uns parlaient de forcer l'Administration municipale à redonner les armes que les Prussiens avaient fait déposer à la Mairie, les autres voulaient aller à la ville haute sonner le tocsin pour appeler les habitants des campagnes voisines, afin de marcher tous ensemble pour défendre la bourgade menacée ; en effet, bientôt *Guillemette,* la cloche de la Tour de César, où plusieurs gamins étaient parvenus à s'introduire malgré les efforts du gardien, tinta quelques coups, mais personne ne vint, et après que la foule eut bien crié et gesticulé pour rien, l'effervescence se calma petit à petit et chacun rentra chez soi.

Vers huit heures, le bruit se répandit en ville que la population de Nogent se portait en masse à Villiers-Saint-Georges, il n'en fallut pas davantage pour réveiller l'agitation, et jusqu'à près de minuit, des groupes ne cessèrent de stationner sur la place du Val.

Ce n'est qu'à ce moment seulement qu'on apprit au juste de quoi il s'agissait, car dans sa précipitation le messager ne l'avait pas dit. Un de nos concitoyens avait bien voulu se dévouer pour aller aux renseignements, et voici ce qu'il rapporta :

Vers une heure après midi, trente-huit cavaliers du 3e régiment de dragons de réserve prussien, faisant partie des troupes chargées de la surveillance des routes d'étapes de la IIIe armée, étaient venus du camp de Montceaux-lès-Provins s'installer à Villiers-Saint-Georges, avec l'intention d'y rester jusqu'au lendemain ; ils s'étaient logés par quatre chez les habitants, et tout paraissait devoir se passer avec calme.

A trois heures, une troupe composée d'environ 300 gardes nationaux, francs-tireurs et paysans, tous armés de fusils, de fourches et de bâtons, se présenta tout-à-coup aux entrées de la petite localité, et, comme une marée montante, fit irruption dans les rues en criant : Aux armes !... Les Prussiens épouvantés courent à leurs chevaux pour prendre la fuite, mais ils n'en ont pas le temps ; de tous côtés ils sont entourés et pris, ceux qui résistent sont massacrés. Enivrés par la réussite de leur coup de main, quelques hommes de la bande ne veulent rien entendre et frappent les cavaliers qui se jettent à genoux, suppliant qu'on ne les tue pas.

Plusieurs maisons deviennent le théâtre de drames sanglants : chez M. Herbelin, un Prussien est tué dans un placard, un autre est percé de coups de baïonnette sous un lit, un troisième est fusillé dans la cour.

Ailleurs, un dragon poursuivi par des francs-tireurs, se réfugie sous un hangar et grimpe dans le sinotage en retirant l'échelle à lui, cela le sauva.

Dans les rues, les coups de feu retentissent et les balles ricochent sur les façades des maisons qui se ferment partout, les femmes et les enfants sont affolés et crient ; sur la place de la Mairie, près de chez M. Verdier, marchand boucher, un garde national adossé au mur, attend en visant l'adjudant-cornette, commandant le détachement, qui arrive sur lui ventre à terre en l'ajustant avec son pistolet ; à quinze pas environ, le Prussien tire et manque le garde national. Celui-ci riposte de son coup de fusil, la balle rasant la tête du cheval pénétra dans le flanc du cavalier qui fit un soubresaut sur sa selle et retomba foudroyé sur le sol, sans articuler un mot.

La mort de l'officier fut la fin de la lutte, la plupart des autres dragons ayant pris la fuite. La troupe des assaillants recrutée un peu partout dans le trajet depuis Romilly, d'où elle était partie, réunit bien vite les blessés et quelques prisonniers avec les armes et les chevaux, et craignant à son tour d'être surprise, elle reprit aussitôt le chemin de Villenauxe.

En traversant les bois de Louan, un peu avant d'arriver à Fontaine-sous-Montaiguillon, deux des prisonniers parvinrent à s'échapper ; dès que cette nouvelle fut rapportée à Villiers-Saint-Georges, les habitants qui étaient déjà stupéfaits de ce qui venait de se passer, craignant les représailles et sachant comment l'ennemi agissait en pareille circonstance, s'empressèrent de faire disparaître les cadavres des Prussiens tués en les cachant sous un tas de pierres, puis ils abandonnèrent en partie leurs maisons : tous s'attendaient à voir le pays incendié.

C'est à ce moment qu'un exprès fut envoyé à Provins pour demander du secours.

Qu'on juge de l'horrible inquiétude dans laquelle étaient plongés les habitants de la petite bourgade pendant toute la nuit qui suivit cette journée ! Ceux qui étaient restés dans leurs habitations comme ceux qui s'étaient réfugiés dans les environs, n'éprouvaient pas moins les mêmes transes chacun en particulier.

Cependant les choses se passèrent moins mal qu'on ne le redoutait, grâce aux dragons et aux prisonniers qui étaient parvenus à regagner le camp de Montceaux et avaient déclaré dans leur rapport qu'ils avaient été attaqués par des francs-tireurs venus du dehors.

A minuit, un détachement de cavaliers vint à Villiers-Saint-Georges ; les officiers frappèrent à la porte de M. Lebon, greffier, et à celle de M. Hermelin, boulanger, un des conseillers municipaux restés à leur poste malgré la panique générale ; après avoir pris des informations sur les événements de la journée, ils se retirèrent en annonçant qu'ils reviendraient bientôt.

En effet, le lendemain, mardi 26, dès sept heures du matin, 800 fantassins Prussiens, avec de l'artillerie, cernaient Villiers. Le commandant de la colonne s'installa à la mairie et commença par imposer à la Municipalité une amende de 4,000 francs, qu'après beaucoup de peine on réussit à se procurer, en partie, à l'aide de cotisations faites entre les habitants ; le receveur de l'enregistrement compléta la somme en prenant sur sa caisse et la versa aux officiers ennemis (1).

L'État-Major procéda ensuite à une minutieuse enquête et à des visites dans presque toutes les maisons, afin de découvrir les armes cachées ; les demeures qui avaient été abandonnées furent ouvertes, les portes des caves enfoncées, le vin et les denrées pillés.

La plupart des habitants furent fouillés et les poches de leurs vêtements examinées avec soin pour savoir si elles n'avaient pas contenu des cartouches. MM. Jeannel, aubergiste au *Cheval blanc*, et Fillot, agent-voyer, ainsi que plusieurs autres, furent très durement maltraités.

M. Chamoin, de Provins, que ses affaires appelaient à Villiers, fut fait prisonnier. Avant d'arriver au bourg, sur la route, au lieu dit les Tertres, il tira son mouchoir de poche blanc et l'agita en l'air pour demander à parlementer avec les factionnaires, il fut aussitôt entouré et conduit brutalement à un colonel qui lui fit subir un interrogatoire, l'accusant d'être venu faire des signaux convenus aux habitants avec lesquels, disait-il, il avait dû avoir des relations la veille. Notre compatriote ne se laissa pas intimider et protesta si bien de son innocence qu'il fut mis en liberté une heure plus tard avec un sauf-conduit.

Les Prussiens n'ont quitté Villiers-St-Georges qu'à sept heures du soir ; ils sont restés toute la journée, ayant pris leurs précau-

---

(1) Plus tard, la municipalité de Villiers-Saint-Georges ayant pu prouver que les habitants étaient restés étrangers à l'attaque du 26 septembre, cette somme fut remboursée à la commune par le Gouvernement allemand.

tions et attendant les habitants des localités voisines qu'on leur avait dit devoir venir au secours du pays ; mais rien ne parut.

Pendant leur séjour, ils firent réquisition de 400 kilog. de pain, 400 kilog. de viande, du vin et du café.

Le succès à la guerre est dans « les jambes des soldats, » a dit Napoléon Ier ; aussi, les Allemands, qui, il faut le reconnaître, sont avant tout des gens pratiques, n'ont-ils pas manqué, en 1870, de suivre à la lettre le conseil d'un des plus grands conquérants de notre époque.

Depuis la journée de Sedan, qui marque pour ainsi dire la fin de la première partie de la lutte soutenue par notre malheureuse Patrie, l'ennemi n'a pas perdu une seule minute pour s'avancer sur Paris. Du 1er au 17 septembre, jour où l'investissement fut à peu près complet, toutes les routes de l'est et du nord convergentes vers la capitale furent sillonnées par des corps d'armée considérables.

Par sa situation topographique, notre région devait se ressentir une des premières des conséquences de cette invasion ; toutes les localités situées entre la vallée de la Marne et la vallée de la Seine, furent envahies et écrasées de réquisitions dès le 10 septembre. Bien que ne se trouvant pas sur une des routes directes d'Allemagne, la ville de Provins n'en fut pas exemptée pour cela ; mais les passages, quoique nombreux, y furent beaucoup moins considérables que dans les localités voisines, Meaux, Coulommiers et la Ferté-Gaucher, par exemple, qui, en vingt-quatre heures, vit défiler dans ses rues 40,000 hommes avec canons et bagages.

Le 30 septembre comptera parmi les plus rudes journées dont on gardera le souvenir à Provins.

Dès le matin, la population était agitée : en même temps qu'entre voisins on colportait la nouvelle que le département de Seine-et-Marne venait d'être imposé par le roi de Prusse, pour la somme de un million de francs, à titre de contribution de guerre, on se montrait une dépêche adressée de maire à maire et ainsi conçue :

« Ennemi en pleine déroute au-dessus de Montereau ; levez vite tout ce que vous pourrez d'hommes valides ; le rendez-vous aura lieu à... »

Malgré son laconisme et son caractère officiel très contestable, cette dépêche n'en produisit pas moins un grand effet.

Dans tous les villages de la vallée de la Seine et dans toute la partie sud de l'arrondissement, on sonna le tocsin et les habitants prirent les armes : Nogent devint un centre de ralliement où se groupèrent plus de 1,500 gardes nationaux animés du plus ardent patriotisme et ne demandant qu'à marcher.

Pendant que les choses se passaient ainsi au dehors, en ville on apprenait qu'un corps ennemi était arrêté près le château du Houssay, et qu'il ne tarderait probablement pas à arriver.

En effet, vers midi, une avant-garde de troupes bavaroises paraît sur la côte de Saint-Sylas. Au lieu de descendre la route, les soldats s'engagent dans les petits sentiers qui aboutissent près la propriété de l'Ermitage, suivent le chemin du Pont-au-Loup, traversent les remparts et les Boulançois et arrivent à l'Hôtel-de-Ville en passant par la vieille rue Notre-Dame. Il fallait qu'il y en eût parmi eux qui connussent déjà ces chemins, car, à moins d'être guidés, jamais des étrangers n'auraient passé par là.

Du Houssay pour venir à Provins, le corps bavarois se divisa en deux fractions : l'une passa par Léchelle et Saint-Brice ; dans ce dernier village, les soldats se livrèrent à de minutieuses perquisitions chez les habitants ; ces hommes, qu'on se plaisait à nous représenter comme de si bons catholiques, violèrent le respect qu'on doit aux morts, d'odieuses profanations furent commises dans le cimetière, des cercueils ont été ouverts pour rechercher les fusils.

L'autre fraction suivit la route directement ; elle rejoignit la première au carrefour des rues de Courloison et de Troyes, vers une heure après midi.

La jonction opérée, la colonne ennemie, composée de 3,500 hommes du 7ᵉ d'infanterie bavaroise, précédés de deux escadrons appartenant au 4ᵉ régiment de chevau-légers, marchant en éclaireurs, pénètre en ville, les tambours battent la charge, les compagnies marchent par sections en lignes ; elles sont espacées entre elles de 50 en 50 mètres, de façon qu'en cas de surprise elles aient le temps de se mettre sur la défensive.

La tête s'arrête au bas de la montagne de l'Hôtel-Dieu, et la ligne s'étend jusqu'au Magasin à fourrages. Sur un signe du commandant, répété par tous les officiers, les hommes chargent leurs armes et se placent de front sur deux rangs.

Un poste considérable est installé à l'Hôtel-de-Ville, l'état-major bavarois est rassemblé sur le perron, le colonel-major Curtius, commandant en chef la colonne, demande le Maire.

Entouré de plusieurs Conseillers municipaux, M. Le Bailly se présente ; avant qu'il ne lui fût adressé aucune parole, le premier magistrat de la cité subit un humiliant outrage, les Bavarois lui arrachent violemment son écharpe.

Ils sont dans une surexcitation impossible à décrire ; ils menacent, crient et vocifèrent en montrant l'arbre de *la Liberté*, planté sur la place ; c'est que, semblable à un navire conquis, mais non vaincu, et bien qu'au pouvoir de l'ennemi depuis plus de quinze jours, Provins n'avait pas encore amené son pavillon ;

le drapeau tricolore flottait toujours au faîte du peuplier élevé là le 4 septembre.

Nos couleurs nationales semblaient faire sur eux l'effet du rouge sur les taureaux. De suite le commandant ordonna de descendre l'emblème de la France; bon gré mal gré il fallut obtempérer; mais par un sentiment qui fait honneur à leur patriotisme, aucun ouvrier charpentier de la ville ne voulut se charger de la besogne.

De plus en plus furieux, les Bavarois tournent leur rage contre tous ceux qui sont présents. Des habitants, MM. Sadron et Emile Guillard, sont frappés à coups de sabre par les cavaliers. M. Charbaut, architecte et conseiller municipal de service, veut s'interposer, il est brutalisé à son tour, arrêté et gardé à vue par des factionnaires.

L'employé des Eaux-Minérales, M. Chemin, est requis par un officier de descendre le drapeau, il refuse net; il est alors adossé au mur de la boucherie de M. Hubert et menacé d'être fusillé, s'il résiste. Sous cette terrible perspective, il est contraint d'agir, aidé par M. Goix, employé ambulant des octrois; il monte à l'arbre et en coupe le faîte dont la chute fut saluée par les Bavarois qui se précipitèrent sur le drapeau en poussant de formidables cris de : *houras! houras!...* et déchirant les banderolles tricolores attachées aux branches, ils se les partagent entre eux; quant au drapeau principal, il décore probablement aujourd'hui un trophée de l'arsenal de Munich ou de quelque autre ville du royaume du roi Louis II, le fidèle allié et vassal de Guillaume.

L'Administration a fort à faire avec le major Curtius, qui ne veut rien entendre et qui menace à chaque mot de mettre la ville au pillage si on lui résiste; il ne veut pas faire occuper les casernes et ne veut pas non plus de billets de logement; les officiers examinent l'extérieur des maisons et, selon leur apparence, ils placent douze, quinze et même vingt hommes dans chacune.

La ville est tenue de fournir immédiatement la réquisition suivante, qui fut remise aux officiers de l'intendance Das et Valborer :

2,000 kilos de viande,	800 kilos d'avoine,
3,000 — de pain,	800 — de foin,
2,000 litres de vin,	2,500 — de paille,
100 kilos de café,	9,650 cigares,
100 — de sucre,	15 kilos de tabac à fumer,
50 — de sel,	3 — de tabac à priser.

Deux heures plus tard nos rues et places ressemblaient à des halles : les tonneaux étaient mis en chantiers sur les trottoirs, des tas énormes de pain et de viande s'élevaient sur la chaussée; toutes les distributions se firent dehors.

Le commandant s'installa à la Boule-d'Or avec ses officiers, et ainsi que cela se pratique dans l'armée française, le drapeau du régiment y fut amené, escorté par un piquet d'honneur, sous les ordres d'un capitaine.

Tandis que les Bavarois s'occupaient de s'installer à leur convenance chez les habitants, ceux-ci étaient en proie à une certaine inquiétude, car on savait que, dans les campagnes, au reçu de la dépêche dont il est parlé plus haut, le tocsin et le tambour avaient mis tous les gardes nationaux et hommes valides sous les armes, et que ceux de plusieurs communes étaient en marche pour venir à Provins.

Dans l'impossibilité où s'était trouvée la ville de se défendre dès le début de l'invasion, les autorités avaient jugé prudent et cela avec raison, de ne pas hasarder de vains et inutiles efforts en exposant les habitants à la cruelle vengeance de l'ennemi ; aussi, il n'y avait pas une minute à perdre dans la situation présente pour éviter un conflit qui ne pouvait qu'être désastreux pour les nôtres. A deux heures, un magistrat, M. Breton qui, pendant toute la durée de la guerre, n'a cessé de donner des preuves de la plus grande énergie, monta à cheval, parvint à sortir de la ville sans éveiller l'attention des factionnaires qui gardaient toutes les entrées, et se porta au-devant des gardes-nationaux qui s'avançaient ; il les rencontra, au nombre de 400 environ, au-delà de Septveilles, il les informa que Provins était occupé par 3,000 Bavarois, et n'eut pas de peine à les convaincre que ce serait folie que d'engager la lutte.

A Nogent, les choses se passèrent de la même façon, les gardes nationaux rassemblés, en apprenant la présence de l'ennemi à Provins, voulaient venir délivrer la ville ; mais là aussi on leur fit comprendre qu'ils auraient à attaquer une troupe plus nombreuse et mieux aguerrie qu'eux.

Tous ces braves gens qui ne demandaient qu'à prouver leur dévouement à la patrie, durent se retirer, mais ce fut bien à regret. Cependant, dans la nuit, les gardes nationaux de Marnay (Aube) sont venus en reconnaissance jusqu'à Chalautre-la-Grande.

Comme on le voit, dans nos contrées, avec l'esprit qui animait les populations, la levée en masse n'aurait pas été difficile à organiser.

Mais revenons à ce qui se passait à Provins.

Les Bavarois étaient à peine installés qu'ils firent publier que les possesseurs d'armes aient à les déposer immédiatement à la Mairie, sous peine de mort, en même temps ils prévenaient qu'à partir de six heures du soir on ne pourrait plus sortir ni entrer en ville.

A mesure que la nuit approchait, les rues prenaient un aspect triste, aucun habitant ne se hasardait dehors, et l'état-major du 7e régiment d'infanterie bavaroise (Hohenhausen), qui est bien la troupe la plus méfiante que nous ayons eu occasion de voir, prenait ses précautions pour attendre le lendemain, tout en continuant ses tracasseries envers la population (1).

Ils recherchaient surtout des renseignements sur ce qui s'était passé à Villiers-Saint-Georges, quatre jours auparavant. Vers sept heures du soir, un officier, escorté de plusieurs soldats, se présenta à l'imprimerie de la *Feuille de Provins*, réclamant « la petite Gazette du 27 septembre », et d'autres numéros antérieurs, espérant sans doute y trouver quelques détails ; il se fit remettre aussi les épreuves du journal qui devait paraître le lendemain. En se retirant, il fit garder M. Lebeau prisonnier chez lui et défendit de rien imprimer sans avoir reçu d'ordre.

Une heure plus tard, à l'Hôtel-de-Ville, le Conseil municipal est en séance ; le major Curtius, très irrité, réclame à l'administration les prisonniers et les chevaux tombés aux mains des francs-tireurs de Provins, à Villiers.

On lui fait observer qu'il n'y a pas de francs-tireurs à Provins, et qu'on n'a pas vu les hommes et les chevaux qu'il réclame.

La discussion continue pendant très longtemps, le major persiste à accuser la ville de Provins qui, suivant lui, est un foyer de brigands.

---

(1) Déjà lors de la première invasion les Bavarois furent, de tous les Alliés, ceux dont on eut le plus à se plaindre en notre ville. Aussi rapaces qu'insatiables, leurs exigences n'avaient pas de bornes, en voici un échantillon :

ARMÉE BAVAROISE.

Le Lieutenant-Général commandant la 3º division d'infanterie,

A Monsieur le Maire de Provins,

Monsieur,

Son A. le Feld Maréchal Prince de Wrede, commandant en chef l'armée bavaroise, m'a chargé de frapper la réquisition suivante :
10,000 paires de souliers, — 1.000 paires de bottes, — 20,000 livres de cuir fort et de remonte, — 20,000 aulnes de drap bleu mourant, — 5,000 aulnes de bleu foncé, — 10,000 aulnes de vert, — 10,000 aulnes de rouge, — 20,000 aulnes de gris, — 5,000 aulnes de noir, — 20,000 aulnes de blanc, — 100,000 aulnes de toile blanche.

Son A. ordonne que cette réquisition soit acquittée au bout de vingt-quatre heures. Si la ville de Provins n'est pas en état de fournir tout le matériel, S. A. m'autorise à en prendre la valeur en argent comptant, soit 1,700,000 francs (un million sept cent mille francs).

Je vous invite, Monsieur le Maire, de prendre les mesures nécessaires pour que je ne sois pas mis dans la nécessité désagréable d'employer la force militaire.

Monsieur le Maire, recevez l'assurance de ma considération très distinguée.

Provins, le 12 juillet 1815.　　　　　Le Lieutenant-Général,
　　　　　　　　　　　　　　　　　　　　DELAMOTTE.

C'est à l'occasion de cette réquisition terrifiante que trois de nos concitoyens les plus recommandables, MM. Crespin, Siret et Delachapelle, se rendirent près de l'Empereur de Russie, Alexandre 1er, qui fit remise à la ville de Provins de cette somme énorme.

On lui dit alors que le méfait dont il se plaint peut avoir été commis par les franc-tireurs d'une autre localité (ceux de la Marne ou de l'Aube, par exemple), qui n'avaient pas de raison pour amener leur prise à Provins.

Le major prend la résolution suivante. Il décide que deux conseillers municipaux, pour démontrer sans doute l'innocence de Provins, se rendront de suite à Villenauxe, où il supposait, on ne sait pourquoi, que pourraient bien se trouver ceux qu'il recherche, et réclameront au maire de cette ville les chevaux et les prisonniers en question, et qu'en cas de refus, ladite ville paiera une indemnité de 40,000 fr. et recevra garnison.

Il rédige aussitôt une sommation en ce sens.

Il s'agit ensuite de choisir les deux conseillers municipaux — personne ne se soucie de faire cette désagréable corvée — sur la proposition de M. de Salvert, on convient qu'on va tirer au sort. Tous les noms, à l'exception de celui de M. Lebeau, prisonnier chez lui, sont mis dans un chapeau. C'est M. Charbaut qui tire et qui ramène son nom et celui de M. de Salvert.

Ces deux Messieurs se mettent en route vers minuit, munis d'un laisser-passer fourni par l'officier, et de la sommation qui précède. Ils sont arrêtés plusieurs fois pendant le trajet par les avant-postes prussiens.

Arrivés à Villenauxe, ils se rendent chez le maire qu'ils ont du mal à réveiller. Celui-ci convoque son adjoint. L'accueil n'est pas très cordial, et la municipalité de Villenauxe serait assez disposée à ne rien répondre à la sommation. Cependant, après une heure de pourparlers et sur l'instance de MM. de Salvert et Charbaut, le maire se décide à écrire une lettre dans laquelle il disait en substance qu'il était en effet à sa connaissance que des francs-tireurs étrangers, avec des prisonniers, avaient traversé sa ville sans s'y arrêter ; mais qu'il ignorait absolument ce qui avait pu se passer.

Nos deux conseillers repartent de suite et arrivent à Provins vers sept heures du matin, après avoir subi les mêmes vexations qu'au départ.

La réponse du maire de Villenauxe fut remise au commandant Bavarois qui s'en contenta, et chose qui surprit beaucoup à cause de sa conduite antérieure, il offrit ses remerciements à MM. de Salvert et Charbaut pour leur dérangement.

La méfiance des Bavarois était si grande que les hommes du poste de l'Hôtel-de-Ville passèrent la nuit dehors, couchés sur le perron et sur les marches. A la ville haute, 1,200 soldats établirent leur campement sur la place du Châtel ; ils dormirent sur une épaisse couche de paille étendue sur le sol, ayant le casque sur la tête et le fusil au côté.

Dès huit heures, toutes les boutiques et les maisons étaient fermées ; à part les conseillers municipaux de service et quelques rares habitants forcés de sortir pour des affaires urgentes, on ne rencontrait personne dans les rues, dont seuls le pas cadencé des patrouilles et le *verda* des factionnaires troublaient le silence.

On ignorait combien de temps la ville serait occupée par les Bavarois ; aussi, grande fut la joie de chacun en les voyant, dès six heures du matin, le samedi 1ᵉʳ octobre, se réunir pour le départ.

Hélas ! on s'était réjoui trop vite, après un simulacre de revue, le major les renvoya à leur logement sans rien leur annoncer.

A dix heures, 26 charriots prussiens, venant de conduire des approvisionnements aux environs de Paris, s'arrêtent sur la place du Val ; aussitôt les conducteurs sont entourés par les Bavarois, qui leur demandent des nouvelles. Les réponses qu'ils en reçoivent ne paraissent pas les satisfaire beaucoup, car ils causent entre eux d'une manière triste et semblent réfléchir.

A onze heures, M. Breton se rend près du major pour obtenir un laisser-passer ; celui-ci lui affirme qu'un armistice de huit jours vient d'être signé. Le bruit s'en répand immédiatement en ville, et ceux des habitants qui ont la mauvaise chance que leur maison ait été choisie pour loger ces hôtes incommodes, songent amèrement qu'il va falloir les garder pendant ce temps.

En rentrant à leur logement, les officiers ne pouvaient dissimuler leur haine contre la France, et dans leur désir d'assouvir leur rage sur la capitale dont ils convoitaient les richesses, ils répétaient que Paris étant le gouffre où la fortune publique vient se perdre, ils rendraient un service important au monde en faisant éprouver à cette ville le sort que Moscou subit en 1812.

Une demi-heure plus tard, un changement subit s'opère tout à coup ; sans même leur donner le temps de retirer de la marmite la viande qu'ils avaient mise au feu pour déjeuner, les sous-officiers firent réunir à la hâte les hommes avec armes et bagages, et toute la troupe se forma en colonne de départ.

Le commandant passa devant le front et adressa à chaque compagnie une petite allocution, que des personnes qui connaissent l'allemand traduisirent en ces termes :

« Soldats, du courage, nous allons rejoindre nos camarades » sous Paris ; hâtons-nous, les moments sont précieux. »

Ceci contrastait singulièrement avec l'annonce d'un armistice qu'il avait faite une heure auparavant.

La colonne se mit en marche vers midi, et en passant sur la place du Val, le major salua de la main la foule, l'invitant à rester calme et annonçant qu'ils seraient bientôt de retour.

Cet incident du départ rappelle le fait suivant, que nous avons souvent entendu raconter à de vieux Provinois :

En avril 1814, quand le corps d'occupation composé entière-

PROVINS PENDANT L'INVASION

30 SEPTEMBRE 1870

ment de Russes, quitta Provins, Platow, hetman des Cosaques, passant sur la même place du Val, devant la maison de M. Laval, maire, où était réuni le Conseil municipal, adressa ironiquement aux représentants de la cité ces paroles qu'il accompagna d'un salut de son épée : « Messieurs, les Barbares du Nord ont, en « vous quittant, l'honneur de vous saluer. »

Le major Curtius n'était pas si arrogant à son départ qu'à son arrivée ; du reste, nous avons eu plusieurs occasions de constater que, semblables aux poltrons qui sifflent ou chantent en traversant un endroit qu'ils redoutent, chaque fois que les Bavarois sont venus à Provins, ils agissaient toujours par intimidation, ils criaient fort et tempêtaient ; mais au fond, c'était pour cacher leur crainte, car ils n'étaient pas rassurés.

Un poste établi dans la lanterne du dôme de Saint-Quiriace n'en descendit que lorsque le dernier soldat eut disparu en haut de la côte de Paris.

En passant à Vulaines, les Bavarois désarmèrent les gardes nationaux. Arrivés en face la Chapelle-Saint-Sulpice, une compagnie quitta la route, descendit dans le village et fouilla toutes les maisons pour avoir les armes ; ils emportèrent les casques et le tambour des pompiers.

Un Conseiller municipal, M. Verneil, qui n'avait pas voulu leur donner des renseignements, fut emmené prisonnier. Après avoir subi un interrogatoire au sujet de ce qui s'était passé à Villiers-Saint-Georges, il fut relâché à Nangis, le lendemain.

Le dimanche 2 octobre, vers cinq heures du soir, un convoi de maraudeurs ennemis, composé de 52 hommes appartenant à différents régiments, avec 32 chariots et fourgons et 107 chevaux, venant par la route de Chenoise, s'arrête à la ferme de Bois-Bourdin, sise près Marolles, à quelques kilomètres de Provins, sur le territoire de Mortery.

Pendant que la bande s'installe et prend ses dispositions pour passer la nuit, une quinzaine d'hommes s'en détachent et vont faire une visite à la ferme du Guériton, où ils se font servir à manger.

Peu rassuré sur les intentions de cette troupe de pillards dont les voitures renferment une quantité d'objets de toutes sortes et qui proviennent évidemment de vols, un fermier voisin, M. Lesage, de Marolles, prend le parti de faire avertir à Provins.

La ferme du Guériton appartient à M. Gallot-Meunier, qui fut prévenu un des premiers ; il en informa plusieurs de ses amis et sur l'initiative de M. Breton, procureur de la République, on organisa immédiatement une expédition pour aller attaquer le convoi prussien.

En même temps qu'on apprenait cette décision aux quelques membres déjà adhérents d'une compagnie de francs-tireurs en voie d'organisation, on envoyait des estafettes dans plusieurs communes pour faire appel aux gardes nationaux.

En ville, ce qui se préparait fut bien vite ébruité, bientôt une partie de la population fut dehors, et à voir l'aspect de nos rues, chacun pouvait se convaincre que malgré les ordres et les menaces de mort de différents états-majors ennemis qui avaient occupé Provins précédemment, tous les possesseurs d'armes ne les avaient pas déposées à la Mairie.

C'était un spectacle à la fois curieux et émouvant que les allées et venues dans la nuit, rendue plus sombre encore par l'absence complète du gaz, de ces hommes rasant les maisons, marchant avec mystère et dissimulant le plus qu'ils le pouvaient leurs fusils sous leurs vêtements.

A minuit, environ 300 patriotes de bonne volonté étaient rassemblés à la ferme de Marolles ; on avait tous les renseignements désirables sur la situation de l'ennemi, il ne restait plus qu'à régler le mode d'attaque et à désigner le chef de l'expédition ; la première de ces choses fut bientôt faite, mais la seconde ne marcha pas aussi rapidement. Le commandement fut offert à plusieurs anciens sous-officiers de l'armée, mais aucun ne voulut endosser la reponsabilité de ce qui allait se passer ; il fallait pourtant en finir, les moments étaient précieux, les Prussiens étaient là tout près et la présence des nôtres pouvait leur être révélée à chaque minute.

Pour mettre un terme à la situation qui menaçait de se prolonger, un nommé Alexandre Neil, préposé aux fourrages militaires, qui s'était chargé d'organiser les francs-tireurs de Provins et à ce titre s'était octroyé le grade de capitaine, s'offrit pour prendre le commandement ; bien que cet homme qui était pour ainsi dire un inconnu, n'inspirât pas grande confiance, on fit contre fortune bon cœur et la chose fut acceptée.

Vers trois heures et demie du matin, les premiers coups de fusils furent échangés.

Les Prussiens, qui occupaient la ferme de Bois-Bourdin, avaient laissé dehors, sous un hangar, des chevaux et des chariots ; il avait été convenu qu'on attendrait le moment où ils sortiraient pour atteler, afin de commencer l'attaque.

La petite troupe française avait été répartie dans différentes positions choisies à l'avance, et personne ne devait bouger de son poste avant d'en recevoir l'ordre.

A l'heure indiquée plus haut, un Prussien vint pour donner l'avoine à ses chevaux ; à peine avait-il franchi les grandes portes de la ferme, qu'il se trouva face à face avec M. Jacquemin, ancien tapissier, embusqué près de là ; bien que privé d'un bras, notre concitoyen, qui est d'une force peu commune, saisit le

Prussien au collet, celui-ci se débat, ils roulent à terre tous deux ; plus agile que M. Jacquemin, le Prussien se relève et se sauve pour rentrer à la ferme ; voyant qu'il va s'échapper, un franc-tireur, M. Philibert Cordier, lui envoie un coup de fusil, mais le manque ; M. Xavier Chevriot, meunier au moulin du Roi, le tire à son tour ; le Prussien quoique atteint aux reins, parvient cependant à gagner la porte, il rentre en jetant des cris perçants.

A ce moment, les nôtres, plus courageux qu'expérimentés et qui croient à une sortie de l'ennemi, ouvrent une vive fusillade contre les murs de la ferme ; les Prussiens, couchés dans les écuries et les bergeries, s'éveillent en sursaut, barricadent les portes, montent dans les greniers et font feu par les ouvertures et par-dessus le mur de la cour.

Une partie des maraudeurs installés dans les chariots remisés sous le hangar et dont on ignorait le présence en cet endroit, prennent part à la riposte, les coups de fusils se succèdent sans interruption.

Les francs-tireurs couchés dans les raies de terre, dans les fossés et derrière les haies, répondent le mieux qu'ils peuvent.

Les grandes portes s'entr'ouvrent de temps en temps pour donner passage aux Prussiens qui viennent faire feu et se retirent vivement.

Un angle formé par un renfoncement du mur se trouve sur la même ligne que la grande porte, des gardes nationaux de Saint-Hilliers et de Septveilles s'y abritent, chaque fois qu'un Prussien paraît les deux coups de fusils se croisent.

Grâce à l'obscurité, l'ennemi tire au hasard, son feu ne nous fait aucun mal.

Pendant deux heures on se tirailla ainsi, sans plus d'avantage d'un côté que de l'autre, puis petit à petit la fusillade se ralentit, les nôtres étaient obligés de ménager leurs coups, la plupart des assaillants accourus au premier appel n'avaient que très peu de munitions.

Il faut avouer aussi que de notre côté la démoralisation commençait à gagner les combattants : deux de nos concitoyens, MM. Marchand père, horticulteur, et Edouard Senet, jeune homme de 20 ans, venaient d'être tués. Ce qu'il y a de plus regrettable et qui nous est très douloureux à dire, c'est que nos compatriotes ont été frappés par des balles françaises.

Ces infortunés avaient quitté leur embuscade pour chercher un abri moins exposé. Près du puits situé en face l'entrée du deuxième corps de ferme, des gardes nationaux trompés par l'obscurité les prirent pour des Prussiens, on leur cria : Qui vive ! par deux fois, mais troublés par les balles ennemies qui leur sifflaient aux oreilles et ne sachant de quel côté se sauver, ces malheureux ne répondirent pas et tombèrent victimes du désordre et de la confusion qui régnaient.

Il était alors cinq heures du matin : les Prussiens profitant d'un moment de trêve, firent sortir de la ferme deux cavaliers avec mission de venir à Provins voir s'il n'y avait pas quelque détachement de passage qui pût aller les débloquer. Ces deux cavaliers, qui traversèrent la plaine au grand galop de leurs chevaux, essuyèrent dans le trajet de Bois-Bourdin à la porte Saint-Jean, plus de trente coups de feu ; par un de ces hasards si communs à la guerre, ils ne furent pas atteints.

Le bruit de la fusillade qui s'entendait parfaitement de la ville haute, avait mis tout le monde sur pied, les deux Prussiens trouvèrent les abords de la porte Saint-Jean remplis d'habitants, ils n'osèrent pas entrer et firent le tour par la route de Paris.

Le tocsin qui sonnait à la Tour de César faisait sortir les habitants de la ville basse de leurs maisons. A la vue de tout ce remuement, les éclaireurs ennemis ne jugèrent pas prudent de dépasser l'hôtel de France, ils tournèrent bride et malgré les efforts de plusieurs citoyens qui essayent de leur barrer le passage, ils s'enfuient plus vite qu'ils ne sont venus. Dans leur précipitation, ils se trompent de chemin et s'engagent dans l'avenue de Bray. Aux environs de la tuilerie de Ravigny, ils rencontrèrent des gardes nationaux qui les saluèrent par une décharge de coups de fusils à laquelle ils échappèrent encore. S'apercevant alors de leur erreur, ils enfoncent leurs éperons dans les flancs de leurs montures, gravissent, à travers les broussailles, la côte, à droite, atteignent le plateau, traversent la route de Paris et enfin regagnent la ferme.

Désespérant d'attendre aucun secours, les Prussiens attèlent six fourgons restés dans la cour, les convoyeurs s'y entassent à la hâte et les cavaliers s'abritent derrière, puis ouvrant une porte qui n'était plus gardée par les gardes nationaux qui s'étaient tous portés, malgré les ordres convenus, du côté où la fusillade s'était engagée, ils se lancent à fond de train sur le chemin de Chenoise, faisant en sortant une décharge générale à droite et à gauche.

En traversant la forêt, ils reçurent plusieurs coups de feu, deux hommes furent blessés, un cheval s'abattit, le cavalier roula à terre et fut fait prisonnier. Avant d'arriver à Jouy-le-Châtel, ils laissèrent souffler leurs chevaux un instant, puis franchirent le bourg au grand galop.

Après le départ de l'ennemi, en outre des chevaux et de 26 chariots qu'il avait été forcé d'abandonner, on trouva dans une bergerie de la ferme, un blessé qui avait été oublié ; c'était un soldat du 1er régiment d'artillerie, nommé Michel Mégler. Le jeune Marchand, enfant de 13 ans, qui avait suivi son père pendant l'action et l'avait vu tomber, voulut le venger. Emporté par un excès d'amour filial, il se jeta sur le blessé et l'eut infailliblement achevé sans l'intervention des personnes présentes.

Un des fourgons abandonnés fut attelé, on y plaça les corps de nos deux concitoyens tués et le soldat blessé. M. Courtois, sellier, enfourcha un des chevaux, puis la colonne reprit le chemin de Provins. Il était huit heures quand on déposa les cadavres à l'Hôtel-Dieu.

Quelques heures plus tard, les gardes nationaux de Chenoise amenèrent au poste de l'Hôtel-de-Ville le prisonnier tombé de cheval dans la forêt ; c'était également un artilleur du 1ᵉʳ régiment de Poméranie, nommé Bolicarpus Lampel, il avait le visage labouré par un coup de fusil chargé avec du plomb de chasse ; on le conduisit aussi à l'Hôtel-Dieu pour y être soigné.

Dans la journée, des gens de certains quartiers de la ville ainsi que des campagnes voisines, qui n'avaient pas pris part à l'action, attirés par la convoitise et la curiosité, se rendirent à Bois-Bourdin et s'emparèrent du contenu des chariots, consistant en toutes sortes d'objets mobiliers, linge, sacs de farine et principalement en une grande quantité de volailles vivantes.

On a toujours supposé que le convoi attaqué à Bois-Bourdin était composé de *mercantils* ou marchands suivant l'armée d'invasion, auxquels s'étaient joints des soldats maraudeurs. Ces mercantils étaient presque toujours des Juifs qui pillaient les endroits écartés et allaient ensuite revendre le produit de leurs rapines dans les camps.

M. Larousse, le fermier, sa femme, ses enfants et M. Leroy, instituteur à Mortery, qui, pendant le combat, avaient réussi à s'échapper de la chambre où ils étaient enfermés, en passant par une fenêtre, revinrent à Bois-Bourdin au moment où, par prudence, on enlevait les chariots ennemis pour aller les cacher dans la ravine du ru de Barcq, près les sources du Durteint.

Le fermier craignant un retour des Prussiens, dont l'habitude était d'incendier quand ils avaient à se venger, s'empressa de déménager ce qu'il avait de plus précieux.

Les funérailles des deux Provinois tués eurent lieu le même jour, à quatre heures du soir ; une grande partie des boutiques se fermèrent et une foule immense accompagna au cimetière les dépouilles des deux victimes de leur patriotisme. MM. Augé et Laroque prononcèrent des paroles d'adieu.

A la nuit, on amena les chevaux qui furent immédiatement dirigés sur Bray.

Ainsi se passa l'affaire du 3 octobre 1870, dont les résultats si critiqués même encore aujourd'hui, n'ont pas été ce qu'on pouvait en attendre ; mais cela doit être attribué uniquement au manque d'organisation qui fut le grand défaut dont eut à souffrir partout notre malheureux pays à cette époque néfaste, et non au dévouement de ceux qui y ont pris part, comme on se plaît à le dire trop souvent.

Une des plus grandes privations subies par les populations des contrées envahies, était sans contredit l'absence presque complète des journaux ; à part les dépêches officielles de Tours que l'Administration voulait bien communiquer, on ne savait plus rien du dehors.

A plusieurs reprises, les Allemands profitèrent de cet état de choses pour se jouer de la crédulité publique, en lançant de fausses nouvelles ; c'est ainsi qu'à Provins, dans la soirée du 3 octobre, vers cinq heures, tous les habitants qui venaient d'assister aux funérailles des victimes de l'affaire de Bois-Bourdin, s'arrêtaient près de l'église Saint-Ayoul et lisaient avec étonnement une dépêche qui fit sensation sur le moment ; elle était datée de Sens (Yonne), ne portait aucune signature et était ainsi conçue :

Première sortie de Trochu, hier à Paris. 70,000 tués, prince Frédéric disparu, prince de Nassau tué par les francs-tireurs. — 10,000 Prussiens, 22,000 Bavarois entrés à Paris, crosse en l'air.

C'était trop beau pour que l'on pût y croire ; aussi personne ne s'y laissa prendre.

Presque au même instant, on placardait une autre dépêche ; mais celle-là était française et était revêtue du cachet officiel de la Mairie ; elle fut lue avec tout l'empressement qu'on apportait alors à prendre connaissance de toute communication émanant de l'Autorité. Sa teneur fit une diversion favorable sur les esprits et devint le sujet des conversations de toute la soirée. La voici rapportée textuellement :

Tours, 2 octobre 1870.

Préfets à tous les Maires.

M. Tissandier, descendu avant-hier en ballon, à Dreux, apporte des nouvelles de Paris. Pas d'affaires sérieuses jusqu'au 30, au matin.

La physionomie de Paris est excellente, les troupes et les gardes mobiles sont pleins de confiance, la garde nationale prête à tous les sacrifices et animée du plus courageux patriotisme.

Paris, qui sent sa force, compte sur la province pour harceler incessamment l'ennemi, et peu à peu le prendre dans un cercle afin de l'acculer sur les forts et les fortifications, où il trouvera bon accueil.

Beauvais est occupé par l'ennemi. On dit qu'on se bat entre Saint-Germer et la route de Beauvais.

Mantes est envahi par 4,000 Prussiens avec artillerie.

On assure que le Maire et le Sous-Préfet de Rambouillet sont prisonniers.

Quelques Prussiens sont à Epernon.

Le Sous-Préfet de Neufchâteau certifie qu'il y a trois jours, un cercueil de plomb, couvert d'un drap d'or, venant du camp de Paris, est arrivé à Toul ; il a été reçu par 3,000 Mecklembourgeois qui forment la garnison de cette ville. Les Prussiens semblent consternés. Deux autres cercueils sont venus depuis. A Toul, depuis trois jours, on entend la canonnade dans la direction de Pont-à-Mousson.

Le général Uhrich, défenseur de Strasbourg, prisonnier sur parole, est arrivé à Tours.

Le mercredi 5 octobre, vers huit heures du matin, six chariots prussiens escortés par des soldats en armes, sont arrêtés sur la place du Val par M. Anselme, capitaine, et quelques gardes nationaux de la 2ᵉ compagnie. Conduits au poste de l'Hôtel-de-Ville, les conducteurs déclarent qu'ils vont à Châlons-sur-Marne chercher des vivres et des munitions. Après un débat assez long pour savoir si on garderait ces hommes ou si on les laisserait partir, (il y avait tant de timorés qui redoutaient la vengeance de l'ennemi, que les vrais patriotes étaient parfois très embarrassés pour agir : la délation des peureux était à redouter,) on décida de les faire prisonniers. Le capitaine Anselme se chargea de les conduire à Nogent-sur-Seine. Comme on craignait de rencontrer sur la route une colonne ennemie qu'on disait arrêtée proche la forêt de Sourdun, la petite troupe de gardes nationaux passa par des chemins détournés et put sans encombre consigner ses prisonniers entre les mains de M. Ebeling, sous-préfet de Nogent, qui se chargea de les expédier hors des régions occupées.

Comme cela avait déjà eu lieu deux jours auparavant, une main inconnue afficha après l'église Saint-Ayoul, dans la matinée du 5 octobre, une dépêche mirobolante ; cette fois elle venait de la Ferté-Gaucher, et disait :

Versailles repris. Etat-major prussien prisonnier. Déroute complète. Mont-Valérien repoussé assaut. 5,000 tués, 7,000 prisonniers, 97 mitrailleuses.

Pas plus que la dépêche de Sens, elle ne trouva crédit dans l'esprit de notre population qui commençait à connaître toutes les supercheries dont étaient capables MM. les Allemands.

Nous ne terminerons pas le récit de la journée du 5 octobre sans rapporter l'action à la fois courageuse et hardie de deux de nos concitoyens, MM. Levesque, négociant en vins, et Charles Lebœuf, ce dernier, à peine âgé de vingt ans, action qui prouve combien l'ennemi craignait les partisans qui commençaient à s'organiser partout.

Ceci se passait vers une heure après midi, sur la route de Paris. M. Levesque, qui faisait partie de la compagnie des francs-tireurs de Provins, ayant vu de la rue du Val une voiture remplie de soldats prussiens qui s'engageait dans la rue Christophe Opoix, songea à réunir quelques hommes dévoués pour s'opposer au départ de ces Allemands. Le jeune Charles Lebœuf, qui était également franc-tireur et auquel il s'adressa le premier, jugeant qu'il n'y avait aucune minute à perdre si on voulait rejoindre l'attelage, pressa M. Levesque d'agir ; ils partirent tous deux seulement et, après une course d'un kilomètre environ, ils aperçurent, non loin de la ferme de M. Demarne, la voiture contenant les soldats ennemis, qui montait la côte, au pas du cheval. Nos concitoyens décident aussitôt de l'attaquer et de faire prisonniers ceux qu'elle renferme s'ils peuvent être assez heureux pour leur en imposer. Ils n'ont guère le temps de réfléchir, car la voiture est presque parvenue sur le plateau et va s'engager sur la route de Chenoise. Alors sans s'occuper du danger qu'ils peuvent courir, MM. Levesque et Lebœuf fondent avec une grande impétuosité sur la voiture, ayant seulement, dans le trajet du talus de la route à la chaussée, et pour en imposer plus facilement, la précaution de se retourner différentes fois, faisant avec le bras des signaux en arrière et appelant avec force, comme s'il y eût eu réellement un certain nombre de personnes qui eussent dû les suivre et leur prêter main-forte ; c'est ainsi qu'ils arrivèrent jusqu'à la voiture dont Lebœuf saisit le cheval à la bride, et montrant un revolver au conducteur, un nommé Boyer, qui exerçait la profession de brocanteur dans la rue de la Charronnerie : il lui ordonne d'arrêter. Celui-ci obéit de suite. Les deux francs-tireurs somment alors les Prussiens, au nombre de douze, qui occupaient le coupé et l'intérieur, de se rendre prisonniers. Surpris, ceux-ci hésitent, se consultent et ne paraissent pas tout d'abord disposés à céder, déjà même quelques-uns apprêtent leurs fusils et prennent une attitude défensive. Jugeant le moment critique, M. Levesque ouvrit précipitamment la portière de derrière de l'omnibus et fit irruption à l'intérieur, le revolver à la main. A sa vue, les Prussiens mettent bas les armes et descendent se ranger sur un des côtés de la route, remettant aux deux hardis Provinois leurs sacs, leurs fusils et plus de 600 cartouches dont ils étaient porteurs.

Nos compatriotes veulent ensuite diriger leurs prisonniers sur Bray : mais le conducteur, après avoir promis qu'il allait obéir, fit le tour par la vieille route de la Bascule et les ramena en ville. Ils furent réintégrés à l'Hôtel-Dieu, d'où l'Administration municipale les avait fait sortir pour les faire conduire aux ambulances prussiennes de Coulommiers.

Le bruit de cette action audacieuse se répandit aussitôt dans toute la ville, mais avec des versions plus ou moins contradictoires. Approuvée par les uns, elle fut blâmée par d'autres ; mais il faut dire que ces derniers étaient la minorité.

Certes, on doit reconnaître qu'il n'eût pas fallu beaucoup de partisans du courage et de la hardiesse de MM. Lebœuf et Levesque, pour inquiéter les onze cent mille Allemands de la coalition ; leur embarras eût été grand au milieu de cette France qu'ils dévastaient, et surtout au milieu d'une population liguée pour les exterminer. Leur lâcheté eût égalé leur audace à nous rançonner, et peu d'entr'eux eussent repassé les frontières de la Germanie.

Les Allemands rentrés à l'hospice, voulant dégager l'Administration de toute responsabilité dans leur arrestation, rédigèrent la note suivante, qui est conservée aux archives de l'Hôtel-Dieu.

Elle est écrite en français par le sergent Kneied, du 7° d'infanterie Bavarois ; nous lui laissons son orthographe :

Provins, le 5 Octobre 1870.

Etants sortit de Hopital avec onzes Ehommes, ettant dirigés pour Coulommiers, nous avons été attaqué et désarmé par des franctireur, le cocher qui nous ramené à l'Hopital, sans armes.

Kneied, Barth, Doserb, Fried, Héberd, Mouzoul, Cissenet, Wilmitt, Seindein, Watters, John.

Tous ces soldats appartenaient aux 7° d'infanterie Bavarois, 2° chasseurs de Brandebourg, 1er d'artillerie de Silésie, 2° d'infanterie Hessois, 1er du génie Prussien.

Le samedi 8 octobre, dans l'après-midi, les groupes de curieux, toujours en quête de nouvelles et qui ne cessaient de stationner journellement sur la place du Val, étaient bien intrigués ; ils venaient de voir monter à l'Hôtel-de-Ville deux hommes, à l'allure dégagée, revêtus de vareuses noires, à collets et parements verts, de pantalons gris de fer à bandes vertes, coiffés de casquettes américaines et chaussés de brodequins en cuir fauve ; une carabine à canon bronzé qu'ils portaient en bandoulière et un sabre-baïonnette à poignée de corne noire pendu à la ceinture, formaient leur armement.

Déjà les commentaires allaient leur train, les uns prétendaient savoir que ces hommes étaient des volontaires du Canada, d'autres affirmaient que c'étaient des Garibaldiens, quelques-uns les prenaient même pour des gardes-forestiers allemands.

Bref, aucun de ces curieux n'était dans le vrai, et ils furent bien surpris lorsqu'ils surent que ces deux personnages étaient des Chasseurs Républicains de la Loire, francs-tireurs bien organisés, dont la compagnie, formée à Saint-Etienne-en-Forêt, occupait les environs de Provins depuis la veille.

Ils venaient demander des renseignements pour aller s'installer dans les bois de la Traconne, à portée des lieux de passages les plus fréquentés par l'ennemi.

Le lendemain dimanche, vers sept heures du soir, toute la compagnie arrrivait à la Mairie ; les hommes reçurent des billets de logement, et plusieurs de nos concitoyens leur firent une cordiale réception.

Attirée dehors par la présence des francs-tireurs de la Loire, la foule des habitants se pressait au coin de la rue de la Gare, près la maison habitée par le pâtissier Hamès. A la clarté d'une bougie, un gamin lisait à haute voix la dépêche officielle suivante, que l'Administration venait de faire placarder :

Tours, 9 Octobre, 3 h., soir.

Intérieur à Préfets et Sous-Préfets.

Garibaldi est débarqué à Marseille le 7, à dix heures. Il a été reçu par les Autorités et une foule immense. L'enthousiasme est indescriptible, il est arrivé à Tours ce matin, à sept heures. Marche triomphale sur tout son parcours, les habitants des villes et des villages encombraient les gares, vivats et acclamations unanimes, même accueil à son arrivée à Tours, le général est à la Préfecture, entouré des Membres du Gouvernement, il est acclamé par la foule qui a envahi le jardin.

M. Gambetta, ministre de l'intérieur, est parti de Paris par ballon, il est descendu à Montdidier (Somme); il est arrivé à Tours, aujourd'hui, à midi; il a été acclamé à son entrée en gare.

Le lundi 10 octobre, à neuf heures du soir, on amena à Provins les chariots enlevés aux Prussiens à Bois-Bourdin; on les rangea pour la nuit sur le petit terrain de manœuvres, et le mardi matin, dès cinq heures, on les fit partir pour Nogent-sur-Seine.

Les conducteurs des chariots apportèrent la nouvelle que l'ennemi ravageait Jouy-le-Châtel. On sut bientôt ce qui s'était passé dans cette petite bourgade voisine.

Trois jours auparavant, le vendredi 7, vers quatre heures après midi, un officier Bavarois voyageant dans un coupé fermé, escorté seulement d'un soldat et d'un cocher, s'arrêta à la Mairie de Jouy et demanda à coucher. Le Maire lui répondit qu'il n'y avait pour lui aucune sécurité à passer la nuit dans le pays; il e décida alors à gagner Beton-Bazoches.

Au moment où, sur la route de Montmirail, il était arrivé à l'endroit appelé la Mare-aux-Grues, trois courageux habitants de Jouy-le-Châtel, les nommés Vinat, Philippe et le forgeron Barthélemy, qui étaient embusqués derrière des arbres, tirèrent trois coups de feu sur la voiture, sans autre résultat que de démonter un des chevaux de l'attelage et de blesser gravement le soldat d'escorte; le coupé continua sa route et arriva dans la nuit à Courgivaux, où l'officier fit son rapport sur l'attaque dont il avait été l'objet.

Le lendemain 8, au soir, une colonne de Bavarois, composée de 930 hommes et 83 chevaux, arrivait à Jouy-le-Châtel, sous le commandement des officiers Eugène Malaisé, capitaine du corps de l'artillerie; Cucumus, de la garde, et Schneider, du 2ᵉ régiment d'infanterie du Prince-Royal. Ces officiers s'installèrent au château de Vigneau et firent appeler M. Bernard, maire de Jouy-le-Châtel, qui s'y rendit accompagné par un habitant du pays, connaissant la langue allemande et qui devait servir d'interprète.

Les Bavarois réclamèrent les armes qui se trouvaient en la possession des habitants et demandèrent une double ration de vivres pour les hommes et les chevaux ; ils déclarèrent, en outre, qu'ils ne se retireraient pas avant que la somme de 3,000 fr. ne leur eût été comptée, ladite somme frappée comme amende en punition des coups de fusil tirés sur l'officier voyageant en coupé.

Le Maire déclara que les habitants de sa commune n'avaient pas d'armes et qu'ils étaient étrangers au fait qu'on leur imputait ; mais l'habitant qui était avec lui eut la maladresse d'avouer qu'il y avait des fusils et qu'il savait où ils se trouvaient. Les Bavarois élevèrent alors la somme qu'ils réclamaient à 5,000 fr., parce que, disaient-ils, le Maire les trompait.

Le dimanche 9, dès le matin, les soldats ennemis ravageaient les maisons du bourg, maltraitant les habitants ; ils arrêtèrent le docteur Frisson, qu'on leur avait dénoncé comme ayant soulevé la population contre eux, ils le traînèrent à la Mairie devant les officiers réunis en conseil de guerre et il fut condamné à mort ; il ne dut la vie qu'au versement d'une forte somme que les habitants du pays donnèrent pour sa rançon.

Les Bavarois quittèrent Jouy-le-Châtel dans la soirée du 9 ; après leur départ, la femme Vinat, dont le mari avait tiré la veille sur la voiture, fut dénoncée injustement aux autorités locales comme ayant indiqué l'endroit où se trouvaient les fusils ; cette malheureuse fut arrêtée et amenée à Provins, où elle fut détenue à la prison pendant quelques jours, puis remise en liberté sur les ordres de M. Breton, procureur de la République.

La journée du mardi 11 s'est passée avec calme. A part deux dragons du Rhin amenés prisonniers par les gardes nationaux d'une commune voisine, aucun Prussien ne parut à Provins.

On apprend que le roi de Prusse, Guillaume Ier, et le prince de Bismarck, après être restés deux jours à Meaux, viennent de s'installer à Ferrières, dans le château de M. de Rothschild.

A Meaux, le roi a couché à l'évêché ; Mgr Auguste Allou et toutes les personnes qui habitent ordinairement le palais épiscopal se sont retirés au Grand-Séminaire.

Ce fut aussi le 11 octobre qu'on reçut, pour la première fois, des nouvelles particulières de Paris, concernant ceux de nos concitoyens qui faisaient partie de la garde mobile et de l'armée.

Une lettre venue par ballon informait que M. Fernand Clément, dans une sortie du général Vinoy, avait reçu deux blessures, l'une légère à la poitrine, l'autre grave à la main ; cette dernière nécessita l'amputation d'un doigt.

Plus tard, M. Fernand Clément, en récompense de sa courageuse conduite, fut décoré de la Médaille militaire.

Vers le soir, on colporta la dépêche ci-après ; elle venait de Thionville :

Metz tient vaillamment, Bazaine fait tous les jours des sorties ; il a réduit à rien l'infanterie prussienne faisant partie des corps d'armée qui cernent la ville.
Le prince Frédéric-Charles a été tué le 28 septembre, devant Metz (*officiel*).
Le typhus gagne l'armée allemande.
Les journaux d'outre-Rhin annoncent l'entrée des Prussiens à Paris pour le 18 octobre, anniversaire de la bataille de Leipsick.

C'est par de semblables dépêches que nous avons été trop souvent bercés d'illusions sur la situation de Metz, la première de toutes nos places fortes, et sur l'armée immense qu'elle renfermait, armée sur laquelle reposait, on peut le dire, l'espoir de tous les Français.

Mercredi 12 *octobre* 1870, on apprend que le département de Seine-et-Marne a un préfet prussien, M. de Fuerstenstein ; ce fonctionnaire étranger avait pris, la veille, possession de la sous-préfecture de Meaux.

Le même jour, vers trois heures après midi, un escadron de dragons Wurtembergeois arrive à l'improviste à Provins ; les cavaliers traversent la ville sans rien dire à personne et se dirigent droit au quartier de cavalerie, où ils s'installent ; tout le monde croit que c'est une garnison que nous allons avoir, comme cela existe déjà à Meaux, Melun et Coulommiers.

Une heure après, l'officier commandant l'escadron se présentait à l'Hôtel-de-Ville, et demandait M. le Maire ; ce dernier était absent. Le Wurtembergeois annonça qu'il venait donner notification à la ville de Provins d'un arrêté du roi de Prusse, qui frappait le département de Seine-et-Marne d'une contribution de guerre qui devait être payée de suite.

Après avoir fait une réquisition de vivres pour ses hommes, l'officier se retira en laissant à la Municipalité les deux documents suivants :

QUARTIER GÉNÉRAL
de la
Division Wurtembergeoise.

ORDRE.

« En vertu d'un décret supérieur, il sera levé, dans le département de Seine-et-Marne, une contribution d'UN MILLION DE FRANCS, comme indemnité préalable pour les pertes qui ont été causées aux intérêts privés allemands, par des vaisseaux de guerre et par l'expulsion des Allemands du sol de la France.

« Le colonel baron de Harling, chef du 1er régiment de cavalerie wurtembergeoise, est chargé de se porter avec son régiment sur Melun, pour assurer la levée de cette contribution. Il engagera d'abord M. le Préfet de se charger de la juste répartition de la somme dite sur son département et lui prêtera, en cas de besoin, main forte dans l'exécution de la contribution.

« En cas d'absence ou de refus de la part de la préfecture; le colonel de Harling se chargera lui-même de l'exécution de la contribution et répartira la somme dite sur les villes du département, à mesure du nombre de leurs habitants

« Si les Maires ne se prêtaient pas à une coopération, il emploiera tous les moyens de force pour assurer la levée de la contribution.

» *Quartier général*, 23 Septembre 1870.

« Le Général commandant la division,

« **OBERNITZ**. »

ORDRE DU BARON DE HARLING.

« Vu l'absence du Préfet et Sous-Préfet du département de Seine-et-Marne, nous requérons le Conseil municipal de Provins pour se charger de la répartition et réalisation de la portion de la contribution qui tombe sur l'arrondissement de Provins, montant à 164,737 francs.

« Les cantons et communes de l'arrondissement de Provins, sont engagés, pour éviter des représailles, de payer leurs portions à la Mairie de Provins, dans le délai de SIX JOURS.

« En vertu des pleins pouvoirs qui m'ont été donnés à cet égard.

Le Colonel, chef du 1er *régiment de cavalerie Wurtembergeoise,*

« **Baron HARLING**. »

Le soir même, le Conseil municipal reçut communication des deux ordres ci-dessus.

Il n'y avait pas de temps à perdre ; on dressa de suite l'état de répartition entre les cantons et les communes de l'arrondissement, en prenant pour base de l'opération le principal de la contribution foncière portée sur l'*Annuaire du département de Seine-et-Marne* de 1869, ainsi qu'il avait été fait à Melun, comme le constatait une lettre de M. Félix Poyez, maire de cette ville, et vu l'impossibilité de se procurer une autre base de répartition.

Il résulte de ce travail que la part contributive du canton de Provins s'élevait à la somme de 32,412 francs 85 centimes, et celle de la commune à 10,371 francs 80 centimes.

Le Conseil, après en avoir délibéré, tout en exprimant le profond regret d'être obligé de céder à la force et désirant épargner à la cité des dangers auxquels pourrait l'exposer un refus, invita M. le Maire à faire les démarches nécessaires pour se procurer dans le délai de six jours, par voie d'emprunt, au nom de la ville, aux meilleures conditions possibles, la somme de 10,371 fr. 80 c.

M. Le Bailly fit adresser, le lendemain matin, aux Maires des chefs-lieux de cantons de l'arrondissement, l'état de répartition, chacun en ce qui concernait son canton.

Nangis devait payer . . .	33,686 fr. 50
Bray	32,234 70
Donnemarie	25,145 25
Villiers-Saint-Georges . . .	41,261 65
Provins	32,412 85
Ensemble	164,740 fr. 95

Le jeudi 13 octobre, à huit heures du matin, la colonne wurtembergeoise, composée de 118 hommes qui ont passé la nuit à la caserne, où par crainte de surprise, sans doute, leurs chevaux sont restés tout harnachés, quitte Provins et se dirige sur Coulommiers pour y faire également notification de la contribution de guerre.

Pendant son court séjour ici, il a été fourni à cette troupe 65 kilogr. de pain, 65 litres de vin, 43 kilogr. de charcuterie, 650 kilogr. d'avoine et 390 kilogr. de foin.

Le vendredi 14, vers quatre heures après midi, le garde national de faction dans la lanterne du dôme de Saint-Quiriace signala un ballon qui passait au-dessus de Provins, dans la direction du nord ; les personnes que contenait la nacelle tirèrent plusieurs coups de pistolet pour attirer l'attention des habitants qu'elles apercevaient ; un grand nombre de ces derniers se mirent à suivre l'aérostat qui filait toujours à une certaine hauteur et disparut bientôt vers l'est.

Deux heures plus tard, le ballon atterrissait sans encombre près la ferme de Fresnoy, entre Villenauxe et Montpothier (Aube). Les voyageurs étaient MM. Ranc, maire du 9e arrondissement de Paris, Ferrand et Gaston Tissandier, l'aéronaute.

Sept sacs, qui contenaient 400 kilogrammes de dépêches (environ 250,000 lettres et journaux), ont été transportés à la poste de Nogent-sur-Seine et à celle de Troyes ; le tout fut distribué immédiatement.

Après s'être réconfortés, les voyageurs sont partis pour se rendre à Tours; ils avaient quitté Paris à midi, en passant au-dessus des lignes d'investissement ils avaient essuyé le feu des Prussiens sans être atteints.

Le ballon portait le nom de *Guillaume Tell.*

En ce qui concernait la contribution de guerre que la ville avait à payer, le Conseil municipal de Provins ne voulut pas prendre de résolution définitive, sans avoir demandé l'avis des habitants notables et des plus imposés.

En conséquence, 30 de nos concitoyens furent convoqués à se rendre à la séance du 15 octobre. Sur ce nombre, 21 se présentèrent, ce sont: MM. Allou, Amy, Bacquet, Bellanger (Hippolyte), Bertrand, Blanc, Bourgeois, Callou, Chauvin, Delettre, Doury-Donat, Guérard, Guillemot, Hubert, Germain, Lesage-Nisolle, Lestumier, Raphaël, Rousseau, Sevin et Louis Caquet.

Après discussion, à l'unanimité moins une voix contraire et une abstention, l'assemblée décida qu'il serait fait droit à la réquisition prussienne.

Les nouvelles reçues à Provins, dans la journée du 16 octobre, vinrent relever un peu l'abattement moral produit par la dépêche du 14, annonçant l'entrée des Prussiens à Orléans, la retraite de notre armée derrière la Loire et le remplacement du général de Lamotterouge par d'Aurelles de Paladines.

En même temps qu'on apprenait que la garnison Wurtembergeoise de Melun venait d'évacuer précipitamment la ville, à la suite d'une attaque suivie de la déroute d'un escadron de cavalerie par des francs-tireurs dans la forêt de Fontainebleau, on affichait une proclamation de Gambetta, et la dépêche suivante qui, datée de Chaumont, le 15, donnait des renseignements favorables sur la situation de la capitale :

Kératry à Gouvernement, à Tours.

Parti hier de Paris, à dix heures du matin, par ballon, tombé à Brion, à 9 kilomètres de Bar-le-Duc, échappé à la poursuite de l'ennemi, blessé légèrement aux jambes et à la tête par la chute vertigineuse que j'ai faite. — Très beau combat le jeudi 13, à Bagneux et à Châtillon, d'où l'ennemi, délogé pendant notre reconnaissance, a subi des pertes considérables, les mobiles de la Côte-d'Or et de l'Aube se sont très bien distingués. Le commandant de Dampierre, de l'Aube, a été tué glorieusement; les batteries prussiennes ont été démontées. Nos troupes sont rentrées dans leurs lignes le soir, avec un ordre magnifique. Selon un plan concerté, les marins des forts de Montrouge, Vanves, Issy, eurent un tir admirable. Château de Saint-Cloud est brûlé. Paris aussi patriotique et plus résolu que jamais. Revue de la garde nationale par les Membres du Gouvernement, qui ont été acclamés.

Le mardi 18 octobre, vers cinq heures et demie du matin, un ballon avec feux rouge et jaune, passe au-dessus de Provins, se dirigeant sur l'Est. L'aérostat était très haut et filait rapidement. On sut plus tard que c'était le *Victor Hugo*.

A midi, un chariot contenant cinq soldats prussiens fait halte sur la place du Val, le sous-officier qui conduit, demande à des passants la route de Nogent.

A l'entrée de la rue de la Friperie, quelques habitants, parmi lesquels M. Lebœuf père, négociant en vins, et M. Latour, taillandier, veulent les arrêter et parlementent avec eux pour qu'ils se rendent prisonniers ; la chose n'était pas loin d'être conclue, déjà ils tendaient leurs fusils, quand d'autres personnes s'approchent et s'opposent à cette arrestation, au milieu de la ville, disant que cela pourrait faire arriver des désagréments à la localité. Les Prussiens, profitant du moment d'hésitation causée par cette observation, fouettent leurs chevaux et s'éloignent au grand galop.

Plusieurs gardes nationaux et des jeunes gens se mettent à leur poursuite et montent par le chemin de la Belle-Croix, afin d'arriver avant eux en haut de la côte de la Chapelle Saint-Hubert ; mais se voyant suivis, les Prussiens ne ralentissent pas l'allure de leurs chevaux et les font courir sans reprendre haleine jusque près de Sourdun.

Malgré leur avance, ils furent rejoints par nos concitoyens avant d'entrer dans le village. Là, le jeune Lemoine, âgé de 20 ans, fils de l'hôtelier de la Croix-d'Or, qui était un des plus rapprochés du chariot, sauta à la bride des chevaux et parvint à les arrêter. A ce moment, le sous-officier encourage ses hommes à la résistance et donnant le premier le signal, il étend raide mort d'un coup de feu qui lui traverse la poitrine, le jeune Lemoine qui tenait toujours la bride des chevaux. Un malheureux père de famille, de Sourdun, M. Lange, cultivateur, qui travaillait dans un champ voisin de la route, fut atteint dans l'aine par un coup de fusil tiré par un Prussien ; sa blessure était grave, il mourut le soir même.

Ceux des nôtres qui étaient armés ripostèrent par une décharge, puis les cinq soldats furent jetés à bas de la voiture et reçurent encore, à bout portant, plusieurs coups de feu : le sergent fut tué et deux hommes grièvement blessés.

Dominés par l'idée de venger Lemoine, des particuliers voulaient absolument fusiller dans les fossés de la route les Allemands échappés comme par miracle à la mort ; mais deux de nos concitoyens, MM. Chamoin, agent d'assurances, et Marchand, charron, leur firent comprendre tout ce qu'aurait d'inhumain leur conduite, et par leur fermeté ils réussirent à sauver la vie à ces pauvres soldats qui, tout tremblants, furent remontés dans le chariot avec le mort et les blessés et conduits à Nogent-sur-Seine, où on les déposa à l'Hôtel-Dieu.

Il est hors de doute que c'est par suite d'une erreur que ces convoyeurs se sont égarés dans nos parages ; les dépêches et papiers trouvés sur le sergent indiquaient qu'ils se rendaient à Nogent-l'Artaud, dans le département de l'Aisne, lieu où se trouvait un dépôt considérable d'approvisionnements pour les armées allemandes qui investissaient Paris.

Vers le soir, on afficha la dépêche suivante :

Montereau, 18 Octobre, 4 heures.

Maire à Sous-Préfet de Provins.

Plus de Prussiens depuis hier soir à Melun, ils ont quitté par peur des francs-tireurs et devant le soulèvement de la population. Un officier a été tué, quatre hommes avec leurs chevaux ont été faits prisonniers. Rien de nouveau à Fontainebleau, Nemours et Montereau. Nous avons ici des volontaires de l'Yonne qui sont très bien.

Après avoir lu cette dépêche, chacun se rendait compte pourquoi les Wurtembergois, qui devaient venir dans la journée chercher la part que l'arrondissement de Provins avait à payer dans la somme d'un million imposée comme contribution de guerre au département, n'avaient pas paru.

Le 19, on connaît la défense héroïque de la ville de Châteaudun, par une dépêche de Tours, ainsi conçue :

Hier, Châteaudun, barricadé et défendu par 900 francs-tireurs et gardes nationaux, a soutenu, de une heure à dix heures du soir, l'attaque et le bombardement de plusieurs milliers d'ennemis venus avec deux batteries, une mitrailleuse et un obusier à bombes incendiaires. Les Prussiens ont subi de grandes pertes ; mais les défenseurs, en partie décimés dans cette lutte, ont dû quitter la ville incendiée.

Le jeudi 20, à onze heures du matin, les funérailles de Lemoine, tué à Sourdun, ont eu lieu en l'église de Sainte-Croix ; comme cela avait déjà eu lieu précédemment pour ceux de nos concitoyens tombés au combat de Bois-Bourdin, une affluence considérable accompagna au cimetière la dépouille du malheureux jeune homme, victime de son patriotisme.

Le même jour, la compagnie des Chasseurs Républicains de la Loire (francs-tireurs de Saint-Etienne) s'établit dans la gare de Longueville, à proximité des bois de Tachy, qui peuvent fournir un refuge des plus sûrs dans le cas de retraite forcée ; un grand nombre d'habitants de Lourps et de Saint-Loup offrent gratuitement la nourriture aux francs-tireurs.

Des voyageurs qui arrivèrent de Melun dans la soirée, rapportèrent la nouvelle que, dans l'après-midi, après le départ des francs-tireurs, la ville avait vu paraître dans ses murs un escadron de dragons et une quarantaine d'hommes d'infanterie Bavaroise, qui sont entrés en prenant les précautions les plus minutieuses. L'infanterie a poussé sa reconnaissance jusqu'au quartier St-Ambroise ; la cavalerie n'a pas dépassé la place de la porte de Paris. Les principaux officiers ont déjeuné au Grand-Monarque ; de plus, le chef du détachement a eu recours à l'habileté d'un coiffeur Melunais pour réparer le désordre de sa chevelure. Après un séjour de deux heures environ, toute cette troupe a repris le chemin de la Grange-la-Prévote.

Le vendredi 21 octobre, vers six heures du soir, le bruit se répandit à Provins qu'on s'était battu dans la journée à Grandpuits ; un peu plus tard, on reçut sur cette affaire des renseignements très détaillés.

Dans la matinée, une compagnie de marche de la garde nationale de Montereau et des communes voisines, un détachement des volontaires de l'Yonne et des francs-tireurs, le tout formant un effectif d'à peu près 800 hommes, ayant appris que des détachements ennemis se livraient à des réquisitions dans les cantons de Nangis et de Mormant, se portèrent au-devant d'eux.

Arrivés près des bois, à proximité de la station de Grandpuits, sur la ligne du chemin de fer de l'Est, des gardes nationaux, que la passion de la chasse tourmentait, malgré la circonstance grave où l'on se trouvait, ne purent résister à la tentation d'envoyer quelques coups de fusil aux lapins qui se montraient.

Mis en éveil par les détonations, les Allemands, répandus dans les environs, détachèrent en éclaireurs plusieurs cavaliers appartenant au 3ᵉ régiment de Reîtres du roi Guillaume, qui furent reçus par une décharge sans résultats.

Tournant bride, ils allèrent prévenir le gros de la troupe qui se réfugia précipitamment dans la ferme de la Salle, située à peu de distance de la grande route de Paris.

Les francs-tireurs et les gardes nationaux attaquèrent avec vigueur l'ennemi qui comptait 200 fantassins du 3ᵉ régiment d'infanterie Wurtembergeoise et 50 cavaliers, lesquels s'étaient retranchés dans les bâtiments et ripostaient par une fusillade plongeante très nourrie, à travers les ouvertures qu'ils avaient pratiquées en enlevant des tuiles dans les toits des greniers, en sorte qu'il était de toute difficulté de les déloger.

Une première sortie de la cavalerie fut repoussée avec énergie et, à plusieurs reprises, des assaillants rampèrent jusqu'au pied des murailles des bergeries pour essayer d'incendier à l'intérieur, mais ils ne purent réussir et durent se retirer en essuyant le feu des tireurs invisibles.

Après deux heures de lutte, les gardes nationaux, dont les munitions commençaient à s'épuiser et qui se trouvaient entièrement à découvert, exposés à tous les coups des Wurtembergeois, parfaitement abrités derrière les murailles et tirant à leur aise et avec succès, grâce à la supériorité de leurs armes, se virent dans l'obligation de cesser le combat. La vue de plusieurs de leurs camarades frappés mortellement vint ajouter encore au découragement des nôtres ; ils prenaient leurs dispositions pour battre en retraite, quand l'ennemi, s'apercevant de l'espèce de démoralisation qui régnait dans leurs rangs, fit sortir de nouveau, par l'enclos attenant à la ferme, une trentaine de cavaliers qui les chargèrent avec fureur, sabrant à droite et à gauche, sans pitié ni merci.

Malgré les encouragements et l'exemple des officiers et de quelques-uns d'entr'eux qui luttent corps à corps avec les Reîtres, la plus grande partie des gardes nationaux quittent le lieu du combat en désordre, abandonnant des prisonniers et des blessés que l'ennemi achève lâchement.

Cependant, à trois ou quatre cents mètres de la ferme, la petite colonne française parvint à se reformer et elle était disposée à faire de nouveau face à l'ennemi, mais celui-ci n'osa pas continuer sa poursuite.

Nos pertes, dans cette affaire, furent grandes : 22 tués, parmi lesquels on compte plusieurs malheureux prisonniers que l'on retrouva dans les cours de la ferme après le départ des Allemands ; ils avaient les mains attachées derrière le dos et avaient été fusillés.

On ignore le chiffre des pertes subies par l'ennemi ; mais il est certain qu'elles ont dû être assez sensibles. Comme cela avait déjà eu lieu à l'affaire de la ferme de Bois-Bourdin, en se retirant, il emmena dans ses fourgons ses morts et ses blessés (1).

La ville de Montereau, pour sa part, a eu dix tués : neuf hommes mariés et un jeune garçon de 16 ans, Aug. Vilmay, un enfant qui sortait à peine du collège ; la cantinière, qui n'avait pas voulu quitter les gardes nationaux, a eu le bras traversé par une balle. La compagnie de marche de l'Yonne a eu aussi plusieurs tués et blessés.

---

(1) Dans l'ouvrage déposé à la Bibliothèque de Provins par l'auteur, notre compatriote, M. Leclerc-Mauzier, chef de bataillon d'infanterie, ouvrage ayant pour titre : *Etat des pertes des armées Allemandes pendant la guerre* 1870-71, les chiffres officiels déclarés pour l'affaire de Grandpuits du 21 octobre, consistent en trois tués et six blessés.

Le résultat de ce combat a été télégraphié le même jour, par M. Hippolyte Rousseau, préfet de Seine-et-Marne, replié à à Nemours, aux membres du Gouvernement à Tours.

A Provins, la journée du 21 a été très calme, à part la nouvelle de l'attaque de Grandpuits, rien ne fut signalé. Le soir, comme à l'habitude, la foule, avide de renseignements, se pressait aux abords de l'Hôtel-de-Ville pour lire la dépêche annonçant que le Gouvernement avait décrété que la ville de Châteaudun avait bien mérité de la Patrie, et qu'un crédit de 100,000 francs était ouvert pour aider la population.

Le 22 octobre, 1,500 fantassins et 500 cavaliers Wurtembergeois, avec quatre pièces d'artillerie, arrivent à l'improviste à Nnagis ; ils font une enquête pour tâcher de découvrir les combattants de Grandpuits et procèdent au désarmement de la garde nationale.

Le lendemain 23, la colonne ennemie quitte la ville après avoir fait une réquisition d'un convoi de 30 voitures pour venir sur Provins, avaient annoncé les officiers.

Informée immédiatement par M. le Maire de Nangis, notre Administration municipale se préparait à les voir arriver, pensant comme tout le monde qu'ils venaient chercher la part de la ville dans la contribution de guerre imposée au département ; mais, vers une heure, on sut qu'au lieu de se diriger sur Provins, les Wurtembergeois avaient pris une autre direction.

Après avoir traversé la Seine à gué, près du village de Marolles, ils se présentèrent devant Montereau ; le commandant de la colonne fit demander le Maire avec lequel il parlementa longuement, puis la troupe pénétra dans la ville dont toutes les issues furent immédiatement occupées par des postes.

Une fois établi dans la place, la première chose que fit l'ennemi fut d'exiger la remise des armes des habitants et d'interdire toute manifestation à l'occasion des obsèques des victimes de Grandpuits qui se célébraient ce jour-là.

Pendant que les soldats brisaient les fusils des gardes nationaux, le commandant Wurtembergeois réclama au Maire « *la mitrailleuse* » en construction chez un serrurier du pays, ce qui prouve qu'il était bien renseigné sur ce qui se passait chez nous ; bon gré mal gré, il fallut obtempérer à l'ordre, et l'engin, dont le Maire ignorait probablement l'existence, fut livré.

Durant toute la nuit, des patrouilles de cavalerie parcoururent les rues de la ville et les environs dans un rayon de plusieurs kilomètres.

Le 23 octobre, à midi, on apporte au bureau de poste de Provins, 40,000 lettres provenant d'un ballon tombé la veille dans les environs de Meaux.

A la même heure, on affiche la dépêche suivante :

Tours, 22 Octobre, soir.

20,000 Prussiens ont envahi Chartres, hier, paraissant vouloir se diriger sur Mantes, par Dreux. — Une dépêche de Neufchâteau annonce que Bazaine aurait remporté, sous Metz, un avantage signalé, le 14. — Le siège de Verdun est interrompu parce que les batteries ennemies sont démontées ou inondées. — Les Prussiens ont fait sauter, hier, le pont sur la Loire, entre Meung et Cléry. Ils étaient hier soir un millier autour de Beaugency. — Sous Paris, le 15, deux obus ont pénétré dans un poste ennemi, près Champigny. Le 16, les éclaireurs postés à Créteil ont été attaqués, dès l'aube, par un peloton de Prussiens qu'ils ont repoussé. Rapport militaire du 17, pas parvenu.

Le 23 octobre, les dépêches ne manquèrent pas ; ce fut aussi ce jour-là qu'une missive du Sous-Préfet de Sens nous apprit que le ballon *le Garibaldi*, parti de Paris le 22, à onze heures du matin, emportant M. Paul de Jouvencel, ancien député de Seine-et-Marne, envoyé en mission à Tours par le Gouvernement, était tombé, vers midi, entre Meaux et Lagny, au milieu des lignes prussiennes.

En passant au-dessus des ouvrages d'investissement, *le Garibaldi*, qui avait essuyé plusieurs décharges d'artillerie, fut touché, à plus de 2,000 mètres de hauteur, par des projectiles supposés nouveaux.

M. de Jouvencel, qui fut plus tard colonel du 2e régiment des mobilisés de notre département, parvint à sortir des lignes ennemies, avec ses dépêches et six pigeons voyageurs ; il gagna Sens, Auxerre et de là Tours.

Les 40,000 lettres apportées tantôt à la poste provenaient du *Garibaldi*.

A six heures et demie du soir, les francs-tireurs de la Loire arrivent à Provins en chantant la *Marseillaise ;* on leur délivre, à la Mairie, des billets de logement ; les habitants leur font fête. Avant de se séparer, les officiers rappellent à leurs hommes qu'ils se trouvent en pleines lignes ennemies et leur recommandent la plus grande prudence.

En quittant Montereau, dans la matinée du 24 octobre, la colonne wurtembergeoise, qui devait passer par Provins pour regagner son cantonnement de Coulommiers, se dirigea sur Bray-sur-Seine, où elle entra sans opposition.

Malgré la jactance de certains habitants de cette ville qui, depuis le 12 septembre, ne cessaient de railler sur le courage des Provinois qui, suivant eux, s'étaient laissés trop facilement envahir par l'ennemi, les choses se passèrent là-bas comme elles s'étaient passées ici et comme presque partout où il n'y avait pas de troupes pour organiser la défense.

Bien mieux, à Bray, on mit un certain empressement à aller au-devant des demandes de l'ennemi relativement à la remise des armes ; en sus des fusils des gardes nationaux, un notable habitant fit amener au commandant wurtembergeois, qui les trouva inoffensives et n'en voulut pas, les deux petites pièces de canon que la ville possède et qui servent à annoncer les fêtes et réjouissances publiques de la localité.

Après avoir fait les réquisitions ordinaires de pain, vin et viande, la colonne ennemie, qui avait annoncé devoir séjourner jusqu'au lendemain, quitta Bray précipitamment vers trois heures après midi, sur le bruit qui avait été répandu qu'une colonne de troupes françaises arrivait de Sens.

Le génie militaire ayant fait sauter le pont sur la Seine dès le début de l'invasion et les eaux étant hautes, les Wurtembergeois durent renoncer à l'idée de passer le fleuve à gué, comme ils avaient fait la veille à Marolles, près Montereau.

En présence de cet obstacle qu'ils n'avaient sans doute pas prévu, ils furent obligés de changer leur itinéraire ; renseignés que le pont de Nogent n'avait pas été détruit, c'est par cette localité qu'ils résolurent de passer pour venir à Provins ; mais là, un autre contre-temps sérieux les attendait. Nogent était occupé par des troupes et les habitants étaient résolus à se défendre.

N'ignorant pas le fait, le commandant de la colonne, dont les hommes étaient fatigués par suite des marches de la journée, décida d'attendre au lendemain avant de se présenter devant la ville ; il fit faire halte pour la nuit à sa troupe, dans les villages de Noyen, Villiers-sur-Seine, Fontaine-Fourches et autres hameaux environnants. Dans toutes les localités qu'ils traversèrent, les Wurtembergeois eurent soin de réclamer les armes des gardes nationaux qu'ils brisaient à mesure.

Tandis que de graves événements se préparaient pour nos voisins des rives de la Seine, à Provins, toute la population était en l'air, on s'attendait à chaque instant à voir arriver l'ennemi ; l'inquiétude était d'autant plus grande que, depuis la veille, les francs-tireurs de la Loire étaient installés en ville, et qu'ils prenaient toutes leurs dispositions de combat.

Vers onze heures, le clairon sonne le ralliement, la compagnie se réunit sur la place de l'Hôtel-de-Ville. Le capitaine commandant, Mallet, homme énergique, fait part à ses hommes des renseignements qu'il vient de recevoir de Bray, sur les Wurtembergeois. Après une sorte de conseil de guerre, qui dura quelques minutes, la compagnie décide que son effectif (60 hommes environ) ne lui permettant pas d'entrer en lutte toute seule contre la colonne qui comporte 2,000 hommes avec de l'artillerie, elle se repliera sur Nogent.

Averti que l'ambulance de l'Hôtel-Dieu renferme un certain nombre de soldats allemands, laissés pour cause de maladie par les différentes colonnes passées antérieurement, le capitaine des francs-tireurs résolut de s'en emparer et de les emmener.

Il se rendit avec un piquet de sa troupe à l'établissement hospitalier et, malgré le drapeau de la Convention de Genève, qui en indiquait la neutralité, il força la porte et plaça des factionnaires avec défense de ne laisser entrer ni sortir qui que ce soit.

Il se fit conduire près de la Sœur supérieure et lui demanda la remise des soldats étrangers ; celle-ci refusa d'abord, puis tergiversa pour gagner du temps, espérant que l'Administration, apprenant ce qui se passait, viendrait à son aide pour empêcher l'enlèvement.

Le capitaine Mallet, devinant l'intention de la bonne Sœur, se fâcha tout rouge ; il lui ordonna, d'une façon hautaine, de faire habiller et manger de suite les Allemands ; il accorda une heure pour s'exécuter, après quoi il devait les enlever de force s'ils n'étaient pas prêts.

M. Le Bailly, prévenu par M. Argant, économe, arriva à ce moment pour s'interposer ; bien qu'il eût énoncé ses qualités de maire de la ville et de président de la Commission des Hospices, l'entrée lui fut refusée et c'est à travers les barreaux de la porte qu'il parlementa avec le capitaine des francs-tireurs. En vain, M. Le Bailly essaya-t-il de lui faire observer qu'emmener ces hommes et les faire prisonniers était une violation des conventions internationales et dans une certaine mesure une violation du droit des gens ; le chef des partisans ne voulut rien entendre.

Une heure plus tard, les Allemands étaient amenés entre deux haies de francs-tireurs sur la place de l'Hôtel-de-Ville, ils avaient une frayeur terrible ; mais ils se remirent petit à petit, leurs gardiens leur donnaient des cigares, puis les faisaient boire dans leurs gourdes. M. Bachelin, boulanger dans la rue de la Friperie, leur distribua du pain blanc.

Le capitaine Mallet, craignant à toute minute voir déboucher les éclaireurs wurtembergeois près l'hôtel de France, se démenait comme quatre, multipliant ses ordres et ses recommandations, il avait fait une réquisition de voitures, mais elles n'arrivaient pas et les moments étaient précieux ; deux grandes charrettes de ferme qui venaient par la rue de la Gare furent arrêtées, on y fit monter les prisonniers, une voiture fournie par Pierre Grosmaire reçut cinq soldats français du 5e lanciers, que l'Administration des Hospices avait tenté d'évacuer le matin sur Poitiers, en les faisant passer par Bray, mais qui avaient dû être ramenés à cause de l'occupation de cette ville par l'ennemi.

Une petite collecte faite entre les personnes présentes en faveur de nos soldats, leur fut remise, ainsi que du pain et quelques bouteilles de vin, puis l'on se sépara aux cris de : Vive la France ! Les conducteurs fouettèrent leurs chevaux et les voitures partirent au galop pour Nogent ; il était midi et demi.

Avant de quitter l'Hôtel-Dieu, le capitaine Mallet assura aux personnes qui émettaient des craintes sur le sort des prisonniers qu'il emmenait que, quoi qu'il puisse arriver, ils auraient la vie sauve, qu'il ne voulait que les enlever, afin de les empêcher de rejoindre leurs corps plus tard.

Afin de sauvegarder autant que possible la responsabilité de l'Administration, il laissa la déclaration suivante :

Provins, le 24 Octobre 1870.

Moi, Capitaine-Commandant, reconnu par le Gouvernement de la République, des Chasseurs-Républicains de la Loire, déclare avoir évacué de mon droit 21 hommes, dont un sous-officier, en résidence à l'Hôpital de Provins, pour les transférer dans un autre hôpital français, ceci malgré les protestations de M. le Maire de Provins.

Le Capitaine-Commandant,

E. MALLET.

Agissant de mon droit, je prends également à ma charge les cinq soldats français qui se trouvent actuellement au même Hôpital de Provins.

E. MALLET.

L'enlèvement des Prussiens par les francs-tireurs fut le sujet des conversations de notre population, durant le restant de la journée ; la conduite du capitaine Mallet, eu égard aux conséquences qui pouvaient en résulter pour la ville, fut sévèrement blâmée par beaucoup de monde.

Le soir, on apprit que la colonne ennemie qu'on attendait, n'ayant pu passer la Seine à Bray, faisait le tour par Nogent et serait à Provins le lendemain.

Le 25 octobre, dès neuf heures du matin, le bruit du canon nous apprenait à Provins qu'on se battait à Nogent-sur-Seine, la surprise ne fut pas bien grande, le fait était prévu ; cependant l'inquiétude gagna bien vite tout le monde, et c'est avec une impatience fébrile que la fin de la journée était attendue pour connaître l'issue du combat auquel plusieurs de nos concitoyens étaient allés prendre part.

Vers cinq heures, les premiers détails arrivèrent, ils étaient bien confus, bien contradictoires ; mais enfin on savait quelque chose et on était soulagé. Entre autres versions répandues, il y en avait une qui disait que le combat avait commencé à sept heures du matin par l'attaque, dans le parc de la Motte-Tilly, de l'avant-garde wurtembergeoise qui, sur 40 hommes, en avait laissé 39 sur place. Ce récit était de pure fantaisie.

Mais ce qui se disait encore et qui, malheureusement, était vrai, c'est que le capitaine Mallet, des francs-tireurs de la Loire, était grièvement blessé, que le feu était en divers points de la ville et que l'ennemi était vainqueur.

A sept heures, les reflets d'une aurore boréale embrasent tout le ciel ; des curieux, qui ne se rendent pas compte des effets de ce phénomène atmosphérique assez rare dans nos contrées, persistent à attribuer ces lueurs vives aux incendies de Nogent, ils se portent en assez grand nombre sur la route, espérant des hauteurs apercevoir le spectacle d'une ville en feu. Un peu plus loin que la Chapelle Saint-Hubert, ils sont croisés par une patrouille de cavaliers prussiens qui continuent de s'avancer comme s'ils venaient sur Provins, puis soudain ils se retournent et, le sabre au poing, ils poussent devant eux tous ceux qu'ils rencontrent et les emmènent ainsi jusqu'à Sourdun. Là, après les avoir questionnés sur ce qui se passait à Provins, ils les relâchèrent. Un officier pria M. Lefèvre, professeur de musique, qui se trouvait parmi ces prisonniers d'un instant, de prévenir l'Administration de préparer la somme de la contribution de guerre imposée le 13 octobre, qu'ils devaient prendre à leur passage. En même temps il lui remettait une lettre sommant le Maire et les Adjoints de Provins de se porter le lendemain matin au-devant de la colonne allemande, comme garantie des intentions pacifiques des habitants de la ville.

A huit heures, la colonne ennemie, qui n'avait fait que traverser Nogent après le combat, arrivait à Sourdun et prenait ses dispositions pour y passer la nuit ; les blessés furent installés dans la Maison d'école et les prisonniers furent enfermés dans l'église.

Jusqu'à une heure très avancée de la soirée, nos rues conservèrent une animation peu ordinaire, bien que la nuit fût presque froide ; de tous côtés, des groupes devisaient sur les événements de la journée et sur les probabilités du lendemain.

Ce n'est qu'à minuit, lors du retour de deux de nos concitoyens, qui avaient pris part au combat, qu'on sut exactement ce qui s'était passé.

Voici le récit qu'ils nous firent :

Le 24, au soir, on était prévenu à Nogent de l'approche de l'ennemi ; en même temps que le tocsin appelait aux armes tous les citoyens des campagnes voisines, on télégraphiait à Troyes. Le capitaine de vaisseau Lafon, faisant fonctions de général de brigade, arriva dans la nuit à la tête d'un bataillon de mobiles du Morbihan, qui étaient cantonnés à Romilly. Avec les mobiles précédemment installés, les gardes nationaux des environs, les francs-tireurs de la Loire et les volontaires accourus de tous côtés; la petite cité se trouvait occupée, le lendemain matin, par environ 5,000 hommes en armes.

Des mesures de défense, bien insuffisantes, hélas! avaient été prises à la hâte; une barricade élevée avec des bourrées et quelques tombereaux de terre, fermait l'entrée du faubourg Beschereau, route de Bray; des tranchées coupaient la chaussée à une assez grande distance en avant de la ville.

Le 25, à huit heures du matin, les Wurtembergeois étaient en vue; une compagnie de mobiles, détachés en tirailleurs, dut se replier devant la supériorité des armes de l'ennemi, qui s'avançait en deux carrés faisant feu en équerre.

Bientôt la cavalerie qui couvrait les côtés s'étend et l'artillerie s'établit sur les hauteurs avoisinant la route de Bray et dominant la ville, contre laquelle elle ouvre le feu.

Les gendarmes de la brigade de Nogent, un garde-forestier des environs, trois francs-tireurs provinois, MM. Levesque, Charles Lebœuf et Beltz, mécanicien, ainsi qu'un zouave nommé Jaminet et un soldat du génie blessés lors de la destruction du pont de Bernières et laissés tous deux à l'Hôpital depuis cette époque, sont abrités dans un rucher d'abeilles en avant du cimetière, d'où ils ripostent avec succès aux Wurtembergeois et les arrêtent un moment.

Les francs-tireurs de la Loire, embusqués au premier rang, derrière les palissades d'un jardin, à 200 mètres seulement des canons, mettent un assez grand nombre d'artilleurs hors de combat et démontent les pièces jusqu'à trois fois.

Voyant ses hommes hésiter, le colonel allemand lance son cheval au galop et s'avance pour rectifier les positions de son infanterie, il est tué raide par le capitaine des francs-tireurs (1).

L'ennemi rendu furieux par cette résistance d'une poignée de volontaires (70 hommes en tout), envoie sur les maisons des obus et des bombes incendiaires.

Pendant ce temps, les cavaliers et une partie des fantassins exécutant le mouvement tournant si en pratique dans toutes les attaques des Allemands, entouraient la ville, formant un cercle se rétrécissant petit à petit et qui allait finir par l'envelopper entièrement.

Avant que toute issue ne fût fermée, le capitaine Lafon, qui jugeait la résistance désormais impossible, donna l'ordre de la retraite et quitta aussitôt la ville, avec une partie des mobiles et des gardes nationaux, par la route de Troyes. Le capitaine Mallet, des francs-tireurs, se mit à la tête des combattants qui restaient et tenta un dernier effort pour défendre la barricade de la route de Bray ; c'est à ce moment qu'il fut blessé d'une balle dans la cuisse; on l'emporta chez M. Razy, juge d'instruction,

---

(1) Louis Godefroy, Combat de Nogent, *Récits Champenois et Briards*.

où il fut caché. Se voyant sur le point d'être débordés, la plupart des gardes nationaux abandonnent le combat pour courir au feu allumé par les obus dans plusieurs endroits ; les gardes mobiles, sans commandement et sans munitions, sont obligés de lâcher pieds.

Afin d'épargner à la ville les horreurs d'une lutte inutile, le maire, M. Étienne, se porte au-devant de l'ennemi avec un drapeau blanc. A la vue du signe parlementaire, le feu cesse ; mais les Wurtembergeois n'en font pas moins irruption dans les rues en poussant des hourras frénétiques et en tirant sur tous les habitants qu'ils aperçoivent. Les gardes mobiles, qui s'étaient réfugiés sur la promenade du Canal Terray, sont faits prisonniers avec quelques gardes nationaux.

Surexcités par la résistance qu'ils avaient rencontrée, les Wurtembergeois ont commis des atrocités épouvantables dans les maisons avoisinant la barricade : un pauvre malade, alité depuis six mois, fut tué dans son lit à coups de baïonnette ; dans une autre maison, ils ont fusillé le mari et la femme sous les yeux de leurs deux enfants affolés qui criaient grâce, à genoux ; chez un jardinier, six malheureux gardes mobiles furent massacrés dans la chambre.

Le cimetière, où les gardes mobiles s'étaient retranchés, présentait un aspect effrayant ; afin d'en déloger les défenseurs, l'ennemi avait dirigé sur eux le feu de ses canons ; partout les murs étaient éventrés, les tombes étaient renversées par les boulets et une vingtaines de cadavres de mobiles gisaient çà et là dans les allées.

Les Wurtembergeois ramassaient leurs blessés à mesure qu'ils tombaient, ils ne voulurent laisser sortir personne de la ville avant d'avoir enlevé tous leurs morts ; ils ont conduit au cimetière dix des leurs : sept catholiques et trois protestants ; ils ont relevé environ cinquante blessés (1). Du côté des Français, on comptait trente-quatre mobiles tués, quatorze gardes-nationaux ou civils tués et quarante blessés. Les francs-tireurs de la Loire, qui s'étaient si bien battus, n'avaient qu'un tué, un nommé Pélissier, et plusieurs blessés.

Une fois maîtres de l'héroïque petite ville, les Wurtembergeois ont permis d'éteindre les incendies, et pendant que des détachements faisaient des recherches dans les maisons pour tâcher de découvrir des francs-tireurs, d'autres soldats, près des ponts, brisaient les fusils des gardes mobiles ou les jetaient à la Seine.

Comme il est dit plus haut, le gros de la colonne ennemie ne fit que traverser Nogent et vint bivaquer près la gare du chemin

---

(1) Les chiffres officiels déclarés, d'après l'ouvrage du commandant Leclerc-Mauzier, sont de 15 tués et 38 blessés, parmi lesquels un lieutenant-colonel et un deuxième lieutenant. Ces chiffres nous paraissent au-dessous de la vérité.

de fer, sur la grande route, où le commandant se fit amener les réquisitions de vivres.

À quatre heures, les Wurtembergeois se mettaient en marche pour venir à Provins ; mais à cause de la fatigue et des souffrances de leurs nombreux blessés, ils s'arrêtèrent à Sourdun, où ils couchèrent.

Il ne faisait pas encore jour, le 26 octobre, quand l'avant-garde des vainqueurs de Nogent arriva à Provins.

Elle se composait d'une trentaine de dragons du 1er régiment wurtembergeois qui vinrent tout droit à l'Hôtel-de-Ville, délogèrent les gardes nationaux du poste et s'y installèrent.

L'officier commandant éveilla le concierge, M. Dubois, et lui ordonna, d'un ton qui n'admettait pas de réplique, de faire préparer de suite 40 tasses de café, bien chaud, pour les blessés.

A sept heures, la colonne arrive à son tour et prend possession du Quartier de cavalerie où elle s'enferme avec ses blessés et ses prisonniers, consistant en 283 mobiles du 3e bataillon du Morbihan et en 21 gardes nationaux et sapeurs-pompiers de Nogent ou des environs, parmi lesquels se trouvent MM. Chevanne jeune, marchand de grains ; Boulaire, commis-greffier du tribunal civil ; Lauxerrois, maire de Traînel, etc. La plupart de ces malheureux, qui avaient été pris pendant le combat, sont tête nue et à peine couverts ; la pluie qui n'a pas cessé de tomber durant le trajet qu'ils ont accompli pour venir de Sourdun, a mouillé entièrement leurs vêtements et ils grelottent de fièvre et de froid.

Plusieurs de nos concitoyens s'empressent d'alléger autant que possible leur mauvaise situation ; M. Billy père, menuisier, leur porte un panier de provisions ainsi que des chaussures, des blouses et des chapeaux qu'il a quêtés chez ses voisins ; MM. Elie Haye, limonadier, et Cordier, pharmacien, ouvrent une collecte en leur faveur.

Bientôt la population Provinoise tout entière se porte à la grille de la cour de la caserne, et fait à nos pauvres compatriotes un accueil des plus touchants, chacun veut leur venir en aide ; tout le monde donne, celui-ci des vivres, celui-là des habits, un autre son obole.

Une somme de 600 fr. est remise à M. Zudaire, capitaine des mobiles, pour être distribuée aux soldats et aux gardes nationaux. On leur fournit, en outre, 130 paletots et manteaux, des gilets, des chemises de flanelle et des képis, 100 bouteilles de vin et eau-de-vie, du tabac et des cigares. Ces offrandes sont reçues avec une vive reconnaissance qui se traduit par d'affectueux remercîments.

Beaucoup de gardes mobiles donnèrent l'adresse de leur famille à MM. Bourgeat et Renon, afin de les prévenir.

M. Louis Chevanne, qui avait été condamné à être fusillé pour avoir été trouvé porteur de cartouches, et aussi parce que c'est dans ses magasins que les mobiles étaient casernés, a obtenu très heureusement grâce de la vie, sur les instances faites auprès du commandant par M. Massé, un des vicaires de l'église Saint-Laurent, de Nogent, et par MM. Lebeau, adjoint au maire de Provins, et Lethier, ingénieur des ponts et chaussées.

Du reste, il faut reconnaître que le commandant Wurtembergeois paraissait animé de bons sentiments à l'égard de ses prisonniers : les officiers de la mobile ont déjeuné à l'hôtel de la Fontaine, à la table des officiers allemands.

Tous les prisonniers se plaignaient amèrement de l'imprévoyance des chefs militaires ou civils qui s'étaient chargés d'organiser la défense, ils faisaient au contraire le plus grand éloge de la bravoure et du sang-froid des 60 francs-tireurs de la Loire, qui avaient tenu, presque seuls, les 1,800 ennemis en échec pendant la première partie du combat.

A neuf heures, un des blessés, qui doit être un officier supérieur, meurt au Quartier ; un cercueil est immédiatement commandé sur un bon de réquisition réclamé à la Mairie, et une heure plus tard, il est porté au cimetière avec une certaine pompe : une compagnie de soldats en armes lui rend les honneurs. Le nom de cet officier a été tenu secret, il n'a pas été dressé d'acte de décès ; seulement le fossoyeur Cognot reçut l'ordre de bien remarquer la place où le corps était déposé, pour le cas où il serait réclamé plus tard (1).

Vers onze heures, après que le pansement des blessés eut été renouvelé et que tous les hommes eurent pris un peu de repos et eurent été passés en revue par le commandant supérieur, la colonne qui craignait d'être poursuivie et avait hâte de regagner son cantonnement, se mit en marche pour Coulommiers.

Les clairons à pied ouvrent la marche en sonnant des fanfares, puis vient un bataillon d'infanterie, un peloton de cavalerie, les pièces de canons et une espèce de caisse carrée, montée sur roues et garnie de canons de fusils (probablement la mitrailleuse prise à Montereau), le tout escorté d'artilleurs.

Ensuite marchait un officier portant avec orgueil un drapeau

---

(1) Le corps de l'officier en question n'a jamais été réclamé. Il a été exhumé le 11 mai 1877, ainsi que ceux de tous les Allemands décédés à Provins, pour être réunis en une fosse commune concédée à perpétuité à l'Etat. Ce jour-là, et malgré les six années écoulées, on a reconnu parfaitement son grade : les deux étoiles du collet de sa tunique et les pattes d'épaulettes de sa capote indiquaient que c'était un lieutenant ; il avait un pantalon basané et n'avait qu'une jambe de bottée, l'autre était enveloppée de linge et d'amadou, ce qui indiquait qu'il avait dû subir un pansement à la suite d'une blessure.

Par l'ouvrage du commandant Leclerc-Mauzier, on sut que cet officier se nommait de Stetten, et était 2e lieutenant au 3e régiment d'infanterie wurtembergeoise.

français, celui des sapeurs-pompiers de Nogent, dont les Wurtembergeois avaient exigé la remise comme trophée de leur victoire.

Un détachement de fantassins fermait la marche de cette colonne qui descendit par les rues Hugues-le-Grand et de la Friperie.

Pour une cause qui nous est restée inconnue, les Wurtembergeois firent passer les prisonniers par un autre détour, on eût dit qu'ils prenaient plaisir à promener par nos rues leurs malheureux adversaires de la veille.

Les 283 mobiles du Morbihan, les gardes nationaux et quelques pompiers, parmi lesquels un vieux sapeur à barbe blanche, descendirent entre deux haies de cavaliers et de fantassins, par la grande rue de la Cordonnerie. Afin d'empêcher toute fuite des prisonniers, des cavaliers gardaient l'entrée des rues adjacentes sur tout le parcours de la colonne.

Sur la place du Val, il y eut une halte de quelques instants pour donner le temps de s'espacer convenablement à une douzaine de grandes voitures contenant les blessés, couchés sur des matelas et paraissant souffrir horriblement des secousses du pavé.

Dans une calèche découverte, conduite par M. Levasseur, loueur de voitures à Provins, réquisitionné à cet effet, le lieutenant-colonel Wurtembergeois, M. de Schraeder, blessé grièvement d'un coup de feu au bas-ventre et qui avait demandé à être reconduit de suite en Allemagne, est étendu sur des oreillers et donne à peine signe de vie.

Profitant du moment d'arrêt, plusieurs officiers montent à l'Hôtel-de-Ville et réclament la part de la contribution de guerre imposée à Provins ; ils touchent la moitié de la somme ainsi que la part des communes de Jouy-le-Châtel, Mortery, St-Hillier, Chenoise et Vulaines ; ils sont tellement pressés de partir, qu'ils ne se donnent pas le temps de vérifier le compte et laissent une quittance que l'un d'entre eux signe : DUTTENDOFF.

Ils avaient fait réquisition d'une voiture qui n'arrivait pas assez vite à leur idée, ils menacèrent d'imposer la ville de 1,000 fr. par cinq minutes de retard.

Enfin, à onze heures et demie, tout était prêt de nouveau pour le départ, la colonne reprit sa marche ; elle était suivie de nombreuses voitures d'ambulances, des voitures d'armes et de réquisitions, escortées par des cavaliers et des fantassins qui chantaient le *Bivouac*, de Kuken, que tous nos orphéonistes connaissent.

Les premières personnes qui pénétrèrent dans la caserne après le départ des Wurtembergeois, trouvèrent un des leurs, mort, qu'ils avaient abandonné dans le manége : c'était, d'après le livret trouvé dans son sac, un sergent de la 6ᵉ compagnie du 3ᵉ régiment d'infanterie, nommé Schrentz ; il avait la main traversée par un coup de feu, une balle lui était entrée par la joue et sortie près de l'oreille, il avait en outre une épaule fracassée.

Les soldats que leurs blessures ne permettaient pas de transporter ont été laissés dans les ambulances de l'Hôtel-Dieu et de l'auberge de l'Ecu, à la porte de Changis.

Pendant son séjour, la colonne, forte de 1,800 hommes, dont 150 cavaliers, non compris les prisonniers, a fait réquisition à la municipalité de Provins, de 450 pains de 1 kilo 1/2, 880 litres de vin, 10 bouteilles de Champagne, 40 tasses de café, 36 déjeuners pour officiers, 38 kilos de charcuterie, 48 cervelas, 25 kilos de café en grains, 1,500 livres d'avoine, du tabac, des cigares, 2 voitures pour les blessés et un cercueil.

Le 27 octobre, un des prisonniers emmenés la veille par les Wurtembergeois et qui est parvenu à s'échapper, repasse à Provins; il nous apprend qu'à Jouy-le-Châtel, la colonne ennemie s'est divisée en deux parties, l'une s'est dirigée sur Coulommiers avec les mobiles et les gardes nationaux, l'autre a pris la route de Rozoy.

On colporta dans la journée la dépêche suivante, adressée par M. le Préfet de l'Aube à M. Le Bailly, maire de Provins :

Troyes, 26 Octobre.

Je vous remercie vivement de ce que les habitants de votre ville ont fait pour nos pauvres mobiles et gardes nationaux, emmenés prisonniers.

LIGNIER.

A huit heures du soir, il y a foule autour de la dépêche officielle que l'Administration municipale vient de faire placarder :

Tours, 27 Octobre, midi 50 minutes.

Nogent-sur-Seine, attaqué le 25, dès le matin, par 1,800 Prussiens environ, munis de quatre canons et une mitrailleuse, a résisté jusque vers dix heures; nous avons eu 8 gardes nationaux et une vingtaine de mobiles tués, environ 150 blessés et prisonniers; les pertes de l'ennemi sont plus considérables; un officier supérieur tué. — Les francs-tireurs de la Loire et gendarmerie se sont particulièrement distingués. L'ennemi a évacué à quatre heures.

Une reconnaissance du 16e corps a attaqué hier, sur la rive gauche de la Loire, des cavaliers ennemis : 3 tués, un chasseur français disparu. Un détachement prussien est revenu à Châteaudun.

A Leaunais, dans les Ardennes, des francs-tireurs ont surpris un détachement ennemi, tué 2 hommes, fait 7 prisonniers; de notre côté, aucune perte.

Après avoir lu, chacun commente à sa façon, et tout le monde se demande s'il y a grand intérêt pour le Gouvernement de la Défense à ne pas donner la vérité tout entière sur les faits de guerre qui s'accomplissent, ou s'il est lui-même renseigné inexactement par les fonctionnaires chargés de l'en instruire. En tout cas, le change que donne la dépêche sur les résultats du combat de Nogent, bien connus ici, fait naître des doutes sur la sincérité des communications officielles.

Le 28 octobre, vers une heure après midi, 60 soldats d'infanterie prussienne, avec une douzaine de voitures vides, traversent Provins, se dirigeant par la route de Nogent.

Les francs-tireurs partent à la hâte, une heure plus tard, par un autre chemin, pour tâcher de les rejoindre et de les attaquer dans la forêt de Sourdun.

La nuit arriva sans qu'on entendît rien dire sur l'attaque projetée; il faisait un temps affreux, la pluie tombait à torrent, les rues étaient désertes; mais en revanche, les cafés regorgeaient de monde; on savait que différents journaux de Paris, apportés par les aéronautes du ballon le *Vauban*, descendu hier près de Verdun et de passage aujourd'hui à Provins, devaient y être lus à haute voix, de là l'empressement extraordinaire de curieux.

Hélas! il en était de même à Paris comme ici; la population était leurrée par des récits fantaisistes et ne savait pas grand chose, pour ne pas dire rien, de ce qui se passait au dehors.

Ainsi les journaux des 26 et 27 octobre publiaient les lignes suivantes sur la situation de notre armée du Rhin, sur laquelle reposait encore tant d'espoir :

« Les troupes allemandes devant Metz sont abîmées par les maladies, suite des privations qu'elles endurent et de leur séjour prolongé sur des terrains détrempés par des pluies. C'est avec les plus grandes difficultés qu'elles parviennent à se nourrir. Tous les soirs, des bandes de soldats affluent devant les tentes du quartier général en faisant entendre les cris de : *la paix!... la paix!...*

« On assure que l'armée du maréchal Bazaine, qui sans cesse surveille la marche et les mouvements de l'ennemi, s'est emparé d'un fort convoi de vivres destiné aux Prussiens, et qu'elle l'a fait entrer dans Metz.

« Le maréchal est toujours devant cette place, très fortement retranché. Les positions qu'il occupe ne permettent pas à l'ennemi de le tourner et lui laissent, dans un rayon étendu, la liberté de ses mouvements.

« Le maréchal a pu se tenir au courant de ce qui se passe dans le reste de la France, et les nouvelles favorables en ce qui le concerne, présentent un intérêt exceptionnel. »

Quelle amère déception nous préparaient tous ces mensonges?.. et fatale coïncidence, c'est juste le même jour et peut-être à la même heure où ces lignes étaient lues dans toute la France, que s'accomplissait là-bas un des plus odieux forfaits que jamais annales militaires aient eu à enregistrer : la reddition d'une place forte déclarée imprenable et de ses 170,000 défenseurs, l'élite de nos soldats.

Samedi 29 *Octobre*. — A six heures du matin, les 60 soldats prussiens passés hier traversent de nouveau la ville ; ils marchent sans ordre et se dirigent du côté de la route de Paris. On n'est pas bien sûr que ce soit les mêmes, ils n'ont plus leurs casques ni de voitures, toutefois, les pattes d'épaules de leurs capotes portent le même numéro 83, déjà remarqué la veille.

A midi, les francs-tireurs nous rapportent des détails :

Les Prussiens du matin sont bien les mêmes que ceux passés hier, ils se sont trompés encore une fois de destination ; croyant se rendre à Nogent-l'Artaud, où ils allaient au chemin de fer chercher des munitions, ils sont venus à Nogent-sur-Seine. Arrivés à la gare, ils furent très surpris de la trouver complètement abandonnée ; n'osant entrer en ville, ils firent prévenir le maire, qui se rendit près d'eux. L'officier lui expliqua le but de leur voyage, M. le maire lui fit remarquer la méprise ; alors l'officier lui demanda s'il répondait de leur sûreté, le fonctionnaire leur déclara qu'ils se trouvaient dans les lignes françaises, que des francs-tireurs parcouraient le pays et que, par conséquent, il ne répondait de rien, et il leur indiqua la route de Villenauxe, comme étant la plus courte à suivre pour regagner leurs lignes.

Les Prussiens firent réquisition de pain, vin et charcuterie, qu'on leur porta à la gare où ils restèrent toute la journée sans sortir.

Pendant ce temps-là, les francs-tireurs qui avaient été prévenus les attendaient, mais en vain, dans les bois longeant la route de Villenauxe.

On assure que l'ennemi a été averti de la présence des nôtres, car dans la nuit, les 60 hommes quittèrent précipitamment la gare de Nogent, abandonnant leurs sacs, leurs casques et leurs voitures pour revenir sur Provins ; ils évitèrent de traverser la forêt par la route, et c'est là ce qui prouve qu'ils devaient être guidés, ils passèrent par la traverse de Chalautre-la-Grande ; dans les bois ils marchaient avec précaution pour ne faire aucun bruit. Ils arrivèrent au petit jour à la Chapelle Saint-Hubert, dans laquelle ils entrèrent se mettre à l'abri, car la pluie tombait toujours ; après quelques moments de repos, ils reprirent leur route et à cinq heures et demie ils arrivaient à Provins, qu'ils n'ont fait que traverser.

A Vulaines, ils prirent quatre voitures chez M. Clergeot, pour remplacer celles qu'ils avaient abandonnées.

A Provins, la rumeur publique accusa hautement une personne notable, ainsi que le sergent de ville Mézelle et un commissionnaire en engrais nommé Brun, d'être ceux qui étaient allés prévenir et ramener les Prussiens.

M. Breton, procureur de la République, les fit appeler dans son parquet pour les interroger; mais rien ne fut prouvé et l'affaire en resta là.

Quelques jours plus tard, les deux journaux de la localité publiaient l'avis suivant, par ordre du magistrat :

« Toute personne qui aura pratiqué des manœuvres ou entretenu des intelligences avec les ennemis de l'Etat, à l'effet de leur fournir des secours en argent, vivres, renseignements, armes ou munitions, SERA PUNIE DE MORT. (*Art.* 77 *du Code pénal.*) »

Ce matin, vers neuf heures, un nouveau ballon est passé en vue de Provins, se dirigeant sur l'Est. En planant au-dessus du hameau de Coëffrin, commune d'Augers, dans le canton de Villiers-Saint-Georges, les aéronautes ont lancé de la nacelle un sac de lettres et de journaux qu'on a apporté à midi au bureau de poste de Provins.

Une note attachée au sac apprenait que l'aérostat portait le nom : « *Colonel Charras* » et était parti de Paris à huit heures du matin.

Dans cet envoi, il y avait six lettres pour des personnes de notre ville ; par un billet de Victor Billy, sergent-major de la mobile, daté de Paris, le 21, on sut que nos jeunes concitoyens étaient campés hors des murs d'enceinte de la capitale assiégée, et qu'ils attendaient tous les jours l'occasion de donner.

On apprit aussi que Jules Ditsch était dans les francs-tireurs de la Seine ; que Barbier, le fils du maître d'hôtel de la Boule-d'Or, avait été blessé à la tête par un éclat d'obus à l'affaire de Châtillon, et que Adrien Frisson, qui s'était engagé dans un régiment de ligne, malgré sa faible constitution, n'avait pu supporter les fatigues d'une entrée en campagne et qu'il était à l'ambulance.

Dans la soirée du 29, des nouvelles graves circulaient en ville. Une dépêche prussienne, rapportée de Coulommiers, annonçait la capitulation de Metz :

« Le roi de Prusse télégraphie ce qui suit, à la reine Augusta :

« Ce matin 27, l'armée du maréchal Bazaine et la forteresse de Metz ont capitulé avec 150,000 prisonniers, y compris 20,000 malades et blessés.

« Cet après midi, l'armée et la garnison doivent déposer les armes. C'est le plus important événement.

« Que la Providence soit remerciée !

« **GUILLAUME.** »

L'Administration municipale de Provins n'avait rien reçu, tout le monde doutait, on se disait que c'était encore là une de ces fausses nouvelles comme MM. les Allemands avaient l'habitude d'en colporter; malheureusement, le doute ne devait pas durer longtemps.

Il se passa encore une partie de la journée du 30 octobre sans que rien ne vînt confirmer la nouvelle donnée par les Allemands. Comme cela avait lieu chaque dimanche, les gardes nationaux de la ville se réunirent dans les cours du Quartier de cavalerie pour manœuvrer, car bien que privés d'armes, nos 1,200 soldats citoyens n'en continuaient pas moins à s'instruire pour le cas où, un jour, leurs services pourraient être utiles.

Vers quatre heures, la dépêche officielle du Gouvernement nous annonçant la fatale catastrophe, arrivait à la Mairie; c'était le moment où l'exercice venait de se terminer et les gardes nationaux défilaient par sections sur la place du Val; quelques hommes chantaient, on leur fit signe de s'arrêter, les tambours cessèrent aussi de battre, chacun se trouva surpris; les rangs se rompirent sans attendre de commandement et tout le monde se massa autour de l'Hôtel-de-Ville, lorsqu'on vit apparaître, au balcon du premier étage, les Membres de la municipalité.

C'était une chose imposante que l'aspect de cette place remplie d'une foule anxieuse, attendant, haletante et muette, ce qu'on allait lui communiquer.

M. Bourgeat, tout en s'efforçant de maîtriser son émotion, lut d'une voix forte la dépêche suivante :

Tours, 30 Octobre 1870, 10 h. matin.

Ministère de l'Intérieur aux Préfets et Sous-Préfets.

RÉPUBLIQUE FRANÇAISE, LIBERTÉ, ÉGALITÉ, FRATERNITÉ.

Proclamation au Peuple Français.

Français !

Élevez vos âmes et vos résolutions à la hauteur des effroyables périls qui fondent sur la Patrie. Il dépend encore de nous de lasser la mauvaise fortune et de montrer à l'univers ce qu'est un grand peuple qui ne veut pas périr et dont le courage s'exalte au sein même des catastrophes. Metz a capitulé ! Un général sur qui la France comptait, même après le Mexique, vient d'enlever à la patrie en danger plus de 100,000 de ses défenseurs. Le maréchal Bazaine a trahi. Il s'est fait l'agent de l'homme de Sedan, le complice de l'envahisseur, et au mépris de l'honneur de l'armée, dont il avait la garde, il a livré, sans même essayer un suprême effort, cent vingt mille combattants, vingt mille blessés, ses fusils, ses canons, ses drapeaux et la plus forte citadelle de la France, Metz vierge jusqu'alors des souillures de l'étranger ! Un tel crime est au-dessus même des châtiments de la justice. Et maintenant, Français, mesurez la profondeur de l'abîme où vous a précipités l'Empire. Vingt ans la France a subi ce pouvoir corrupteur qui tarissait en elle toutes les ressources de sa grandeur et de la vie. L'armée de la France, dépouillée de son caractère national, devenue sans le savoir un instrument de règne et de servitude, est engloutie, malgré l'héroïsme de ses soldats, par la trahison des chefs, dans les désastres de la Patrie. En moins de deux mois, deux cent vingt-cinq mille hommes ont été livrés à l'ennemi. Sinistre épilogue du coup de main militaire de décembre! Il est temps de nous ressaisir, citoyens; c'est sous l'égide de la République, que nous sommes bien décidés à ne laisser capituler ni au dedans ni au dehors, de puiser dans l'extrémité même de nos malheurs, le rajeunissement de notre moralité et de notre virilité politique et sociale. Oui! quelle que soit l'étendue du désastre, il ne nous trouve ni consternés, ni hésitants. Nous sommes prêts aux derniers sacrifices, et en face d'ennemis que tout favorise, nous jurons de ne jamais nous rendre; tant qu'il restera un pouce du sol sacré sous nos semelles, nous tiendrons ferme le glorieux drapeau de la Révolution Française. Notre cause est celle de la justice et du droit. L'Europe le voit, l'Europe le sent. Devant tant de malheurs immérités, spontanément, sans avoir reçu de nous invitation, ni adhésion, elle s'est émue, elle s'agite. Pas d'illusion! ne nous laissons ni allanguir, ni énerver, et prouvons par des actes que nous voulons, que nous pouvons tenir de nous-mêmes l'honneur, l'indépendance, l'intégrité, tout ce qui fait la Patrie libre et fière.

Vive la France! Vive la République une et indivisible!

Les Membres du Gouvernement:
CRÉMIEUX, GLAIS-BIZOIN, GAMBETTA.

Un formidable cri de : « Vive la France ! » accueillit cette proclamation ; mais aussitôt des murmures et des imprécations de rage se firent entendre, on comprenait la portée de cette terrifiante nouvelle. Metz rendu, c'était la partie aux trois quarts perdue ; jusque-là, on avait encore beaucoup espéré, les armées se formaient sur la Loire, Paris tenait bon et les Prussiens que nous avions à loger commençaient à se fatiguer et à se plaindre de la longueur de la campagne.

Avec la reddition de Metz, le prince Frédéric-Charles redevenait libre de ses mouvements et allait pouvoir envoyer une partie de ses 250,000 hommes sous les murs de Paris, tandis que l'autre irait renforcer les armées d'invasion de l'Est et du Centre.

Le lundi 31, toute notre population était atterrée par le coup porté par la communication de la veille, quand vers dix heures du matin, on afficha la dépêche suivante qui vint faire naître un moment de vague espoir :

Troyes, 30 Octobre, 10 h. 20 soir.

Le Préfet de l'Aube aux Sous-Préfets.

Je viens de recevoir des communications qui, sans être officielles, offrent cependant assez de certitude pour qu'il soit de mon devoir de les faire connaître immédiatement.

L'armée de Metz n'a pas accepté la capitulation signée par son indigne chef, la place s'est également soulevée, les vivres abondent à Metz. Les trois maréchaux, Bazaine, Canrobert et Lebœuf, étant venus à Nancy, la population, hommes et femmes, s'est précipitée à la gare où ils étaient, et les aurait massacrés sans l'intervention de la garnison prusienne, qui les a préservés. Le vendredi soir, on se battait à Metz et dans les environs. Le samedi, à cinq heures de l'après-midi, aucun fort ne s'était rendu. Un voyageur rapporte que vendredi et samedi, les secousses du canon faisaient osciller les maisons de Pont-à-Mousson.

Courage, citoyens! malgré toutes les trahisons, la France n'est pas encore sous le pied des Prussiens!

Le Préfet de l'Aube,

LIGNIER.

Comme il est dit plus haut, lorsque le texte de cette dépêche fut répandu, on eut encore comme une lueur d'espérance ; les personnes les plus pessimistes partageaient elles-mêmes le doute général.

Mais, vers le soir, toutes les illusions furent de nouveau détruites ; deux de nos concitoyens qui arrivaient du département de l'Aisne, nous affirmèrent que dans les localités qu'ils venaient de traverser, les Prussiens avaient célébré, le 28, la reddition de Metz, par des salves de coups de canon, des grandes revues et des illuminations.

NOVEMBRE.

Mardi 1er Novembre. Fête de la Toussaint. — Cette journée, qui d'habitude commence ici par les chants joyeux des petits vendeurs de *Nifflettes*, eut la monotonie de ses devancières ; sous l'impression pénible du moment, personne ne songea à ces succulents petits gâteaux qui, en temps ordinaire, font les délices des gourmets provinois.

Vers neuf heures du matin, une douzaine de grandes voitures dans lesquelles de pauvres familles se sont fait des abris avec de la paille et des bourrées, traversent la ville, se dirigeant du côté de la porte de Courloison ; l'aspect de ces braves gens fait peine à voir, ils sont couverts d'habits presque en haillons et traînent avec eux quelques sacs de farine et les ustensiles nécessaires à la fabrication de leur pain. Ce sont, dit-on, des cultivateurs du département de la Meuse, ayant quitté leurs exploitations au début de l'invasion pour se réfugier dans le centre de la France ; désespérant de voir arriver des jours meilleurs, ils regagnent leurs foyers après le complet épuisement de leurs ressources.

Le soir, l'Administration reçut la proclamation suivante, qui fut affichée immédiatement :

RÉPUBLIQUE FRANÇAISE.

LIBERTÉ, ÉGALITÉ, FRATERNITÉ.

Tours, 1er Novembre 1870.

A l'Armée.

Soldats !

Vous avez été trahis, non déshonorés ! Depuis trois mois la fortune trompe votre héroïsme. Vous savez aujourd'hui à quels désastres l'ineptie et la trahison peuvent conduire les plus vaillantes armées ! Débarrassés de chefs indignes de vous et de la France, êtes-vous prêts, sous la conduite de chefs qui méritent votre confiance, à laver dans le sang des envahisseurs l'outrage infligé au vieux nom français ? En avant !!! Vous ne luttez plus pour l'intérêt et les caprices d'un despote. Vous combattez pour le salut même de la Patrie, pour vos foyers incendiés, pour vos familles outragées, pour la France, notre mère à tous, livrée aux fureurs d'un implacable ennemi. Guerre sainte et nationale ! mission sublime, pour le succès de laquelle il faut, sans jamais regarder en arrière, nous sacrifier tous et tout entiers. D'indignes citoyens ont osé dire que l'armée avait été rendue solidaire de l'infamie de son chef. Honte à ces calomniateurs qui, fidèles au système des Bonaparte, cherchent à séparer l'armée du peuple, les soldats de la République, non ! J'ai flétri, comme je le devais, la trahison de Sedan et le crime de Metz, et je vous appelle à venger notre propre honneur, qui est celui de la France. Vos frères d'armes de l'armée du Rhin ont déjà protesté contre ce lâche attentat, et retiré avec horreur leurs mains de cette capitulation à jamais maudite. A vous de relever le drapeau de la France qui, dans l'espace de quatorze siècles, n'a jamais subi pareille flétrissure.

Le dernier Bonaparte et ses séides pouvaient seuls amonceler sur nous tant de honte en si peu de jours ! Vous nous ramènerez la victoire ; mais sachez la mériter par la pratique des vertus militaires, qui sont aussi les vertus républicaines : le respect de la discipline, l'austérité de la vie, le mépris de la mort. Ayez toujours présente l'image de la Patrie en péril, n'oubliez jamais que faiblir devant l'ennemi, à l'heure où nous sommes, c'est commettre un parricide et en mériter le châtiment ; mais le temps des défaillances est passé. C'est fini des trahisons.

Les destinées du pays vous sont confiées, car vous êtes la jeunesse française, l'espoir armé de la Patrie. Vous vaincrez, et après avoir rendu à la France son rang dans le monde, vous resterez les citoyens d'une république paisible, libre et respectée.

Vive la France ! Vive la République !

Le Membre du Gouvernement,
Ministre de l'Intérieur et de la Guerre,

Léon GAMBETTA.

Le 2 novembre, d'après les communications officielles faites par le Gouvernement, le doute sur les événements de Metz n'était plus possible ; cependant, le Préfet de l'Aube nous informa encore, d'après une dépêche qui lui était parvenue de Neufchâteau, que dix généraux seulement avaient signé la capitulation ; le reste de l'état-major et l'armée, campés entre la ville et les forts, refusaient de se rendre. Les Prussiens n'osaient pas entrer. Il n'y avait pas de vivres dans la place. Bazaine avait refusé toutes sorties antérieurement, malgré les avis du général Bourbaki, et plus tard les sollicitations du général Ladmirault.

Le 3, on apprend par dépêche, qu'hier, les Prussiens ont tenté l'investissement de Belfort, mais qu'ils en ont été empêchés par les gardes mobiles du Rhône et ceux de la Haute-Saône.

A neuf heures du soir, on amène à l'Hôtel-de-Ville un prisonnier : c'est un soldat des chevau-légers bavarois, avec sa monture et ses armes ; il a été pris du côté de Bannost, il faisait partie d'un détachement escortant une voiture de couvertures de laine envoyées à l'ambulance de Brie-Comte-Robert. Attaqués par les gardes nationaux, les cavaliers s'enfuirent, abandonnant leur attelage qui resta aux mains des nôtres.

Au moment d'entrer au poste, le prisonnier était en proie à une grande frayeur et ne cessait de répéter : *Moi, capout! capout!* Mais il fut rassuré sur son sort par M. Muller, cordonnier, qui lui parla en allemand.

Le 4, des personnes qui viennent du département de l'Aube, nous apportent la communication suivante, datée de Troyes, 30 octobre, et qui est affichée dans toutes les communes de l'arrondissement de Nogent-sur-Seine :

« Suivant les rapports qui me sont parvenus, les 65 Prussiens arrivés à Nogent, vendredi soir, avec 14 voitures vides, se sont enfuis précipitamment dans la nuit, abandonnant leur matériel.

« D'après les mêmes rapports, les ennemis ne se seraient échappés que sur l'avertissement qu'ils étaient menacés, et sur les indications qui leur auraient été fournies pour les aider à éviter les francs-tireurs embusqués.

« J'aime à croire que ces rapports sont erronés et qu'il ne s'est trouvé personne d'assez lâche pour commettre un tel crime.

« Quoi qu'il en soit, je donne l'ordre au Sous-Préfet d'ouvrir sans délai une enquête sévère à cet égard, de saisir de l'affaire le Procureur de la République et de me rendre compte.

« On doit être sans pitié pour les traîtres.

« *Le Préfet de l'Aube,*

« Lignier. »

Une instruction fut commencée à Nogent, mais comme à Provins, elle n'amena aucun résultat ; faute de preuves suffisantes, les individus soupçonnés ne furent pas inquiétés.

La partie sud-ouest du département de Seine-et-Marne fut de nouveau envahie, le 4 novembre, par l'ennemi qui reparut à Moret et à Montereau ; cette dernière localité fut occupée, vers une heure, par un corps de 3,000 Prussiens, infanterie, cavalerie et six canons ; ils avaient avec eux des prisonniers français, probablement faits dans un engagement près Fontainebleau, et aussi 40 voitures chargées de réquisitions, 60 moutons, des bœufs et des fourrages.

Le 5 novembre, dès le matin, on entoure la dépêche suivante, arrivée à Provins dans la nuit :

Intérieur a Préfets et Sous-Préfets.

La Flèche, 4 Novembre, 9 h. 50 soir.

Ballon a laissé tomber, en passant au-dessus de La Flèche, un *Officiel* du 4, qui résume que les élections se sont passées dans le plus grand calme. Les résultats connus le 3, à onze heures du soir, étaient de 275,224 OUI, 19,383 NON. Proclamation du Gouvernement. Discours de Trochu et Jules Favre, sur le perron de l'Hôtel-de-Ville, devant une foule immense ; acclamations enthousiastes.

Cette communication, assez énigmatique, causa à tout le monde une certaine surprise ; on n'y comprenait pas grand' chose, aucune dépêche antérieure n'ayant annoncé que les élections devaient avoir lieu à Paris.

Ce ne fut que le lendemain 6, qu'on en eut l'explication par les lignes suivantes, publiées par un journal de Troyes :

« A la suite des profondes émotions publiques, causées à Paris par la capitulation de Metz et par la proposition d'armistice, le Gouvernement a été l'objet, dans la journée du 31 octobre, d'une tentative sérieuse, ayant pour but de le renverser et de constituer un Comité de Salut public.

Des bataillons de garde nationale sous les ordres de Flourens, s'étaient emparés de l'Hôtel-de-Ville et y retenaient prisonniers le général Trochu, MM. Jules Favre, Dorian, Ernest Picard, Jules Ferry, Garnier-Pagès et Jules Simon.

Une Commission dite des Elections, s'installa aux lieu et place du Gouvernement de la Défense nationale, et invita les citoyens à procéder à des élections municipales en vue d'organiser la Commune de Paris.

A la faveur du trouble résultant de l'invasion de la foule, Ernest Picard parvint à s'échapper et se rendit immédiatement au Ministère des finances, fit battre le rappel et convoqua des bataillons de garde nationale qui allèrent se ranger vis-à-vis des bataillons de Flourens ; ces derniers croyaient recevoir des renforts, tandis qu'ils n'avaient devant eux que des adversaires.

Les mobiles Bretons et Orléanais arrivèrent les premiers au secours du Gouvernement, et Flourens fut obligé de se retirer à Belleville avec ses partisans.

Pendant la discussion dans la grande salle de l'Hôtel-de-Ville, un garde national avait fait sauver le général Trochu en lui mettant son képi sur la tête ; grâce à ce stratagème, le Gouverneur de Paris est parvenu à sortir sans être remarqué.

Cette tentative ayant échoué, a amené le Gouvernement à consulter la population assiégée tout entière et à lui demander par *oui* ou par *non* si elle consentait à lui maintenir ses pouvoirs. »

Le soir, une nouvelle dépêche de Tours nous apporte le résultat complet du vote du 3 : les électeurs parisiens ont répondu par 443,000 OUI contre 49,000 NON. La même dépêche nous apprend la nomination comme commandant en chef des gardes nationales de la Seine, du général Clément Thomas, qui remplace le général Tamisier, démissionnaire (1).

A la nuit, un convoi de six chariots, dont les conducteurs sont tous Bavarois, est amené au poste de l'Hôtel-de-Ville, par des gardes nationaux de la campagne qui l'ont pris aux environs de Jouy-le-Châtel ; un grand nombre de caisses contenant des objets de toutes sortes, volés probablement aux environs de Paris, se trouvaient dans lesdits chariots.

Le tout est considéré de bonne prise et conduit au Quartier de cavalerie, pour être dirigé le lendemain sur Nogent-sur-Seine.

Le Lundi 7 Novembre. — Cinq soldats et deux officiers de ligne, échappés de Metz, passent à Provins, se dirigeant sur l'armée de la Loire.

Un des officiers communique à la personne chez laquelle il est logé, un journal messin qui reproduit la proclamation adressée

---

(1) Le général Clément Thomas, ancien sous-officier de cavalerie et ancien représentant du peuple, fut fusillé, avec le général Lecomte, par les partisans de la Commune, le 18 mars 1871.

par Bazaine à ses troupes avant de capituler ; on remarque le soin jaloux avec lequel le complice de l'homme de Sedan recommande d'éviter la destruction des armes :

A L'ARMÉE DU RHIN.

Vaincus par la famine, nous sommes contraints de subir les lois de la guerre en nous constituant prisonniers. A diverses époques de notre histoire militaire, de braves troupes commandées par Masséna, Kléber, Gouvion-Saint-Cyr ont éprouvé le même sort qui n'entache en rien l'honneur militaire, quand, comme vous, on a aussi glorieusement accompli son devoir jusqu'à l'extrême limite humaine.

Tout ce qu'il a été loyalement possible de faire pour éviter cette fin, a été tenté et n'a pu aboutir. Quant à renouveler un suprême effort pour briser les lignes fortifiées de l'ennemi, malgré votre vaillance et le sacrifice de milliers d'existences qui peuvent encore être utiles à la Patrie, il eût été infructueux, par suite de l'armement et des forces écrasantes qui gardent et appuient ces lignes, un désastre en eût été la conséquence.

Soyons dignes dans l'adversité, respectons *les conventions honorables* qui ont été stipulées, si nous voulons être respectés comme nous le méritons. *Evitons surtout, pour la réputation de cette armée, les actes d'indiscipline, comme la destruction d'armes et de matériel*, puisque, d'après les usages militaires, places et armements devront faire retour à la France lorsque la paix sera signée.

En quittant le commandement, je tiens à exprimer aux généraux, officiers et soldats, toute ma reconnaissance pour leur loyal concours, leur brillante valeur dans les combats, leur résignation dans les privations, et c'est le cœur brisé que je me sépare de vous.

Le Maréchal de France, Commandant en Chef,

BAZAINE.

Oh ! honte !... ignominie !... jusqu'au dernier jour, le héros sinistre du Mexique devait employer le mensonge et la flatterie pour mieux tromper les malheureux qu'il allait livrer à l'ennemi.

On sait le reste : 170,000 prisonniers, 52 drapeaux, 1,665 canons et 280,000 fusils prirent le chemin de l'Allemagne (1).

---

(1) Appelé à rendre compte de sa trahison, François-Achille Bazaine, âgé de 61 ans, fut condamné, AU NOM DU PEUPLE FRANÇAIS, le 10 décembre 1873, par le 1er conseil de guerre de la 1re division militaire, siégeant à Versailles, à la peine de mort avec dégradation ; cette peine fut commuée aussitôt en vingt années de détention.

Interné à l'île Sainte-Marguerite, Bazaine *s'évada* dans la nuit du 9 au 10 août 1874. Depuis cette époque, il a promené son opprobre dans différents Etats de l'Europe et en Amérique ; il est actuellement en Espagne.

Dans l'après-midi du 7 novembre, on afficha la dépêche suivante, venant de Tours :

L'armistice à l'effet d'élire une Assemblée nationale est repoussé à l'unanimité par le Gouvernement de la Défense, la Prusse n'ayant pas voulu accepter le ravitaillement de Paris et n'ayant accepté qu'avec réserve la participation de l'Alsace et de la Lorraine au vote.

A l'*Officiel* de ce matin, formation de trois armées dans Paris, dont une de gardes nationaux sédentaires.

Le Mardi 8 Novembre. — Un Conseiller municipal, M. Charbaut, qui revient de Nemours où le Préfet du département de Seine-et-Marne, M. Hippolyte Rousseau, a transporté le siége de son administration, rapporte à Provins le décret du 2 novembre, qui prescrit la mobilisation de tous les hommes valides, mariés ou non, de 21 à 40 ans.

Quand ce document fut connu en ville, il produisit chez tout le monde une profonde émotion, sa teneur était très brève :

Considérant que la Patrie est en danger, que tous les citoyens se doivent à son salut; que ce devoir n'a jamais été ni plus pressant ni plus sacré que dans les circonstances présentes.....

La Délégation de Tours accordait aux municipalités jusqu'au 19 novembre, terme de rigueur, pour terminer l'exécution du décret.

Un garde mobile du Morbihan, fait prisonnier au combat de Nogent, et qui est parvenu à s'évader à Coulommiers, grâce à des habitants qui l'ont caché pendant deux jours, était de passage aujourd'hui à Provins ; il retourne à Troyes, rejoindre son bataillon. Tantôt, en suivant la rue de la Cordonnerie, il a reconnu MM. Pierre Ditsch, ébéniste, et Paul Villain, son ouvrier, qui, le 26 octobre, lors du passage des prisonniers en notre ville, ont été des premiers à leur porter des vêtements. Il a remercié avec effusion nos concitoyens et a annoncé que ses camarades et tous les prisonniers civils étaient partis de Coulommiers pour l'Allemagne, le 1er novembre.

Le 9 novembre, on fut vivement affecté d'apprendre que Troyes, le dernier passage encore libre par lequel nous recevions, à Provins, les dépêches de Tours, avait été occupé dans la journée par les Prussiens, au nombre de 8,000 hommes.

Les cinq uhlans venus en éclaireurs furent accueillis à coups de fusil, il y en eut deux de tués ; la ville a été imposée d'une contribution de 400,000 francs, plus 10,000 paires de bottes. Le commandant allemand réclama en outre une somme de 5,000 fr. pour chacun des deux uhlans tués.

Des voyageurs apportent, dans la soirée, copie d'une dépêche de Gien, annonçant que l'armée de la Loire, venant de Blois, a repoussé les Prussiens qui ont évacué Orléans ; la ville a été accupée immédiatement par les troupes françaises.

Habitué à n'entendre annoncer que des revers, personne ne veut croire à ce succès de nos armes, dans la joie on doute, on voudrait une communication officielle ; mais l'Administration municipale n'a encore rien reçu.

Un décret du Gouvernement de Tours, affiché dans la matinée du jeudi 10, porte que chacun des départements de la République est tenu de mettre sur pied dans le délai de deux mois, à partir du 3 novembre, autant de batteries d'artillerie de campagne que sa population renferme de fois 100,000 habitants. La première batterie, dans chaque département, devra être prête dans le délai d'un mois.

Le vendredi 11 novembre, notre ville s'éveille sous une couche de neige assez épaisse, un froid vif fait rentrer bien vite les curieux sortis pour aller aux nouvelles ; chacun pense tristement à nos pauvres soldats qui sont obligés de passer les nuits dehors.

A onze heures, la dépêche suivante est collée :

VICTOIRE D'ORLÉANS.

Orléans, 10 Novembre.

Combat d'Orléans, Français vainqueurs, Orléans repris, vingt mitrailleuses et beaucoup de canons en notre pouvoir.

N. B. — Cette dépêche émane de la préfecture de l'Yonne ; elle est certaine, mais non officielle.

Vers le soir, on apprend que le Maire du village de Montigny-Lencoup, ainsi que six des principaux habitants, ont été arrêtés et emmenés, dans la matinée, par un détachement de soldats prussiens.

La veille, une douzaine de dragons badois, avaient été envoyés de Montereau à Montigny-Lencoup, pour y faire une réquisition de voitures. En s'en retournant et au moment où ils traversaient les bois appelés les Bois de la Vache, plusieurs coups de feu furent tirés sur eux par des gardes nationaux en patrouille.

Bien qu'aucun des réquisitionnaires n'eût été atteint, c'est pour obtenir vengeance de ce fait que l'ennemi est venu prendre des otages.

Le jour paraissait à peine, le samedi 12 novembre, que les Prussiens étaient signalés comme venant de Nogent sur Provins ; mais cette fois encore il y eut plus de peur que de mal, après une demi-journée d'anxiété, on sut qu'un corps ennemi considérable, sous les ordres du prince de Hesse, allant de Metz sur la Loire, avait suivi la Seine pour aller loger à Bray.

Le 12, on reçut communication de trois dépêches :

Blois, 10 Novembre, 11 h. 35 soir.

Préfet à Intérieur.

On dit Orléans évacué par les Prussiens. Les Français entrés par la rive gauche auraient surpris au chemin de fer des troupes bavaroises qui se seraient rendues. On affirme que les canons qui défendaient le pont auraient été pris.

Romorantin, 10 Novembre, 6 h. 38 soir.

Sous-Préfet à Guerre.

Les Prussiens auraient été complètement battus hier, à Bacon ; combat meurtrier de part et d'autre. Ennemi aurait perdu 3,000 hommes, abandonné en désordre un camp retranché et près de 100 voitures de vivres et de fourrages.

Pour copie conforme :
LÉON GAMBETTA.

DÉPÊCHE OFFICIELLE.

Tours, jeudi 10 Novembre, minuit.

Le Gouvernement n'a reçu jusqu'à ce jour aucun rapport militaire sur l'affaire du 9 novembre, ce n'est donc *que sous toutes réserves* qu'il livre à la publicité les deux dépêches ci-dessus.

A huit heures du soir, les curieux se portent en masse vers l'ambulance établie à la porte de Changis, dans l'ancien hôtel de l'*Ecu*, où plusieurs gardes nationaux et francs-tireurs de la Marne qui, dans la journée, ont enlevé près de Courgivaux, un convoi de blessés allemands dirigés sur Châlons, viennent d'amener quinze de ces malheureux. Ils étaient si exténués de fatigue, qu'ils pouvaient à peine se tenir debout, on fut obligé de les porter pour descendre de voiture ; en voyant la prévenance avec laquelle on les recevait, ils embrassaient les mains des Sœurs Célestines.

L'un des blessés a subi immédiatement l'extraction d'une balle qui s'était aplatie sur le fémur de la cuisse gauche.

Enfin, un moment de joie vint remplir les cœurs patriotes ; le 13 novembre, il n'y avait plus à douter, la fortune qui semblait avoir abandonné complètement nos drapeaux, venait de leur sourire. Voici la dépêche :

Tours, 11 Novembre, 11 h. 40 matin.

CIRCULAIRE

du Ministre de l'Intérieur aux Préfets, Sous-Préfets et aux Généraux commandant des divisions et des subdivisions.

L'armée de la Loire, sous les ordres de d'Aurelles de Paladines, s'est emparée hier, 10 novembre, d'Orléans, après une lutte de deux jours. Nos pertes, tant en tués qu'en blessés, n'atteignent pas 2,000 hommes ; celles de l'ennemi sont plus considérables. Nous avons fait plus d'un millier de prisonniers, et le nombre augmente par la poursuite. Nous nous sommes emparés de deux canons, modèle prussien, 20 caissons chargés de munitions, tout attelés, et d'une grande quantité de fourgons et de voitures d'approvisionnements. La principale action s'est concentrée autour de Coulmiers, dans la journée du 9 ; l'élan des troupes a été remarquable, malgré le mauvais temps. Il y a lieu d'espérer que cette première opération militaire ouvre une ère nouvelle pour la France ; nos ressources en hommes sont immenses. Le patriotisme est partout réveillé, et le pays doit se montrer prêt aux plus grands sacrifices.

Nous avons été trop éprouvés par la fortune pour nous laisser égarer par des illusions nouvelles. Nous avons pris l'offensive, c'est un grand point. Cette affaire signifie qu'au lieu de déplacer notre base d'opérations pour la mettre en arrière, nous la reportons en avant.

Avec de la résolution, de la prudence et surtout en restant unis sur le terrain de la lutte à outrance contre l'envahisseur, la République sauvera la France.

Le 14 novembre, on ne reçut aucun télégramme, nous étions pour ainsi dire entièrement bloqués et privés de toutes communications avec les départements voisins. Toute la partie nord et toute la partie sud de notre arrondissement étaient occupées par les troupes prussiennes que la reddition de Metz avait rendues libres de leurs mouvements et qui s'avançaient sur Paris et dans la Beauce.

Les communes de la vallée de la Seine les virent apparaître dans la nuit de samedi ; dimanche, elles venaient de Nogent et de Traînel, et se dirigeaient à marches forcées sur Montereau ; elles n'ont fait que traverser la ville de Bray, sans s'y arrêter.

Dans le nord, les populations de Montceaux, Sancy, Augers, Cerneux, Courtacon, Bannost, Frétoy, Beton-Bazoches, Villegagnon et Jouy-le-Châtel, furent écrasées par des réquisitions de toutes espèces qu'il fallut fournir à une multitude innombrable de soldats qui n'étaient jamais rassasiés.

La forêt de Chenoise devint le refuge des habitants des villages voisins, qui y sauvèrent une partie de leurs bestiaux.

A Villegagnon, les garnisaires brisèrent les portes et fenêtres à coups de crosse de fusil parce que les habitants, ne comprenant pas ce qu'ils demandaient, ne les servaient pas assez vivement.

Le fermier de Bois-le-Comte, M. Rayer, pour sa part, dut loger et nourrir 100 hommes et plus de 50 chevaux.

Dans beaucoup de localités, les instruments aratoires furent brisés ou brûlés.

Il est impossible de pouvoir évaluer les pertes subies pendant les deux jours d'occupation, par les malheureuses communes envahies; elles s'élèvent à des sommes considérables qu'on pourrait porter à plusieurs centaines de mille francs.

Le 15 novembre, on ne reçut aucune dépêche de l'extérieur.

On apprit, le soir, par des personnes qui revenaient de Donnemarie, que la garnison prussienne de Montereau, afin d'empêcher le renouvellement d'attaque semblable à celle dirigée le 10 contre des soldats badois, était venue à Montigny-Lencoup enlever les fusils des gardes nationaux et opérer des réquisitions très lourdes pour la petite commune.

A onze heures du soir, alors que tout le monde dormait à Provins, hormis les gardes nationaux de service aux différents postes, une explosion de pièces d'artifice, suivie d'un commencement d'incendie, eut lieu dans les magasins du café du Griffon, chez M. Desportes. Les détonations des pétards se joignant aux sonneries du clairon et au bruit du tambour qui appellent les pompiers, font un vacarme infernal et contribuent à jeter le trouble dans l'esprit des habitants qui, réveillés en sursaut, croient à une attaque de la ville par les Prussiens et sont bien vite sur pied.

A minuit, tout était terminé et chacun regagnait son logis en plaisantant sur cette alerte, malgré la gravité des circonstances.

Le 16, on placarde un décret du Gouvernement de Tours, qui accorde un délai de huit jours pour rejoindre leur corps ou leur dépôt aux officiers échappés au désastre de Sedan et n'ayant contracté avec l'ennemi aucun engagement qui les empêche de prendre part à la défense du pays.

Vers deux heures après midi, on signale de Nogent-sur-Seine, 120 Hessois qui prennent la route de Provins.

Aucun soldat ennemi n'avait encore paru, le soir à huit heures, quand les Conseillers municipaux s'assemblèrent à l'Hôtel-de-Ville, afin de s'occuper des mesures à prendre pour alléger autant que possible la malheureuse situation faite à un grand nombre d'ouvriers, par suite de la baisse du travail.

Un crédit de 20,000 francs fut voté dans cette séance, pour solder les travaux dont l'exécution avait été décidée dans la délibération du 20 septembre (démolition de la Maison d'école et construction de différents chemins).

Avant de se séparer et sur la proposition d'un de ses membres, le Conseil adopta à l'unanimité la rédaction suivante de l'adresse qui fut envoyée le lendemain à la Délégation de Tours :

A MM. les Membres du Gouvernement de la Défense nationale.

Le Conseil municipal de la ville de Provins proteste avec indignation contre l'attentat du 31 octobre.

Il vient, à cette occasion, offrir au Gouvernement de la Défense nationale le témoignage de sa plus entière confiance et de ses vives sympathies.

Le Conseil municipal de Provins remercie le Gouvernement de la Défense nationale du courageux dévouement avec lequel il a pris en main les destinées de la France.

Jeudi 17 Novembre. — A neuf heures du matin, le détachement ennemi signalé de Nogent la veille et qui a couché à Sourdun, traverse la ville. Il se compose de 120 hommes du 115e d'infanterie allemande (gardes du corps) 1er du grand duché de la Hesse.

Au moment où les Hessois défilaient sur la place du Val, un de nos compatriotes, M. Fourtier, payeur en chef de l'armée du Rhin, qui était justement de passage ce jour-là à Provins, venant de Metz et se rendant à Tours, descendait les marches de l'Hôtel-de-Ville en compagnie d'une autre personne ; ils sont abordés par

M. Morand, qui leur crie tout haut en montrant le détachement :
— Regardez donc, sont-ils gras !... Ils sont bons à tuer !... C'est honteux, dans une ville de 6,000 habitants, de laisser passer ainsi 120 hommes sans les arrêter.

Un soldat qui avait entendu, lui répondit d'un air narquois, en très bon français et en élevant son casque en l'air :
— Essayez-y voir, vous, gros malin !...

Le groupe de nos concitoyens se tut prudemment et se retira.

Le détachement prit la route de Donnemarie, il suivait la grande avenue de platanes qui commence au bout de la rue de Bray, lorsqu'en sortant de la ville, près de chez M. Poulain, marchand de béliers, un ouvrier tonnelier, Baptiste Lorin, ancien soldat d'infanterie de marine, homme courageux jusqu'à la témérité, embusqué seul dans une vigne de la côte du Buat, tira sur lui deux coups de feu.

Sur un commandement de l'officier, les Hessois formèrent le carré et ripostèrent immédiatement par une décharge générale.

Les balles sifflèrent de tous côtés et c'est par un effet du hasard que les voisins de ces parages, qui étaient dehors, ne furent pas atteints, ils furent assez heureux pour se jeter à terre ou derrière les arbres ; seul, M. Alexandre Massé, vigneron à la Ville-Haute, qui travaillait dans son champ, fut frappé au talon et mourut de sa blessure quelques jours après.

L'acte de Lorin, dans la circonstance, n'avait aucune chance de succès et ne pouvait qu'exposer la vie de nos concitoyens et la ville à des désagréments.

Dans la journée du 17, l'Administration municipale avertit les jeunes gens de la classe de 1870 et les célibataires de 21 à 40 ans, compris dans les gardes nationaux mobilisés, de se rendre à Souppes, dans l'arrondissement de Fontainebleau, où la Préfecture de Seine-et-Marne a été transférée par suite de l'occupation permanente de Melun.

Vendredi 18. — C'est la quatrième journée qui se passe sans que nous recevions de dépêches de Tours : nous sommes toujours bloqués.

A quatre heures, un courrier apporte à la Mairie une lettre des prisonniers de Nogent :

Colberg, 9 Novembre 1870.

Monsieur le Maire,

Parvenus depuis deux jours seulement à la résidence qui nous est assignée, nous ne pouvions tarder plus longtemps à vous écrire, afin d'exprimer aux habitants et à la Municipalité de la ville de Provins, toute notre reconnaissance et celle des soldats prisonniers, nos compagnons.

Merci mille fois, Monsieur le Maire, pour les vêtements, le linge, l'argent et jusqu'aux cigares que vous nous avez si généreusement distribués. Mille fois merci, pour l'accueil plein de cordialité et de sympathie qui nous a été fait lors de notre passage dans votre ville. Nous étions vraiment malheureux, votre accueil nous a vivement touchés et nous en garderons un fidèle souvenir. Veuillez agréez, etc.

Les Officiers français faits prisonniers à Nogent-sur-Seine :

LEBLANC, ZUDAIRE, RUILLOT,
Capitaine Adjudant-Major de la Garde nationale de Nogent
Capitaine de la Mobile du Morbihan.
Lieutenant.

VALFRAMBERT et ROGER DE BLANCHECOUDRE,
Sous-Lieutenants.

Le soir, à la nuit, les francs-tireurs de Provins rentrent d'une expédition qu'ils viennent de faire avec succès.

Sachant que les Hessois, arrêtés hier à Donnemarie devaient prendre, ce matin, la route de Montereau, ils allèrent les attendre dans les bois près de Gurcy.

Des engins à mitraille confectionnés avec des boîtes de roues de voitures, en fonte, fermées des bouts, remplies de poudre et traversées par une corde enduite de fulminate qu'on tirait de loin pour les faire éclater, avaient été placées dans les tas de pierres bordant la route.

Quand le détachement ennemi passa en face du piége, l'explosion eut lieu; les pierres et les morceaux de fonte formant projectiles volèrent partout, renversant et blessant plusieurs hommes. Les Hessois se sauvèrent en désordre, non toutefois sans décharger leurs fusils dans la direction où ils supposaient les nôtres qui, embusqués, ne s'étaient pas montrés et n'eurent personne de touché.

Après cette petite escarmouche, les paysans relevèrent deux soldats blessés grièvement, qui n'avaient pu être emportés par leurs camarades; ils moururent à Châtenay, dans la journée. Ils firent aussi un prisonnier qui se rendit sans résistance (1).

Le 19 novembre, il y eut ici comme une sorte d'émeute féminine. Par suite de la difficulté des communications, beaucoup d'objets de première nécessité commençaient à faire défaut, le sel et le sucre se vendaient très cher et différentes épiceries en manquaient totalement; justement alarmées de cet état de choses,

---

(1) Les documents allemands recueillis par le commandant Leclert-Mauzier, et déposés à la Bibliothèque de Provins, relatent cette affaire et n'accusent comme perte que six hommes blessés.

un grand nombre de ménagères, les mères de famille surtout, qui craignaient pour la santé de leurs petits enfants, parlaient de faire une démarche auprès de l'Administration municipale afin de faire rationner chaque habitant, comme dans une ville assiégée.

Les Conseillers municipaux qui, dans ces moments difficiles, n'ont pas cessé un seul instant de veiller sur les intérêts de leurs administrés avec un zèle et un dévouement au-dessus de tout éloge, avaient déjà pris à cette époque des mesures pour l'approvisionnement de Provins.

La ville faisait acheter à terme des blés qu'elle faisait moudre pour son compte, et les farines provenant de cette mouture étaient fournies aux boulangers pour les couvrir des livraisons de pain faites soit par suite des réquisitions de l'ennemi, soit sur le vu des livrets de boulangerie délivrés aux employés et ouvriers de la ville et des ponts et chaussées.

Plus tard, grâce à la hardiesse de certains négociants qui organisèrent des convois pour aller assez loin dans le centre de la France chercher ce qui manquait pour l'alimentation, Provins fut ravitaillé et sa population put atteindre sans trop de privations le moment où la paix fut rétablie.

Le même jour, 19 novembre, qui était un samedi, la ville reçut la première visite des troupes Wurtembergeoises, qui devaient venir si souvent tracasser les habitants et leur causer parfois de si grandes inquiétudes.

Vers dix heures et demie du matin, au moment où tout le monde se préparait pour le marché, une avant-garde de dragons arriva à l'improviste sur la place de l'Hôtel-de-Ville.

Leur apparition causa une sensation très vive, et un incident qui aurait pu avoir les conséquences les plus fâcheuses se produisit. Un garde national en état d'ivresse, nommé Hoteplin, qui avait quitté le poste de l'Ambulance où il était de service, se trouvait aux environs de l'hôtel de France, à l'instant où deux dragons passaient pour aller se mettre en vedette à l'entrée de la route de Paris ; le cerveau travaillé par des idées belliqueuses, sans doute, notre ivrogne se précipita sur un des cavaliers et saisit la bride de son cheval en criant :

— Tu es mon prisonnier ?...

Cet acte insensé lui valut de la part du Wurtembergeois un violent coup de sabre sur la tête.

Malgré une blessure d'où le sang s'échappait, Hoteplin n'en continua pas moins à ne pas vouloir lâcher les cavaliers, quittant l'un pour s'adresser à l'autre; ces derniers, à leur tour, le font prisonnier et veulent l'emmener près de leurs camarades restés sur la place, mais Hoteplin refuse de marcher; poussé à coups de pointe, il fit la moitié du trajet puis s'arrêta sans vouloir bouger, un des cavaliers que la colère gagnait, saisit son mousqueton, lui en appliqua le canon sur la tempe et le doigt sur la détente était prêt à lui casser la tête. Ceci se passait en face le magasin d'horlogerie de M. Legendre, au milieu des jardinières et des nombreux passants qui étaient au marché; une certaine panique s'en suivit.

Des gardes nationaux intervinrent, s'emparèrent d'Hoteplin et le firent rentrer au poste de la Mairie.

Peu rassurés, les cavaliers ennemis prirent une attitude menaçante vis-à-vis du public; M. Bretton, procureur de la République, qui était toujours présent dans les moments difficiles, intervint auprès de l'officier et lui représenta tout ce qu'un conflit pourrait avoir de terrible aussi bien pour ses hommes que pour la ville. Cette démarche eut l'effet le plus satisfaisant, des ordres furent donnés aux soldats et aucun autre incident ne se produisit.

A une heure et demie, la colonne composée de deux bataillons d'infanterie, d'un escadron de dragons et d'un détachement d'artillerie avec six pièces de canon, le tout formant un effectif de 1,200 hommes et 232 chevaux, fait son entrée en ville et s'arrête sur la place Saint-Ayoul.

Cette petite armée, placée sous les ordres du colonel Seuber, le grand policier, dont tous les habitants de nos contrées garderont longtemps le plus désagréable souvenir, n'était en France que depuis deux mois; elle venait de Ulm, et après quelques séjours à Nancy, Châlons, Vitry-le-Français, elle était envoyée à Coulommiers pour y tenir garnison : elle faisait partie des troupes chargées du service de sûreté sur les routes d'étapes.

Le 19 novembre, elle arrivait de Villenauxe-la-Grande; les hommes enlevés par la grande marche du *Tanhauser*, qu'exécutait une excellente musique d'harmonie, défilaient dans un ordre de bataille parfait.

Nous n'omettrons pas de citer un petit détail qui a bien son importance, car il prouve que les Allemands sont très pratiques en tout, et que, même à la guerre, ils savent joindre l'utile à l'agréable; presque tous les soldats qui défilaient là, avaient une paire de moufles bien fourrées (sorte de gants sans doigts), qu'ils portaient attachées sur la poitrine, suspendues à un bouton de la capote, à côté d'une grosse pipe en porcelaine et à long tuyau recourbé, dont la conservation eut été fort compromise si cet ustensile eût été serré dans le sac ou dans la poche. Pour être drôle, la chose n'en était pas moins uniforme et l'ordonnance n'y perdait rien.

Au lieu de s'emparer brutalement des maisons et de se caser à leur guise, comme les Bavarois l'avaient fait précédemment, les Wurtembergeois acceptèrent de la Municipalité des billets de logement. Les chevaux et les canons furent placés au Quartier de cavalerie.

La ville dut fournir sur le champ la réquisition suivante : 515 kilogr. de viande, 1,800 kilogr. de pain, 949 litres de vin, 1,392 litres d'avoine, 464 kilogr. de foin, 464 kilogr. de paille, 6 voitures et 8 chevaux.

La distribution des rations se fit d'une manière régulière. Chaque habitant est venu chercher à la Mairie, le pain, la viande et le vin pour les deux hommes qu'il avait à loger.

Les personnes de la campagne qui étaient à Provins pour le marché, furent prévenues à son de caisse d'avoir à quitter la ville avant six heures du soir. Passé cette heure, on ne devait plus laisser sortir personne.

Le colonel Seuber, accompagné des médecins de la colonne, s'empressa de visiter les ambulances de la rue de Changis et de l'Hôtel-Dieu ; après s'être entretenu assez longuement avec les blessés et les malades allemands, ces officiers adressèrent des remercîments aux Sœurs pour les bons soins qu'elles donnaient à leurs compatriotes.

A cinq heures et demie, toutes les issues de la ville recevaient des factionnaires, les moindres passages étaient gardés ; au pont sur le rempart, au bout de la chaussée Sainte-Croix, deux femmes de Fontaine-Riante ayant tenté de forcer la consigne du soldat, ont reçu des coups de plat de sabre.

De fortes patrouilles de cavalerie ont poussé des reconnaissances jusqu'à Maison-Rouge, sur la route de Paris, et jusqu'aux Ormes, sur celle de Bray. Partout les habitants des différents villages furent questionnés pour savoir s'il y avait des soldats français dans les environs, combien il y avait de temps qu'il était passé des troupes allemandes, leur nombre, la direction qu'elles avaient prise, etc., etc.

Le dépavage de la route de Paris inquiétait beaucoup le chef d'une de ces patrouilles, il demanda à Vulaines par quel ordre ce dépavage avait été exécuté.

Un officier fit réquisition, à la mairie de Provins, d'un cheval de selle, pour huit jours, le commissaire de police Salel fut chargé de le conduire chez un loueur ; ils passaient près du Griffon quand l'officier, voyant la grande porte de la maison de M. Victor Arnoul ouverte, entra et se dirigea droit à l'écurie ; un cheval de luxe appartenant à M. Emile Curé, ancien sous-préfet, s'y trouvait, le Wurtembergeois le trouvant à sa convenance, se disposait à l'emmener, lorsqu'une personne présente lui fit observer qu'il commettait un véritable acte de pillage ; tout en maugréant, il se rendit à ces observations et se décida à aller chez un loueur.

Vers huit heures du soir, la ville avait son caractère ordinaire, seules les boutiques des marchands de vin étaient remplies de Wurtembergeois, qui tout en dégustant notre petit bleu dont ils étaient très friands, chantaient de vieilles ballades germaniques avec un ensemble et des accords que nous aurions applaudis dans toute autre circonstance.

Malgré la présence des hôtes peu enviés assis au foyer d'un grand nombre d'habitants, la journée du 19 novembre s'était passée avec calme, mais il ne devait pas en être de même de la nuit.

Vers onze heures, une forte patrouille de dragons, guidée par un fantassin portant un grand fallot d'écurie, s'arrêtait dans la rue du Val et frappait violemment aux portes des maisons de MM. Martinon, horloger, et Bellemère, cordonnier ; ce dernier descendit ouvrir, le sous-officier, chef du détachement, lui demanda en très bon français après M. Chéret, qui habite la même maison. Craignant pour son voisin, M. Bellemère répondit qu'il n'était pas rentré, le Wurtembergeois ne se contenta pas de cette réponse et menaçant de son pistolet qu'il tenait à la main, il se fit montrer l'appartement de Chéret ; ce dernier, qui était couché, fut contraint de se lever, c'est à peine si on lui donna le temps de prendre ses vêtements les plus indispensables ; bousculé brutalement, il fut jeté au milieu de la patrouille où se trouvaient déjà ses voisins Martinon et Bellemère, à demi-nus aussi, et tous trois, ils furent emmenés à la prison du Quartier de cavalerie, où ils passèrent le restant de la nuit.

Le vacarme infernal que faisaient les Wurtembergeois en procédant à l'enlèvement de nos concitoyens avait réveillé tous les habitants, depuis la place du Val jusqu'au-delà de la rue aux Aulx, plusieurs avaient ouvert leurs fenêtres pour se rendre compte de ce qui se passait ; mais ils avaient dû les refermer sur l'injonction de ces sbires à voix de rogomme.

Le dimanche 20 novembre, dès six heures du matin, tous les Allemands étaient sur pied, ceux qui étaient logés en ville se dirigeaient en toute hâte vers le Quartier, une réquisition de 200 litres d'eau-de-vie, à livrer au petit jour, avait été faite la veille, et ces guerriers, qui sont gens de précaution, s'offraient *la goutte* à nos dépens avant de se mettre en route.

Sur les pressantes sollicitations de MM. Le Bailly, Bretton et Molleveaux, le colonel Seuber, commandant de la colonne, consentit à mettre en liberté nos trois concitoyens arrêtés dans la nuit, mais à la condition qu'ils ne quitteraient pas Provins, faute de quoi la ville devrait payer une amende de 5,000 francs par personne absente.

A sept heures et demie, toute la troupe se mit en marche dans le même ordre qu'à son arrivée ; cavalerie, infanterie, artillerie ; en traversant les rues, la musique joue des marches bruyantes où la grosse caisse remplit un des principaux rôles.

La colonne prend la route de Chenoise, et elle est à peine sortie de la ville, que des cavaliers s'en détachent en éclaireurs et courent en avant dans la plaine, battant les petits bois et les moindres garennes.

Après le départ des Wurtembergeois, on apprit ce qui s'était passé entre eux et MM. Bellemère, Chéret et Martinon ; ce dernier, qui avait deux soldats à loger, avait invité un jeune surnuméraire de l'enregistrement, nommé Vendœuvre, qui connaissait un peu la langue allemande, à venir dîner chez lui afin de servir d'interprète avec ses garnisaires. Pendant le repas, le jeune imprudent dit aux deux soldats qu'ils n'avaient plus guère de bons jours à avoir, que la France se levait en masse pour les combattre, que tous les hommes, mariés ou non, étaient appelés sous les armes, que Martinon était soldat, que Chéret qui venait d'entrer, l'était aussi, et que lui-même venait de s'engager parce qu'il n'avait pas l'âge pour être appelé, et qu'ils partaient tous trois dès le lendemain.

Cette intempérance de langage ne tarda pas à produire ses fruits.

Un des Wurtembergeois se leva et sous le prétexte d'aller voir un camarade, il courut au poste dénoncer le fait à un officier qui commanda aussitôt une patrouille pour arrêter nos concitoyens.

Après l'incarcération de MM. Martinon, Bellemère et Chéret, la patrouille monta jusqu'au café Verrine, sur le Pont-aux-Poissons, où restait le jeune bavard ; mais plus heureux que ses camarades, il échappa aux recherches.

Dans la soirée du 20, on sut à Provins que la ville de Donnemarie, suivant la loi inique mise en pratique par l'Allemagne, avait été rendue responsable de l'attaque faite le 17, par des francs-tireurs contre les 120 Hessois qui traversaient les bois de Gurcy.

Deux jours après, le 19, une colonne ennemie composée de 150 cavaliers, 250 fantassins et quelques artilleurs avec 4 canons, se présentait devant la petite localité.

Une avant-garde de douze dragons pénétra dans la ville, vers une heure après midi ; le Maire, les Conseillers municipaux et le Curé-Doyen, qui s'étaient assemblés à l'Hôtel-de-Ville, furent conduits devant un colonel qui se trouvait sur la route de Montereau, à l'entrée de Dontilly. Ce personnage, en la circonstance, ne fit pas preuve d'une grande noblesse de caractère ; pendant plus de vingt minutes, dans un baragouin presque incompréhensible, dans lequel cependant on distingue les mots français les plus orduriers, il invectiva les francs-tireurs en général et les habitants de Donnemarie en particulier. Il menaça de bombarder la ville à la moindre tentative de résistance, et essaya d'intimider les membres de l'Administration municipale, en annonçant qu'il avait avec lui 4,000 hommes prêts à agir.

M. le Maire hasarda quelques mots pour démontrer que Donnemarie n'avait pas de francs-tireurs ; mais l'allemand devint furieux, et c'est en vociférant qu'il fit la réquisition de 500 litres de vin, 400 kilos de pain et 3,000 kilos d'avoine, que l'on dut conduire de suite à sa troupe, campée près de la montagne des Châtaigniers.

Le chef ennemi réclama ensuite la remise de tous les fusils, y compris ceux de chasse, et lorsque toutes ces armes lui furent apportées, il annonça qu'il allait faire entrer sa troupe en ville, parce qu'il avait promis à ses hommes un *petit divertissement*.

Dès que ces paroles ironiques eurent été rapportées aux habitant, ils ne se méprirent pas sur leur sens, la plupart des maisons se fermèrent et les rues devinrent désertes.

Au silence lugubre, au silence douloureux qui régnait dans la petite cité à l'instant où les Prussiens y marquèrent leurs premiers pas, succéda, peu de moments après, un vacarme effroyable : à l'enfoncement des portes, au cliquetis des fenêtres, au brisement des meubles, aux houras, à la joie, aux sarcasmes d'une soldatesque brutale qu'animait le génie du mal, d'une soldatesque qui, encouragée par les ordres et la présence de ses officiers, ne respire que pillage et butin et qui ne connaît d'autre frein que sa terrible volonté, viennent se joindre des plaintes et des supplications échappées de presque tous les magasins où les commerçants, l'homme, la femme et souvent même les enfants luttent contre ces vandales, tâchant de défendre leurs marchandises, leur en arrachant des mains le plus qu'ils peuvent et cherchant par tout ce qui est en leur pouvoir de sauver le peu qu'ils possèdent. Dans les rues, des femmes et des enfants se sauvent affolés, tandis que chez eux trois ou quatre brigands, sous l'uniforme militaire, tiennent en arrêt, la baïonnette sous la gorge, leur époux, leur père, afin de donner le temps à quinze ou vingt autres qui se succèdent sans interruption, de casser, de briser, d'emporter tout ce qui s'offre à leurs regards, à leur avidité.

Ces scènes durèrent trois heures environ, pendant lesquelles tous les limonadiers, marchands de vins, épiciers, marchands de nouveautés, bouchers et charcutiers ont été visités. On leur a pris environ 300 litres d'eau-de-vie et liqueurs, du chocolat, des biscuits, du sucre et du café, des pipes, blagues, couteaux, bonbons, toutes les chaussettes, les gilets de flanelle, les couvertures, du lard, du boudin, etc.

Vers cinq heures, les Prussiens chargés de leur butin ont quitté Donnemarie, laissant la ville dans la consternation.

21 *Novembre*. — Une dépêche prussienne affichée à Coulommiers, le 18, circule à Provins aujourd'hui ; elle porte que « Garibaldi avec tous ses volontaires ont été faits prisonniers dans les Vosges. — Le bombardement de Paris va commencer. »

On ne croit pas à ces nouvelles des Allemands qui, suivant l'expression de leur ministre Bismarck, cherchent, en les répandant, le moyen d'étudier l'effet psychologique qu'elles produisent sur nous.

— Les gardes nationaux de Courtacon ont arrêté sur la route de Sézanne et amené aujourd'hui à Provins, quatre *mercantis* ou brocanteurs bavarois, qui suivent avec des voitures l'armée allemande, vendant du tabac, de l'eau-de-vie, du sucre, de la mercerie, etc. On les a gardés prisonniers.

22 *Novembre*. — On colporte en ville, depuis quelques jours, l'adresse suivante au Gouvernement de la Défense nationale, elle est déjà couverte de plus de 500 signatures :

Nous, soussignés, citoyens de la ville de Provins, déclarons au Gouvernement de la Défense nationale, que nous nous associons au vote émis par l'immense majorité de ce grand Paris, qui est bien l'âme et le cœur de la France.

Nous considérons comme traîtres à la Patrie tous ceux qui par une division à l'intérieur, de quelque nature qu'elle puisse être, entraveraient l'œuvre de la délivrance du sol, si cher à tout cœur vraiment français.

Vive la France! Vive la République!

Provins, le 14 Novembre 1870.

23 *Novembre*. — Il y a plusieurs jours que nous ne recevons pas de dépêches du Gouvernement de Tours, nous sommes complètement bloqués, les routes de nos environs sont suivies journellement par de très fortes colonnes allemandes qui marchent sur la Loire et sous Paris.

Des convois de blessés prussiens et de prisonniers français emmenés en Allemagne, sont passés les 18 et 19 à Courtacon, à la Ferté-Gaucher et à Coulommiers.

24 Novembre. — On reçoit les dépêches suivantes :

Tours, 18 Novembre.

Les Prussiens ont subitement abandonné Auxonne et évacué Saint-Jean-de-Losne. Ils nous ont attaqués en Beauce, à Landelle ; ils ont eu 20 hommes hors de combat, nous avons gardé nos positions et ils se sont repliés sur Courvielle. Ils ont en même temps attaqué Dreux, un combat de trois heures a eu lieu sous cette ville ; l'ennemi occupe la hauteur de Cheflay.

Le 16 des francs-tireurs et des chasseurs ont surpris de la cavalerie ennemie à Viabon. Ils ont tué une vingtaine de hussards, en ont blessé dix et fait quatre prisonniers.

Le 16, dans les Ardennes, entre Lhomy et Harry, 300 francs-tireurs ont eu un engagement avec 500 ennemis ayant de l'artillerie, nous avons eu 3 tués et 12 blessés. Les pertes de l'ennemi sont plus considérables.

Tours, 19 Novembre, 3 h., soir.

Quatre cents cavaliers ennemis ont incendié deux villages près Bonneval (Eure-et-Loire), ils se sont présentés à l'entrée de la ville, ont été repoussés et poursuivis.

Quelques uhlans ont été mis en déroute par des gardes nationaux, près Ferrières (Seine-et-Marne).

Dans la Côte-d'Or, près Saint-Jean-de-Losne, les francs-tireurs ont pris un convoi ennemi de 40 voitures, tué plusieurs cavaliers de l'escorte et mis les autres en fuite.

Tours, 21 Novembre, 1 h. 40, soir.

Hier, à Nuits, un engagement qui a duré cinq heures, a eu lieu entre 300 francs-tireurs et 1,200 Prussiens ; il a dû reprendre aujourd'hui. — On parle d'une sortie heureuse de la garnison de Belfort, vers Bossancourt ; l'ennemi fortifie Montbéliard.

Vendredi 25 novembre. — Les mobilisés de Seine-et-Marne sont mis à l'ordre du jour de l'armée et félicités par le Gouvernement de la Défense nationale, pour leur belle conduite à Nemours.

Cette nouvelle, colportée aujourd'hui à Provins, aurait été lue sur un journal de Tours. On est très intrigué, car jusqu'à présent aucune information antérieure n'est venue nous annoncer ce qui s'est passé à Nemours.

26 *Novembre*. — On apprend ici que M. Poyez, maire de Melun, a été fait prisonnier par les Prussiens à la suite d'une dénonciation anonyme, et qu'il a été emmené à Versailles.

Le préfet allemand, M. de Fuerteinstein, et tout son personnel, sont définitivement installés à la préfecture de Seine-et-Marne; ce fonctionnaire a fait savoir par tout le département qu'il « engage tous les *lieux* d'administration de s'adresser à lui en cas de besoin et de lui obéir en tout point. »

— Tantôt, les habitants de Jouy-le-Châtel ont été vivement intrigués par l'arrivée en cette commune, d'une calèche qui portait d'un côté le drapeau tricolore et de l'autre le drapeau blanc à croix rouge de la Société internationale de secours aux blessés. Les commentaires allaient bon train et quelques curieux s'enhardirent jusqu'à venir regarder à l'intérieur de la voiture, elle était remplie de linge et accompagnée par trois chirurgiens français, MM. Nottin, Laugier et Bonnet, qui, partis de Metz après la capitulation, vont rejoindre l'armée de la Loire.

Après s'être réconfortés et reposés quelques heures chez M. Anatole Bernard, l'ami de l'un d'eux, ces messieurs ont continué leur route.

---

27 *Novembre*. — Une personne venant d'Orléans dit que les avant-postes français de l'armée de la Loire seraient près d'Etampes, on se rapproche le plus vivement que l'on peut pour tâcher de faire une jonction avec la garnison de Paris. Une sortie est projetée pour très prochainement.

Puisse-t-elle réussir !...

— La ville de Coulommiers a pour garnison les 1,800 Wurtembergeois qui sont venus à Provins, le 19 novembre. Ces troupes sont chargées d'assurer le service d'étapes et de veiller à la liberté des communications sur les derrières de l'armée assiégeant Paris.

— M. Colas, adjoint, remplaçant M. Pépin-Lehalleur dans ses fonctions de maire de Coutençon, canton de Donnemarie, a reçu aujourd'hui la visite d'un ingénieur et de quatre soldats du génie prussien; ils se firent conduire dans les bois de Montigny, afin de choisir des arbres propres à faire des charpentes pour la reconstruction du pont du chemin de fer, sur la Seine, à Saint-Germain-Laval, près Montereau.

Trouvant les chemins impraticables et après avoir examiné sa carte, l'ingénieur décida de prendre les arbres dont il avait besoin, entre Echouboulain et la Chapelle-Rablais, où il existe un bon chemin vicinal longeant la forêt.

Près de Marolles, les pontonniers prussiens abattent des peupliers pour la reconstruction du même pont.

— Le préfet prussien, M. de Fuerteinstein, fait placarder à Provins, par des cavaliers wurtembergeois, la proclamation suivante, qui ne resta pas longtemps sans être arrachée :

AUX HABITANTS
DU DÉPARTEMENT DE SEINE-ET-MARNE.

« Depuis l'occupation du département par les troupes royales
« prussiennes :

« Toutes les lois françaises sur la conscription et la garde
« mobile ;

« Tous les décrets du Gouvernement français sur l'appel aux
« armes, la levée en masse et l'enrôlement, soit à l'armée
« régulière, soit à la garde mobile sédentaire ou mobilisée, soit
« aux francs-tireurs ou à une autre troupe quelconque,

« SONT ABOLIS.

« Chaque habitant qui, en contravention à nos ordres, obéira
« à la conscription, partira pour un service quelconque, s'enrô-
« lera volontairement ou coopérera à une action militaire quel-
« conque,

« Sera soumis à la Cour martiale prussienne et jugé d'après
« le Code pénal militaire prussien; en outre, tous ses biens, sa
« famille et sa commune seront tenus responsables pour lui.

« MM. les Maires sont chargés de veiller assidûment sur tous
« les membres de leurs communes assujettis autrefois auxdites
« lois et décrets abolis, d'arrêter et d'envoyer ici tout suspect,
« et de nous dénoncer aussitôt tout éloignement hors de la com-
« mune de la part d'un homme valide.

« Melun, 23 Novembre 1870.

« *Le Préfet,*
« DE FUERTEINSTEIN. »

Cette fois, comme toujours quand il lui prit fantaisie de faire des proclamations, l'Allemand de Fuerteinstein en fut pour sa prose; son arrêté n'empêcha pas un mois plus tard plus de 30 jeunes gens de l'arrondissement de Provins, appartenant à la mobile et qui avaient été maintenus dans leurs foyers par décision du Conseil de révision, d'aller rejoindre le 26° corps en formation à Nevers et à Moulins. Loin de les retenir, au contraire, les Maires de leurs communes les y aidèrent de tout leur pouvoir.

28 *Novembre*. — Sous le prétexte de rechercher les armes, des dragons Badois sont venus de Montereau à Egligny, rendre visite à la cave de Mme la baronne Dupont-Delporte. Les portes étaient fermées et le jardinier n'avait pas de clé : un maréchal-ferrant fut requis pour les ouvrir. Les pillards empaquetèrent avec vivacité 150 bouteilles de vin vieux, et en se retirant ils joignirent à leur emprunt deux paires de canards qui prenaient leurs ébats dans la cour d'un voisin.

— Le Conseil de discipline de la garde nationale de Provins a tenu aujourd'hui sa première séance, sous la présidence du commandant, M. de Salvert.

En vertu de l'article 72 de la loi du 13 juin 1851, le nommé Hoteplin, garde national de la 5e compagnie, qui avait à répondre de faits de désordre, commis le 19 novembre, jour du passage d'une colonne de Wurtembergeois, s'est vu infligé la réprimande avec mise à l'ordre du jour.

Le conseil est composé de : MM. de Salvert, chef de bataillon ; Argant, capitaine de pompiers ; Nocart, lieutenant ; Muller, sergent ; Clément, caporal ; Driot, garde national ; Mirveaux, idem ; Lefrançois, capitaine-rapporteur ; Alexandre Guérard, lieutenant-greffier.

Hier, dimanche 27, devant le bataillon de la garde nationale de Provins assemblé, M. Culine, officier en retraite, a été reconnu comme capitaine-adjudant-major dudit bataillon, et M. le docteur Rondeau a été nommé médecin aide-major.

A la même réunion, lecture a été donnée aux compagnies de l'ordre du commandant faisant connaître l'arrêté par lequel M. le Préfet a pourvu à la nomination des quatre officiers qui doivent composer le conseil de révision de la garde nationale de Provins.

Ces choix, bien que faits en conformité de la loi, ont soulevé des réclamations plus ou moins vives de la part d'un certain nombre de gardes nationaux.

En présence de ces manifestations, les quatre personnes désignées : MM. Molleveaux, notaire ; Ozeré, géomètre ; Jomier, notaire et Lenoir, conducteur des ponts et chaussées, ont déclaré aujourd'hui, à M. le commandant de Salvert, ne pas vouloir accepter les fonctions.

---

29 *Novembre*. — Entourés par l'ennemi comme nous le sommes, les dépêches ont de la difficulté à nous parvenir, cependant on reçoit ce matin les suivantes :

Tours, 21 Novembre.

On annonce de Vervins que la garde nationale et la garnison de Mézières, dans une sortie faite le 17, ont tué 500 ennemis et pris un canon. Les Prussiens voulurent, le 18, jeter un pont sur la Meuse, mais ils ne réussirent pas ; ils durent rétrograder hors de la portée des canons de la ville qui se trouve aujourd'hui dégagée.

L'ennemi n'a pas reparu à Dreux.

Un engagement sérieux a eu lieu le 19, à Bretoncelles, les mobiles du Loir-et-Cher ont bien tenu pendant quatre heures, puis se sont retirés.

Nogent-le-Rotrou est menacé.

Tours, 22 Novembre.

Un ballon, le *Général-Ulrich*, est venu tomber à Luzarches, avec des dépêches.

On a des nouvelles de Paris, le succès de Coulmiers y est connu depuis plusieurs jours et a produit une grande impression. L'esprit public est plein de confiance et d'union, la situation est excellente, toutes les rancunes sont oubliées, les personnes arrêtées le 31 octobre ont été mises en liberté. Les vivres abondent. La viande de cheval n'est pas encore rationnée.

Le désir impatient d'une sortie est remplacé par la volonté réfléchie de subordonner les opérations militaires aux événements.

Il n'est question à Paris, ni de reddition, ni d'armistice. La ration de viande de boucherie est fixée à 50 grammes par jour et par personne ; la viande de cheval et les légumes sont à discrétion.

— Le bruit se répand ce soir à Provins que Versailles aurait été réoccupé par les troupes françaises.

— La Ferté-Gaucher a comme garnisaires 450 Wurtembergeois qui sont logés chez les habitants.

— Montereau n'a plus que de l'infanterie et les pontonniers occupés à la reconstruction du pont de Saint-Germain-Laval ; la cavalerie est retournée à Melun.

— Notre concitoyen, M. Louis-Alexandre Massé, vigneron à la Ville-Haute, qui travaillait dans la côte du Buat, le 17 novembre, lorsqu'un coup de feu fut tiré sur un détachement de Hessois et qui avait été atteint d'une balle au talon par la riposte de ces derniers, est mort hier des suites de sa blessure. Il avait 71 ans.

30 *Novembre*. — Une violente canonnade a été entendue aujourd'hui à Provins, de midi à cinq heures du soir ; une grande bataille a dû se livrer au nord-ouest, soit sous Paris, soit dans la direction d'Orléans.

— M. Breton, procureur de la République, a fait insérer dans le *Journal de Provins*, l'avis suivant :

« Le nommé Pichot, demeurant à Provins, accusé d'avoir, en se faisant passer pour Prussien, exigé des réquisitions de chevaux et voitures dans une ferme de l'arrondissement et d'avoir, en outre, volé un paquet de tabac, a été traduit devant le conseil de guerre de Nevers, qui l'a condamné en dix ans de travaux forcés.

« Le nommé Alexandre Picard, âgé de 33 ans, journalier à Provins, reconnu coupable d'espionnage par la Cour martiale de Nevers, a été condamné à mort et exécuté le 26 novembre.

« Cette exécution prouve que la République veille au maintien des lois quelle qu'en soit la rigueur. Un pareil exemple rappelle à ceux qui par impossible l'oublieraient, que le salut comme la dignité d'un peuple est dans le respect absolu de la loi. »

Cette grave mesure fut diversement appréciée dans notre population ; Picard était connu pour un braconnier incorrigible, mais c'était tout, et si dans un moment d'ivresse, le 15 septembre, lors du passage du corps d'armée du prince Albrech, il avait répondu à des Prussiens qui l'interrogeaient avec menaces, des paroles qui furent interprétées comme des renseignements sur les maisons bonnes à piller, beaucoup de personnes pensent qu'on aurait dû invoquer pour lui des circonstances atténuantes. Malheureusement ce qu'on ne savait pas, c'est qu'en temps de guerre, la Cour martiale n'en admet jamais pour espionnage ; elle acquitte ou condamne à mort, il n'y a pas de milieu, et l'exécution de ses jugements est sommaire.

— Hier, 800 mobiles de la Corrèze, faits prisonniers à Dreux et emmenés en Allemagne, sont passés à Courtacon.

DÉCEMBRE.

Jeudi 1ᵉʳ Décembre. — Dès le matin, on placarde après les murs de l'Hôtel-de-Ville, une dépêche adressée de Tours, par le Ministre de la guerre aux Préfets :

« En arrière d'Orléans, l'armée de la Loire, menacée sur la gauche par des masses considérables, a dû masser de ce côté certaines forces un peu avancées et présentant une ligne mince qui avait risqué d'être coupée, on les a fait se replier. La droite tient vigoureusement et empêche le progrès de l'ennemi.

« Un succès a été obtenu à Neuville, où des forces ennemies après avoir bombardé la ville, ont dû laisser le terrain à nos troupes inférieures en nombre, abandonnant un assez grand nombre de morts et de blessés, et 80 prisonniers. Nos pertes sont peu importantes.

« Cet ensemble d'appréciations n'a aucune gravité relative de part et d'autre et ne préjuge en rien le résultat de la rencontre attendue.

« Dans la Somme, combats heureux à Gentelles et à Boves.

« Bonnes nouvelles des environs de Montbéliard. »

Les dernières troupes de la 2° armée allemande qui bloquait Metz continuent à se porter en masses sur la Loire.

Un télégramme du Sous-Préfet de Sens informe à Provins que le prince Frédéric-Charles est arrivé ce matin à Sens, avec 30,000 hommes auxquels il a adressé la farouche proclamation qui suit :

Sens, 1er Décembre 1870.

Soldats,

Déployez toute votre activité ; marchons *pour partager cette terre impie* Il faut *exterminer* cette BANDE DE BRIGANDS.

Le monde ne peut rester en repos TANT QU'IL EXISTERA UN PEUPLE FRANÇAIS.

Qu'on le divise en petites parties, ils se déchireront entre eux ; mais l'Europe sera tranquille pour des siècles.

Soldats, vous qui avez du cœur, le moment est venu de vaincre ou de mourir !

FRÉDÉRIC-CHARLES.

Il faut que tous les Français sachent bien que c'est la pensée allemande qu'exprime ainsi ce prince, vrai soudard, qui se montre un de nos plus impitoyables envahisseurs, en faisant incendier les localités et fusiller les habitants presque partout où il en rencontre qui ont le courage de montrer du patriotisme en essayant de résister (1).

— Comme hier, le canon a été entendu toute la journée à Provins dans la direction de Paris.

— Notre compatriote, M, Fourtier, payeur général de l'armée, passé la semaine dernière à Provins, arrivant de Metz, où il était enfermé depuis le commencement de la campagne, et se rendant à Tours pour y reprendre son service, nous a donné sur la capitulation de Metz des détails très intéressants, qui ne laissent guère de doutes sur la trahison de Bazaine. Mais il est un fait relatif à cette capitulation sur lequel il importe de rétablir la vérité : plusieurs journaux ont publié que les Prussiens avaient trouvé dans la caisse du Trésor 40 millions, quelques-uns même ont porté la somme au double. Ces assertions sont complétement fausses ; ce qui est vrai, c'est que le payeur a remis aux autorités prussiennes une somme de 21,000 fr., dans lesquels sont compris 9,000 fr. de timbres-poste.

---

(1) Le Prince Frédéric-Charles de Prusse, neveu de l'empereur Guillaume, est mort d'une attaque d'apoplexie (disent certains journaux), tué d'un coup de pistolet par sa femme qu'il brutalisait lorsqu'il était ivre (disent d'autres), le 15 juin 1885, au château de Glinike, près Berlin.

Il était né le 20 mars 1828.

— Dans le numéro du *Moniteur* du 16 novembre, qu'on se montrait aujourd'hui à Provins, on lisait la dépêche ci-après qui donnait l'explication de l'énigme dont on parlait ces jours derniers :

Souppes (Seine-et-Marne).

Le Préfet au Ministre de l'Intérieur.

Les 49 uhlans entrés à Nemours le 13 novembre ont été surpris et enlevés pendant la nuit. Ce sont quelques mobilisés de Seine-et-Marne qui, incorporés depuis huit jours, armés et habillés depuis trois jours, ont accompli ce hardi coup de main.

Deux cents mobilisés partirent en silence de leur cantonnement, établi à Souppes, à une heure trois quarts du matin, arrivèrent à Nemours, et à deux heures l'attaque de l'hôtel Saint-Pierre, où les uhlans s'étaient retranchés, commença. Après un combat d'une heure environ, 42 uhlans avec 2 officiers se rendaient ; 3 ont été tués, 2 ont réussi à s'enfuir.

Nous n'avons eu que deux hommes légèrement blessés. On a dirigé sur la Loire les prisonniers avec chevaux, armes et fourniment. Les mobilisés de Seine-et-Marne ont montré dans cette affaire une constance, un courage et une fermeté remarquables.

A la suite de cette dépêche, le *Moniteur* contient la note suivante :

« Le Gouvernement de la Défense nationale adresse ses félicitations aux gardes nationaux mobilisés de Seine-et-Marne et à leurs officiers, pour leur belle conduite dans l'affaire de Nemours (nuit du 13 au 14 novembre), et les met à l'ordre du jour de l'armée. »

— L'hiver se fait rigoureusement sentir, la terre est couverte de neige et le thermomètre descend jusqu'à 12 degrés au-dessous de zéro. Chacun se multiplie pour venir en aide à nos pauvres soldats qui doivent beaucoup souffrir du froid.

Un appel vient d'être adressé dans toutes les communes de notre région, par deux personnes de Provins dont l'initiative et le dévouement ne se sont pas ralentis une seule minute depuis le premier jour de l'invasion :

A MM. les Maires de l'Arrondissement.

Monsieur le Maire,

L'arrondissement de Provins a organisé avec un admirable élan des ambulances pour soigner nos blessés.

Aujourd'hui d'autres souffrances nous créent d'autres devoirs. Des malheurs sans nom ont prolongé la guerre. La France entière s'est levée et marche au combat. On a trouvé des armes ; mais l'hiver est venu, et peut-être nos soldats maintenant manquent-ils de vêtements !

Par malheur, cernés comme nous le sommes, privés de communications sûres, nous ne pouvons faire aucun envoi considérable. Mais il est un vêtement essentiel au soldat en campagne, c'est la ceinture de flanelle. Nous en pouvons confectionner, et l'on saura les faire parvenir à nos soldats.

Nous faisons donc appel au patriotisme de tous ; chacun donnera, sinon suivant son cœur, du moins suivant ses moyens. Et chaque femme voudra travailler pour ces héroïques soldats, nos fils, nos frères, qui défendent ce bien plus cher que la vie : l'honneur et la liberté de la France !

Nous vous prions donc, M. le Maire, de faire savoir à tous que les ceintures de flanelle qui seraient faites dans la commune, devront être remises le 8 décembre, au plus tard, à la Sous-Préfecture de Provins, où les mesures nécessaires seront prises pour en assurer l'envoi.

Nous sommes assurés, M. le Sous-Préfet et moi, de trouver partout un concours empressé, car tous le savent : si c'est un grand honneur que de défendre son pays, c'est un grand devoir que de venir en aide à ceux qui le défendent, et à ce devoir, personne ne faillira !

Veuillez agréer, etc.

<table>
<tr><td>Le Sous-Préfet,</td><td>Le Procureur de la République,</td></tr>
<tr><td>G. CABARRUS.</td><td>BRETON.</td></tr>
</table>

Les ceintures devront avoir 2 m. 25 de long et 30 c. de large.

P. S. — Des chaussettes de laine pourraient aussi être données à nos soldats. Nous recevrons avec reconnaissance les dons de cette nature, pour les joindre à l'envoi des ceintures de flanelle.

---

2 Décembre. — Le canon s'est fait entendre de nouveau aujourd'hui dès dix heures, ce matin ; les coups se succédaient sans interruption, on aurait dit une suite d'orages lointains avec roulement de tonnerre continu, beaucoup d'habitants de la ville se sont rendus sur le Rubis et sur la route de l'Hôpital, pour écouter ; dans la soirée, le bruit se rapprochait beaucoup. Il est certain qu'une grande bataille a eu lieu du côté de Paris.

— Vers une heure après midi, on entoure la dépêche suivante :

« Méry vient de communiquer à Nogent des nouvelles rapportées par une personne de Troyes, venant d'Auxerre.

Armée de la Loire, 270,000 hommes, canons à six coups. Sortie de Paris vers le nord, ravitaillement. Kératry avec les forces de l'ouest a fait sa jonction avec Michel de l'est et Bourbaki, ce dernier avec 100,000 hommes. Grand combat à Pithiviers, favorable aux Français. Quartier général prussien de Versailles à Reims, plus de Prussiens vers Lyon et sur la ligne du midi ; Français bombardent Pithiviers, Frédéric-Charles et son état-major. Les avant-postes de l'armée de la Loire sont à deux lieues de l'armée prussienne qui investit Paris.

Messieurs les Allemands veulent encore nous mystifier, il est hors de doute que cette dépêche émane d'eux ainsi que la nouvelle suivante publiée par le journal la *Liberté*, qui avait été envoyé on ne sait par qui dans plusieurs cafés de la ville :

Attentat sur la personne du Roi de Prusse.

Un Polonais a tiré, hier, deux coups de revolver sur le roi Guillaume, sans l'atteindre, pendant qu'il chassait entre Versailles et Saint-Germain.

— En exécution des instructions adressées par M. Breton, procureur de la République, aux Maires de toutes les communes de l'arrondissement pour empêcher le commerce avec l'ennemi, les gardes nationaux ont organisé partout une surveillance active. Ceux de Jouy-le-Châtel ont arrêté aujourd'hui le charretier de M. Moreau, fermier au Plessis-aux-Tournelles, qui conduisait à Coulommiers, chez M. Abel Leblanc, une voiture de blé avec un laissez-passer constatant que c'était pour la subsistance de l'armée allemande.

M. Moreau a aussi été arrêté et amené ce soir en prison à Provins.

— Le premier des prisonniers allemands internés à l'ambulance de Provins, est mort tantôt ; c'est un Polonais du nom de Fransciski Gascinski, soldat au 54ᵉ régiment d'infanterie de Poméranie, âgé de 25 à 30 ans.

---

3 *Décembre*. — Le bruit circule en ville que les Prussiens sont en retraite ; Meaux et Montereau seraient évacués. A Sens, l'ennemi a obstrué le pont sur l'Yonne avec des bois de charpente.

Ce matin, 21 cavaliers sont venus et ont séjourné une demi heure à Bray-sur-Seine, puis ils sont repartis à course de cheval, du côté de Montereau, sans rien dire à personne.

L'armée de la Loire se rapproche de Paris. Les éclaireurs français ont paru hier à la Celle-en-Hermois et à la Celle-sur-le-Bied, villages du Loiret, sur les confins de Seine-et-Marne.

— Hier, 2 décembre, cinq fantassins prussiens sont venus de Troyes à Nogent, en se servant du chemin de fer jusqu'au pont de Bernières qui est détruit. Ils apportaient des affiches allemandes destinées à être placardées dans toutes les communes de l'arrondissement.

Le sous-officier qui commandait se dirigea vers la Mairie, et là il remit, pour M. Ebeling, sous-préfet, une lettre de M. le baron de Stein, préfet prussien de Troyes, où, dans des termes très avenants, ce préfet disait à M. Ebeling qu'il eût à quitter le département dans les trois jours, sans quoi il aurait la désolation (*sic*) de le faire emmener en Allemagne.

— On placarde à Provins les deux documents officiels ci-après :

République Française.

Le Gouvernement de la Défense nationale,
Décrète :
Pendant la durée de la guerre, la mère veuve qui a son fils ou des fils sous les drapeaux, la femme dont le mari est sous les drapeaux, la mère veuve qui a perdu un de ses enfants au service de la Patrie, la femme dont le mari a succombé en combattant ou par suite de ses blessures, ne peuvent être soumises à aucun acte de poursuite pour paiement soit des dettes du mari, qu'elles auraient cautionnées, soit pour dettes solidaires entre elle et son mari, soit pour dettes des enfants dont elles seraient héritières, soit pour leurs propres dettes ; le mobilier, garnissant leur habitation, soit qu'il leur appartienne, soit qu'il appartienne au mari ou aux enfants, ne peut être saisi.
Fait en Conseil de Gouvernement, à Tours, le 14 Novembre 1870.

AD. CRÉMIEUX, L. GAMBETTA, GLAIS-BIZOIN,
L. FOURICHON.

PROCLAMATION DE M. GAMBETTA
A L'ARMÉE DE LA LOIRE.

Le Ministre de l'intérieur et de la guerre s'est rendu à Orléans pour féliciter l'armée de la Loire du résultat des journées des 9 et 10 novembre.
Il a adressé aux troupes l'allocution suivante :

Soldats de l'armée de la Loire,
Votre courage et vos efforts nous ont enfin ramené la victoire, depuis trois mois déshabituée de nos drapeaux. La France en deuil vous doit sa première consolation, son premier rayon d'espérance.
Je suis heureux de vous apporter, avec l'expression de la reconnaissance publique, les éloges et les récompenses que le Gouvernement décerne à vos succès.
Sous la main de chefs vigilants, fidèles, dignes de vous, vous avez retrouvé la discipline et la force. Vous nous avez rendu Orléans, enlevé avec l'entrain de vieilles troupes depuis longtemps accoutumées à vaincre.
A la dernière et cruelle injure de la mauvaise fortune, vous avez montré que la France, loin d'être abattue par tant de revers inouïs jusqu'à présent dans l'histoire, entendait répondre par une générale et vigoureuse offensive.
Avant-garde du pays tout entier, vous êtes aujourd'hui sur le chemin de Paris. N'oublions jamais que Paris nous attend, et qu'il y a de notre devoir de l'arracher aux étreintes des barbares qui le menacent du pillage et de l'incendie. Redoublez donc de courage et d'ardeur. Vous connaissez maintenant nos ennemis. Jusqu'ici leur supériorité n'a tenu qu'au nombre de leurs canons. Comme soldats, ils ne vous égalent ni en courage ni en dévouement. Retrouvez cet élan, cette furie française qui ont fait notre gloire dans le monde et qui doivent aujourd'hui nous aider à sauver la Patrie.
Avec de soldats tels que vous, la République sortira triomphante des épreuves qu'elle traverse ; car, après avoir organisé la défense, elle est en mesure à présent d'assurer la revanche nationale.
Vive la France ! Vive la République une et indivisible !

Le Membre du Gouvernement de la Défense nationale,
Ministre de l'Intérieur et de la Guerre,

LÉON GAMBETTA.

Dimanche 4 Décembre. — On n'a reçu aucune dépêche de Tours depuis le 1ᵉʳ. Des voyageurs qui viennent des environs de Paris affirment que jeudi dernier, les Français ont fait une sortie qui a été poussée jusqu'à Champigny et Petit-Bry, sur la Marne ; les Prussiens battus se seraient retirés en désordre jusque près de Tournan.

— Si ce ne sont pas les Allemands qui veulent s'amuser à nos dépens, il faut convenir qu'il y a des Français bien peu patriotes pour inventer des absurdités pareilles à celles ci-après, qu'on a trouvées ce matin placardées après l'Hôtel-de-Ville de Provins, à côté des dépêches officielles.

Ecrites en bâtarde régulière, elles sont sur papier blanc, du format des dépêches de l'Administration, et ont dû être collées pendant la nuit.

Bataille depuis trois jours dans les carrières de Château-Landon, où étaient réfugiés 40,000 Prussiens. 30,000 hommes hors de combat. Prince Frédéric-Charles se serait rendu avec 10,000 hommes. — 12,000 Français entourent Château-Landon, Lagny et Versailles. — Corbeil repris. — Armée de la Loire entoure Paris.

Trochu, Vinoy, Ducrot sont sortis avec 300,000 hommes et la mitrailleuse blindée, qui aurait fait d'épouvantables ravages dans les rangs ennemis.

L'armée de la Loire a fait sa jonction avec l'armée de Paris qui se ravitaille.

100.000 hommes de l'armée du Nord donnent la main à Paris.

Paris se ravitaille.

GAMBETTA.

Comme on le voit, le ministre de la guerre de l'empire, Cousin de Montauban, comte de Palikao, fait école : ses fameuses carrières de Jaumont sont même dépassées aujourd'hui par celles de Château-Landon.

Si cela émane de Français, c'est triste et de plus, misérable !

— Désespérant de pouvoir reconstruire le pont de Saint-Germain-Laval, sur la Seine, l'ennemi projette le rétablissement de la circulation sur l'embranchement de Montereau à Flamboin. Aujourd'hui neuf pontonniers bavarois ont exploré la voie ferrée. A Vimpelles, ils firent réquisition de neuf livres de pain et de cinq litres de vin. A la gare des Ormes, ils examinèrent attentivement les aiguilles démontées et questionnèrent le chef de station sur ce qui se passait aux environs ; chez l'instituteur, où ils entrèrent pour allumer leurs pipes, ils laissèrent regarder leurs fusils à aiguille et en expliquèrent le mécanisme aux quelques habitants curieux qui s'étaient mis à les suivre dès leur arrivée dans le pays.

— Le village de Touquin, canton de Rozoy, a 200 garnisaires Prussiens, le Maire est suspendu de ses fonctions, c'est le commandant ennemi qui régit tout ; passé neuf heures du soir, il est défendu aux habitants de sortir de leurs maisons.

Lundi 5 Décembre. — Une lâche dénonciation a été faite au commandant allemand à Coulommiers, qui a envoyé aujourd'hui à Bouchy-le-Repos un bataillon d'infanterie wurtembergeoise avec de la cavalerie et de l'artillerie pour arrêter plusieurs habitants faisant partie de la compagnie des francs-tireurs de la Marne ; mais heureusement ceux-ci, prévenus à temps, ont pu se sauver. Furieux, le commandant wurtembergeois s'est vengé en faisant arrêter M. Bertin, adjoint au maire, ainsi que les femmes et les enfants des francs-tireurs absents, qu'il fit aussi emmener comme otages.

Ainsi voilà le procédé de l'ennemi, voilà comment nos populations peuvent avoir confiance dans la promesse faite par le roi de Prusse Guillaume, dans sa proclamation au peuple français, au début de la campagne :

« Nous ne faisons pas la guerre aux habitants paisibles de la « France, et le *premier devoir d'un loyal soldat est de* « *respecter la propriété privée* (*!!!*...). Je fais la guerre aux « soldats français et non aux citoyens français. Ceux-ci conti-« nueront, par conséquent, à jouir de toute sécurité pour leurs « personnes et leurs biens, aussi longtemps qu'ils ne nous « priveront pas eux-mêmes par des entreprises hostiles contre « les troupes allemandes, du droit de leur accorder notre « protection. »

Il est vrai que la raison du plus fort est toujours la meilleure, et à Bouchy, comme dans la fable, il fut facile au commandant wurtembergeois de dire que c'était l'agneau (les femmes) qui avait commencé.

— Une dépêche de Tours annonce que la ville d'Amiens a été occupée, le 28 novembre, par 70,000 Prussiens. Le même jour, des engagements ont eu lieu sur le front de l'armée de la Loire, entre Montargis et Pithiviers. De tous côtés l'ennemi a fait des pertes sensibles et a été repoussé ; un canon et des prisonniers sont restés entre nos mains.

La Fère (Aisne) aurait capitulé après 30 heures d'un bombardement terrible, sans sommation.

— Hier, un cavalier prussien s'est présenté à la mairie de Bray-sur-Seine, porteur d'un ordre du commandant des troupes prussiennes, à Montereau, par lequel il était enjoint à M. le Maire de la ville d'avoir à se rendre immédiatement près de cet officier pour y recevoir une communication.

Arrivé à Montereau et mis en présence de l'officier, M. le Maire n'a pas été peu surpris d'apprendre que le dérangement qui lui était imposé n'avait d'autre but que de savoir si une dépêche prussienne, qui avait été perdue par un courrier dans les environs de Bray, n'aurait pas été trouvée par une personne de la localité.

Sur sa réponse négative, M. le Maire a été renvoyé. On lui a donné l'assurance que l'affaire n'aurait pas de suites fâcheuses pour sa ville.

— Un Provinois venant d'Auxerre rapporte qu'il a lu en cette ville, où elle est placardée, une proclamation de Gambetta annonçant que le général Ducrot a quitté Paris avec 200,000 hommes pour faire sa jonction avec l'armée de la Loire.

C'est là, sans doute, l'explication de la violente canonnade entendue ces jours derniers.

Cette nouvelle ramène un peu de consolation dans les esprits, et les habitants qui se rassemblent en nombre chaque soir sur la place de l'Hôtel-de-Ville pour causer des nouvelles du jour, se quittent presque joyeux.

---

6 *Décembre*. — Cette nuit, des gardes nationaux des environs ont amené à Provins des caissons remplis de munitions, des chevaux et plusieurs soldats d'artillerie prussienne.

De crainte d'être surpris et sur l'ordre de M. Breton, procureur de la République, on s'empresse de cacher les munitions un peu de tous côtés dans le Quartier de cavalerie, les caissons sont immédiatement démolis et le bois dispersé à droite et à gauche, les soldats prisonniers sont conduits au dépôt de la Maison d'arrêt et le plus grand secret sur toute cette affaire, est recommandé aux personnes présentes.

Malgré la recommandation, la joie d'une réussite ne put être maîtrisée et on sut bientôt les détails suivants sur le coup de main.

Hier, 5 décembre, dans la matinée, un convoi composé de douze soldats du 2ᵉ régiment d'artillerie de campagne de Poméranie, avec trois caissons et dix-neuf chevaux, sous la conduite d'un adjudant, passait à Jouy-le-Châtel, fort bourg à mi-chemin entre Provins et Coulommiers ; là, le commandant demandait sa route pour se rendre à Nogent-l'Artaud, où il existe un centre d'approvisionnement des troupes allemandes ; dans l'espoir de faire prisonniers les hommes de ce détachement, on leur indiqua la route de Provins dans une direction tout opposée. Après avoir marché longtemps et s'être perdus dix fois dans la forêt de Chenoise, ces soldats rencontrèrent un bûcheron du hameau des Chapelles, qui les remit dans leur route. Exténués, mourant de faim, ils s'arrêtèrent un instant à la ferme de Rubantard pour demander du pain, qu'ils mangèrent d'un grand appétit. Réconfortés un peu, les Prussiens remontent à cheval, gagnent Bannost, qu'ils ne font que traverser, et se dirigent sur le hameau du Montcel de Frétoy, où ils arrivèrent vers trois heures après midi. Ils se décident à faire halte en cet endroit et à y coucher pour la nuit ; ils se répartissent par deux dans cinq maisons habitées par les sieurs Bonny, Hutpin père, Félix Gamblin, Benjamin Gamblin ; l'officier et les quatre soldats s'installent chez Hutpin fils.

Pendant ce temps, des gardes nationaux de Chenoise qui, prévenus par un courrier, avaient attendu en vain les Prussiens dans la forêt et s'étaient mis à leur recherche, arrivaient à Bannost ; là, ils trouvèrent les gardes nationaux de cette commune réunis en conseil avec quelques volontaires des environs et discutant un projet d'attaque du détachement ennemi.

Lorsqu'on eut bien arrêté ce qu'on voulait faire, la petite troupe se compta ; après la retraite de quelques hésitants, on se trouva une trentaine ; c'était peu pour lutter contre des soldats aguerris et qui, on le supposait, se défendraient à outrance. Mais ceux qui restaient étaient bien résolus à faire payer cher aux Allemands l'audace qu'ils avaient de s'aventurer ainsi sur le sol de la France.

A la nuit, la petite colonne, sous les ordres des officiers Clergeot et Leroy, se mit en route ; on marchait en silence, les armes basses, car la lune s'était levée, et sa pâle clarté, qui éclairait la plaine couverte de neige, faisait craindre à chaque instant qu'on ne fût découvert.

Vers neuf heures, on fit halte près d'un petit bois, à une centaine de mètres des premières maisons du hameau du Montcel ; un volontaire fut détaché en éclaireur pour aller reconnaître la situation ; les cœurs battaient bien fort ; on apercevait à quelques pas les caissons, et on s'attendait à toute minute à entendre le *Wer da !...* ou *Qui vive !...* de la sentinelle qui devait les garder, mais tout resta silencieux.

L'homme revint au bout de vingt minutes ; il n'y avait pas un instant à perdre ; les caissons étaient seuls ; on pouvait facilement s'en emparer ; quant aux Prussiens, à l'exception des cinq logés chez M. Hutpin fils, qui veillaient, les autres devaient être couchés.

Après les dernières recommandations, on se divisa par petits groupes, les uns chargés de se rendre directement à chaque maison renfermant des ennemis, les autres devant cerner le village, un dernier enfin chargé d'entourer les caissons. Tout était bien compris ; les mains se serrèrent encore une fois avec effusion, et, sans la prudence qui commandait tout, il est probable qu'on eût crié : *En avant!* et : *Vive la France!...* que chacun répétait tout bas.

Pendant que les choses s'accomplissaient avec plus ou moins de facilité dans les maisons où se trouvaient des Allemands, le petit groupe dirigé par le sergent-fourrier Lucien Bernot, ancien sous-officier d'infanterie, s'arrêtait à la porte de M. Hutpin fils ; c'est là qu'était le poste le plus dangereux. A travers les carreaux de la fenêtre, on voyait les cinq Prussiens aller et venir dans la chambre ; l'officier, le dos tourné au foyer de la cheminée où flambait un bon feu, donnait des ordres à deux hommes qui préparaient un lit de paille, tandis que les autres, par crainte de surprise sans doute, visitaient les amorces de leurs pistolets, qu'ils accrochèrent ensuite à la cheminée, à portée de la main, de façon à pouvoir facilement s'en saisir à la première alerte.

Du dehors, les nôtres suivaient anxieusement tous ces préparatifs. Après un dernier coup d'œil sur la situation, Bernot dit à ses compagnons : « Je vais entrer le premier, suivez-moi ; nous pouvons les prendre sans tirer un coup de fusil ; pendant que je m'emparerai des sabres et des fusils déposés dans un coin de la pièce, saisissez-vous des hommes ; pas d'hésitation ! »

Un contre-temps vint encore hâter le moment d'agir : un des gardes nationaux, en passant, heurta par mégarde la porte charretière qui, vacillant sur ses gonds, produisit un bruit de ferraille qui fit lever la tête aux Prussiens. Il n'y avait plus une minute à perdre. Bernot, bien que songeant à sa femme et à ses cinq petits enfants, met le devoir envers la Patrie au-dessus de tout ; il ouvre la porte de la chambre et d'un bond se place devant les armes ; malgré ses appels, un seul de ses compagnons l'a suivi : c'est Jules Proffit, de Villegagnon, ancien militaire aussi ; en moins de temps qu'il n'en faut pour le dire, trois détonations retentissent : ce sont les Prussiens qui viennent de décharger leurs pistolets sur nos courageux soldats citoyens, sans les atteindre. Proffit riposte en lançant un terrible coup de baïonnette qui traverse de part en part la poitrine d'un Prussien et le cloue dans une boiserie comme on cloue les hiboux et les chouettes après les portes des granges. Proffit sortit dehors pour redemander à ses camarades un autre fusil, sa baïonnette s'étant rompue ; mais il ne trouva personne, les coups de feu les avaient fait éloigner.

Revenus de leur surprise, les Prussiens se sont mis sur la

défensive, et, voyant qu'ils n'ont affaire qu'à un seul adversaire, ils poussent des hourras frénétiques ; pendant que l'un d'eux saute à la porte et met le verrou afin d'empêcher Proffit de rentrer, les autres se ruent sur Bernot qui, droit, ferme, l'œil lançant des éclairs, le fusil à la main, soutint pendant plus de dix minutes une lutte épique, renouvelée des Horaces et des Curiaces :

Que vouliez-vous qu'il fît *seul* contre *quatre ?*

Encouragés par la voix de leur chef, ne cessant de crier : *Capout! Capout!...* les Prussiens assommaient Bernot à coups de crosse de pistolet ; ce dernier, adossé à la muraille, jeta à terre son fusil, qu'il ne pouvait manœuvrer faute d'espace, et, s'élançant sur l'officier, il lui arracha son sabre des mains et se mit en garde. L'officier allemand ramassa le fusil de Bernot et s'en servit à son tour, essayant de percer de la baïonnette le sergent Français, mais presque tous les coups étaient parés adroitement par ce dernier, qui, bien que blessé à la tête, aux mains et aux bras, n'en continuait pas moins à soutenir le combat ; d'un coup de sabre vigoureusement porté il tordit la baïonnette près du canon ; l'officier lâche alors le fusil pour en prendre un de ceux de ses hommes.

En ce moment, un coup de sabre mal paré atteint Bernot et lui entaille le front au-dessus de l'œil gauche ; aveuglé par son sang qui l'inonde, l'intrépide Français, exalté par la lutte, superbe de patriotisme et d'ardeur, fait un effort désespéré.

Laissons-le causer :

« Serré de près par les quatre Prussiens, je lance un coup de sabre à un au travers de la figure, il recule ; je fonce et j'en enfile un autre jusqu'à moitié ma lame... plus que deux... je jette le sabre, ramasse mon fusil, qui était chargé, l'arme et tire à bout portant sur le chef au moment où de son côté il allait faire feu sur moi, mais il tomba foudroyé avant... il n'en restait plus qu'un... Affolé, il a mis le sabre bas, passe par-dessus le corps du chef, ouvre la porte d'une chambre, dérange un meuble et se cache derrière (1). »

Comme cette dernière phase du combat se terminait, la porte d'entrée du logis volait en éclats, enfoncée par Proffit, qui avait fini par ramener ses compagnons, lesquels furent très étonnés de retrouver Bernot vivant (2).

---

(1) Rapport au sous-préfet de l'arrondissement sur l'affaire de Frétoy.

(2) Le mardi 26 mai 1874, M. Guyot de Villeneuve, préfet de Seine-et-Marne, accompagné de M. le vicomte d'Haussonville, député, de M. Greffulhe, président du Conseil général, et des différentes notabilités du département, réunis à Provins pour le conseil de révision, remit publiquement sur la place Saint-Ayoul aux courageux gardes nationaux Lucien Bernot, de Bannost, et Jules Proffit, de Villegagnon, les médailles d'honneur en or (1re classe) que

Dans presque toutes les autres maisons, les Allemands avaient été faits prisonniers non sans avoir opposé de résistance. Chez M. Bonny, il y en eut un de tué d'un coup de feu.

Les gardes nationaux, enchantés de leur victoire, ont négligé la surveillance que la prudence commandait, trois prisonniers sont parvenus à s'échapper et à gagner la plaine après avoir essuyé une douzaine de coups de fusil. Malheur à la commune de Frétoy s'ils parviennent à rejoindre une garnison ou un corps allemand, il y aura une terrible vengeance; mais espérons qu'ils seront arrêtés avant, les nôtres veillent de tous côtés.

— A cinq heures du soir, MM. Bernard, maire, et Mirot, capitaine des gardes nationaux de Jouy-le-Châtel, font amener à Provins deux des soldats allemands qui s'étaient échappés de Frétoy et qui ont été repris ce matin, l'un à la ferme de la Charmoye, et l'autre près Jouy-le-Châtel; ce dernier fut découvert blotti dans une meule de paille; ces Prussiens ont marché toute la nuit dans la neige gelée, échappés sans vêtements et sans chaussures, ils sont transis de froid et ont la peau des pieds emportée. On les conduit à l'Hôtel-Dieu.

Il reste encore un évadé, le retrouvera-t-on?

---

7 Décembre. — Plusieurs habitants de Provins se rendent à Beton-Bazoches pour assister aux obsèques de notre concitoyen, M. Deroy, médecin et maire de la commune, qui a succombé aux suites des brutalités et des mauvais traitements dont il a été victime de la part des Prussiens, le mois dernier.

— Dans la journée, la foule ne cesse de stationner près de l'Hôtel-de-Ville de Provins, où l'on vient de placarder la dépêche suivante, datée de Tours, 1er décembre :

Le Ministre de l'Intérieur à MM. les Préfets.

La Délégation du Gouvernement a reçu aujourd'hui jeudi, 1er décembre, la nouvelle d'une victoire remportée sous Paris, pendant les journées des 28, 29 et 30 novembre. Cette nouvelle a été apportée par le ballon le *Jules Favre*, descendu près de Belle-Ile-en-Mer.

M. Thiers, Président de la République, leur accordait en récompense de la bravoure qu'ils avaient déployée pendant l'invasion.

« Votre action héroïque deviendra légendaire dans les campagnes que vous habitez, et je suis heureux de vous remettre moi-même la distinction que vous méritez si bien », a dit M. le Préfet en attachant les médailles sur la poitrine des deux braves.

Plus tard, Bernot qui avait sept enfants et que des malheurs avaient atteint, fut mis en possession d'un bureau de tabac à Villiers-Saint-Georges.

A quatre heures, M. Gambetta s'adressant à la foule réunie devant la Préfecture, à Tours, a confirmé en ces termes la grande et heureuse nouvelle :

Chers Concitoyens,

Après soixante-douze jours d'un siége sans exemple dans l'histoire, tout entier consacré à préparer et à organiser les forces de la délivrance, Paris vient de jeter hors de ses murs, pour rompre le cercle de fer qui l'étreint, une nombreuse et vaillante armée, préparée avec prudence par des chefs que rien n'a pu ébranler ni émouvoir dans cette laborieuse organisation de la victoire.

Cette armée a su attendre l'heure propice et cette heure est venue. Excités, encouragés par les fortifiantes nouvelles venues d'Orléans, les chefs du Gouvernement avaient résolu d'agir ; tous, d'un commun accord, nous attendions depuis quelques jours, avec une sainte anxiété, le résultat de tous nos efforts combinés.

C'est le 29 novembre, au matin, que Paris s'est ébranlé. Une proclamation du général Trochu a appris à la capitale cette résolution suprême, et avant de marcher au combat, il a rejeté la *responsabilité* du sang qui allait couler, sur la tête de ce ministre et de ce roi, dont la criminelle ambition foule aux pieds la justice et la civilisation moderne.

L'armée de sortie est commandée par le général Ducrot qui, avant de sortir, a fait, à la manière des antiques, le serment solennel devant la ville assiégée et devant la France anxieuse : *de ne rentrer que mort ou victorieux.*

Je vous donne dans leur laconisme les nouvelles apportées par le ballon le *Jules Favre* (un nom de bon augure pour la France), tombé ce matin à Belle-Ile-en-Mer.

Le 29, au matin, la sortie dirigée contre la ligne d'investissement a commencé sur la droite par Choisy, l'Hay et Chevilly. Dans la nuit du 29 au 30, la bataille a persisté sur divers points. Le général Ducrot, sur la gauche, passe la Seine le 30, au matin. Il occupe successivement Mély et Montmély. Il prononce son mouvement plus à gauche, passe la Marne et, adossé à la rivière, se met en bataille de Champigny à Bry. L'armée passe alors la Marne sur huit ponts, elle couche sur ses positions après avoir pris à l'ennemi deux pièces de canon. L'affaire a été rapportée à Paris par le général Trochu. Ce rapport, où on fait l'éloge de tous, ne passe sous silence que la grande part du général Trochu. Ainsi faisait Turenne. Il est constant qu'il a rétabli le combat sur plusieurs points en entraînant l'infanterie par sa présence.

Durant cette bataille, le périmètre de Paris était couvert par un feu formidable, l'artillerie fouillant toutes les positions de la ligne d'investissement.

L'attaque de nos troupes a été soutenue pendant toute l'action par des canonnières lancées sur la Marne et sur la Seine.

Le chemin de fer circulaire de M. Dorian, dont on ne saurait trop célébrer le génie militaire, a coopéré à l'action à l'aide de wagons blindés faisant feu sur l'ennemi.

Cette même journée du 30, dans l'après-midi, a donné lieu à une pointe vigoureuse de l'amiral La Roncière, toujours dans la direction de l'Hay et de Chevilly ; il s'est avancé au-delà de Longjumeau et a enlevé les positions d'Epinay, positions retranchées des Prussiens qui nous ont laissé de nombreux prisonniers et encore deux canons.

A l'heure où nous lisons la dépêche de Paris, une action générale doit être engagée sur toute la ligne, L'attaque du sud, du 1er décembre, doit être dirigée par le général Vinoy.

D'aussi considérables résultats n'ont pu être achetés que par de glorieuses pertes : 2,000 blessés, parmi lesquels le général Regnault, commandant le 2e corps, et le général La Charrière. Le général Ducrot s'est couvert de gloire et a mérité la reconnaissance de la Nation. Les pertes prussiennes sont très considérables.

Tous ces renseignements sont officiels, car ils sont adressés par le chef d'état-major, général Schmitz.

Pour extrait conforme :

Léon GAMBETTA.

Il est utile de mentionner que toutes les communications qu'on affichait à Provins étaient écrites et non imprimées, et qu'on les arrachait aussitôt que l'approche des Allemands était signalée.

———

— A la nuit, on se passe de mains en mains la copie d'une dépêche qu'un courrier de Bray-sur-Seine vient d'apporter à la Sous-Préfecture.

Dépêches privées, par pigeons, reçues le 2 décembre.

Bataille le 30 novembre et le 2 décembre; Prussiens refoulés dans les plateaux de Villiers-sur-Marne et de Champigny, avec grandes pertes.

Notre artillerie est excellente, et nos mobiles pleins d'ardeur, ainsi que compagnie de guerre de la garde nationale. — Situation morale de Paris excellente.

Confiance générale dans la levée de siège, et peu à peu défaite des Prussiens, qui ne s'attendaient pas à pareille résistance, transformée actuellement en vigoureuse offensive.

Tout va bien.

Le Commissaire délégué,

MERCADIER.

— A sept heures du soir, on apprend que le troisième prussien évadé de Frétoy avait été arrêté à Beton-Bazoches, mais qu'on l'a laissé aller ; il est parvenu à gagner Coulommiers où il s'est empressé de raconter au colonel Seuber, commandant de la garnison Wurtembergeoise, ce qui s'est passé.

Les Allemands sont furieux et ont annoncé qu'ils allaient faire un exemple terrible.

Malheur à la contrée où ils vont porter leurs pas!!!

Jeudi 8 Décembre. — Dès le matin, le bruit que Orléans aurait été repris par les Prussiens circule à Provins, on ne sait d'où vient cette nouvelle, mais elle n'en cause pas moins une pénible impression.

— Nos contrées sont de nouveau parcourues par des colonnes ennemies. La route d'Allemagne, qui passe à Courtacon, est suivie depuis plusieurs jours par des convois de matériel venant des environs de Paris et se dirigeant sur Montmirail et Vitry-le-Français, serait-ce un mouvement de retraite de l'ennemi; il n'y aurait rien d'étonnant après les terribles canonnades entendues les 30 novembre, 1er et 2 décembre.

— Hier, la population de Nangis a eu une panique produite par l'annonce que les Prussiens étaient à Gastins, où ils réquéraient tous les chevaux du pays; dans les villages environnants, les cultivateurs se hâtaient d'emmener leurs bestiaux dans les bois pour les cacher.

— Hier, 700 prisonniers français conduits en captivité par 400 Bavarois, sont arrivés à Fontainebleau. Une quête faite en leur faveur a produit 800 fr.; dans la traversée de la ville, beaucoup d'entre eux ont réussi à s'échapper en se cachant dans les corridors des maisons et en revêtant des habits civils que des habitants leur procuraient.

— A Provins, la journée est triste, la neige tombe abondamment; malgré cela, il y a beaucoup de monde dans la cour du Quartier de cavalerie, où M. Masure, commissaire-priseur, procède, en présence de M. le Sous-Préfet, à la vente aux enchères, des 19 chevaux et des fourgons enlevés à Frétoy, le 5 décembre.

MM. Delamarre, notaire, Lebœuf, agent d'assurances, et Marin, loueur de voitures, ont acheté des chevaux.

Le produit de la vente, 2,764 fr. 65 c., doit être remis aux gardes nationaux qui ont fait la prise.

Afin de ne pas trop éveiller les soupçons de l'ennemi qui pourrait reconnaître ses chevaux en venant à Provins, on en a dirigé sur Nogent, Nangis et Bray, pour y être également vendus.

— A cinq heures du soir, on placarde une dépêche de Tours, 4 décembre, qui donne l'énigme du bruit répandu ce matin; le mal n'est pas si grand qu'on le disait, mais assurément il se passe quelque événement grave.

DÉPÊCHE.

L'armée de la Loire ayant devant elle une énorme concentration de troupes, a discontinué son mouvement et reprend les fortes positions qu'elle occupait devant Orléans. Cette accumulation d'efforts contre l'armée de la Loire devra faciliter les mouvements de l'armée de Paris.

Dans l'Est, on signale un engagement heureux près Autun. Un détachement prussien a été surpris, le 3 au matin, à l'esme, près Auxonne ; il a laissé sur le terrain 4 tués, 2 blessés, 4 prisonniers. Le chef ennemi est blessé.

On commente fortement cette dépêche. On trouve qu'il faut que le Gouvernement de Tours soit bien à court de faits importants pour télégraphier un combat dont le résultat est insignifiant : 4 tués, 4 prisonniers. Les moins pessimistes commencent à être découragés.

— *Huit heures du soir*. — Le doute n'est plus possible, nous avons subi de nouveaux revers sur la Loire ; un de nos concitoyens, M. Auguste Lenoir, conducteur des ponts et chaussées, qui revient de Montereau, rapporte à Provins les dépêches ci-après qu'il a copiées sur le *Moniteur allemand* qui paraît à Reims, pour les provinces de Champagne et de Brie.

Dépêches Prussiennes.

Orléans, 4 Décembre.

Hier dans la matinée, vers Orléans jusqu'à Chevilly, il n'y a eu que petits combats ; nous avons pris environ 300 prisonniers, un général, 7 canons et une mitrailleuse.

Nos pertes sont considérables, surtout celles des troupes mecklembourgeoises.

Orléans, 5 Décembre.

Hier, à minuit, nous sommes entrés dans la ville après quelques combats heureux, les autres corps ne sont entrés qu'aujourd'hui. — Nous avons pris 18 canons et 4,000 prisonniers. Il y a eu de beaux combats de cavalerie.

Sous Paris, nous avons été attaqués vigoureusement le 30 novembre et le 2 décembre par des forces considérables ; les Français ont été repoussés et nous avons conservé nos positions.

Les journées du 3 et du 4 décembre se sont passées tranquillement. L'ennemi s'est retiré le 4 derrière la Marne ; Bry et Champigny sont évacués, et il n'est pas probable qu'on continuera l'offensive. — Nos pertes totales du 30 novembre sont de 76 officiers et 2,100 hommes

Versailles, 5 Décembre.

Un officier a été envoyé à Paris, il est chargé d'annoncer la prise d'Orléans, de 38 canons et de plusieurs milliers de prisonniers.

Le Roi de Prusse à sa Sœur la Grande-Duchesse, Mère du Prince Frédéric-Charles, à Schwerin.

Versailles, 5 Décembre, soir.

Ton fils a remporté dans trois jours, trois victoires : le 2 décembre, près de Bazoches, où il a pris 12 canons ; le 3 décembre, près de Chevilly, où il a pris

3 canons, et le 4, au nord et à l'ouest d'Orléans, où le général Trescow a pris d'assaut trois villages et pris 22 canons et 5,000 prisonniers.

Le 3 et le 4 décembre, l'armée du grand-duc et celle du prince Frédéric ont combattu en même temps, près et dans la forêt d'Orléans. — Le général Manstein a pris d'assaut hier soir le faubourg Saint-Jean ; dans la nuit il a occupé la ville.

Nos pertes ne sont pas trop grandes.

Hier nous avons eu devant Vincennes trois combats sanglants, où alternativement nous avons pris et perdu des villages, jusqu'à ce que l'ennemi fût retiré complètement, sans qu'il ait été attaqué.

Nous avons de grandes pertes, surtout le 2ᵉ corps et les Wurtembergeois qui se sont battus héroïquement.

Les Saxons ont eu moins de pertes.

A la Reine Augusta, à Berlin.

Versailles, 5 Décembre.

Orléans a été occupé cette nuit même, par conséquent sans assaut. Que Dieu en soit loué.

GUILLAUME.

---

9 Décembre. — Journée aussi triste que celle d'hier, pas de nouvelles du dehors ; vers six heures du soir, un ballon monté et dont la nacelle est éclairée par un feu de couleur verte, passe au-dessus de Provins, se dirigeant vers l'Est.

A sept heures, on reçoit à la Sous-Préfecture une circulaire de Gambetta, relative à l'évacuation d'Orléans ; l'Administration va la faire copier pour la transmettre aux habitants.

---

10 Décembre. — Dès le petit jour, beaucoup d'habitants entourent la circulaire de Tours, qui vient d'être collée :

6 Décembre 1870.

Intérieur à Préfets, Sous-Préfets, Généraux commandants de divisions et subdivisions.

Veuillez donner la plus grande publicité à la note suivante :

« Après les divers combats livrés dans les journées des 2 et 3 décembre, qui avaient causé beaucoup de mal à l'ennemi, mais qui en même temps avaient arrêté la marche de l'armée de la Loire, la situation générale de cette armée parut tout-à-coup inquiétante au général commandant en chef, d'Aurelles de Paladines.

Dans la nuit du 3 au 4 décembre, le général d'Aurelles, par la nécessité qui s'imposait, suivant lui, d'évacuer Orléans et d'opérer la retraite des divers corps de l'armée, passa sur la rive gauche de la Loire. Il lui restait cependant une armée de

200,000 hommes, pourvue de 200 bouches à feu, retranchée dans un camp fortifié de pièces de marine à longue portée. Il semblait que ces conditions exceptionnellement favorables dussent permettre une résistance qu'en tout cas les devoirs militaires les plus simples ordonnent de tenir.

Le général d'Aurelles n'en persiste pas moins dans son mouvement de retraite. Il était sur place, disait-il, il pouvait mieux que personne juger de la situation des choses.

Après une délibération prise en Conseil du Gouvernement, à l'unanimité, la Délégation fit passer le télégramme suivant au Commandant en chef de l'armée de la Loire :

> L'opinon du Gouvernement consulté était de vous voir tenir ferme à Orléans, vous servir des troupes de défense et de ne pas vous éloigner de Paris.
>
> Mais puisque vous affirmez que la retraite est nécessaire, que vous êtes mieux à même, sur les lieux, de juger la situation, que vos troupes ne tiendront pas, le Gouvernement vous laisse le soin d'exécuter les mouvements de retraite sur la nécessité desquels vous insistez et que vous présentez comme de nature à éviter à la Défense nationale un plus grand désastre que celui même de l'évacuation d'Orléans, en conséquence, je retire mes ordres de concentration active et forcée à Orléans et dans le périmètre de vos feux de défense.
>
> Donnez des ordres d'évacuation à tous les généraux en chef placés sous votre commandement.

Cette dépêche fut envoyée à onze heures; à midi, le général d'Aurelles écrivait à Tours :

« Je change mes dispositions, je dirige sur Orléans les 16° et 17° corps, j'appelle le 18° et le 20° corps, j'organise la défense; je suis à Orléans, à la place.

« *Signé :* Général D'AURELLES. »

Ce plan de concentration était justement celui ordonné depuis vingt-quatre heures par le Ministre de la guerre, M. Gambetta qui avait voulu se rendre lui-même à Orléans pour s'assurer de l'exécution des ordres. Il était parti de Tours à une heure et demie après midi, par un train spécial, mais il dut s'arrêter à quatre heures, en avant du village de la Chapelle, la voie étant occupée par un parti de uhlans prussiens qui l'avaient couverte de madriers et de pièces de bois pour entraver la marche des convois.

A Beaugency, où le Ministre était revenu pour prendre une voiture afin de se rendre à Toury, croyant que la résistance se continuait en avant d'Orléans, il ne fut plus possible d'avoir de nouvelles, M. Gambetta dut retourner à Blois, où le soir, à neuf heures, il reçut de Tours la dépêche suivante, que lui adressait M. de Freycinet :

« Je reçois deux télégrammes, l'un de l'Inspecteur d'Académie d'Orléans, m'annonçant que l'on a tiré sur votre train à la Chapelle; l'autre du général d'Aurelles, ainsi conçue : « J'avais espéré jusqu'au dernier moment pouvoir me dispenser d'évacuer Orléans. Tous mes efforts ont été impuissants, cette nuit la ville sera évacuée. »

En rentrant à Tours, à trois heures du matin, M. Gambetta trouva les dépêches suivantes :

Orléans, 5 Décembre.
Général Paladines à Guerre.

L'ennemi a proposé notre évacuation d'Orléans à 11 heures 30 du soir, sous peine de bombardement de la ville; comme nous devions la quitter cette nuit, j'ai accepté. Batteries de marine ont été encloués, poudres et matériels détruits.

Orléans. — Secrétaire général à Intérieur.

L'ennemi a occupé Orléans à minuit. On dit les Prussiens presque sans munitions, ils n'ont pas fait beaucoup de prisonniers. La retraite des Français s'est faite en bon ordre, le moral des troupes est excellent, nous espérons reprendre l'offensive.

Ces dépêches sont embrouillées, on n'y comprend pas grand'chose, si ce n'est que nous avons perdu encore une fois Orléans. Les bruits les plus contradictoires circulent au sujet d'ordres qui auraient été donnés à d'Aurelles de Paladines.

Parmi ces bruits, en voici un qui paraît absurde, mais qui a beaucoup de consistance, on l'a lu tantôt à Provins, dans un journal arrivé au café de la Comédie :

« Les princes d'Orléans seraient venus mettre leurs épées au service de la France. Le duc de Chartres fait partie d'une division de l'armée du Nord, et le prince de Joinville commanderait les marins qui sont avec l'armée de la Loire. Le ministre, M. Gambetta, voyant la marche de cette armée et ne doutant pas de sa prochaine jonction avec les troupes de Paris, craignant que le prince, une fois entré dans la capitale, ne profite de sa popularité parmi les troupes de marine pour tenter un coup d'Etat en faveur des d'Orléans, aurait donné l'ordre au Commandant en chef de l'armée de la Loire de se retirer en arrière. »

Cette nouvelle est certainement inventée à plaisir par un journaliste hostile au Gouvernement de la Défense nationale, et particulièrement à M. Gambetta, mais elle n'en trouve pas moins crédit chez beaucoup; c'est très regrettable. Il faut espérer que l'avenir vengera de cette calomnie un homme qui, en ce moment, ne désespère pas et se multiplie pour soutenir le patriotisme et le courage qui semblent s'éteindre même chez les cœurs les mieux trempés.

Dimanche 11 Décembre. — Le service de correspondance établi entre les compagnies de la garde nationale dans toutes les communes de l'arrondissement, donne de bons résultats : les faits signalés sont centralisés chaque soir à Provins, de cette façon on est très exactement renseigné sur les agissements de l'ennemi.

Les rapports d'hier annoncent que, dans la matinée, des reconnaissances ont été faites par des cavaliers dans tous les villages avoisinant la route d'Allemagne, qui traverse le nord des cantons de Nangis et de Villiers. Peu après, dans la journée, cette route a été suivie par des convois d'artillerie et d'ambulance remontant vers l'est ; on croit que l'ennemi est réellement en retraite.

— Vers midi, on placarde à Provins les dépêches suivantes :

Le Ministre de la Guerre aux Sous-Préfets.

Tours, 6 Décembre, 2 h. 15, soir.

Je suis informé que les bruits les plus alarmants se sont répandus sur la situation de l'armée de la Loire. — Démentez hardiment toutes ces mauvaises nouvelles, colportées par la malveillance, dans le but de provoquer le découragement et la démoralisation.

Vous serez strictement dans le vrai en affirmant que notre armée est, dans ce moment, dans d'excellentes positions, que son matériel est intact ou renforcé, qu'elle se dispose à reprendre la lutte contre l'ennemi.

On a reçu des nouvelles de Paris par le ballon le *Franklin*.

La victoire du 3 décembre a été très importante comme résultat. Nous avons combattu trois heures pour conserver nos positions et cinq heures pour enlever celles de l'ennemi sur lesquelles nous couchons.

Les forces prussiennes engagées étaient au moins de 100,000 hommes, pour la plupart Saxons et Wurtembergeois. Les pertes de l'ennemi ont été tellement considérables, que pour la première fois de la campagne, il a laissé passer une rivière en sa présence, en plein jour, à une armée qu'il avait attaquée la veille avec tant de violence.

La matinée du 4 a été calme. Grand effet moral produit à Paris.

GAMBETTA.

— Messieurs les Allemands, de leur côté, jugent utile de nous renseigner. Voici un extrait du *Moniteur prussien* qu'ils font imprimer à Reims et qu'ils envoient de temps à autre à Provins et dans toutes les villes de la région occupée :

PRÉFECTURE DE SEINE-ET-MARNE.

Les suivantes dépêches télégraphiques reçues dernièrement du théâtre de la guerre sont publiées pour éclairer et mettre au courant des événements les habitants :

Versailles, 2 Décembre, soir.

Deux sorties de l'armée Ducrot avec des forces considérables repoussées victorieusement le 30 novembre et le 2 décembre. Nos troupes restent dans toutes leurs positions antérieures.

Arthenay, 4 Décembre, soir.

Après la bataille de deux jours près d'Orléans, le faubourg Ruelle et la gare pris d'assaut par l'armée prussienne. Jusqu'à présent, 30 canons et plusieurs milliers de prisonniers dans nos mains.

Rouen, 6 Décembre, matin.

Rouen occupé par les troupes prussiennes après combats des 4 et 5 décembre. Huit canons de marine ont été abandonnés à la retraite des Français.

Pour copie conforme :
Le Préfet de Seine-et-Marne,
DE FUERTEINSTEIN.

On voit d'après ces dépêches et celles françaises que, d'un côté comme de l'autre, on s'attribue la victoire. Les Allemands disent nous avoir pris des canons à Orléans et à Rouen, — les Français disent avoir opéré leur retraite en bon ordre en emmenant tout leur matériel.

De quel côté est la vérité ?

— L'*Officiel* de Tours, du 5 décembre, est arrivé aujourd'hui à Provins, il contient les deux proclamations suivantes; ce sont des documents historiques, ils ont été affichés dans Paris le 28 novembre :

PROCLAMATION

DU GÉNÉRAL TROCHU.

« Citoyens de Paris, Soldats de la garde nationale et de
« l'armée,

« La politique d'envahissement et de conquête entend achever
« son œuvre. Elle introduit en Europe et prétend fonder en
« France le droit de la force. L'Europe peut subir cet outrage
« en silence, mais la France veut combattre, et nos frères nous
« appellent au dehors pour la lutte suprême.

« Après tant de sang versé, le sang va couler de nouveau,
« que la responsabilité en retombe sur ceux dont la détestable
« ambition foule aux pieds les lois de la civilisation moderne et
« de la justice. Mettons notre confiance en Dieu, marchons en
« avant, pour la Patrie.

« Général TROCHU. »

PROCLAMATION
DU GÉNÉRAL DUCROT.

« Soldats de la 2ᵉ Armée de Paris,
« Le moment est venu de rompre le cercle de fer qui nous
« enserre depuis longtemps et menace de nous étouffer dans une
« lente et douloureuse agonie ! A vous est dévolu l'honneur de
« tenter cette grande entreprise : vous vous en montrerez dignes,
« j'en ai la certitude.

« Sans doute, nos débuts seront difficiles, nous aurons à sur-
« monter de sérieux obstacles, il faut les envisager avec calme
« et résolution, sans exagération, comme sans faiblesse.

« La vérité, la voici : Dès nos premiers pas, touchant nos
« avant-postes, nous trouverons d'implacables ennemis, rendus
« audacieux et confiants par de trop nombreux succès ; il y aura
« donc là à faire un vigoureux effort, mais il n'est pas au-dessus
« de vos forces. Pour préparer votre action, la prévoyance de
« celui qui nous commande en chef a accumulé plus de 400
« bouches à feu, dont deux tiers au moins du plus gros calibre,
« aucun matériel ne saurait y résister, et pour vous élancer dans
« cette trouée vous serez plus de 150,000 hommes, tous bien
« armés, bien équipés, abondamment pourvus de munitions et,
« j'en ai l'espoir, tous animés d'une ardeur irrésistible.

« Vainqueurs dans cette première période de la lutte, votre
« succès est assuré, car l'ennemi a envoyé sur les bords de la
« Loire ses plus nombreux et ses meilleurs soldats ; les efforts
« héroïques et heureux de nos frères les y retiennent.

« Courage donc et confiance. Songez que, dans cette lutte
« suprême, nous combattrons pour notre honneur, pour notre
« liberté, pour le salut de notre chère et malheureuse Patrie, et
« si ce mobile n'est pas suffisant pour enflammer vos cœurs,
« pensez à vos champs dévastés, à vos familles ruinées, à vos
« sœurs, à vos femmes désolées.

« Puisse cette pensée vous faire partager la soif de ven-
« geance, la sourde rage qui m'animent et vous inspirer le
« mépris du danger.

« Pour moi, j'y suis bien résolu, j'en fais le serment devant
« vous, devant la Nation tout entière, *je ne rentrerai dans*
« *Paris que mort ou victorieux ;* vous pourrez me voir tomber,
« mais vous ne me verrez pas reculer. Alors ne vous arrêtez
« pas, mais vengez-moi.

« Paris, 28 Novembre 1870.

Le Général en chef de la 2ᵉ Armée de Paris,
DUCROT.

12 *Décembre*. — Soixante Prussiens sont venus hier à Nogent-sur-Seine mettre les scellés sur les portes de la Sous-Préfecture et de la Poste aux lettres ; ces soldats venaient de Troyes, ils se servent du chemin de fer.

— Montereau, Moret, Nemours, Château-Landon sont toujours occupées. Cette dernière commune a dû payer une contribution de guerre de 20,000 fr., parce que sept soldats prussiens venus en patrouille ont été attaqués et faits prisonniers par des gardes nationaux.

— Une lettre d'un garde mobile de Provins, Victor Cothenet, sergent-fourrier, apportée par ballon, a été remise aujourd'hui à sa famille ; elle donne quelques détails sur la sortie de Paris, des 30 novembre et 2 décembre : c'est à Champigny et à Petit-Bry qu'on s'est rencontré avec l'ennemi. Le bataillon de Provins, commandé par M. de Courcy, a reçu là le baptême du feu et s'y est bien conduit ; l'armée a bivouaqué la nuit du 3 dans le bois de Vincennes, elle a repassé la Marne dans la journée.

Tous les *moblots* de notre arrondissement ainsi que ceux de deux cantons de l'arrondissement de Coulommiers (les cantons de la Ferté-Gaucher et Rebais), forment le 4e bataillon du 38e régiment provisoire d'infanterie, qui fait partie de la division commandée par le général de Bellemarre au 3e corps de l'armée de Paris.

Le bataillon a été assez éprouvé dans ses débuts : Cognot, de Saint-Loup, de la 6e compagnie (Provins), a été blessé d'un éclat d'obus ; Guyot et Giraudot, de la 2e compagnie (Rebais), sont blessés ; dans la 3e compagnie (Bray-sur-Seine), le sous-lieutenant Combe, le sergent-major Boudier, le clairon Delort et les gardes Coutrot et Gradelet, sont blessés ; dans la 4e compagnie (Donnemarie), Fassier, Legras, Angenost, Moreau et Blanchard sont blessés, Prieur a été tué d'un éclat d'obus ; dans la 7e compagnie (Villiers-S.-Georges), Courtois, Petiot et Ramier sont disparus ; dans la 8e compagnie (Léchelle), Albert Trevé (du Houssay), le sergent-fourrier Jérôme et Duhayer sont disparus.

---

13 *Décembre*. — Ce matin, un détachement de 18 cavaliers wurtembergeois est venu de Coulommiers par Saint-Mars, en reconnaissance jusqu'à Sancy et Montceaux-les-Provins, où l'officier remit au Maire une lettre à porter *tout de suite* à son collègue de Bouchy-le-Repos.

Dans le village de Montceaux, le détachement se divisa, une partie des cavaliers se dirigea sur Saint-Martin-du-Boschet, l'autre partie passa à Pierrelez, demandant la route de Vieux-Maisons.

— Une colonne de troupes prussiennes allant de Vaudoy à Sézanne, est passée tantôt à Montceaux-les-Provins.

— La ville de Coulommiers a reçu du préfet prussien l'avis de verser 51,000 francs pour trois mois de contributions échus le 10 décembre. Cette somme ne se confond pas avec la part contributive de l'arrondissement dans l'impôt de guerre de UN MILLION, frappé sur le département de Seine-et-Marne.

— Le département de l'Aube vient d'être frappé aussi d'un impôt de un million, comme tous les autres départements occupés.

— On reçoit à Provins une dépêche datée de Tours, 8 décembre :

« Hier, les troupes commandées par le général Chanzy ont été attaquées sur la ligne de Meung à Saint-Laurent-des-Bois. Contre nous étaient engagées deux divisions bavaroises et une division prussienne avec 2,000 chevaux et 86 pièces de canons et des forces considérables en réserve, sous les ordres du prince Frédéric-Charles. L'ennemi a été repoussé au-delà du Grand-Châtre. Nos troupes ont couché sur leurs positions du matin. Les prisonniers avouent des pertes considérables chez l'ennemi. Le général de division bavarois Stephen a reçu deux blessures. »

---

14 Décembre. — Un numéro du *Journal officiel* de Paris, du 6 décembre, rapporté de Tours par une personne de Provins, publie les curieux entrefilets ci-après, qui nous apprennent, à nous habitants de la province, comment les Parisiens savent ce qui se passe au dehors :

« Le Gouvernement de la Défense porte à la connaissance de la population de Paris les faits suivants :

Hier au soir, le Gouverneur a reçu une lettre dont voici le texte :

Versailles, 5 *Décembre* 1870.

A M. LE GÉNÉRAL TROCHU.

Il pourrait être utile d'informer Votre Excellence que l'armée de la Loire a été défaite hier, près d'Orléans, et que cette ville est réoccupée par les troupes allemandes.

Si toutefois Votre Excellence jugeait à propos de s'en convaincre par un de ses officiers, je ne manquerai pas de le munir d'un sauf-conduit pour aller et venir.

Agréez, mon général, l'expression de la haute considération avec laquelle j'ai l'honneur d'être votre très humble et obéissant serviteur.

Le Chef d'Etat-Major,

Comte DE MOLTKE.

Le général Trochu, au nom du Gouvernement, a répondu :

Paris, 6 *Décembre* 1870.

A M. LE COMTE DE MOLTKE.

Votre Excellence a pensé qu'il pourrait être utile de m'informer que l'armée de la Loire a été défaite près d'Orléans, et que cette ville est réoccupée par les troupes allemandes.

J'ai l'honneur de vous accuser réception de cette communication que je ne crois pas devoir faire vérifier par les moyens que Votre Excellence m'indique.

Agréez, mon général, l'expression de la haute considération avec laquelle j'ai l'honneur d'être votre très humble et très obéissant serviteur.

Le Gouverneur de Paris,

Général TROCHU.

« Cette nouvelle qui nous vient de l'ennemi, en la supposant exacte, ne nous ôte pas le droit de compter sur le grand mouvement de la France accourant à notre secours. Elle ne change rien à nos résolutions ni à nos devoirs. Un seul mot les résume : COMBATTRE.

« Vive la France !... Vive la République !...

(Suivent les signatures des Membres du Gouvernement.)

— En même temps que le numéro de l'*Officiel*, on a reçu le décret suivant qui fait savoir que le siége du Gouvernement va être transféré dans le Midi.

Nous, Président de la Délégation, garde des sceaux, ministre de la Justice,
Vu le rapport à moi fait par notre collègue le ministre de la guerre et de l'avis unanime de la Délégation,
En vertu des pouvoirs que nous confère l'article 3 du décret du 12 septembre 1870, ainsi conçu :
« M. Crémieux, membre du Gouvernement de la Défense nationale, établira
« son siège à Tours, et pourra le transporter partout où l'exigeront les
« nécessités de la défense. »

Décrétons :
Le siège du Gouvernement de la Défense nationale délégué à Tours, est transféré à Bordeaux.
Fait à Tours, le 8 décembre 1870.

Signé : CRÉMIEUX.

— A huit heures du soir, les rares passants qui circulent encore dans les rues de Provins, sont vivement intrigués par les allées et venues des francs-tireurs de la ville qui, équipés et armés, accompagnent des voitures se dirigeant du côté de la place du Marché. On apprend que M. Breton, procureur de la République, va faire conduire sur le département de l'Yonne, pour de là les envoyer dans le centre de la France, une trentaine de soldats et convoyeurs prussiens qui sont détenus prisonniers ici. Le départ s'effectue à neuf heures.

15 *Décembre*. — La nuit dernière, après le départ des prisonniers emmenés dans l'Yonne par les francs-tireurs, on a fait sortir de l'ambulance, pour être reconduits à Coulommiers, six soldats allemands qui vont être échangés, suivant la promesse faite par le commandant de la garnison wurtembergeoise de cette ville à M. le Curé de Bouchy-le-Repos, contre les femmes et les enfants de cette commune, emmenés en otages le 5 décembre.

Malgré les pleurs et les protestations des six Prussiens qui ne tenaient pas du tout à être rendus aux leurs, on les a fait monter en voiture à minuit et on les a expédiés très secrètement.

En apprenant ce départ, ce matin, beaucoup d'habitants sont mécontents, on blâme vivement l'acte de M. le Procureur de la République ; bien qu'on nous affirme que les prisonniers de Frétoy sont toujours détenus ici, dans un endroit qu'on ne désigne pas, mais qu'on croit être les caveaux de l'Hôtel-Dieu, on redoute les interrogatoires que vont subir les prisonniers rendus de la part de leurs chefs, on craint que les affaires de Sourdun, de Bois-Bourdin et surtout celle de Frétoy, ne soient dévoilées, car alors il est certain que nous aurions à subir des représailles.

— On apprend que M. Bertin, adjoint au Maire de Bouchy, emmené prisonnier le 5 décembre, est rentré chez lui hier ; sans la proposition d'échange faite par le Curé, il dit qu'il aurait pu obtenir la liberté des femmes et des enfants et les ramener avec lui. C'était bien la peine que le Curé se mêlât de l'affaire.

— A midi, la Mairie fait afficher la note suivante :

Un Maire de l'Yonne a apporté à Traînel la dépêche suivante, prise sur le journal d'Auxerre :

« Armée de la Loire, grand avantage, ennemi battu sur trois points différents, avons pris 85 canons. L'ennemi envoie 40,000 hommes sur Provins pour protéger sa retraite.

« Gouvernement parti à Bordeaux afin de permettre à 100.000 hommes, qui étaient à Tours, d'aller au secours de l'armée de la Loire.

« Avant-hier, le colonel prussien qui était à Sens, a reçu ordre, à midi, de partir de suite à Nemours. »

L'invraisemblance de tout ce que contient cette dépêche nous fait croire qu'elle émane de quelques officiers prussiens qui veulent encore s'amuser aux dépens de la crédulité de nos populations.

— Nous recevons aujourd'hui des nouvelles de nos concitoyens de Seine-et-Marne. Par suite de la difficulté des communications, elles sont aussi rares que si une distance de 1,500 lieues nous séparait.

Le chef prussien est toujours à Melun, gardé par une garnison de 600 hommes. Un factionnaire ayant été blessé par un habitant, la ville de Melun a été frappée d'une contribution de 2,000 fr. Elle a eu à payer en outre 6,000 fr. en raison de ce que la population aurait voulu faciliter l'évasion de prisonniers français, lors de leur passage, il y a une huitaine de jours.

Le receveur particulier de Fontainebleau a reçu, à sept heures du matin, étant au lit, la visite d'un détachement prussien ; mais heureusement la caisse ne contenait plus qu'une trentaine de francs. — Les scellés ont été apposés sur les archives de l'inspection de la forêt. Les portes de la sous-préfecture ont été enfoncées, et l'hôtel visité depuis les caves jusqu'aux combles. M. le sous-préfet était absent.

L'autorité a été prévenue que toute affiche prussienne détruite donnerait lieu à une contribution de 500 fr.

Environ 2,000 prisonniers, parmi lesquels se trouvaient une soixantaine de gendarmes, sont passés à Fontainebleau les 8 et 9 courant. Plusieurs se sont évadés, mais dans le désordre qui en est résulté, un habitant de la ville a été tué par une balle prussienne.

L'arrondissement de Fontainebleau est cruellement éprouvé.

— Les communes de l'arrondissement de Melun ont reçu quelques numéros du *Moniteur officiel* prussien, avec l'ordre d'envoyer 6 fr. pour l'abonnement, sous peine d'être frappées d'une amende de 20 francs.

Pareille injonction a été faite à Provins.

Avec le procédé allemand, il n'est pas difficile de se procurer des abonnés.

— Le service de correspondance de la garde nationale informe que l'ennemi a paru hier dans les environs de Bray.

Dès le matin, au jour, 18 cavaliers du 3ᵉ régiment de dragons du Rhin sont venus prévenir le Maire de La Tombe que sa commune était frappée d'une réquisition de 50 sacs d'avoine *bien nettoyée*, de 500 bottes de fourrage et 300 bottes de paille.

L'ordre notifié par écrit portait que ces produits devaient être déposés le 14 décembre, à midi, à Montereau, sous peine *d'une amende en argent et d'une réquisition personnelle*.

Vers neuf heures, un autre détachement de cavaliers a fait irruption dans les villages de La Tombe et de Gravon.

Dans la première commune, ils demandèrent si un détachement était déjà passé ; on leur répondit que le matin on avait reçu la visite des soldats du 3ᵉ dragons du Rhin. Après ce renseignement, ils se mirent à explorer le village, entrant dans les maisons, se faisant donner à manger et à boire, et paraissant attendre d'autres pillards comme eux.

En effet, une nouvelle colonne, composée cette fois de cavaliers et de fantassins, arrivait presque aussitôt par la route de Gravon, elle poussait devant elle dix vaches prises dans cette commune. Les officiers réclamèrent au Maire qu'on leur livrât de suite 20 vaches et 150 moutons ; après bien des pourparlers et des réclamations, on obtint que le nombre des vaches fût réduit à 12 qui furent amenées.

Les soldats trouvant que les moutons n'arrivaient pas assez vite pénétraient eux-mêmes dans les bergeries où ils en prirent environ 215. Pendant ce temps-là, les trois officiers, qui avaient apporté des vivres, déjeunaient à la Mairie, tout en causant avec le Maire et les habitants qui se trouvaient là. D'après leur dire, la paix est prochaine ; le général Trochu se serait rendu à Versailles pour traiter. Ils ont parlé en termes très nobles des généraux Mac-Mahon, Bazaine et Trochu ; ils disent que d'Aurelles de Paladines est un chef habile et prudent, et que l'évacuation d'Orléans avait été commandée par la supériorité du nombre des troupes prussiennes mises en ligne contre l'armée de la Loire.

A dix heures et demie, ces réquisitionnaires quittèrent La Tombe pour retourner à Montereau. Un habitant du pays ayant voulu empêcher les vaches qui stationnaient sur la place de pénétrer dans son jardin, a été blessé à la cuisse d'un coup de baïonnette que lui lança un soldat.

Ce matin, le Maire de Montigny-Lencoup reçut la visite de trois cavaliers allemands qui lui intimèrent l'ordre de les suivre et le conduisirent lieu dit le Rond-Point, devant le commandant d'une colonne ennemie qui faisait halte en cet endroit.

Après avoir demandé au Maire s'il y avait des francs-tireurs dans les environs et s'il pouvait s'y croire en sûreté, le commandant annonça que Nangis et Courcelles allaient être occupés par les troupes prussiennes ; puis, renseigné sans doute sur ce qu'il désirait savoir, il renvoya le Maire de Montigny, puis la colonne, composée de cavalerie et d'infanterie, prit la direction de Courcelles. Dans ce bourg, le commandant fit faire de minutieuses perquisitions dans toutes les maisons, il se dirigea ensuite avec sa troupe vers les bois de Marolles qu'il fit soigneusement explorer et où il fit brûler les cabanes des bûcherons.

On voit que les francs-tireurs sont très redoutés de l'ennemi qui de tous côtés les pourchasse sans trêve, heureusement que connaissant les parages et trouvant un refuge chez les paysans qui les cachent, ces courageux partisans lui échappent presque toujours.

16 Décembre. — Dans les circonstances critiques créées par la guerre, le Conseil municipal de Provins, afin de venir au secours de la classe ouvrière, s'est préoccupé, dès les premiers jours de l'Invasion, de rechercher les travaux utiles qu'on pouvait faire faire. En première ligne, on a décidé la reconstruction de la Maison d'Ecole ; mais ces travaux entraînant à une dépense assez notable à laquelle les finances de la ville ne permettaient pas de pourvoir, il y avait nécessité de recourir à un emprunt.

Le Conseil a décidé alors qu'il serait fait appel à la population Provinoise et que les personnes en mesure d'y répondre seraient invitées à souscrire à la Mairie ; il fut décidé en outre que les personnes qui, par patriotisme ou dévouement aux intérêts de la cité, souscriraient, paieraient le montant de leur souscription quand elles le pourraient, même par à-compte, dans le délai de six mois, et seraient remboursées de la somme par elles versée pour l'exécution des travaux dans le délai de 5 ans, sans intérêts.

Comme ce n'est jamais en vain qu'on intercède pour les malheureux dans notre population, dès le lendemain de la décision du Conseil on enregistrait les noms des premiers souscripteurs :

MM. Amy, président du Tribunal civil, 1,000 fr. ; Victor Arnoul, 2,000 fr. ; Bourgeat, 500 fr. ; Bourquelot, 500 fr. ; Curé, président honoraire du Tribunal civil, 500 fr. ; Madame Garanger de la Roche, 500 fr. ; Le Bailly, maire, 1,000 fr. ; Lefrançois, avoué, 500 fr. ; Madame veuve Michaud, 2,000 fr. ; Louis Michaud, 500 fr. ; Molleveaux, 1,000 fr. ; Ozeré, géomètre, 250 fr. ; Raphaël, médecin, 1,000 fr. ; le colonel de Salvert, 500 fr.

Vinrent ensuite :

MM. Vuaroqueau, banquier, 250 fr. ; Victor Garnier, 1,000 fr. ; Guerreau, négociant, 200 fr. ; Lombard, de Septveilles, 500 fr. (en fournitures de son état); Gennerat, meunier, 500 fr. ; Léthier, ingénieur, 200 fr. ; Jomier, notaire, 500 fr. ; Garnot, propriétaire, 500 fr. ; Cattet, propriétaire, 500 fr. ; Beaugrand, propriétaire, 500 fr. ; Curé, président honoraire (2e souscription), 500 fr. ; Verrier, vétérinaire, 200 fr. ; J. Lange, menuisier (en travaux), 300 fr. ; Paillet, négociant, 500 fr. ; Fanielle, propriétaire, 300 fr. ; César Lettéron, 500 fr. ; Aug. Arnoul, 250 fr. ; Moricet, 500 fr. ; Jolain fils, de Poigny, 500 fr. (en fournitures de son état) ; Breton, procureur de la République, 1,000 fr. ; Charbaut, architecte de la ville, 1,000 fr. (sur ses honoraires) ; Hippolyte Bellanger, 250 fr. ; Edmond Modin, 500 fr. ; Chauvin, notaire, 500 fr. ; Caquet-Brébant (en travaux), 1,000 fr. ; Poilane, charpentier (en travaux), 350 fr. ; de Neuilly d'Eberstein, 200 fr. ; Crétien, peintre (moitié des travaux qu'il pourra faire), 250 fr. ; Godot, propriétaire, 200 fr. ; Lucien Gallot, 1,000 fr. ; X... (en travaux), 400 fr. ; Masure, commissaire-priseur, 500 fr. ; Victor Feugé, 200 fr. ; Amédée Feugé, 200 fr. ; Lesage-Nisolle, 250 fr. ; Michel aîné, 50 fr. ; Bertrand-Veluard, 500 fr. ; Danès, 500 fr.

Grâce à l'empressement que nos concitoyens cités ci-dessus ont mis à répondre à l'appel de l'Administration, les travaux de démolition et de reconstruction de la Maison d'École sont en cours et bon nombre d'ouvriers trouvent là une occupation qui assure le pain quotidien à leur famille.

— Sur la réquisition du commandant de place de Coulommiers, 14 habitants de Rozoy et de Voinsles, avec 8 voitures attelées, sont partis pour servir au transport du matériel et des approvisionnements des troupes allemandes sous Paris. Depuis un mois, beaucoup de communes des cantons de Provins, de Donnemarie et de Bray, ont dû fournir des réquisitions de ce genre.

Il est presque impossible de se rendre compte des pertes subies par les malheureux habitants emmenés en réquisition ; outre les mauvais traitements et les privations qu'ils endurent, les trois quarts du temps ils abandonnent chevaux et voitures pour se sauver.

« A ceux dont le champ n'a pas été sillonné par les canons, à ceux qui n'ont jamais entendu leur porte gémir, ébranlée par les coups de crosse, qui n'ont pas dû livrer sous une menace sauvage, leurs maisons, leurs vaches, leur pain ; à ceux qui n'ont jamais été requis par une loi cruelle de prêter leurs bras à l'ennemi, de traîner sa poudre et sa mitraille sur nos routes ; à ceux qui, pour tout dire, n'ont pas vu et subi l'invasion, il est difficile de faire, de tant de souffrances, un tableau qui ne leur paraisse empreint d'exagération, et cependant la réalité, la voici : On vous prend tout, jusqu'au morceau de pain qu'on remplace avec une apparence de légalité par un récépissé dérisoire, quant à votre maison, elle abritera l'ennemi, votre cheval et votre charrette le porteront, lui et les armes qui doivent tuer vos enfants. Vous ! vous conduirez le convoi, à pied, sous le soleil ou dans la boue, marchant nuit et jour, pendant des semaines ; puis, s'il vous reste un souffle de vie, vous travaillerez à la redoute d'où le canon Krupp fauchera dans les rangs français (1). »

Vers quatre heures du soir, la ville est en émoi, on apprend que 1,500 Prussiens avec de l'artillerie sont à Courchamp, et qu'ils paraissent avoir pour objectif Provins. A sept heures, on sait que cette troupe qui vient de Coulommiers, s'est divisée en trois colonnes dont deux vont bivouaquer à Chenoise et à Saint-Hilliers.

Le procureur de la République de Coulommiers et le curé de Chenoise traversent la ville et confirment la nouvelle, en informant que c'est la garnison de Coulommiers qui s'avance. Plus tard encore, dans la soirée, un garde-forestier de Chenoise, un alsacien nommé Klopp, accourt précipitamment prévenir M. Breton, procureur de la République, qu'il vient d'entendre

---

(1) Delmas : *Entre Freschwiller et Paris.*

causer le commandant prussien : il a connaissance de l'affaire de Frétoy, et se propose de l'arrêter. M. Breton quitte immédiatement son domicile et va se réfugier aux Grands-Pleux, dans la forêt de Sourdun.

Samedi 17 *Décembre*. — Dès le jour, la ville revêt un caractère d'agitation, partout les habitants s'abordent avec un visage effaré, des groupes nombreux se forment sur la place de l'Hôtel-de-Ville, chez tout le monde l'inquiétude est extrême, on n'entend que ces mots : Savez-vous des nouvelles sur l'approche des Prussiens signalés hier ?...

Quelques habitants se hasardent à aller aux renseignements *de visu*, ils rentrent bientôt annonçant qu'ils viennent d'apercevoir du côté de l'Hôpital-Général et de la porte de Courloison, des cavaliers, détachés en éclaireurs, qui prenaient leurs dispositions pour cerner la ville et garder les issues.

A la première nouvelle de l'approche des Prussiens, le Maire et les Conseillers municipaux s'étaient empressés de se rendre à leur poste comme ils avaient coutume de le faire à la moindre alerte, depuis le commencement de la guerre. Ils étaient résignés et prêts à remplir la pénible corvée de satisfaire, dans la mesure du possible, aux réquisitions de l'ennemi. Cette tâche devenait de jour en jour plus difficile pour les mandataires de la cité, qui, en butte aux critiques et aux récriminations de certains cerveaux exaltés, ne puisaient leur courage que dans la conviction où ils étaient d'accomplir un devoir. Pénétrés de leur responsabilité, ils s'efforçaient au prix de leur popularité compromise, de sauvegarder les intérêts qu'ils avaient reçu mission de défendre (1).

A dix heures et demie, la colonne allemande annoncée fait irruption à Provins par trois points différents à la fois, les portes de Paris, de Courloison et le chemin de l'Hôpital ; ce sont des Wurtembergeois, ils portent de grandes capotes grises et tout le monde reconnaît de suite l'officier supérieur qui les conduit : c'est le colonel Seuber, le même qui commandait la colonne passée le 19 novembre.

Au moment où le bataillon ennemi franchissait l'entrée de la ville, à la Porte de Paris, un de nos plus honorables concitoyens, M. Jules Michelin, ancien magistrat, se trouvait près de la grille de son habitation quand il fut interpellé brusquement par l'officier

---

(1) Ces renseignements ainsi que la plupart des détails du récit de cette journée sont empruntés au petit ouvrage de M. E. Bourquelot, *Un Episode de l'Invasion*. On sait que l'auteur fut un des otages emmenés par l'ennemi, le 17 décembre ; il est donc à même, plus que tout autre, d'être exactement renseigné.

commandant et sommé de servir de guide à la colonne pour la conduire à l'Hôtel-Dieu et à l'Ambulance. M. Michelin parlementa, essayant de se soustraire à cette corvée, mais l'officier wurtembergeois s'emporta ; il fit placer notre concitoyen entre un double rang de baïonnettes et se tint près de lui, ne cessant de jurer et d'invectiver les Provinois, se montrant surtout très irrité contre les francs-tireurs qu'il parlait de faire fusiller tous.

La colonne fit halte un instant près du Pont-aux-Poissons, pour envoyer un détachement à l'Hôtel-Dieu ; M. Michelin profita de ce moment pour se jeter dans la foule des curieux sans être aperçu, et put ainsi s'échapper.

En défilant devant l'Hôtel-de-Ville, où se trouvaient réunis sur le perron les membres du Conseil municipal et un certain nombre d'habitants, on s'aperçut bien vite des dispositions hostiles des chefs et soldats. Leur attitude était arrogante et menaçante, plusieurs montrèrent le poing, d'autres s'écrièrent en français et très distinctement :

— Vous ne rirez pas tout à l'heure !...

Bientôt l'artillerie allait prendre position sur les hauteurs de Saint-Sylas, quatre pièces de canon furent braquées sur la ville, l'infanterie formait les faisceaux sur la place Saint-Ayoul, la cavalerie fit des patrouilles dans toutes les rues et des factionnaires, le pistolet au poing, furent placés à toutes les issues. A partir de ce moment, impossible de sortir de la ville, inconvénient assez sérieux un samedi. On avait d'abord remarqué la tactique de ces soldats policiers qui choisissaient les jours de marché pour leurs expéditions. C'était un moyen d'intimider en même temps les populations des villes et celles des campagnes.

Ces préparatifs terminés, le colonel Seuber s'installa à l'hôtel de la *Boule-d'Or* et manda immédiatement auprès de lui les Autorités municipales. Le maire, M. Le Bailly, et les adjoints, MM. Lebeau et Bourquelot, s'y rendirent et apprirent enfin de quoi il était question.

Plusieurs faits d'une certaine gravité avaient été commis dans les environs de Provins, au préjudice des armées allemandes, et le colonel venait exiger une réparation ; il commença par réclamer les prisonniers amenés par les francs-tireurs de la Marne. Ces prisonniers, la plupart malades ou blessés, se trouvaient en ce moment à l'ambulance établie dans l'ancien hôtel de l'*Ecu*, à la porte de Changis, où ils étaient traités avec la plus grande humanité ; il n'en restait plus que quinze, six avaient été échangés quelques jours auparavant contre les femmes et les enfants des francs-tireurs de Bouchy. Le colonel se transporte à l'ambulance en compagnie de M. le maire. Là, après avoir interpellé brutalement les Religieuses et M. Caillard, le médecin qui soignait avec tant de dévouement les blessés allemands, il ordonne que ces soldats sortiront immédiatement et il requiert des voitures pour les faire conduire à Coulommiers.

A l'Hôtel-Dieu, où il s'est également fait conduire, le colonel Seuber découvre, malheureusement pour nous, deux Prussiens, dont l'un, blessé à la ferme de Bois-Bourdin, fit des révélations sur cette déplorable affaire que l'ennemi avait jusqu'alors ignorée. Le colonel fit sortir ces hommes et les envoya rejoindre ceux de l'ambulance pour être reconduits avec eux.

De l'Hôtel-Dieu, le chef wurtembergeois se rendit à la prison où il ordonna la mise en liberté immédiate du sieur Moreau, cultivateur au Plessis-aux-Tournelles, détenu pour avoir fait conduire une voiture de blé chez M. Abel Leblanc, à Coulommiers, et destinée à l'approvisionnement de l'ennemi.

Le commandant écouta le récit que lui fit le fermier des circonstances dans lesquelles il avait été arrêté, le 2 décembre, et lui enjoignit de le suivre. En se retirant, il ajouta : « Singulière façon qu'on a en ce pays de rendre la justice ; nous aviserons à changer cela !... »

Le fermier, après être resté quelque temps sur la place Saint-Ayoul au milieu des officiers wurtembergeois, a été reconduit au Plessis dans une voiture escortée par des soldats.

A son retour à la Mairie, le colonel se fit représenter trois habitants, MM. Martinon, Bellemère et Chéret qui, lors du premier passage de la colonne, le 19 novembre, avaient été arrêtés par son ordre et, après une nuit passée au poste, relâchés sous la condition expresse de ne pas quitter Provins. La ville était passible d'une amende de 5,000 francs par chaque contrevenant à cette injonction.

Satisfait sur ce point, il le fut beaucoup moins quand après, avoir réclamé la comparution du Procureur de la République, on lui répondit que ce magistrat était absent.

Le colonel ne s'en rapporta pas à cette déclaration, il envoya tout de suite un détachement au domicile du procureur pour l'arrêter, dans le cas où il serait découvert. Les soldats ne tardèrent pas à revenir annoncer l'insuccès de leurs recherches ; M. Breton, averti hier soir, n'avait pas attendu la visite des Wurtembergeois.

On vit, au désappointement et à la colère du commandant Seuber, combien il attachait d'importance à cette capture qui, heureusement, lui échappait.

Ces premières investigations terminées, le colonel, songeant que ses soldats étaient à jeun, fit à la Municipalité une réquisition de pain, de vin et de viande *cuite* pour 1,500 hommes ; sur l'observation qu'il était difficile à cette heure de trouver de la viande cuite en quantité suffisante :

PROVINS PENDANT L'INVASION

17 DÉCEMBRE 1870

J'exige une contribution de guerre de 20,000 francs qui devra être payée sous deux heures, ou je vous emmène tous prisonniers, s'écria furieux le colonel Seuber, en s'adressant au Maire, M. Le Bailly.

— Eh bien ! donnez du fromage ; cela coûtera moins cher à la ville, ajouta-t-il avec un sourire narquois.

Diverses questions insidieuses furent encore posées au Maire. M. Le Bailly y répondit en fournissant des explications de nature à sauvegarder les intérêts de ses administrés, puis le Colonel sortit en donnant rendez-vous pour deux heures à l'Administration et aux Conseillers municipaux.

Vers une heure après midi, le colonel Seuber fit publier par l'Administration un avis enjoignant aux habitants qui étaient encore détenteurs d'armes de les déposer immédiatement à la Mairie. Chaque arme trouvée une heure après la publication rendait le délinquant passible d'une amende de 100 fr. Le projet de rédaction soumis à la signature du chef allemand portait, conformément aux précédentes formules de l'autorité prussienne, menace de mort pour les récalcitrants.

— Rayez ce mot dérisoire, puisqu'on *n'exécute* jamais personne, observe-t-il ; remplacez la *mort* par l'*amende*, ce sera beaucoup plus pratique.

En exécution de cet avis, des perquisitions minutieuses eurent lieu dans tous les quartiers de la ville et un grand nombre de maisons furent fouillées de la cave au grenier. En faisant leurs recherches, la plupart des soldats, surexcités par la boisson, ne cherchaient qu'un prétexte pour se porter à des violences contre les habitants terrifiés. Ces perquisitions donnèrent lieu à d'odieuses vexations et à plusieurs soustractions d'argent et d'objets mobiliers. Quelques-uns de ces soudards Wurtembergeois, que leurs instincts de pillards n'abandonnaient jamais et qui, comme les Bavarois, avaient un faible prononcé pour les horloges, dérobèrent une montre en or chez M. Poulain, marchand de nouveautés, et une montre en argent chez M. Garnier père, mécanicien ; chez Mme Dupré-Verrine, qui était absente, ils ont effondré le panneau inférieur de la porte pour pénétrer en rampant sur les mains et sur les genoux dans l'intérieur de la chambre où ils ont bu plusieurs bouteilles de vin de Champagne, volé les couteaux de table et du linge.

Les recherches amenèrent la découverte d'un pistolet de poche chez M. Morand, de trois vieux briquets de garde national chez M. Signoret, d'un fusil à pierre, à deux coups, chez Mme Dupré, toutes armes inoffensives et curieuses peut-être au point de vue de l'antiquité, et dont les défiants Bavarois n'avaient pas cru devoir s'occuper lors de leurs perquisitions du 30 septembre précédent, mais pour lesquelles le commandant wurtembergeois n'en exigea pas moins impitoyablement le versement de 100 fr. contre un reçu en bonne forme.

Pendant que les perquisitions s'exerçaient, tous les officiers supérieurs réunis sur la place St-Ayoul, au milieu d'un triple carré de baïonnettes, tenaient une sorte de conseil de guerre. On amena devant eux, en les maltraitant, deux de nos concitoyens, M. Nicolas, tondeur, qui avait été pris en essayant de sortir de la ville avec un cheval enlevé aux Prussiens dans l'affaire de Frétoy et appartenant à M. Lebœuf, négociant en vins, puis M. Toudy, accordeur de pianos. Ce dernier venait d'être arrêté à la porte de son domicile, rue de Changis, au moment où passait une voiture occupée par les malades allemands sortant de l'ambulance, auxquels il faisait imprudemment des signes d'adieu.

— C'est lui, le voilà, celui qui sait tout !

Sur cette indication on s'emparait, malgré ses protestations, du malheureux facteur de pianos et on le traînait sur la place en l'accablant d'outrages, de bourrades et de coups de crosse de fusil.

L'homme qui l'avait dénoncé était un des prisonniers échangés, il y deux jours, contre les femmes des francs-tireurs de Bouchy, il était revenu de Coulommiers avec la colonne à qui il servait de guide dans ses investigations. En passant, il avait reconnu M. Toudy qui, en raison de sa connaissance de la langue allemande, servait d'interprète à l'ambulance.

Après avoir été interrogés sommairement et menacés d'être fusillés, nos deux concitoyens sont gardés prisonniers.

A deux heures précises, comme il l'avait annoncé, le chef Allemand se présentait de nouveau à la Mairie, où l'avaient précédé l'Administration et le Conseil municipal. On prévoyait bien que le quart d'heure de Rabelais avait sonné, le colonel allait formuler ses exigences, son visage pâle et maladif était visiblement contracté, son front chauve portait la tempête.

— Messieurs, dit-il après quelques instants de recueillement, pour les prisonniers allemands que vous avez retenus et les autres faits que je reproche à la ville, j'exige une contribution de guerre de 20,000 fr., qui devra être payée *sous deux heures*, ou je saurai bien la prendre moi-même !...

Vainement on objecta qu'en recevant les prisonniers faits par les francs-tireurs et en les soignant, on avait épargné à ces prisonniers une mort presque certaine ; sa sentence prononcée, le grand justicier resta inflexible et ne voulut rien rabattre de l'addition, le Maire déclara alors qu'il allait se concerter avec le Conseil municipal.

— Payez !... Payez !... Monsieur le Maire, dit le colonel à M. Le Bailly en le congédiant, il y a longtemps que Provins est le centre de tous ces *méfaits*. Je sais qu'il y a eu *licitation* publique de chevaux et enlèvement de soldats allemands, et que vous avez ici les prisonniers faits à Frétoy, il faut payer.

La nouvelle des exigences du commandant Wurtembergeois se répand en ville comme un éclair. Les habitants sont dans la stupeur. Où trouver l'argent? Que va-t-il se passer? Les vieillards qui auparavant parlaient des Cosaques de la première invasion comme de génies malfaisants, commençaient à les trouver meilleurs diables. Les barbares du Don se faisaient héberger et nourrir, mais leurs exigences du moins n'allaient guère plus loin et leur commandant, l'hetman général Sislow, le 29 mars 1814, se contentait d'adresser à la ville de Provins, cette modeste réquisition : six bouteilles de liqueurs, une bouteille de vinaigre, un pot de moutarde *et quelques cornichons*....

Il y avait loin, comme on le voit, avec la contribution de 20,000 francs d'aujourd'hui, du colonel Seuber.

Pendant que les Conseillers municipaux prenaient place dans la salle du premier étage de l'Hôtel-de-Ville, une partie des soldats Wurtembergeois se massait sur le perron, tandis qu'une autre cernait les abords avec la consigne sévère de n'en laisser sortir ni entrer personne. La position était critique, nos édiles allaient délibérer sous la pression des baïonnettes.

Malgré ce déploiement de forces, le Conseil municipal consulté, fut de suite unanime pour répondre par un refus catégorique à la sommation militaire. Puis la discussion s'engagea avec un grand calme et une parfaite dignité, sur la question de savoir comment on formulerait ce refus et de quelle manière il serait notifié. On s'arrêta à l'avis de rédiger collectivement une note explicative dans laquelle on s'efforçait de démontrer que l'Administration municipale ne pouvait être déclarée responsable de faits qui, fussent-ils exacts, s'étaient passés en dehors de son action. En conséquence, la ville ne devait, sans une odieuse injustice, encourir aucune pénalité pour des actes auxquels les habitants étaient restés complètement étrangers.

La rédaction définitivement arrêtée, deux délégués furent chargés d'accompagner le Maire pour porter cette réponse au Colonel.

Celui-ci, après l'avoir lue attentivement, s'écria furieux, en frappant du poing sur la table :

— C'est tout ce que vous avez trouvé en deux heures?... Eh bien ! je vous emmène tous prisonniers.

Cette décision transmise au Conseil, fut accueillie avec calme et résignation, les représentants de la cité prirent bravement leur parti comme des hommes qui venaient de faire acte d'indépendance et de dignité. C'était d'ailleurs une occasion pour eux de protester contre les accusations de faiblesse et même de lâcheté dont quelques mécontents les poursuivaient.

Voyant qu'ils allaient être emmenés, la plupart des Conseillers n'ayant aucunement prévu cette solution, étaient sans argent et se trouvaient insuffisamment vêtus pour voyager dans cette rigoureuse saison ; ils durent s'adresser à des passants, à des amis pour se faire apporter les choses les plus indispensables. Tous les paquets étaient visités par les Wurtembergeois avant d'être remis aux Conseillers.

Une sourde fermentation régnait parmi la foule qui remplissait toute la partie de la place et les rues voisines que la troupe n'occupait pas, l'exaspération était au comble. Le moindre conflit eut été le signal du pillage et des excès qui en sont ordinairement la conséquence.

Dans cette triste circonstance, chacun aurait voulu pouvoir être utile à ceux qui allaient payer pour tous. De tous côtés, des offres de services étaient faites aux Conseillers avec lesquels des signaux et des paroles s'échangeaient en dépit des soldats qui les gardaient. Il était difficile d'approcher de l'Hôtel-de-Ville sans être maltraité par les factionnaires, et plusieurs de nos concitoyens s'étant avancés quand même, entr'autres M. Berquier, pharmacien, et Mme Lebeau, furent frappés brutalement à coups de crosse de fusil et de plats de sabre, et refoulés violemment par les cavaliers qui lançaient leurs chevaux sur eux.

Groupés sur le perron au bas duquel les officiers allemands vidaient des bouteilles de Champagne qu'ils s'étaient fait apporter, les vingt-deux Conseillers (1) attendaient, silencieux, le moment du départ. Enfin, vers quatre heures, on vit déboucher sur la place un petit omnibus réquisitionné avec le conducteur Marin-Thibault et qui vint s'arrêter à quelques pas de la mairie.

Le colonel fit un signe aux cavaliers qui se rapprochèrent et formèrent la haie de chaque côté du véhicule, puis il fit alors ranger devant lui les Conseillers, et après avoir lentement promené ses regards sur tous :

— Monsieur !... dit-il d'un ton bref et hautain en s'adressant

---

(1) MM. Le Bailly, maire ; Lebeau et Bourquelot, adjoints ; A. Bellanger, Guerreau, Bourgeat, Etienne Prieur, Charlot, Mézières, Gallot, Michaud, Charpentier-Denis, Ozeré, de Salvert, Chevalier, Degois, Mollevaux, Verrier, Charbaut, Gennerat, A. Arnoul, Cruel.

Le vingt-troisième, M. Boby de la Chapelle, avait quitté Provins.

Nous croyons devoir rappeler ces noms parce qu'ils sont liés à l'histoire de notre cité dans ces moments si difficiles. On ne doit pas oublier qu'alors que tant d'autres faisaient du patriotisme et de la résistance au coin du feu, nos Conseillers municipaux se multipliaient pour relever le courage d'une population anxieuse et soutenaient d'énergiques luttes avec l'ennemi pour alléger nos charges.

successivement à cinq d'entre eux ; puis, avec un geste impératif, il indiquait la voiture où ils devaient monter et chacun d'obéir à son tour. M. le docteur Chevalier, malgré le brassard international qui aurait dû le protéger, fut désigné le premier ; puis vinrent ensuite MM. Gallot-Meunier, Gennerat, Émile Bourquelot et Charbaut, architecte.

M. Le Bailly s'étant approché du Colonel pour le prier de le comprendre parmi les prisonniers :

— Non, pas vous, Monsieur le Maire, répondit-il doucereusement.

En effet, il n'entrait pas généralement dans les plans des chefs de ces sortes d'expéditions d'emmener en otages les maires.

Le commandant wurtembergois annonça aux autres Conseillers qu'ils étaient libres, puis, enfourchant son cheval, il donna d'une voix rauque le signal du départ, les soldats firent écarter les curieux et la voiture contenant nos cinq concitoyens s'ébranla lourdement et roula au milieu d'une double haie de fantassins.

Les troupes ennemies divisées comme à l'arrivée en deux fractions quittent Provins à la nuit tombante. La colonne principale avec les otages et les prisonniers se dirige sur Chenoise, l'autre colonne prend la route de Villiers-Saint-Georges.

Malgré les brutalités des soldats dont plusieurs sont complétement ivres, beaucoup d'habitants suivent jusqu'au-delà de la porte de Paris la première colonne pour dire un dernier *au revoir* aux prisonniers. Le défilé du cortège dans la montagne, au milieu d'un silence profond et solennel, et sous les pâles reflets de la lune qui, par moments, perçait les nuages, avait quelque chose de lugubre. La cavalerie marchait en tête du cortège, l'infanterie, sur deux rangs, occupait les flancs et l'artillerie, avec ses canons tout chargés, formait l'arrière-garde. La musique, si bruyante le matin, était muette ; pourtant l'exécution d'une marche funèbre n'eût pas été déplacée dans la circonstance.

Après le départ des Prussiens, quelques rares groupes se formèrent encore dans les rues pour parler des émotions de cette journée du 17 décembre, qui comptera dans les annales provinoises comme la plus dure que nous ayons subie pendant la guerre.

Dimanche 18 *Décembre*. — La journée se passe morne et triste, la ville est tout entière sous l'impression des événements de la veille.

Heureusement que dans leurs recherches, les Wurtembergeois n'ont pas découvert les prisonniers faits à Fréby et qui sont enfermés dans le grand caveau du Collége; s'ils avaient été certains qu'ils fussent détenus à Provins, le colonel Seuber n'aurait pas manqué d'augmenter sa contribution de 20,000 fr.

En traversant le village de Marolles, hier au soir, le commandant ennemi a envoyé un détachement arrêter M. Lesage, fermier, qui a été aussi emmené prisonnier. Il aura été dénoncé par le soldat prussien sorti de l'Hôtel-Dieu, et qui avait été pris à l'affaire de Bois-Bourdin; ce dernier, en passant sur la route, aura reconnu la ferme et raconté l'attaque du 3 octobre.

En arrivant à Chenoise, les Wurtembergeois ont recherché aussi pour l'arrêter, M. Clergeot, un des officiers de la garde nationale qui a dirigé le coup de main de Frétoy; mais heureusement, à l'approche de la colonne et dans la prévision de ce qui devait se passer, M. Clergeot avait quitté sa maison et cherché un refuge chez un ami dévoué; il ne fut pas découvert.

Le colonel Seuber a fait passer la nuit à ses soldats et à ses prisonniers à Chenoise; nos Conseillers municipaux ont été enfermés dans le château sous la surveillance sévère de factionnaires placés aux portes et aux fenêtres. La colonne est repartie ce matin, on ne sait encore dans quelle direction; d'après quelques paroles entendues par des gardes de la forêt, on croit que les otages seront conduits à Versailles.

La ville de Provins n'a pas lieu de se louer des visites du curé de Bouchy-le-Repos et de celui de Chenoise, car ce sont ces messieurs, paraît-il, le premier en allant à Coulommiers proposer l'échange de prisonniers, et le second en allant intercéder en faveur du fermier Moreau, du Plessis-aux-Tournelles, qui ont fait connaître au commandant allemand que c'est à Provins que les francs-tireurs recélaient leurs prises.

— Dans le trouble de la journée d'hier, bien peu d'habitants ont eu connaissance du départ, dans la matinée, de M. Léthier, ingénieur des ponts et chaussées, et de M. le docteur Montillot; nos deux concitoyens ont entrepris le voyage de Montargis pour aller chercher des soldats français blessés dans les derniers engagements sous Orléans, et les amener à l'ambulance de la porte Changis. Puisse la tâche de ces dévoués patriotes s'accomplir sans encombre!

— Ce soir, dans les groupes qui stationnent comme à l'habitude sur la place, devant la Mairie, discutant les nouvelles, on fait force commentaires; des gens qui se disent bien informés, il y en a beaucoup de ceux-là, prétendent que nous allons avoir une garnison prussienne, un sous-préfet prussien, etc., etc. Vers dix heures, le bruit se répand tout à coup que la ville est de nouveau cernée, on a vu, dit-on, des cavaliers aux portes de Changis et des Bordes; ce bruit émané on ne sait d'où, cause une nouvelle panique. Beaucoup d'habitants qui rentrent chez eux sur ce récit, ne dormiront pas tranquilles.

A minuit, rien n'a encore bougé…, une patrouille de gardes nationaux a exploré les alentours sans rien voir.

Décidément, rien n'est plus vrai que le proverbe : *La peur est mauvaise conseillère.*

— Depuis plusieurs jours les Municipalités ont connaissance du document ci-après :

Ordre du Ministre de la Guerre à MM. les Préfets :

Par suite de la dernière évacuation précipitée d'Orléans, un certain nombre de fuyards ont abandonné leurs drapeaux et ont pu, grâce aux premiers moments d'émoi, se retirer soit dans leurs foyers, soit dans de grands centres, où il pourrait leur être possible de se soustraire pendant quelque temps à leurs obligations militaires.

A la réception de la présente, vous les ferez rechercher et les contraindrez au besoin à rejoindre, sans délai, à l'armée de la Loire, leurs corps respectifs.

Vous ferez traduire devant le Conseil de guerre ou devant la Cour martiale ceux qui n'obtempéreraient pas immédiatement à l'ordre de rejoindre.

Le Ministre de la Guerre,
GAMBETTA.

En exécution de ces instructions, le nommé Godot, jeune soldat réfractaire, a été arrêté, le 14 décembre, par les soins de la garde nationale de Donnemarie. Sa mère et sa sœur, qui avaient menacé et injurié les habitants de la ville, ont été également mises en état d'arrestation.

Lundi 19 Décembre. — A cinq heures du soir, le Conseil municipal, les habitants notables et les contribuables les plus imposés se réunissent à l'Hôtel-de-Ville et votent à l'unanimité le paiement de la contribution de guerre de 20,000 fr. exigée pour la rançon des otages.

MM. Bourgeat et L. Michaud, conseillers, sont désignés pour partir demain, à la première heure, à la recherche des cinq collègues emmenés prisonniers. Les délégués qui ont reçu tous les pouvoirs nécessaires, se rendront d'abord à Coulommiers où ils espèrent rencontrer le colonel Seuber et négocier avec lui pour la mise en liberté immédiate de MM. Chevalier, Gennerat, Gallot, Bourquelot et Charbaut.

La contribution de 20,000 fr. sera fournie à l'aide 3,800 fr. pris sur la caisse municipale de service, puis par une somme de 14,700 fr. et par une autre somme de 1,500 fr. que deux de nos concitoyens, MM. Paillet et Vuaroqueau, ont offert généreusement d'avancer à la ville.

— Le récit d'un fait des plus graves circule ce soir, et achève de jeter une sorte de déconsidération sur les francs-tireurs de la ville.

Dans la soirée du 16, lorsqu'on signala l'approche de l'ennemi, la majeure partie des hommes de la Compagnie se réunirent à Bellevue, chez le nommé Alexandre, leur capitaine, pour savoir ce qu'ils devaient faire. Cet officier n'était pas chez lui, on le chercha de tous côtés sans pouvoir le découvrir, enfin vers minuit, il fit son apparition revenant tranquillement de faire sa partie au café. Ses hommes lui reprochèrent son indifférence dans la circonstance; il leur déclara qu'il était prêt à se retirer s'ils n'étaient pas contents (1). Enfin bref, après un conseil de vingt minutes, il fut décidé que l'on se *replierait en bon ordre*, comme cela arrivait toutes les fois que les Prussiens venaient à Provins.

Le départ eut lieu dans la nuit, et le 17 dans la matinée, le quartier général de la Compagnie était établi dans les bois de Tachy, position parfaitement connue des francs-tireurs et offrant pour eux des chances de retraite en cas d'attaque.

Comme toujours, la journée se passa dans l'accomplissement d'une espèce d'inquisition que les francs-tireurs appelaient « service de sûreté » et qui consistait en visites chez les marchands de vin et dans les auberges, sous le prétexte d'y questionner les voyageurs afin de découvrir des espions, et en embuscade aux abords des routes pour demander des permis de circulation aux passants.

Les exploits de cette journée sont très regrettables : un malheureux jeune homme de 21 ans, Jean Andersen, garçon meunier à la Ferté-sous-Jouarre, et qui se rendait à Nevers pour s'engager, fut arrêté dans une auberge à Jutigny, par quelques francs-tireurs qui l'emmenèrent à Montramé, devant leur fameux capitaine, lequel forma une sorte de conseil pour l'interroger; accusé d'être un espion prussien en raison de son accent allemand (il était Danois), le malheureux protesta vainement de son innocence; après un simulacre de jugement, il fut condamné à mort. Des difficultés s'élevèrent quand il s'agit de savoir ce que l'on

---

(1) Personne à Provins n'a jamais su ce qu'était cet individu qui se faisait appeler Alexandre Neil ; arrivé ici dès les premiers jours de la guerre, il avait loué une habitation à Bellevue, sur la route de Chalautre. Lors de l'organisation des francs-tireurs, il se fit admettre dans la compagnie dont il prit la direction et dont il tenait la caisse ; un jour il dissipa les fonds que l'État lui avait confiés et il fut arrêté par ses hommes eux-mêmes. Comme on le dirigeait sur Nevers pour y être jugé, il réussit à s'échapper et ce fut par contumace qu'un Conseil de guerre le condamna à mort le 7 juin 1871.

ferait de sa personne : les uns voulaient le conduire à Bray, pour de là être envoyé à la cour martiale à Nevers ; d'autres insistaient pour qu'il fût fusillé de suite.

Après lui avoir donné à manger et lui avoir enlevé la petite somme d'argent dont il était porteur, cinq ou six partisans de l'exécution sommaire l'entraînèrent à l'écart et le fusillèrent sans pitié.

On a reconnu plus tard que ce malheureux était complètement innocent de tout ce dont on l'accusait, et en 1872, sa famille et le Danemarck soulevèrent une enquête dont les résultats auraient pu assumer de graves responsabilités pour les exécuteurs, sans les protections et l'habileté d'un magistrat patriote et intelligent qui fit retomber sur les troubles de la guerre et considérer comme une erreur regrettable, mais commune alors, la mort du pauvre étranger.

Pendant que ce drame s'accomplissait aux environs de Chalmaison, le 17, on sait ce qui se passait à Provins. Le lendemain, alors que l'ennemi s'était retiré, les francs-tireurs firent leur rentrée dans nos murs.

A la suite de cette journée, une dizaine de nos concitoyens donnèrent leur démission de francs-tireurs.

Nous sommes loin de faire retomber la responsabilité d'un fait aussi grave sur toute la Compagnie, non, nous connaissons assez tous nos compatriotes qui la composaient en partie pour savoir que la majorité l'a réprouvé et qu'il n'a été accompli qu'à leur insu et par cinq ou six forcenés dont nous tairons les noms, agissant pour ainsi dire de leur propre autorité. Mais il faut reconnaître que durant toute la guerre les exploits de la plupart des francs-tireurs n'ont jamais été bien brillants, ils consistaient le plus souvent à aller sur les routes arrêter les voitures. Malheur au charretier qui négligeait de se munir d'un laisser-passer, il était rançonné sans merci. En toute autre circonstance, ce genre d'exploit conduit ceux qui le pratiquent devant les tribunaux.

Si la Compagnie de Provins avait été bien organisée, elle eut pu faire beaucoup de mal à l'ennemi, car du 12 septembre 1870 au 28 janvier 1871, la ville et les environs n'ont pas été un seul jour sans être traversés par des petits détachements ou des convois ennemis voyageant isolément ; la meilleure preuve que l'on puisse en donner, c'est le séjour dans nos contrées des compagnies de francs-tireurs de la Loire et de l'Aube.

Le grand défaut des compagnies franches, leur péché originel en quelque sorte, était l'absence presque complète de discipline.

Ces hommes mus évidemment par le sentiment du patriotisme, mais qui n'étaient tenus par aucune loi, aucune règle, par aucune obligation rigoureuse du service qu'ils donnaient volontairement au pays, étaient toujours disposés à discuter les ordres de leurs chefs avant de s'y soumettre.

D'un autre côté, il y avait souvent entre les hommes de ces petites rivalités d'amour-propre, de ces petites jalousies qui faisaient qu'à chaque instant et sous le moindre prétexte, on était disposé à s'envoyer réciproquement promener (1).

— Nous avons reçu aujourd'hui quelques nouvelles du nord du département.

Meaux commence à se remettre un peu des passages excessifs de troupes que cette ville a supportés. Le commerce local reprend de l'animation et les rues n'ont plus cet aspect triste et monotone des premières semaines de l'invasion. Une garnison de plusieurs centaines d'hommes, logés tant à la caserne que chez les habitants, occupe la ville pour assurer le passage des nombreux convois de vivres et de bestiaux dirigés sur Paris. On voit aussi très fréquemment des convois de blessés et de malades qu'on expédie du côté de Nancy.

Coulommiers, si cruellement éprouvé, est, comme Meaux, un lieu de passage de vivres, de malades et de blessés. Tous ces convois se dirigent vers Nogent-l'Artaud, où viennent de cette localité qui est, comme on sait, par suite de la rupture du souterrain de Nanteuil, la tête de ligne du chemin de fer de l'Est, exploité et mis en activité par les Prussiens.

Rozoy a eu de nombreux passages, mais les troupes ne s'y sont pas arrêtés. La variole régnait dans ce pays aux premiers jours de l'invasion ; or, plusieurs officiers supérieurs ayant été atteints par l'épidémie, il n'en a pas fallu davantage pour que Rozoy fut épargné. Les troupes se dirigeant vers Paris passaient en toute hâte sans s'y arrêter. Il paraît qu'un drapeau noir avait été arboré à l'entrée de la ville.

Mardi 20 Décembre. — Les Prussiens stationnant à Montereau, frappent de lourdes contributions en nature plusieurs communes du sud de l'arrondissement de Provins.

La ville de Bray-sur-Seine, pour sa part devra fournir 2,000 kilos d'avoine, 1,500 kilos de foin et 1,000 kilos de paille, le tout devra être conduit à la gare du chemin de fer, à Montereau, avant le 28 décembre.

---

(1) O. Rameau. *Lettres sur les Eclaireurs de l'Aube.*

A Misy-sur-Yonne, commune de 684 habitants, le commandant allemand a demandé 50 bottes de foin et 30 bottes de paille, à fournir chaque jour jusqu'à lundi, pour le 1er escadron du 27e régiment de cavalerie de la landwer prussienne. La réquisition a été notifiée au Maire par un exprès français de Montereau ; la note portait 1 fr. 50 pour coût de la commission.

— MM. Michaud et Bourgeat sont partis ce matin pour Corbeil, où on a appris hier soir que les Conseillers municipaux emmenés en otage étaient gardés prisonniers. MM. Bourgeat et Michaud ont emporté les 20,000 fr. pour solder la contribution exigée.

— Dans les arrondissements de Melun, Coulommiers et Meaux, les Maires ont reçu le *Bulletin administratif* du Préfet prussien de Seine-et-Marne, il porte :

1° Obligation pour les Maires des communes, de percevoir les douzièmes des impositions pour les mois d'octobre, novembre et décembre. Les douzièmes pour décembre devront être payés le 7 janvier. Les Maires auxquels est accordée, comme droit de perception, une remise de 3 p. 0/0, devront faire leurs versements au Maire du chef-lieu de canton qui, de son côté, aura une remise de 1 p. 0/0 sur ses recettes ;
2° Interdiction de la vente et du colportage de gibier ;
3° Demande d'un rapport sur le braconnage qui devra être fourni sous trois jours.

La Mairie de Provins n'a encore rien reçu de ces ordonnances, mais tout fait supposer qu'on ne gagnera rien pour attendre.

Ils sont toujours pratiques, ces Allemands ; au milieu des embarras de la guerre, ils s'occupent de la police sur la chasse.... Galante prévenance pour Messieurs les chasseurs, dont la majeure partie leur tirerait volontiers des coups de fusil, plutôt qu'aux lièvres et aux lapins.

— Les Allemands n'attendent pas que le lion soit mort tout à fait pour s'en partager la dépouille.

Le *Moniteur officiel* du Gouvernement général Prussien, à Reims, publie le document suivant :

« Par ordre du Roi, en date, à Versailles, du 4 novembre 1870,
« les frontières du Gouvernement général de Lorraine et du
« Gouvernement général siégeant à Reims, ont été fixées comme
« il suit :

« 1° Font partie du Gouvernement général de Lorraine les départements de la Meuse, des Vosges, de la Haute-Saône, Haute-Marne, Meurthe-et-Moselle, les deux derniers, à l'exception des districts qui, d'après l'ordre du Roi en date du 21 août 1870, sont incorporés au Gouvernement général d'Alsace ;

« 2° Le Gouvernement général, à Reims, comprend les départements de l'Aisne, des Ardennes, de la Marne, Seine-et-Marne, Aube et Seine-et-Oise.

« Reims, 9 Décembre 1870.

« *Le Gouverneur général,*
« E. R.
« VON ROSENBERG GRUSZCINSKI,
« *Lieutenant général.* »

Comme on le voit, le Roi Guillaume nous considère dès aujourd'hui comme ses nouveaux sujets.

C'est très flatteur pour nous !...

---

21 *Décembre.* — L'Administration fait placarder, ce matin, une série de dépêches probablement tenues en réserve, en raison de la visite des Wurtembergeois ; comme depuis plus de dix jours on est presque sans nouvelles du dehors, on les entoure avec empressement.

CIRCULAIRE OFFICIELLE.

Le Ministre de l'Intérieur à MM. les Préfets.

Depuis quelques jours, de fausses nouvelles sont répandues avec une persistance et une malignité incroyables. Certains journaux, empressés à les reproduire et à les commenter, semblent obéir à un mot d'ordre. Je ne saurais trop vous engager à tenir les populations en garde contre de pareilles manœuvres, qui n'ont d'autre but que de dérouter l'opinion et d'énerver la fibre patriotique.

Il faut que les départements imitent la confiance et la fermeté d'âme de Paris, que les messages prussiens, introduits dans les murs, ne réussissent pas à émouvoir. Le Gouvernement de la République tient à honneur de ne rien cacher de la vérité. Tenez donc pour certain que les nouvelles de guerre qui ne vous sont point directement communiquées par nos bulletins sont apocryphes. Lorsque nous gardons le silence, c'est qu'il n'y a aucun fait accompli à signaler. Quant aux mouvements stratégiques, tout le monde comprendra la réserve que nous devons garder.

Soyons patients, calmes et courageux ; à Paris, comme sur les rives de la Loire, la situation est bonne. Si l'œuvre de la résistance nationale n'est entravée par aucune défaillance, si tous les citoyens, au lieu de se laisser aller à des paniques inexplicables, savent élever leurs résolutions à la hauteur des circonstances, l'heure de la revanche sera prochaine. Telle est notre inébranlable foi. Aidez-nous à la faire partager par les populations, en réagissant contre les faux bruits qui, dans les circonstances actuelles, sont une véritable conspiration contre la Patrie.

Bordeaux, 19 Décembre, 4 h. 30, soir.

Dépêches.

Josnes, 10 Décembre 1870, 9 h. soir.

GÉNÉRAL CHANZY A GUERRE.

J'ai encore tenu aujourd'hui sur mes positions, malgré les efforts faits par l'ennemi, sur mon aile gauche et sur mon centre. On s'est battu depuis huit heures du matin jusqu'à cinq heures du soir. L'ennemi a partout été repoussé, bien que nous ayons eu affaire à une très nombreuse artillerie. Le village d'Origny, occupé hier soir par les Prussiens, a été repris avant le jour par une attaque de vive force.

Le nombre des prisonniers faits à l'ennemi dans la journée d'hier, est d'environ 400 ; parmi eux, des officiers et un major d'infanterie. Ces prisonniers confirment les pertes considérables éprouvées dans les dernières journées par l'ennemi. Hier et aujourd'hui, nos mitrailleuses ont fait de nombreuses victimes. Toutes les fermes sont remplies de blessés allemands. De notre côté, nous avons des pertes sensibles ; le colonel américain Brum a été blessé grièvement.

Bordeaux, 14 Décembre.

Toujours pas d'engagements importants. Rien à signaler sur la Loire. Évacuation par l'ennemi du triangle : Verneuil, Breuzolles et Dreux. Dans la Loire-Inférieure, l'ennemi semble plutôt reculer. Dieppe est libre depuis le 10. Évreux et Serquigny sont occupés. Hier, des Prussiens occupés à détruire un pont, ont été débusqués par des mobiles qui leur ont mis seize hommes hors de combat.

Rien n'est connu de l'attaque des Prussiens sur Blois. La vallée du Cher est remplie de corps allemands échelonnés depuis Vierzon jusqu'à Montrichard. Les autres corps occupent la rive gauche de la Loire.

Bordeaux, 14 *Décembre.*

Une dépêche du Havre dit que le mouvement de retraite est très accentué dans les troupes d'investissement qui se disposaient à commencer l'attaque de la ville. De tous côtés on signale un départ précipité. La route du Havre est libre jusqu'à Yvetot. Il court ici des bruits de victoire remportée par les Français.

Bordeaux, 15 *Décembre.*

Il est inexact comme le prétendent certains journaux que le Gouvernement français refuse de participer à la question d'Orient.

Les puissances neutres comprenant que la France est nécessaire au concert européen, se préoccupent des moyens de faciliter l'entrée de son Gouvernement dans la Conférence. Elles comprennent les difficultés d'obtenir ce résultat dans l'état actuel, puisque le Gouvernement prussien a déclaré qu'il ne pouvait pas négocier avec le Gouvernement de la Défense nationale tant qu'une Assemblée n'aurait pas été nommée.

Donc les puissances neutres sont disposées à faire de nouvelles démarches pour une armistice, avec le ravitaillement de Paris, mais il est inexact que M. Gambetta ait fait des demandes de ce genre.

Bordeaux, 16 *Décembre.*

Le grand-duc de Meck'embourg a dirigé mercredi une très vive attaque sur Fréteval qu'il a occupé fortement pendant la nuit, mais qui lui a été repris hier matin. Réuni à des troupes de Frédéric-Charles, il a engagé un combat en avant de Vendôme. Nos troupes ont bien résisté. On s'est battu jusqu'à la nuit. L'ennemi paraît avoir essuyé de grandes pertes entre Briare et Gien ; trois bataillons de Bavarois ont été poursuivis jusque dans Gien par des mobiles.

Le 11, un convoi prussien a été enlevé entre Charny et La Fère par des troupes de l'armée du Nord, 100 prisonniers. Les Prussiens sont entrés à Rouen.

---

22 *Décembre*. — Un premier convoi de blessés français est arrivé tantôt à notre ambulance de la porte Changis. Tous ces pauvres soldats ont été blessés au combat de Ladon et des environs. L'hiver qui n'a pas attendu la date des almanachs pour commencer, se fait rigoureusement sentir depuis plusieurs jours ; ce matin, il a gelé à 10 degrés et nos malheureux blessés se plaignaient vivement du froid, mais l'empressement avec lequel les habitants les ont accueillis leur a fait oublier pour un moment leurs souffrances.

Par suite de l'abaissement de la température, MM. Lethier et Montillot ont dû laisser plusieurs blessés en route, à Montargis, à Pont-sur-Yonne et à Bray, ils feront partie d'un prochain convoi.

— A quatre heures, on affiche après l'Hôtel-de-Ville, la mirobolante dépêche qui suit :

Paris est débloqué. L'armée prussienne a laissé entre nos mains près de 80,000 prisonniers, 200 canons encloués. 80,000 Prussiens sont bloqués dans Versailles. Deux corps d'armée français, sous Vinoy et Ducrot, s'avancent vers la Normandie.

Signé **RAMEL**, Sous-Préfet du Hâvre.

Nota. — Le Préfet d'Indre-et-Loire Durel fait circuler la même dépêche.

Malgré la signature d'un fonctionnaire français, personne ne se laisse prendre à cette nouvelle qui émane sans doute encore de messieurs les Allemands voulant suivre les prescriptions de M. de Bismarck et étudier le *moment psychologique* sur nos populations.

— Le Journal *le Siècle* publie dans son numéro d'aujourd'hui la dépêche suivante, comme ayant été adressée de notre ville à la Délégation de Bordeaux.

Provins, le 20 Décembre 1870.

Le général Prussien, commandant à Troyes, a donné l'ordre aux Tribunaux de l'Aube, de rendre la justice au nom de l'Empereur Napoléon III.

Tous ont refusé.

Ce fait dont on parle depuis plusieurs jours à Provins est parfaitement exact, ce sont les magistrats du Tribunal de Nogent-sur-Seine qui en ont informé M. Breton, le procureur de la République de notre siège, lequel probablement l'a télégraphié au Gouvernement.

---

23 *Décembre.* — Le bruit se répand dans la matinée, que Montmédy et Phalsbourg ont capitulé. Auxerre serait occupé par l'ennemi.

A midi, on affiche la dépêche suivante, datée de Bordeaux, le 17 décembre :

Gambetta est toujours à l'armée de la Loire, on ignore quand il viendra à Bordeaux. Les ports de Rouen, Fécamp et Dieppe sont mis en état de blocus. Le port du Hâvre est excepté jusqu'à présent.

Pauvre France, malgré le courage de ses enfants qui luttent sans désespérer, l'ennemi s'étend partout, c'est la tache d'huile qui gagne petit à petit ; après avoir laissé derrière eux la Seine et la Loire, aujourd'hui les Allemands sont arrivés au littoral de la Manche. Voici l'armée du Nord complètement isolée, il ne lui reste plus que la route par mer pour correspondre avec le Gouvernement, à Bordeaux.

— Les bruits de victoires répandus ces jours derniers et la dépêche du Hâvre sont complétement faux. On prétend qu'ils ont été lancés dans le but d'empêcher les puissances étrangères de souscrire à l'emprunt que les Prussiens ont ouvert en Angleterre.

— Aujourd'hui, vers cinq heures du soir, MM. Bourgeat, Michaud et les cinq Conseillers municipaux emmenés en otages le 17, sont rentrés à Provins. Arrivés devant l'Hôtel-de-Ville, les voitures qui les ramenaient furent entourées par la population, heureuse de revoir nos concitoyens en bonne santé.

On pense que les autres prisonniers, MM. Toudy, Nicolas et Lesage, de Marolles, recouvreront aussi prochainement la liberté. Ils sont également détenus à la prison de Corbeil.

Nos compatriotes disent que cette ville a perdu toute physionomie française, on y est en plein pays allemand, la garnison se compose de 8,000 hommes. On n'y sait absolument rien du dehors que ce que l'ennemi fait connaître.

MM. Bourgeat et Michaud ont rencontré beaucoup de difficultés avant d'obtenir l'élargissement des otages. Arrivés à Coulommiers, le colonel Seuber les envoya à Corbeil. Parvenus dans cette ville, non sans peine, on les conduisit devant le général Gotsch et un juge prussien, résidant dans la propriété de M. Darblay, à Saint-Germain-en-Laye. Là on télégraphia au préfet prussien, à Melun. Celui-ci ne répondant pas, ils durent partir le trouver, puis ils retournèrent à Corbeil où, après versement des 20,000 francs, on mit en liberté leurs collègues prisonniers.

A propos de la somme versée par MM. Bourgeat et Michaud, voici une lettre reçue quelques jours plus tard à la Mairie, à Provins, où elle est conservée. Ce document historique est un témoignage irrécusable de la rapacité de nos ennemis.

Corbeil, le 29 *Décembre* 1870.

A LA MAIRIE DE PROVINS.

Les délégués de la ville de Provins ont, dans le paiement de 20,000 francs imposé à la ville de Provins, le 22 de ce mois, présenté entr'autres papiers le faux billet de 5 gulden ci-joint, lequel devra être immédiatement remplacé, conformément à la loi, parce qu'il est reconnu faux. Nous requérons la Mairie de nous remettre au plus tôt le montant de ce billet, soit 10 FRANCS 70 CENTIMES.

Son Excellence le Her-Major-Général, Inspecteur-Lieutenant-Général Von Gotsch, a ordonné d'ajouter la menace que si ce paiement n'est pas effectué, un bourgeois de la ville sera emmené prisonnier comme otage.

Un otage pour 10 fr. 70 !... Peste ! ils n'y vont pas de main-morte, nos ennemis ! (1)

De la Mairie de Provins, on ne répondit rien à la lettre de Corbeil, le fait du billet faux étant très contestable, car en encaissant la somme versée par MM. Bourgeat et Michaud, les Allemands avaient vérifié avec soin, pièce par pièce l'argent, et compté un à un les billets.

On n'entendit plus parler de cette réclamation qui parut à tout le monde une tentative d'escroquerie.

---

24 Décembre. — Un ballon passé hier au-dessus de Montereau a laissé tomber, dans l'arrondissement de Sens, un sac de correspondances expédiées de Paris ; parmi les lettres, il s'en trouvait plusieurs pour des personnes de Provins, auxquelles elles ont été remises ce matin.

A Paris, à la date du 21 décembre, on connaissait les événements de la journée du 17 à Provins. La façon dont ils ont été rapportés à nos mobiles et à ceux de nos compatriotes enfermés dans la ville assiégée, n'est pas faite pour les rassurer. D'après le récit qui leur est parvenu on ne sait comment, peut-être par les Prussiens eux-mêmes, la ville a été bombardée et en partie incendiée, et les Conseillers municipaux ont tous été fusillés sur le perron de l'Hôtel-de-Ville.

Un tel tableau n'est pas fait, comme on le voit, pour rendre l'espérance bien riante à ceux des nôtres qui combattent là-bas. On va s'occuper des moyens d'essayer de leur faire parvenir la vérité. — Réussira-t-on ?.....

---

(1) Etonnons-nous donc après cela des rapines commises à la bibliothèque du château de Saint-Cloud, et des vols des bannières des Sociétés d'orphéons, livres et emblèmes, dont aujourd'hui on nous offre la vente dans les journaux allemands.

Le n° du 1er juin 1884, du *Journal de la Librairie allemande* contient, à la 7e page, l'avis suivant :

(23563) Paul Meubner (à Cologne) met en vente :

Magler, Dictionnaire artistique : 22 volumes. Exemplaire magnifique, relié en fin demi-chagrin de Paris. En parfait état de conservation, à 350 marks (437 fr. 50).

N. B. — *Provient de la bibliothèque du Château de Saint-Cloud.*

On voit que les incendies ne ruinent pas tout le monde.

Il faut vraiment que l'on ait bien peu de dignité de l'autre côté des Vosges pour avouer ainsi publiquement que l'on a pillé nos collections.

Attendons-nous donc à voir un jour un horloger de Berlin ouvrir boutique avec cette enseigne : VENTE DE PENDULES VOLÉES EN FRANCE.

— D'après une des lettres parvenues de Paris, ce matin, la journée du 21 décembre fut une des plus rudes depuis le commencement de la campagne. La neige couvrait la terre et un vent froid souffla jusqu'au soir. Autour de la capitale, des combats eurent lieu du côté de Bobigny, du Bourget et au plateau d'Avron ; le soir, on craignait un retour offensif de l'ennemi, le général en chef décida que les troupes coucheraient sur les positions qu'elles occupaient. On donna l'ordre de former les faisceaux et d'établir les bivouacs. Cette décision acheva de mécontenter une partie des soldats du 3ᵉ corps, qui se plaignaient déjà du résultat de la journée. Les zouaves de la brigade Fournès commencèrent à crier : *La paix! la paix!*... et bientôt les cris gagnèrent les régiments voisins et se répétèrent sur toute la ligne. Les faisceaux furent abandonnés et les soldats quittèrent leurs postes pour chercher des abris à droite et à gauche.

Ce fait qu'on cacha le plus possible, mais qui fut rapporté le lendemain par les journaux *Le Combat*, de Félix Piat, et *La Marseillaise*, de Rochefort, peut être affirmé par les mobiles de Provins qui, le soir du 21 décembre, formaient la droite de la brigade Fournès et ne quittèrent pas la position.

Il en coûte à notre patriotisme d'avoir à enregistrer un pareil fait qui montre que si les hommes n'avaient pas confiance en leurs chefs supérieurs, en revanche, ceux-ci étaient aussi bien embarrassés et devaient avoir bien des appréhensions avant de savoir s'ils pouvaient compter sur eux dans une action décisive.

Oui, nous le répétons, il nous en coûte de consigner ici ce fait ; mais rien de ce qui appartient à l'histoire ne doit être caché. Faire connaître que les malheurs publics proviennent de l'incapacité ou de la corruption de certains hommes, c'est faire acte de bon citoyen, a dit M. Guizot. D'ailleurs, les citer, c'est les faire blâmer et réprouver, cela peut servir d'exemple pour l'avenir et aider à empêcher qu'il s'en renouvelle de semblables.

— C'est avec un empressement des plus louables que partout dans notre arrondissement on a répondu à l'appel patriotique fait par M. Cabarrus, sous-préfet, et Breton, procureur de la République, afin d'envoyer des ceintures de flanelle et des chaussettes en laine à nos vaillants soldats.

Dans sa séance du 1ᵉʳ décembre, le Conseil municipal de Provins a décidé que sur le crédit de 5,000 francs voté pour la défense nationale, il serait prélevé une somme de 2,000 francs pour acquisition de ceintures de flanelle destinées aux mobilisés.

Dans sa séance d'hier, 23 décembre, la Compagnie des sapeurs-pompiers de Provins a voté une somme de 60 francs dans le même but.

Puis de divers côtés on a reçu les souscriptions ci-après :

MM. Joachim Perrot, 5 fr ; Plet, de Chalmaison, 10 fr ; Lestumier, 12 ceintures de flanelle et 24 paires de chaussettes ; Mme la Supérieure de l'Hôtel-Dieu, 12 paires de chaussettes ; M. Mayaud, juge au Tribunal de Commerce, 6 paires de chaussettes et 6 ceintures ; Mme Cazaux, un cache-nez ; un Anonyme, 6 paires de chaussettes ; M. Billy, rue des Allemands, 12 ceintures ; M. Huot, matelassier, 3 paires de chaussettes ; M. Grain, propriétaire, 2 ceintures ; un Anonyme, 20 francs ; M. Jacquemin, tapissier, 10 francs ; M. Maricot, 10 francs ; Mme Angebert, 15 francs ; M. X..., 5 francs ; Mmes Canquery-Touaillon et Languin, 6 francs ; M. Fourtier-Masson, 3 francs ; Mme Talamon, de Chalmaison, 50 francs ; les communes de Bezalles, 14 fr. 20 ; de S.-Just, 64 fr. 30 ; de Pecy, 20 ceintures et 20 paires de chaussettes ; de Boisdon, 19 fr. 40 ; celle de Courtacon, 56 fr. 40 ; les communes de Gastins, Villegruis, Sancy, La Croix-en-Brie, Donnemarie, Lizines, Sognolles, Villiers-sur-Seine, Fontaine-sous-Montaiguillon, ont fourni une ceinture de flanelle, 2 paires de chaussettes et une somme de 5 francs pour frais de voyage à chaque mobilisé.

On a reçu aussi des dons en argent, recueillis dans les communes :

Noyen, 30 francs ; Sancy, 160 francs ; Mouy, 100 francs ; M. Lignon, juge de paix à Villiers-S.-Georges, 20 francs ; M. Berlin, à Bannost, 11 fr. 25 ; un Anonyme, 1 franc ; Vieux-Maisons, 35 francs 75 ; Villiers-Saint-Georges, 50 francs ; Cerneux, 180 francs ; Lescherolles, 147 francs ; La Chapelle-Saint-Sulpice, 71 francs ; Sancy, 169 fr. 60 ; Chenoise, 168 francs ; Paroy, 27 fr. 70.

Plus des dons en nature :

Courchamp, 14 ceintures et 20 paires de chaussettes ; Pierrelez, 7 ceintures et 8 paires de chaussettes ; Cerneux, 44 ceintures et 45 paires de chaussettes ; Boisdon, 4 ceintures ; Gastins, 19 paires de chaussettes ; Mortery, 9 ceintures et 12 paires de chaussettes ; Villiers-sur-Seine, 9 ceintures de flanelle confectionnées par les jeunes filles de la commune ; Lécherolles, 24 paires de chaussettes ; La Ferté-Gaucher, 31 ceintures de flanelle ; Châteaubleau, 9 ceintures et 2 paires de chaussettes ; Chalautre-la-Grande, 24 paires de chaussettes et 12 ceintures ; Coutençon, ceintures et chaussettes pour chaque mobile.

— Un de nos concitoyens, M. Debray, banquier, arrivant de Nevers, nous apprend que les gardes mobilisés de Provins, dont on n'avait pas de nouvelles, se trouvent en ce moment dans cette ville, qu'ils sont tous en bonne santé et prêts à faire résolument le coup de feu à la première occasion.

Dimanche 25. — Fête de Noël. Il fait un froid extraordinaire. Il n'y a pas eu de messe de minuit. On ne rencontre personne dans les rues. Depuis deux jours, nous sommes sans dépêches. On attend des blessés pour l'ambulance.

Hier soir, le Conseil municipal a tenu une séance, il a décidé que les prisonniers de Frétoy détenus ici allaient être dirigés, par tous les moyens possibles, sur la partie du département de l'Yonne qui n'est pas occupée, pour, de là, être envoyés dans un dépôt du centre de la France.

A la sortie de la séance, un franc-tireur arrive à course de cheval demander si l'on veut recevoir deux prisonniers allemands. On lui répond par un refus formel et motivé.

Malgré la rigueur de la température, les compagnies de la garde nationale se sont réunies tantôt au Quartier de cavalerie. On a procédé à l'élection de plusieurs officiers.

Lundi 26. — On a placardé ce matin, à Provins, les circulaires suivantes :

Le Ministre de l'Intérieur aux Préfets.

La Délégation de la Défense nationale,

Considérant que les Conseils généraux élus sous l'Empire avec l'attache de la candidature officielle, en vertu d'une loi qui donne à leur mandat une durée de neuf années, constituent une représentation départementale en opposition complète avec l'esprit des institutions républicaines ;

Considérant dès lors que la dissolution des Conseils généraux doit suivre celle du Sénat, du Corps Législatif et des Conseils municipaux,

Décrète :

Art. 1er. Les Conseils généraux sont dissous.

Art. 2. Les Préfets constitueront d'urgence et provisoirement des Commissions départementales qui devront organiser les budgets des départements et parer aux nécessités des services. Ces Commissions seront formées dans chaque département d'un nombre égal de membres égal à celui des cantons.

Art. 3. Le Ministre de l'Intérieur est chargé de l'exécution du présent décret.

Fait à Bordeaux, le 24 Décembre 1870.

CRÉMIEUX, GAMBETTA, GLAIS-BIZOIN,
FOURICHON.

A TOUS LES CHEFS DE CORPS.

Bourges, 13 *Décembre.*

M. le Ministre de l'Intérieur et de la Guerre vient de décider que, vu la rigueur de la saison et la nécessité d'assurer pendant la campagne d'hiver, aux troupes en marche des cantonnements, de manière à donner aux soldats l'abri et le repos nécessaires pour refaire leurs forces ;

Arrête :

Pendant la durée de la campagne d'hiver, les généraux et les chefs de corps sont autorisés à loger chez l'habitant autant de monde que pourront en contenir les locaux qui se trouvent sur le passage des troupes.

Ce genre de cantonnement sera porté à la connaissance de tous les Maires qui en assureront l'exécution.

Les officiers supérieurs enverront devant les troupes en marche des officiers et sous-officiers chargés de visiter les locaux et fixer d'avance l'effectif à loger dans chaque maison.

La mesure du cantonnement devra être immédiatement appliquée.

Le Membre du Gouvernement,
Ministre de l'Intérieur et de la Guerre,
Léon GAMBETTA.

Il y a longtemps que nous voyons ce système pratiqué par les Prussiens, qui ne traînent avec eux aucun matériel de campement ; les hommes n'ont pas de tentes sur le sac comme dans l'armée française. Une ample capote qu'il porte roulée en sautoir sert au soldat allemand pour s'envelopper des pieds à la tête lorsqu'il doit passer la nuit dehors.

Mardi 27. — La compagnie des Eclaireurs de l'Aube, sous les ordres du capitaine Sourd, était logée, avant-hier 25, au village des Ormes. Elle partit à une heure du matin pour aller attaquer les malles-postes prussiennes qui devaient passer de midi à une heure sur la route qui traverse le bois de Valence, proche Montigny-Lencoup.

Arrivé à neuf heures au point qui lui avait été indiqué comme endroit où se croisaient, à peu d'intervalle, la poste de Montereau et celle de Melun, le gros de la troupe des francs-tireurs, après avoir arrêté son plan d'attaque, prit aussitôt position sous bois, tandis qu'un détachement de vingt hommes fut envoyé en avant, sous les ordres du sous-lieutenant Nérat, pour arrêter une patrouille de sept cavaliers qui venaient tous les jours reconnaître la route.

La neige couvrait la terre, le froid était intense et les hommes commençaient à s'impatienter, car il était deux heures après midi et ils n'avaient rien mangé de la journée. Enfin, après encore quelques moments d'attente, le bruit d'une voiture se fit entendre, et bientôt apparut la malle-poste attelée de deux chevaux et escortée de six cavaliers, c'était celle de Melun à Montereau. Cinq hommes vident les étriers à la première décharge, le sixième est fait prisonnier, et l'on s'empare du butin qui est mis en lieu sûr en attendant la seconde malle-poste qui ne doit pas tarder à arriver de l'autre côté. En effet après une courte attente, pendant laquelle les hommes qui ont repris leurs positions sous bois observent un anxieux silence, on voit apparaître un convoi composé de trois carrioles attelées chacune d'un cheval, conduites par des charretiers français réquisitionnés et escortés par douze Prussiens. Aussitôt que ce convoi a atteint la hauteur du centre de la ligne des tirailleurs, le feu s'ouvre comme la première fois, et dix minutes après, Prussiens, chevaux et voitures sont au pouvoir des Eclaireurs qui se dirigent en toute hâte avec leur proie à Villeneuve-les-Bordes. Ils sont partis hier matin de ce dernier endroit sur le bruit que 500 Prussiens étaient à leur recherche.

— A la bonne heure ! voilà comment nos francs-tireurs Provinois devraient faire la guerre.

Les Eclaireurs de l'Aube, après avoir été équipés et armés à Bourges, furent envoyés à la Charité et placés sous les ordres du général Du Temple. Après la prise d'Orléans et la retraite de l'armée de la Loire, ces hommes qui n'étaient tenus par aucun engagement formel et qui, loin de fuir le danger, voulaient au contraire le braver, crurent pouvoir s'affranchir des ordres du général pour marcher en avant et aller opérer dans les départements envahis. Le 6 décembre, ils partirent de la Chapelle-Saint-Ursin, ils parvinrent à traverser les lignes prussiennes et à gagner le département de l'Yonne, pour de là rayonner dans Seine-et-Marne, l'Aube et la Marne ; c'est dans l'arrondissement de Provins qu'ils opèrent en ce moment, comme on le voit, par l'affaire du 25 décembre.

Mercredi 28. — Le froid est toujours très vif, le thermomètre marque constamment 8 degrés sous zéro.

A midi, on reçoit les dépêches ci-après :

Tours, 21 Décembre.

L'ennemi est arrivé ce matin devant Tours, sur la colline dominant le Pont-Saint-Pierre. Une patrouille de cuirassiers est venue au milieu du pont ; des coups de fusils sont partis de groupes civils, 4 cavaliers ont été tués ou blessés, la patrouille a rebroussé chemin au galop. Aussitôt une canonnade a été ouverte sur la ville, les obus enfilaient les rues. Il y a eu plusieurs victimes. M. Paul Bertheuret, rédacteur de l'*Union libérale*, a été tué.

Le drapeau parlementaire a été hissé, le Maire est allé à la rencontre de l'ennemi et a obtenu du chef la cessation de la canonnade.

L'ennemi n'est pas entré dans la ville aujourd'hui, il attend le reste du corps et le général.

Bordeaux, 22 Décembre.

Le Ministre de l'Intérieur aux Préfets, Sous-Préfets et Généraux.

Un messager du Gouvernement arrivé par ballon à Beaufort (Maine-et-Loire) annonce qu'il a laissé Paris en excellent état. Les opérations militaires avaient recommencé hier matin.

L'ennemi n'est pas entré à Tours, il s'est replié sur Château-Renault.

Préfet du Nord à Intérieur.

Lille, 23 Décembre, soir.

Je reçois du général Faidherbes la dépêche suivante :

Aujourd'hui, de 11 heures à 6 heures, bataille à Pont-Noyelles, nous sommes restés maîtres du champ de bataille après un long combat d'artillerie terminé par une charge de l'infanterie sur toute la ligne.

Le Préfet du Nord, P. LEGRAND.

Bordeaux, 23 Décembre, soir.

Le rapport de la journée du 21, sous Paris, dit que quelques opérations commencées ont été interrompues par la nuit. A l'Est, nous avons occupé Neuilly-sur-Marne, la Villa-Evrard, la Maison-Blanche et éteint sur tous les points les feux de l'ennemi, après un combat d'artillerie très vif. Au Nord-Est, l'amiral La Roncière, avec les troupes de Saint-Denis, a attaqué le Bourget, mais n'a pu s'y maintenir et est revenu avec une centaine de prisonniers. Le général Ducrot a fait alors une violente attaque contre les batteries de Frontblond et Blanc-Mesnil. A l'Ouest, le général Noël a fait une démonstration sur Montretout et Bougival. La garde nationale mobilisée a pris part à l'action avec une grande ardeur. Le soir, le général occupait la ferme et le Grand-Raincy.

Trochu a passé la nuit avec des troupes sur le lieu de l'action. Les colonnes de l'amiral La Roncière ont fait des pertes assez sérieuses. Les autres corps ont peu souffert.

— Comme on le voit par cette dépêche, nous avons essayé d'enlever le Bourget sans pouvoir y réussir. Au mois d'octobre, on s'en souvient, le général Trochu laissa écraser par des forces considérables la poignée de mobiles et de marins qui avaient emporté cette position qu'il aurait été facile de conserver si on avait voulu. Mais, non. Dans son rapport sur cette affaire, le gouverneur de Paris, Trochu, prétendait que le Bourget était une position sans importance et en dehors de nos lignes, et que, par conséquent, il était inutile de l'occuper. On se demande alors pourquoi, aujourd'hui, on cherche à le reprendre.

— On apprend ce soir qu'une colonne Wurtembergeoise, composée de 200 fantassins et 50 cavaliers, venue hier à Villiers-Saint-Georges où elle a passé la nuit, s'est dirigée ce matin sur Bouchy-le-Repos et y est arrivée à midi, après avoir fait halte à Louan et à Fontaine-sous-Montaiguillon. Dans ces deux communes, le commandant a réclamé et fait briser les fusils des gardes nationaux.

A Bouchy, les Wurtembergeois se sont emparé de M. Regnier fils, qui a probablement été dénoncé comme franc-tireur par les femmes du village emmenées récemment en otage. La capture accomplie, les Wurtembergeois ont repris la route de Coulommiers avec leur prisonnier qu'ils ont menacé à plusieurs reprises de fusiller.

Jeudi 29 Décembre. — Les amateurs de nouvelles sont satisfaits On en a affiché toute une série, cette nuit ; elles viennent de Bordeaux, où est actuellement le siége du Gouvernement de la Défense nationale ; mais malheureusement, elles montrent que l'unité de patriotisme qui devrait resserrer les Français partout devant l'ennemi est loin d'être complète. Tandis que sur la Loire et dans le Nord, on dispute pied à pied le sol sacré à l'envahisseur, dans le Centre, dans le Midi et à Paris même, il y a des factieux prêts à profiter de la moindre occasion pour essayer des tentatives criminelles dont les Allemands ne peuvent qu'être satisfaits.

M. Gambetta, ministre de l'intérieur et de la guerre, poursuivant la tâche qu'il s'est donnée de se rendre compte par lui-même de l'état de nos forces militaires, s'est rendu à Lyon, où un mouvement séditieux s'est produit à la nouvelle du combat de Nuits. Voici la dépêche de M. Gambetta :

Lyon, 20 Décembre.

Notre armée n'a rien pu faire aujourd'hui, son excuse est qu'il y a eu prise d'armes générale dans la journée, à la suite d'un fait monstrueux. Le commandant Arnaud, un des chefs de bataillon de la Croix-Rousse, républicain éprouvé, a été arrêté ce matin par la foule ameutée, traîné dans une salle publique, jugé sommairement par un tribunal improvisé et fusillé séance tenante, c'est-à-dire assassiné. La foule furieuse descendait à la Préfecture pour en faire autant au citoyen préfet, c'est alors que l'on a sonné le tocsin et que toutes les gardes nationales se sont réunies en armes sur la place des Terreaux. On n'a pas eu d'autres crimes à déplorer.

La cause de l'arrestation du malheureux commandant qui fut arrêté, jugé et exécuté en moins de vingt minutes, est qu'il avait refusé de faire une manifestation armée auprès du préfet Challemel-Lacour, auquel on reproche d'être la cause de la défaite qui a eu lieu le 18, à Nuits, des deux légions de marche du Rhône.

Les nouvelles de Paris sont aussi affligeantes que celles de Lyon.

Bordeaux, 20 Décembre.

Les informations que le Gouvernement vient de recevoir de Paris lui permettent de démentir de la façon la plus catégorique les bruits de désordre dans les rues et la répression violente dont certains journaux se sont faits les propagateurs. Les seuls faits regrettables qui peuvent être signalés sont des infractions à la discipline militaire, qui ne forment du reste qu'une minime exception, parfaitement circonscrite et qui ont entraîné la dissolution de deux bataillons de la garde nationale, celui des tirailleurs de Belleville et celui des volontaires du 47°. M. Flourens a été renvoyé devant un conseil de guerre, à raison de faits auxquels la politique est étrangère, sur la prévention d'usurpation d'insignes et de commandement militaire. Un certain nombre de volontaires de Belleville sont traduits devant la même juridiction pour désertion en présence de l'ennemi. Il ne s'est produit, ni à l'occasion de ces faits particuliers, ni en aucune autre circonstance, aucun symptôme de discordes civiles. L'esprit d'union et de patriotisme ne fait au contraire qu'aller en s'exaltant.

Bordeaux, 20 Décembre.

Le *Journal officiel* publie un décret qui dissout le bataillon n° 148, qui avait reçu l'ordre d'aller à Rosny et qui s'est présenté seulement avec un effectif de 109 hommes, dont la plupart étaient ivres ou sans armes.

Le Gouvernement de la Défense nationale a annoncé aux habitants de Paris que le pain ne sera pas rationné.

Assurément, s'il fallait se résigner à des privations, Paris n'hésiterait pas, car il est prêt à tous sacrifices pour l'Honneur et la Patrie ; mais les approvisionnements de Paris permettent de lui épargner cette nécessité.

La quantité de pain vendue ne sera pas diminuée. Il y aura seulement une différence pour la qualité. On vendra uniquement du pain bis, uniforme, pour tous les consommateurs. Aucune exception ne sera tolérée.

La viande ne manque pas, il en sera distribué quotidiennement dans les boucheries municipales sans réduction d'aucune sorte sur les quantités actuellement distribuées. Le pain et la viande, base de l'alimentation, sont assurés ; la situation est donc satisfaisante.

On pourrait dire, après trois mois de siège, que ce résultat est dû à la sagesse et au patriotisme de la population, aussi résignée devant les privations qu'héroïque devant le péril.

Nous avons juré, dit le Gouvernement, que rien ne nous coûterait pour sauver le pays. Nous y parviendrons à force de calme et de vigilance.

Un décret, en date du 15, institue une Faculté de Droit à Bordeaux.

Le général Vinois est nommé grand'croix de la Légion d'honneur.

Bordeaux, 22 Décembre.

Les Prussiens ont occupé Auxerre, ils sont aussi entrés à Tours. Avant cette occupation, le général Pisani, avec 6,000 hommes et 6 canons, avait disputé, le 20 décembre, pendant plusieurs heures, à la Monaye et à Notre-Dame-Doé, l'avance de l'ennemi fort de 12,000 hommes avec 30 canons. Les mobilisés de Seine-et-Marne ont pris part à ce combat et ont soutenu sans broncher deux charges de la cavalerie allemande, à laquelle ils ont tué un grand nombre d'hommes.

Lyon, 23 Décembre.

Depuis le 19, l'ennemi n'a fait aucune tentative d'attaque contre les positions de Garibaldi, à Autun, Arnay-le-Duc et Epinay. Il a évacué complètement Nuits le 20 décembre. Les pertes françaises dans le combat de Nuits sont évaluées à 1,200 hommes, celles de l'ennemi seraient quadruples.

Saint-Calais, 26 Décembre.

Cinq à six cents Prussiens entrés dans la ville hier, après avoir lancé des obus. Ils ont fait une réquisition de 20,000 francs et se sont retirés dans la soirée.

Saint-Calais, chef-lieu d'arrondissement de la Sarthe, est situé sur le chemin de fer entre Le Mans et Tours.

Vendredi 30. — Un détachement prussien est venu hier à Montigny-Lencoup notifier au Maire que la commune était imposée d'une contribution de guerre de 10,000 fr., parce que les Eclaireurs de l'Aube, qui ont enlevé la malle-poste de Melun, le 25 décembre, avaient séjourné sur son territoire sans que leur présence ait été signalée par les autorités.

La commune devra fournir en outre une réquisition de 8 chevaux et de 8 voitures, lorsqu'on les demandera.

Avant de se retirer, les Prussiens placardent, à la porte de la Mairie de Montigny, l'affiche suivante :

Proclamation.

En vertu de l'article 18, partie II du Code pénal militaire prussien, il sera établi, dans chaque district de corps d'armée, des conseils de guerre qui jugeront tous ceux qui auront sciemment porté préjudice aux troupes de la Confédération de l'Allemagne du Nord et des Etats alliés, ou qui auront secondé avec préméditation l'armée française.

De plus, nous ordonnons ce qui suit :

1) Sera puni de mort tout particulier qui aura servi d'espion aux troupes françaises, qui aura logé, caché ou secondé un espion français.

2) Sera puni de mort quiconque aura volontairement servi de guide aux troupes françaises.

3) La même peine sera appliquée à celui qui, servant de guide aux troupes de S. M. le roi de Prusse et de ses augustes Alliés, aura été convaincu de mauvaise foi.

4) Sera puni de mort celui qui, par esprit de vengeance ou par avidité, aura pillé, blessé ou tué un individu quelconque appartenant aux Armées alliées contre la France.

5) Sera puni de mort quiconque aura détruit des routes, ponts, canaux, télégraphes ou chemins de fer. La même peine sera appliquée à ceux qui auront incendié des édifices, arsenaux ou magasins militaires.

6) Sera puni de mort tout particulier qui aura porté les armes contre les troupes de S. M. le roi de Prusse et de ses augustes Alliés.

7) La présente proclamation entrera en vigueur dans toute l'étendue d'un district occupé par un corps d'armée, dès qu'elle aura été affichée dans une localité quelconque de ce district.

Le Général commandant en chef la 3ᵉ Armée allemande,
FRÉDÉRIC GUILLAUME,
Prince royal de Prusse.

Quelle iniquité que ce procédé de nos ennemis qui consiste à rendre responsable une commune sur le territoire de laquelle un fait de guerre se produit! Malgré les menaces de Frédéric Guillaume, il faut espérer qu'il ne se trouvera pas un Maire français assez lâche pour signaler la présence de francs-tireurs, ni pour dénoncer les habitants qui agiraient dans n'importe quel but tendant à la défense de la Patrie.

---

31 *Décembre*. — Toujours prévenants, MM. les Allemands; le dernières dépêches du Gouvernement placardées leur ont probablement suggéré l'idée de nous renseigner aussi de leur côté. On a envoyé ce matin de Meaux à la Sous-Préfecture de Provins, la circulaire suivante avec ordre de l'afficher « *tout suite* » ce dont on s'est empressé de ne rien faire.

PRÉFECTURE DE SEINE-ET-MARNE.
Résumé des Dépêches officielles Prussiennes
Sur les évènements de la guerre du 10 jusqu'au 23 Décembre 1870.

Après les combats des 7 et 8 décembre, près de Beaugency, qui se continuèrent les 9 et 10, derrière Beaugency, l'armée de la Loire se retirait sur Blois. Le 13 décembre, elle fut forcée de nouveau à la retraite, le grand-duc de Mecklembourg occupait Blois, poursuivit le général Chanzy jusqu'à Oucques et Maves, près Vendôme, et fit prisonniers plus de 2,000 maraudeurs français.

Le 15 décembre, combat d'avant-garde à Vendôme que les Prussiens occupèrent le 16.

Le 20, l'armée prussienne de la Loire reprit la marche en avant, celle de l'aile gauche sur Tours, celle de l'aile droite sur le Mans.

Sur la grande route d'Orléans à Blois, les Prussiens recueillirent plus de 6,000 blessés Français que l'armée française avait laissés dans leur retraite sans aucune assistance médicale.

Belfort fait beaucoup de sorties qui sont repoussées. Les Prussiens prirent, le 16 décembre, la forêt de Basmont, le Grand-Bois et Andelnaus.

Le 16, le général von der Galtz attaquait les Français dans une forte position à Langeau et les rejetait, après un combat acharné de trois heures, dans la forteresse de Langres. Les Français, environ 6,000 hommes, perdirent 200 hommes dont 64 prisonniers non blessés.

Le 18 décembre, combat très acharné et victorieux de six heures, de la 1re et 2e brigade Badoise, près de Nuits, contre le général Cremer, avec 19 canons, 2 légions de Marche lyonnaises, les 32e et 57e régiments de Marche, Gardes-Mobiles et Francs-Tireurs, en total environ 20,000 hommes. Les Badois prirent, le soir, d'assaut le village de Nuits qui décidait la bataille et la retraite des Français vers le Sud. Un grand dépôt de fusils et de munitions, 16 officiers et 700 prisonniers non blessés restèrent entre les mains des Badois.

Le 21 décembre, sortie assez considérable de l'armée de Paris vers Stains et le Bourget. La Garde Prussienne reprit ces villages avec très peu de pertes. Plus de 1,000 prisonniers non blessés. Pendant la sortie, énorme canonnade sur toute la ligne, sur le 5e corps seul tombèrent plus de 350 obus, dont un seul homme fut blessé.

Le même jour, une attaque contre les Saxons de Bobigny, vers Sevran de Rosny et Neuilly-sur-Marne vers Chelles, fut repoussée partout.

Le 22 décembre, deux brigades s'avançant le long de la Marne contre l'aile gauche de la position du corps d'armée Saxon, furent forcées à la retraite par les feux croisés de deux batteries Wurtembergeoises.

L'armée française du Nord vient d'être attaquée, le 23, par la première armée prussienne, dans ses positions près de la petite rivière Hallue. L'armée française après avoir perdu ses positions et essuyé des pertes considérables s'est retirée le 24.

L'armée prussienne la poursuit.

Plus de 1,500 prisonniers non blessés sont dans les mains de l'armée prussienne.

Meaux, le 27 Décembre 1870.

Le Préfet de Seine-et-Marne,
Le Comte de Fuertenstein.

— Dans la nuit qui termine cette fatale et à jamais maudite année 1870, le canon du bombardement de Paris se fait entendre à Provins avec une épouvantable violence.

Dans les villages de nos vallées, principalement celle de la Voulzie, les gardes nationaux de patrouille pouvaient compter distinctement les coups des énormes pièces Krupp de siége, dont le grondement apporté par une forte bise d'ouest, se répercutait en écho entre les collines sur lesquelles planait le calme d'une belle nuit claire d'hiver.

ANNÉE 1871

1871

Dimanche 1ᵉʳ Janvier. — Les Prussiens ne nous ont pas fait de visite aujourd'hui, on s'en est très bien passé et il n'y a personne qui soit disposé à s'en formaliser.

La journée est monotone ; à part les petites allées et venues de famille, on ne voit pas de groupes dans les rues. Entre voisins, on n'ose pas se souhaiter une bonne année, cette politesse aussi vieille que le monde paraîtrait une ironie en ce moment.

A deux heures, on affiche trois télégrammes :

Le premier, daté de Cherbourg, 25 décembre, dit : « Toute l'armée du camp, bien équipée et bien organisée, est soudainement partie en avant. On croit qu'elle a pour but de rejoindre le général Chanzy. »

Le second est de Bordeaux, 26 décembre, 5 heures du soir ; il informe que : « L'ennemi a évacué Elbeuf. Rien d'important du côté de la Loire. Mézières est complètement investi depuis hier. Cette après midi a eu lieu la remise du drapeau à la garde nationale de Bordeaux, qui a défilé aux cris enthousiastes et mille fois répétés de : Vive la République !... »

Toujours du fla-fla... toujours des parades militaires, des défilés, des acclamations, dans le Midi ; un peu moins de fêtes et plus de besogne serait pourtant mieux de circonstance.

La troisième dépêche vient du Mans, 26 décembre, six heures du soir : « Le général Chanzy a fait une adresse à l'armée pour porter à sa connaissance une protestation du 26 décembre, qu'il a envoyée au Commandant prussien, à Vendôme, par un parlementaire. »

Le général Chanzy peut être sûr que chacun partagera son indignation et son désir de venger de telles injures.

Au Commandant Prussien, à Vendôme.

J'apprends que des violences inqualifiables ont été exercées par les troupes sous vos ordres, sur la population inoffensive de Saint-Calais.

Malgré les bons traitements prodigués à vos malades et à vos blessés, vos officiers ont exigé 20,000 francs et autorisé le pillage.

C'est un abus de la force qui pèsera sur vos consciences et que le patriotisme de nos populations saura supporter. Mais il est impossible d'ajouter à cela des injures gratuites.

Vous avez prétendu que nous étions vaincus. Cela est faux. Nous vous avons battus et tenus en échec depuis le 4 décembre. Vous avez osé traiter de lâches des gens qui ne pouvaient vous répondre, en prétendant qu'ils subissaient la volonté du Gouvernement de la Défense Nationale, qui les obligeait à résister alors qu'eux-mêmes voulaient la paix.

Je proteste avec le droit que me donne, pour parler ainsi, la résistance de la France tout entière, celle que vous oppose cette armée que vous n'avez pas vaincue jusqu'ici.

Nous affirmons de nouveau ce que notre résistance vous a déjà appris : nous lutterons avec la conscience du Droit et la volonté du triomphe. N'importe quels sacrifices nous restent à faire, nous lutterons à outrance, sans trêve ni merci.

Il s'agit de combattre aujourd'hui non plus ses ennemis loyaux, mais des hordes dévastatrices qui veulent uniquement la honte d'une Nation qui défend son honneur, son indépendance et son rang.

A la générosité avec laquelle nous traitons vos prisonniers vous avez répondu par l'insolence, l'incendie, le pillage. Je proteste avec indignation au nom de l'humanité et du droit des gens que vous foulez aux pieds.

Général CHANZY.

Cet ordre sera lu aux troupes.

— Un numéro du *Journal officiel* nous apprend que le Gouverneur de Paris, général Trochu, a mis à l'ordre du jour, le 18 décembre 1870, les noms des officiers, sous-officiers et soldats à qui leur bravoure et leur dévouement ont mérité ce haut témoignage de l'estime de l'armée et de la gratitude publique.

Parmi les noms de la 3ᵉ armée, division des marins, nous relevons avec orgueil celui d'un de nos compatriotes de Provins,

M. Gervais (Alfred-Albert), lieutenant de vaisseau. La citation est suivie de la mention : « A montré autant d'énergie que de calme à l'attaque de la Gare aux Bœufs, en avant de Choisy-le-Roi. » (1)

2 Janvier. — Une grande terreur règne dans les campagnes avoisinant Frétoy ; un courrier est arrivé ce soir à Provins, informer que tantôt 50 cavaliers Wurtembergeois, guidés par le soldat qui a réussi à s'échapper lors de l'enlèvement du convoi d'artillerie par les gardes nationaux, le 5 décembre, sont venus arrêter M. Monin, maire, M. Gamblin, adjoint, et MM. Hutpin père et fils, dans la maison desquels a eu lieu l'attaque où cinq Prussiens ont été tués par les sergents Bernot et Proffit.

Les Wurtembergeois ont emmené leurs prisonniers à Coulommiers.

— Vers six heures du soir, deux cavaliers portant le costume des officiers de francs-tireurs et montés sur de magnifiques chevaux arrivent à toute bride sur la place de l'Hôtel-de-Ville, où ils s'arrêtent un moment avant de se diriger à l'hôtel du Pont-aux-Poissons. La curiosité des habitants est vivement piquée, chacun s'interroge, mais personne ne sait encore rien du but de cette visite ; les plus curieux se portent vers l'hôtel où sont descendus les deux officiers et l'on apprend bientôt que c'est le capitaine Sourd, des *Eclaireurs de l'Aube*, accompagné d'un de ses lieutenants. Un combat sérieux a eu lieu ce matin entre Conflans et Marcilly, les Prussiens ont été battus et les magnifiques chevaux que viennent d'amener les francs-tireurs sont ceux des deux commandants de la colonne allemande qui ont été tués dans l'action.

3 Janvier. — La Compagnie des Eclaireurs de l'Aube est arrivée aujourd'hui à Gouaix et dans les environs où elle est stationnée, quelques hommes viennent à Provins : on a des renseignements exacts sur ce qui s'est passé.

Le 1ᵉʳ janvier, la Compagnie était à Bethon (Marne), on l'informa qu'une colonne prussienne devait se rendre le lende-

---

(1) M. Alfred Gervais a été, depuis la guerre, attaché militaire à l'Ambassade de la République française près le Gouvernement de la Reine d'Angleterre, à Londres ; il est aujourd'hui capitaine de vaisseau et un des premiers inscrits pour le grade de contre-amiral.

Son frère, M. Auguste Gervais, du corps d'état-major, promu général en 1884, remplit actuellement les fonctions de chef de cabinet du Ministre de la Guerre, M. le général Campenon.

main à Marcilly-sur-Seine pour réclamer un troupeau de moutons et plusieurs voitures de vivres que des convoyeurs allemands accusaient les francs-tireurs de Conflans de leur avoir enlevés. Décidés à attaquer cette colonne, les Eclaireurs de l'Aube ont quitté Bethon dans la nuit, vers une heure, pour aller prendre position dans le voisinage de Conflans, où ils arrivèrent vers cinq heures du matin, lundi 2.

Après une attente assez longue, la Compagnie des Eclaireurs, à laquelle s'étaient joints quelques francs-tireurs de Romilly, ce qui portait l'effectif à 117 hommes, apprend que les Prussiens sont avertis de sa présence et qu'ils doivent suivre une autre route. De suite, le capitaine Sourd donne l'ordre de quitter la position pour aller s'établir à proximité des passages entre Conflans et Marcilly. Enfin, à neuf heures, on voit apparaître l'ennemi qui sortait de Marcilly par la route d'Arcis, n° 26; c'était une colonne composée d'environ 200 hommes du bataillon de chasseurs (2° de la réserve) des troupes du service d'étapes de la Ire armée, elle se dirigeait sur Conflans, village situé à 2 kilomètres au sud-ouest de Marcilly.

Aussitôt le capitaine Sourd, à la tête de la première section, et le lieutenant Bordier, à la tête de la seconde, se portent en avant au pas gymnastique, et le feu commence des deux côtés.

Par un de ces actes de témérité ou de bravoure, comme on en voit souvent dans les guerres, au début de l'action, le commandant de la colonne allemande, le lorgnon à l'œil et une cravache à la main, poussa son cheval en avant et s'avança seul jusqu'à trente mètres des francs-tireurs, pour reconnaître le terrain : le capitaine Sourd qui était aussi en avant des siens, l'ajusta et le tua raide, d'un coup de carabine à la tête (1).

Les Prussiens avaient réussi à gagner un chantier de piles de planches sur les bords de la Seine, qui leur offrait un excellent abri ; les Eclaireurs pour en approcher étaient obligés de se découvrir, ils rampaient dans les terres de labour en se dissimulant de leur mieux derrière de petits tas de fumier. Après une fusillade qui dura jusqu'à trois heures de l'après-midi, l'ennemi qui avait, tant en tués que blessés, une cinquantaine d'hommes hors de combat, se décida à la retraite.

---

(1) On a su plus tard que cet officier était M. de Basedow, un capitaine de très grande famille et filleul de la reine de Prusse, Augusta. Pendant l'armistice et après la signature de la paix, en mars 1871, les Prussiens firent à Conflans et dans les environs beaucoup de recherches pour retrouver le lieu où son corps avait été enterré, mais ils ne découvrirent rien, les habitants après le combat l'avaient jeté à la Seine avec ceux des soldats tués, restés sur le terrain.

A une sonnerie de clairon, les Allemands refluent à Marcilly, déposent dans les premières maisons du village plusieurs de leurs soldats blessés grièvement et reprennent à travers champs la route de Vitry-le-François, sous le commandement d'un lieutenant, blessé aussi, et pour le transport duquel ils avaient requis, de force, M. Marelle, notaire, avec son cabriolet. D'autres voitures avaient été également requises à la hâte pour emporter les soldats blessés qui ne pouvaient marcher.

Le lieutenant Bordier avec sa section poursuit les fuyards jusque près de Saint-Quentin-les-Marais, et change leur retraite en une véritable déroute ; ils laissent entre les mains des Eclaireurs, trois chevaux et un fourgon contenant 25,000 cartouches, et une voiture chargée de 204 sacs de soldats et les malles des officiers.

Les Eclaireurs, dans ce combat, n'eurent à regretter que deux morts et six blessés. Le lieutenant Café, des volontaires de Romilly, et Planchet, éclaireur, furent tués. Couturat, adjudant sous-officier, fut grièvement blessé de deux balles dans l'aîne.

Le brave Café, tombé victime de son patriotisme, laisse une veuve et sept enfants, dont un âgé de quinze jours seulement.

Après l'action, les habitants des communes voisines accouraient à Marcilly pour y recueillir des détails sur ce qui s'était passé et aussi pour y *ramasser les épaves du combat*, ce qui devait leur coûter cher quelque temps après.

— A six heures du soir, on affiche à la Mairie de Provins la dépêche suivante :

Bordeaux, 31 *Décembre*
(*par ballon de Paris, tombé hier à Vincelles*).

Les Prussiens ont dirigé une attaque furieuse contre les forts de Nogent, Rosny et le plateau d'Avron ; ils ont démasqué leurs batteries de siège et tenté le bombardement, mais ils ont été repoussés avec des pertes considérables. Le 26e bataillon saxon a été délogé de la Maison-Blanche par la garde nationale mobilisée. L'état moral de Paris est excellent.

Le premier obus prussien est tombé dans Paris, le 27 décembre, près le Point-du-Jour, dans l'intérieur de l'enceinte, à proximité du bastion 72. La batterie qui l'avait lancé a été réduite au silence par les marins du fort d'Issy et ceux du Mont-Valérien.

Nos troupes ont évacué, le 30 décembre au matin, le plateau d'Avron, après en avoir enlevé toutes les pièces de canon. Le général Trochu a présidé à l'opération, malgré le feu de l'ennemi. Les batteries prussiennes ont continué hier toute la journée à canonner vigoureusement les forts de Noisy, Rosny et Nogent. Aujourd'hui leur feu s'est beaucoup ralenti. On s'attend à des tentatives analogues sur les autres points, notamment vers le Mont-Valérien,

La population est attristée par l'évacuation du Mont-Avron, mais nullement émotionnée par le bombardement. Elle manifeste toujours énergiquement la résolution de résister à outrance et de prendre une vigoureuse offensive pour rompre les lignes ennemies. Le froid continue à être rigoureux. Une tranquillité parfaite règne à Paris.

Les batteries prussiennes ont lancé en deux jours 12,000 projectiles. Nos pertes totales s'élèvent à une quinzaine de morts et 200 blessés.

Mercredi 4 Janvier. — Voilà aujourd'hui le cinquième jour qu'on entend distinctement le canon de Paris ; hier, vers deux heures après midi, le bruit redoubla avec une intensité comparable à celle du 2 décembre.

— Hier, une colonne composée de 800 Wurtembergeois, infanterie et cavalerie avec deux pièces de canon, est arrivée à Nangis vers quatre heures du soir. Les hommes ont été répartis chez les habitants pour la nuit. Ce matin, le commandant a donné l'ordre du départ, sans dire à la Municipalité ce qu'il voulait ni où il allait. Les Wurtembergeois se sont divisés en plusieurs détachements qui ont parcouru aujourd'hui une partie des communes des cantons de Nangis et de Donnemarie, réclamant et brisant partout les fusils des gardes nationaux. Gurcy, Montigny-Lencoup, Meigneux, Cessoy, Thenisy, Sigy, Paroy, ont été visités. A Sigy, ils ont fait de minutieuses perquisitions dans le château de M. de Haut. Le maire de Sigy, M. Damotte, a été emmené par la colonne, parce que chez lui on avait trouvé quelques vieilles armes : il a été relâché le soir même.

On croit que cette colonne est à la recherche des francs-tireurs qui ont enlevé la malle-poste de Montereau à Melun, le 26 décembre.

— Ce matin, une patrouille de 30 dragons prussiens, venant par la forêt de Chenoise, a poussé une reconnaissance jusque dans le village de Saint-Hilliers. Arrivés sur la place, près l'église, ces cavaliers ont tourné bride et sont repartis au galop sans dire un mot à personne.

— A six heures, la Mairie de Provins fait coller les dépêches suivantes :

Combat victorieux à Clamecy. On parle de 10,000 hommes hors de combat du côté des Français et de 40,000 ennemis. Prussiens en déroute, poursuivis quatre ou cinq lieues. — Combat vendredi, samedi et dimanche, à Bony, Briare et près Gien ; le général de Rantzow, battu en retraite sur Orléans. — 10,000 Français en marche sur Montargis. — Ennemi très inquiet.

Joigny, Auxerre, Dijon et Gray évacués par les Prussiens. La marche de Bourbaki dans l'Est paraît se confirmer. En ce moment, un corps d'armée de 25,000 hommes s'avance au secours de Belfort, par le Doubs, en rasant la frontière suisse. De leur côté, les Prussiens ne restent pas inactifs ; Werder et Treskow ont appelé à eux un corps de tout jeunes Saxons et une formidable artillerie de siége et de campagne.

Dans le Nord, le général Faidherbe a repris La Fère et Ham. Amiens, menacé par nos troupes, est probablement repris aujourd'hui.

Le Hâvre est débloqué ou du moins les Prussiens se sont repliés sur Rouen. Chanzy est dans une position formidable sur le Mans, avec 120,000 hommes.

Cette dépêche vient de Montargis (Loiret).

Rocroy, 2 Janvier, 1 heure 55 soir.

Sous-Préfet a Intérieur a Bordeaux.

Mézières a capitulé hier, à 2 heures du matin, après 27 heures de bombardement et d'horribles dégâts dans la ville. Les Prussiens y sont entrés ce matin à onze heures.

Jeudi 5 Janvier. — La colonne ennemie qui était à Nangis, mardi, a quitté cette ville hier, en se dirigeant sur Coulommiers, par Rozoy.

En même temps qu'ils procédaient au désarmement de la garde nationale dans toutes les communes où ils sont passés, les Wurtembergeois laissaient aux mairies l'ordre de payer, dans un très court délai, la part contributive de chacune d'elles dans l'impôt de un million dont le département est frappé. Cette part est augmentée pour les communes de l'arrondissement de Provins, par suite d'une nouvelle répartition qui décharge dans une certaine mesure les arrondissements de Meaux et de Coulommiers.

La somme à payer par l'arrondissement de Provins était primitivement fixée à 164,740 fr. 57 c., répartie pour chacun des cantons dans la proportion suivante :

Provins.	32,413 f.	15 c.
Bray-sur-Seine	32,234	70
Donnemarie.	25,145	54
Nangis	33,685	53
Villiers-Saint-Georges	41,261	65
	164,740	57

Par suite de la nouvelle augmentation, le contingent pour la ville de Provins seule, a été porté de 11,000 fr. à 21,000 fr.

Pour les autres communes, l'augmentation est à l'avenant.

Paiera-t-on de bonne volonté?... Attendra-t-on que l'ennemi use de représailles et emploie la force pour nous y contraindre?... Le Conseil municipal et les contribuables les plus imposés doivent se réunir dans quelques jours pour en décider.

— MM. Toudy, Nicolas et Lesage, le fermier de Marolles, emmenés tous prisonniers, le 17 décembre, par les Wurtembergeois, sont rentrés aujourd'hui à Provins, après une captivité de dix-neuf jours, pendant lesquels ils ont subi de dures souffrances morales ; à plusieurs reprises, les sbires allemands qui les gardaient poussèrent la barbarie jusqu'à leur faire croire qu'ils seraient fusillés le lendemain.

— Depuis quelques jours, des ingénieurs allemands et des soldats du génie, sont installés dans la gare de Longueville ; ils visitent continuellement la ligne du chemin de fer de Mulhouse pour voir s'il y a possibilité de rétablir les communications, comme cela existe déjà sur la ligne de Strasbourg, jusqu'à Nogent-l'Artaud.

Sur notre ligne, ce qui les gêne, c'est le pont de Bernière, dont on a fait sauter une arche et le tunnel de Saint-Loup qui est obstrué par des blocs de maçonnerie démolis à l'aide de fourneaux de mine.

Au-delà de Troyes, et de cette ville au Pont de Bernière, près Nogent, l'ennemi se sert de la ligne ferrée.

Les Prussiens persévèrent dans leur invention de faire monter une personne notable des villes qu'ils occupent, sur la locomotive de chacun de leurs convois. Dans chaque localité un peu importante dans l'Aube, l'Aisne, la Marne et Seine-et-Marne, ils ont fait dresser une liste des principaux habitants et le sort désigne celui d'entre eux qui doit accompagner le train. Cette mesure est motivée par la crainte que les francs-tireurs ou les habitants ne fassent dérailler les convois.

Avant-hier, 3 janvier, M. Berthier-Roblot, président de la Chambre de Commerce de Troyes et membre de la Commission municipale, requis par les autorités prussiennes, a accompagné le train se rendant de Troyes à Bar-sur-Seine.

M. Berthier, parti de Troyes à dix heures y est rentré à deux heures de l'après-midi.

A Bar-sur-Seine, M. Saillard, maire provisoire, et M. Costel, président du Tribunal civil, ont été requis d'accompagner le train arrivé à Troyes, le 3 janvier au soir et retourné le lendemain à Bar.

A Provins, presque toutes les nouvelles et les journaux que nous recevons viennent par Troyes. Nos voisins doivent agir de ruse pour nous les faire passer, car dans cette ville l'ennemi règne en maître, le régime prussien y fleurit dans toute sa rigueur et la censure surtout s'y exerce avec un soin tout particulier.

Le Propagateur de l'Aube a cessé de paraître, les deux autres feuilles, le *Journal de Troyes* et l'*Aube* ont continué leur publication. Ce dernier journal est imprimé par M. Dufour-Bouquot, le neveu de M. Lebeau, imprimeur et adjoint au maire de Provins, qui le reçoit et en communique les nouvelles à notre population. Depuis quelques semaines chaque numéro de l'*Aube* est minutieusement revu et corrigé par l'*auditor* prussien, qui supprime ce qui ne lui convient pas. Souvent il y a la moitié des colonnes en blanc; la plupart des articles concernant la guerre sont supprimés, les dépêches allemandes ou les nouvelles insignifiantes ont seules *la liberté* de voir le jour.

Messieurs les Allemands savent nous faire sentir qu'ils sont les vainqueurs.

6 *Janvier*. — *Le Moniteur allemand* de Reims, qui nous a été apporté aujourd'hui, publie des dépêches importantes sur Paris.

Versailles, 30 Décembre.

A LA REINE AUGUSTA A BERLIN.

Le feu ouvert le 27, par 76 pièces contre le Mont-Avron, a éteint le feu de l'ennemi qui n'a plus riposté ni hier ni aujourd'hui.

Berlin, 2 Janvier.

On dit qu'à Versailles on a l'intention de bombarder Paris jusqu'à ce que la paix soit signée. Le fait que les trois forts de l'Est ont gardé le silence, a produit ici la conviction que la capitulation de la ville n'est qu'une question de quelques jours.

Versailles, 5 Janvier, 10 heures matin.

A LA REINE AUGUSTA

Depuis 9 heures, le bombardement des forts, au midi de Paris, a commencé par un magnifique jour d'hiver, sans vent ni neige ; 0 degrés de froid.
GUILLAUME.

Cette dernière dépêche du vieux caporal-tailleur, dans son laconisme brutal, ne rappelle-t-elle pas la scène de *Ruy-Blas*, de Victor Hugo, au moment où la reine d'Espagne, Dona Maria, reçoit la missive de son époux :

« Madame, il fait grand vent et j'ai tué six loups. »
Signé CARLOS.

La chasse ou la guerre, pour les monarques, c'est la même chose. Il y a longtemps qu'on a dit : *c'est par les lapins qu'on commence, c'est par les hommes qu'on finit*. Carlos tirait sur les loups, Guillaume lance sa mitraille sur la population de Paris. C'est également un divertissement royal.

Voici maintenant la dépêche prussienne qui raconte l'affaire de Marcilly. Elle est aussi exacte que la dépêche française qui nous apprenait l'affaire de Nogent, le 26 octobre dernier.

Reims, 5 Janvier.

La 1re compagnie du 2e bataillon des Chasseurs de la réserve, qui faisait une reconnaissance dans le but de faire payer les impôts et les conributions, a été attaquée subitement, le 2 janvier, à deux lieues de Marcilly-sur-Seine (à l'est de Nogent) par **3,000 hommes.** Elle s'est cependant brillamment battue. Malheureusement, le capitaine et chef de compagnie de Basedow a été grièvement blessé. Quatre chasseurs ont été tués, 4 autres ont été blessés grièvement et 12 ont reçu des blessures légères.

Voilà comment, aussi bien du côté des Allemands que du côté des Français, on est renseigné.

Fiez-vous donc aux dépêches officielles et vous ne saurez pas grand'chose. Autrefois, du temps du premier Empire, on disait déjà : « Menteur comme un bulletin de la Grande-Armée. »

Plus ça change, plus c'est la même chose.

— L'éclairage au gaz de la ville de Provins a cessé hier, le charbon manque totalement et le moyen de s'en procurer est pour ainsi dire impossible.

Samedi 7 Janvier. — On a procédé tantôt, sous la halle, à la vente d'un chargement d'avoine que les francs-tireurs de Provins avaient saisi hier à des cultivateurs de Cerneux, qui le conduisaient à Choisy-le-Roy, pour les Prussiens.

— Dès ce matin, on lisait sur les murs, en ville, des proclamations du commandant des forces allemandes de notre région, en tous points semblables à celles qui ont été affichées lors du passage du prince Albrech, le 15 septembre 1870.

A côté d'une de ces proclamations le maire, M. Le Bailly, a fait placarder l'ordre qui lui a été donné par le préfet prussien de Meaux, de faire publier sous deux jours le document en question.

— On a également affiché la dépêche suivante :

Bordeaux, 1er Janvier.

INTÉRIEUR A PRÉFETS ET SOUS-PRÉFETS.

Un officier adresse au ministre de la guerre, le télégramme suivant:

J'ai voyagé hier avec Ducaux, préfet de police, ancien représentant du peuple, parti de Paris hier en ballon.

Les attaques des Prussiens sur Avron ont été glorieusement repoussées. Carnage des Prussiens, 7 à 8,000 tués. Le même soir, les mobiles donnèrent un grand concert au profit des pauvres. Paris est énergique, régénéré, antique. Si quelqu'un osait parler de capitulation il serait fusillé sur place.

Paris peut tenir largement jusqu'à la fin de février. Dans le Nord, le général Faidherbe télégraphie qu'il a recommencé ses opérations et qu'il a parcouru le pays autour d'Arras, sans rencontrer de troupes ennemies.

Dimanche 8 Janvier. — Ce matin, à dix heures, a eu lieu à Provins, à l'Hôtel-de-Ville, une réunion du Conseil municipal, à laquelle avaient été convoqués des habitants notables et des commerçants des plus imposés ; il s'agissait de délibérer sur des nouvelles exigences de l'ennemi relatives à l'augmentation de la part contributive de la ville, dans l'impôt de guerre.

A l'ouverture de la séance, M. le Maire a donné connaissance à l'Assemblée de la communication suivante, qui lui a été apportée avant-hier par des cavaliers Wurtembergeois de la garnison de Coulommiers :

Monsieur le Maire de Provins,

En vertu d'un décret de S. M. le Roi de Prusse portant que dans les territoires français occupés par les troupes allemandes, chaque département serait frappé d'une contribution de un million de francs en dédommagement des pertes causées à la marine marchande des Etats allemands par la flotte française, ainsi que celles occasionnées aux sujets desdits Etats par suite de leur expulsion subite du sol français, j'ai reçu l'ordre du Gouvernement général à Reims, de lever sur le département de Seine-et-Marne, ladite contribution.

La première répartition dressée par l'autorité militaire et qui fixait la part de Provins à 11,000 fr., n'ayant pas été approuvée par l'autorité administrative, il s'en suit, d'après de nouveaux calculs, que la ville aura à subir une augmentation qui porte le chiffre à 21,771 francs, lesquels devront être versés sous huit jours, après le reçu de la présente, dans la caisse de la sous-préfecture, à Coulommiers.

La ville de Provins pourra décompter la part de sa contribution déjà payée.

Agréez, Monsieur le Maire, l'assurance de ma considération la plus distinguée.

Le Préfet, Comte de FUERTEINSTEIN.

Après la lecture de ce document, on commença à délibérer. Les personnes présentes, en dehors des Conseillers municipaux, étaient ; MM. Moricet, Lestumier, H. Curé, Fanielle, Poulain-Salmon, Lesage-Nisolle, Jeannaire, Mirvault, Vuaroqueau, Plessier, Deforge, Blanc, Bretton, Guinet, Sevin, Dauptain, Joachim Perrot, Fromant, Hardy, Audebert, Callou-Jarsain, Hubert, Modin, Guillemot aîné, Guillemot jeune, Mayaud,

Dalisson, Caquet jeune, Doury-Donat, Bourgeois, Paillet, Amy, Deroy, Molleveaux, Bertrand, Dupré, Nocard, Lange et Pagot aîné.

Sur 55 votants, 6 seulement se sont prononcés contre le paiement de la contribution.

La majorité, en émettant ce vote, déclare formellement ne céder qu'à la force contre laquelle la ville désarmée, ne peut opposer aucun moyen de résistance.

— A la nuit, on reçoit les dépêches suivantes :

Bordeaux, 4 Janvier.

Le général Faidherbe télégraphie :

L'armée du Nord avait quitté Beaurain, près Arras, hier matin, 2 janvier ; elle rencontra l'ennemi dans la journée, sur la ligne de Courcelles, Ervillers et Mory, un combat très meurtrier s'engagea depuis deux heures après midi jusqu'au soir. Le résultat avait été très satisfaisant à notre droite, indécis au centre et à gauche. La bataille a recommencé ce matin et se termine à l'instant. Plusieurs villages ont été enlevés à la baïonnette par nos soldats. On est content de la mobile. Grand froid, campagne très rude supportée vaillamment.

Aujourd'hui, 3 janvier. Grande bataille sous Bapeaume, de 8 heures du matin à 6 heures du soir ; nous avons chassé les Prussiens de toutes les positions et de tous les villages. Les pertes sont énormes du côté de l'ennemi, elles sont grandes aussi du côté des Français.

Bapeaume et Behagnie sont complètement brûlés.

— A 7 heures du soir, un courrier de Nogent vient prévenir que cette ville est occupée depuis tantôt par 400 Prussiens avec de l'artillerie, ils recherchent les francs-tireurs qui ont fait le coup de main de Conflans et Marcilly.

9 Janvier. — Une petite dépêche écrite sur papier de couleur a été trouvée collée ce matin après l'église Saint-Ayoul ; elle dit : « Le général de Moltke blessé récemment auprès de Versailles, serait mort de ses blessures. »

Dans le doute de la provenance de cette dépêche, on n'y fait guère attention. On sait que les Allemands s'amusent à répandre de temps en temps des bruits à sensation. On a appris qu'ils se sont livrés au divertissement d'envoyer à Paris, par pigeons qu'ils avaient capturés, des nouvelles de province. Mais la contrefaçon qu'ils ont essayée du style de nos dépêches était trop grossière pour que le doute ait été possible un instant. D'après la lettre de l'officier français qui écrit ce fait, deux phrases frappaient dans une de ces dépêches, parce qu'elles semblent répondre à un

sentiment qui a déjà paru se manifester dans des correspondances entrées antérieurement dans la ville assiégée. Ce sont celles-ci :
« Population rurale partie connivence avec les Prussiens.... Faites bien que les Parisiens sachent que Paris n'est pas la France !... »

Comme on le voit, non contents de nous piller et de nous rançonner, les Prussiens essaient encore de nous calomnier en cherchant à faire croire à Paris que laprovince les reçoit à bras ouverts. Il est malheureusement certain qu'il y a eu quelques défaillances, mais généralement c'est à coups de fusils qu'ils sont accueillis et ce n'est pas là tout à fait une réception d'amis, on en conviendra.

— On placarde ce soir, à la Mairie, les deux petites dépêches ci-après :

Le Hâvre, 4 *Janvier*.

Des forces considérables ont attaqué ce matin le général Roy, sur plusieurs points de la rive gauche de la Seine. Nous avons soutenu le choc avec vigueur, néanmoins notre ligne a été un instant forcée ; mais nous avons repris et conservé nos positions. A bientôt les détails.

Bordeaux, 4 *Janvier*.

Les troupes du duc de Mecklembourg, sans compter celles du général von der Thann, manœuvrant pour une action décisive contre l'armée de Chanzy, sont évaluées à 77,000 hommes. Ces forces paraissent avoir pour but de se concentrer sur la rive gauche de la Loire, entre La Flèche, Vendôme et Saint-Calais.

Mardi 10 *Janvier*. — Un employé supérieur de l'Administration des postes est arrivé ce matin à Provins ; il est chargé d'une mission secrète pour l'exécution de laquelle il a demandé des renseignements à la Mairie, en même temps il a fait placarder un avis et communiquer aux journaux la note suivante :

« Un décret du Gouvernement de la Défense Nationale approuve une convention passée avec les inventeurs d'un nouveau système destiné à faire parvenir à Paris les lettres des départements.

L'affranchissement sera de 1 franc par lettre de 4 grammes. Ces lettres devront porter cette suscription : Paris par Moulins (Allier). »

On sut plus tard ce qu'était cette invention : elle consistait à renfermer des lettres dans des boîtes sphériques en zinc hermétiquement soudées et garnies d'aubes comme une roue de moulin ; on les jetait dans la Seine, leur poids les entraînait à fond et le courant les poussait à Paris, où elles étaient recueillies dans des filets tendus dans toute la largeur du fleuve, au pont d'Austerlitz. (1)

— On apprend ici que depuis le 2 janvier l'arrondissement de Fontainebleau est administré par un sous-préfet prussien. Lors du passage d'un corps d'armée de 30,000 hommes se dirigeant sur la Loire, le 4 janvier, ce fonctionnaire a offert un banquet à tous les généraux et officiers supérieurs. Les autorités allemandes ont pris une mesure qui dénote que l'on s'attend tous les jours à une action vigoureuse de l'armée de Paris. Les boulangers et les bouchers de Fontainebleau ont reçu l'ordre de ne faire en farine et en viande qu'un approvisionnement qui n'excède pas deux jours, afin d'augmenter le plus possible les difficultés d'un ravitaillement de l'armée et de la population de la capitale.

— A la nuit, on affiche la dépêche suivante :
De Bordeaux, 9 janvier, 11 heures 50 soir, nous recevons des nouvelles de l'armée de l'Est, nous les donnons telles qu'elles nous parviennent à l'instant même :

Rougemont (Doubs), 9 Janvier, 7 heures soir.

La bataille finit à 7 heures, la nuit seule nous empêche d'estimer l'importance de notre victoire. Le général en chef Bourbaki couche au centre du champ de bataille et toutes les positions assignées à l'armée pour ce soir sont occupées par elle.

Villersexel (Haute-Saône), clef de la position, a été enlevé aux cris de : *Vive la République !* — A demain les résultats.

Rougemont est situé à 17 kilomètres au nord de Baume et à 30 kilomètres de Montbéliard.

— La préfecture allemande de Seine-et-Marne communique les dépêches officielles prussiennes : comme toujours elles sont en complète contradiction avec les dépêches françaises.

Préfecture de Seine-et-Marne.
Résumé des Dépêches officielles Prussiennes
Sur les événements de la guerre du 1er au 5 Janvier.

I. — Mézières a capitulé le 1er janvier ; 98 officiers et 2,000 soldats ont été faits prisonniers et 106 canons pris.

---

(1) Sur quatre boîtes que l'Administration fit jeter près Bray-sur-Seine, du 2 novembre au 20 janvier, deux entrèrent à Paris, une fut retrouvée au Hâvre, en 1871, et la quatrième fut découverte le 9 mai 1875, près Vimpelles, dans le canton de Donnemarie : elle était restée au fond du fleuve, retenue par une rachée de saules et des roseaux ; elle renfermait 500 lettres datées du mois de décembre 1870, qui, par les ordres de M. le Procureur de la République, furent remises à la poste de Provins et expédiées à leurs destinataires, lesquels auront dû certainement être fort surpris de ce *retard de plus de quatre ans*.

La boîte retrouvée à Vimpelles est conservée au Musée de Provins.

II. — Le 28 décembre commençait le bombardement du Mont-Avron, à l'est de Paris. Déjà, le 29, la forte position ennemie était écrasée par nos canons. Pendant la nuit suivante, nos troupes occupaient sans opposition le Mont-Avron et y trouvaient de grandes quantités de canons, d'ammunitions d'artillerie et d'affûts détruits ; un grand nombre de morts se trouvaient à l'intérieur et au dehors de la redoute,

Le 31, notre artillerie bombardait les forts de Nogent, Rosny et Noisy. Le bombardement continuait le 1er janvier 1871. L'ennemi a évacué toutes les positions à l'est de Paris et s'est retiré vers la ville. Les forts ennemis ont cessé leur feu. Rosny et les villages environnants ont été occupés par notre infanterie.

III. — Le 2 et 3 janvier 1871, les détachements de la première armée, commandés par le général von Groeben, repoussaient victorieusement, à Bapaume, les attaques de l'armée du Nord sous général Faidherbe. L'ennemi subit de grandes pertes : 600 prisonniers non blessés ont été amenés jusqu'à présent. La cavalerie poursuivit l'armée ennemie à sa retraite vers Arras et Douai.

IV. — Le 4 janvier 1871, des détachements de la première armée, commandés par le général von Bentheim, surprirent, près de Rouen, sur la rive gauche de la Seine, l'armée française du général Roye, la dispersèrent et lui enlevèrent 3 drapeaux, 3 canons et 500 prisonniers non blessés.

Le soir, en poursuivant l'ennemi, un détachement l'atteignit près Bourgachard, lui prit encore 2 caissons d'amunitions, beaucoup de prisonniers et réussit à la mettre en déroute complète.

V. — Rocroy a capitulé le 5 janvier.

Meaux, le 7 janvier 1871.

Le Comte de Fuerteinstein, *Préfet*.

---

11 *Janvier*. — La ville se réveille avec une mauvaise nouvelle : une de nos concitoyennes des plus estimées et surtout des plus charitables pour la classe ouvrière qui souffre tant en ce moment du chômage et de la rigueur de l'hiver, Madame Meunier, veuve de l'ancien maire de Provins, est morte, cette nuit, d'une affection de poitrine qu'elle avait contractée dans un voyage en Normandie, lors de la panique du mois de septembre qui avait fait quitter la ville à beaucoup d'habitants, dont la plupart sont revenus depuis.

— Dépêche de la journée :

Lille, 7 Janvier.

Le Général Faidherbe au Commissaire général du Nord.

J'espérais que les Prussiens ne contesteraient pas notre victoire de Bapaume. Je vois par leurs bulletins que nous venons d'être anéantis pour la seconde fois par l'armée de général Manteuffel, commandée par le prince Albert.

Et voici maintenant intégralement le récit de la bataille du 3 janvier. Je me bornerai à signaler les principales inexactitudes matérielles des dépêches prussiennes :

Elles disent que l'armée du Nord a battu en retraite pendant la nuit même.

L'armée a couché dans les villages de Gevilliers, Biefvillers, Favreuils, Sapignies, Behagnies et Achet, qu'elle avait conquis sur les Prussiens. Elle n'est allée prendre les cantonnements où nous sommes encore que le matin sans que l'ennemi ait donné signe de vie.

En fait de poursuite de cavalerie, voilà le seul incident :

Le 4 janvier, à 9 heures du matin, deux escadrons de cuirassiers blancs ont chargé l'arrière-garde des chasseurs à pied. Les chasseurs, formés en cercle, ont fait feu à 50 pas et ont anéanti presque tout un escadron, dont les hommes et les chevaux sont restés sur le sol, tandis que l'autre escadron s'enfuyait à toute bride.

Les chasseurs n'ont eu que trois hommes blessés. L'armée est pleine de confiance et ne doute plus de sa supériorité sur les Prussiens.

---

12 Janvier. — Depuis quinze jours on n'a pas vu un seul Prussien à Provins.

— Hier, à dix heures du matin, une reconnaissance de cavalerie est venue jusqu'en vue de Jouy-le-Châtel, puis, tournant bride, elle est repartie sur Vaudoy où elle s'est arrêtée une demi-heure. Chez le marchand de vin, les cavaliers se sont fait servir quelques petits verres de cognac qu'ils ont payés, puis, après avoir consulté une carte géographique, l'officier donna l'ordre du départ par la route de Touquin. Un cavalier ayant reconnu la maison où il avait logé à un précédent passage est entré souhaiter le bonjour à ses hôtes.

— Dépêche de la journée :

Bordeaux, 7 Janvier.

Les Maires de Paris ont été convoqués ces jours derniers, sous la présidence de M. Jules Favre ; la réunion a duré huit heures. La discussion a porté sur la défense et sur l'attitude de certains membres du Gouvernement. M. Delescluze et ses amis ont vivement attaqué MM. Trochu, Jules Favre et Ernest Picard, mais les idées de modération ont prévalu. La réunion s'est bornée à exprimer le vœu que les opérations militaires fussent poursuivies avec autant d'énergie et d'activité que possible.

Aucun pigeon n'est arrivé à Paris depuis 10 jours.

Il y a certainement à Paris, entre les diverses Administrations, des dissentiments qu'on cherche à cacher à la population et à la province, un journal trouvé sur un officier prussien fait prisonnier contient les lignes suivantes qui paraissent se rapporter aux faits signalés par la dépêche ci-dessus :

« Il paraît que des bruits de capitulation ayant couru, le Corps municipal de Paris a demandé l'adjonction au Gouvernement de quelques-uns de ses membres. En même temps, une affiche rouge, signée des délégués des vingt arrondissements, dresse un acte d'accusation complet des agissements politiques et militaires du Gouvernement, demande qu'il se retire pour faire place à la Commune, et réclame le réquisitionnement général, le rationnement gratuit, l'attaque en masse.

Trochu répond ce matin, 6 janvier, à ces demandes et à ces menaces, par une nouvelle proclamation que termine ces mots :. Courage! confiance! patriotisme! Le Gouverneur de Paris ne capitulera pas. — Hélas! que nous importe, si les fautes commises rendent ce dénouement inévitable.

On dit qu'il n'y a plus de vivres que pour une quinzaine de jours. »

Tout cela est triste, et c'est le cas ou jamais de dire : qui trompe-t-on ici?... Le Gouvernement se tait, les journaux affirment... de quel côté est la vérité?

— Le même journal annonce que les trois éléphants du Jardin des Plantes ont été vendus à M. Debon, boucher du boulevard Haussmann, au prix de 27,000 francs.

Qui aurait pu supposer que les Parisiens en seraient réduits, un jour, à manger de l'éléphant?...

---

13 *Janvier*. — On affiche un décret du Gouvernement de la Défense nationale, du 5 janvier, qui appelle au service tous les jeunes gens de la Classe 1871. Il n'y aura pas de tirage au sort.

— Les funérailles de Madame Meunier, qui n'avait que 59 ans, ont eu lieu ce matin, à Provins, en l'église Sainte-Croix. A cette occasion, la famille a fait verser 500 francs au Bureau de Bienfaisance et 200 francs à la Crèche.

— A midi, on entoure les nouvelles qu'on vient d'afficher :

Bordeaux, 11 *Janvier*, 3 *heures* 45 *soir*.

Le ballon *le Gambetta*, parti hier soir de Paris, est tombé dans la Nièvre, près Clamecy ; il nous a apporté les deux dépêches suivantes :

AU GOUVERNEMENT A BORDEAUX.

Les abords du Panthéon et le 9ᵉ secteur ont reçu, cette nuit, beaucoup d'obus, dont 30 du plus gros calibre. L'hospice de la Pitié a été atteint; une femme y a été tuée. Les malades d'une salle ont dû être évacués dans une cave. Le Val-de-Grâce a été également bombardé. L'ennemi semble prendre pour objectif les établissements hospitaliers de Paris, montrant une fois de plus, par ses procédés odieux, son mépris des lois de la guerre et de l'humanité. Pendant la nuit et vers le point du jour, les Prussiens ont tiré à toute volée sur la ville. Le bombardement des forts continue vers le Sud. Il s'est fait aujourd'hui avec moins de violence que les jours précédents; des renseignements exacts évaluent à 2,000 le nombre des obus tombés cette nuit dans les quartiers de la rive gauche de la Seine. Quelques femmes et des enfants ont été tués ou blessés. Les nouvelles apportées hier par un pigeon ont produit un effet immense. La population est animée plus que jamais du sentiment et de la résolution d'une résistance opiniâtre.

Paris, 10 Janvier, 1 heure matin.
COMMISSAIRE A STEENACKERS, DIRECTEUR GÉNÉRAL DES TÉLÉGRAPHES ET POSTES.

Enfin la nuit est disparue, un de vos pigeons nous est arrivé, le 8 janvier au soir, apportant des dépêches officielles et des dépêches privées et microscopiques. Nous sommes heureux des bonnes et nombreuses nouvelles apportées par votre messager. A l'heure qu'il est, nous déchiffrons encore.

Les Prussiens pressent le bombardement. La population est admirable, aucun effroi. Les nouvelles apportées par votre pigeon et répandues, le 9, par les journaux, redoublent les courages. *Le Gambetta* vous porte des remerciements.

Vive Paris! Vive la France! Vive la République!

— Vers quatre heures, on colportait en ville deux dépèches allemandes; comment sont-elles arrivées à Provins? on n'en sait rien, l'ennemi aurait-il ici des espions?.. Il y a un certain pâtissier de la place du Val, qui passe pour tel, et dont on ne se défie pas assez; l'avenir nous renseignera probablement à ce sujet.

Voici ces dépèches se rapportant à des faits importants dont le Gouvernement n'a pas encore parlé:

Amiens, 10 Janvier.
Péronne a capitulé, nous avons fait 3,000 prisonniers.
DE GOEBEN.

Versailles, 11 Janvier.
Nos colonnes opérant contre le général Chanzy ont eu, le 10, des combats incessants mais victorieux. Elles poussèrent leurs têtes jusqu'à un mille de Le Mans. Un canon, trois mitrailleuses et plus de 2,000 prisonniers non blessés sont tombés entre nos mains. Nos pertes n'ont pas été fort importantes.

Les pertes du général Verder, dans le combat de Villersexel, ont été de 13 officiers et d'un peu plus de 200 hommes.
DE PODBIELSKI.

14 *Janvier.* — L'Autorité prussienne adresse à M. Lebeau, directeur de la Feuille de Provins, avec ordre de l'insérer sous peine d'exécution militaire, le curieux document suivant, c'est l'ordonnance par laquelle le Gouvernement général de Reims abolit la perception des impôts français dans notre région et y substitue un impôt unique :

ORDONNANCE
concernant la Perception des Contributions.

Nous, Gouverneur Général siégeant à Reims,

Avons ordonné et ordonnons ce qui suit :

Art. 1ᵉʳ. Les prescriptions concernant la perception des contributions pour l'exercice de 1870, données par ordonnance du 22 octobre 1870, sont remplacées pour l'année 1871 par les arrêtés suivants :

Art. 2. La perception fixée par les lois françaises sur les contributions directes et indirectes, quelle qu'en soit la nature ou la désignation, demeure suspendue dans les départements de la Marne, de l'Aisne, des Ardennes, de l'Aube et de Seine-et-Marne.

Art. 3. Les diverses impositions françaises sont remplacées dans lesdits départements par une seule et unique contribution directe.

Art. 4. Ladite contribution est composée :

A. De la somme des contributions directes payée antérieurement, à l'exception des centimes communaux destinés à couvrir les dépenses communales et particulièrement les frais des instituteurs et des gardes-champêtres.

B. D'une augmentation de 50 fr. pour chaque individu de la population, afin de remplacer l'impôt indirect autrefois prélevé.

Art. 5. La somme fixée pour chaque Commune sera répartie entre les contribuables par le Maire et le Conseil municipal.

Art. 6. Les Maires des communes auront à percevoir, au commencement de chaque mois, un douzième qui devra être versé entre les mains des Maires de leurs cantons jusqu'au 10 du mois, en sorte que le produit mensuel pourra être déposé par les Maires du Canton à la caisse générale établie dans chaque département jusqu'au 15 du mois, dernier délai, sous peine de poursuites militaires.

Art. 7. Les Communes sont responsables de la rentrée des contributions réparties à la caisse générale.

Art. 8. Le Maire de chaque Commune jouit d'une remise de 3 %; au Maire de chaque Canton il sera accordé une remise de 1 %, pour frais d'encaissement et de versement à la caisse générale.

A chaque versement, les remises seront à déduire de la recette.

Art. 9. M. Pochhammer, commissaire général de l'Administration des Contributions, est chargé de l'exécution de la présente.

Nous espérons que les Maires prêteront une obéissance absolue à cette ordonnance, et qu'ils ne nous forceront pas à recourir aux mesures rigoureuses prévues par les lois militaires.

Reims, 28 Décembre 1870.
Le Gouverneur Général,
E. R.
DE ROSENBERG GRUSZCZYNSKI.

En lisant cette ordonnance dans la *Feuille de Provins* et sur les murs où on l'avait fait placarder, on ne pouvait s'empêcher de reconnaître avec quelle prévoyante rapacité opéraient nos ennemis. En sus des rançons et contributions de guerre infligées à tout propos : un coup de fusil tiré dans une commune, un fil télégraphique brisé, un vieux sabre trouvé dans une perquisition, etc., tout était matière pour inviter les vaincus à passer à la caisse du fonctionnaire allemand, M. Pochhammer, un nom typique que les Provinois avaient traduit librement *Poche-Amère.*

En effet, ce n'est que l'amertume au cœur qu'on s'acquittait des amendes et qu'on subissait toutes ces vexations.

On doit dire aujourd'hui à l'honneur de nos populations que, malgré les remises accordées et malgré les menaces de rigueur qui terminaient l'ordonnance du Gouverneur général de Rosenberg Gruszczynski, l'impôt unique prussien n'a point été perçu dans l'arrondissement de Provins, qui a continué le paiement des impôts français.

15 *Janvier.* — Journée calme en ville. On ne signale non plus nulle part, dans nos environs, de visite de l'ennemi.

— On reçoit une dépêche télégraphique du Gouvernement de Bordeaux sur les mouvements de l'armée de la Loire que nous connaissions hier par la dépêche des Allemands colportée en ville :

12 *Janvier*, 3 *heures du soir.*

INTÉRIEUR A PRÉFETS, SOUS-PRÉFETS ET GÉNÉRAUX.

Hier, un combat a eu lieu jusque sous les murs du Mans. L'ennemi nous a attaqués sur toute la ligne. Le général Jauréguibéry s'est solidement maintenu sur la rive droite de l'Haine. Le général de Colomb s'est battu six heures avec acharnement sur le plateau de Dauvours. Le général Gougeard a eu son cheval percé de 6 balles. Nos positions au-dessus de Changé et sur la route de Parigné ont été maintenues, excepté la Tuilerie enlevée à la nuit par un retour offensif.

Nous avons fait des prisonniers, ils évaluent à 180,000 hommes l'ensemble des forces allemandes engagées ou en réserves. Les pertes de part et d'autre mal connues encore, sont sérieuses ; de notre côté, deux colonels grièvement blessés.

Toujours des détails superflus..... Un cheval de général percé de six balles !.... quel intérêt cela présente pour les Français, qui partout attendent haletants l'action qui doit peut-être décider du sort de la Patrie ! Quand donc imitera-t-on le sérieux et surtout la discrétion des Allemands ? On trouve que les rapports sur les opérations militaires de Paris et de la province, publiés au *Moniteur*, contiennent toujours trop de renseignements dont le public n'a que faire, et qui, de plus, ne peuvent qu'être utiles à l'ennemi..... Trop de détails..... trop de détails.....

— A la nuit, on colle deux autres dépêches. Cette fois les nouvelles sont affligeantes et causent un grand abattement dans notre population ; notre 2ᵉ armée de la Loire est battue. Serait-ce le commencement de la fin de ces braves et courageux soldats, qui avec ceux de l'Est sont le dernier espoir de la France, car ici on ne compte guère sur Paris qui va être obligé de capituler avant peu !

Le Mans, 12 *Janvier*, 9 *heures* 40 *matin.*

Nos positions étaient bonnes hier au soir, sauf à la Tuilerie, où les mobiles Bretons se débandant ont entraîné l'abandon des positions occupées sur la rive droite de l'Haine.

Le vice-amiral Jauréguibéry et les autres généraux croient que la retraite est commandée par les circonstances. Je m'y résigne, mais le cœur me saigne.

12 *heures* 45 *soir.*

Nous avons commencé notre mouvement de retraite que j'organise de manière à occuper avec les divers corps la ligne de Die, les y reconstituer et reprendre mes opérations.

CHANZY.

16 Janvier. — Le calme continue, aucune nouvelle ni dépêche du dehors ne sont parvenues aujourd'hui.

On apprend seulement, par un voyageur, qu'un de nos compatriotes établi à Amiens (Somme), M. Jeunet, imprimeur, a été arrêté par l'ennemi lors de l'occupation de cette ville, il y a quelques jours et qu'il a été envoyé prisonnier en Allemagne.

Cette mesure de rigueur a été motivée par le refus de M. Jeunet de soumettre à la censure prussienne le *Journal d'Amiens*, dont il est l'éditeur.

---

17 Janvier. — Le service de correspondance établi entre toutes les Communes de l'arrondissement, fonctionne toujours régulièrement et rend d'utiles services. On informe ce soir à Provins qu'un détachement de 40 cavaliers Wurtembergeois est venu ce matin à Frétoy. L'officier qui le commandait était parfaitement renseigné, car sans rien demander à personne il a envoyé arrêter à leur domicile deux habitants du village et une femme qui ont été emmenés tous trois par la colonne qui a repris la route de Coulommiers après un séjour de deux heures.

Ces malheureux habitants auront probablement été dénoncés à propos de l'affaire du 15 décembre, dont l'Autorité militaire prussienne semble se préoccuper beaucoup.

— On a reçu aujourd'hui des nouvelles de Paris concernant nos Mobiles. M. de Courcy, commandant du bataillon de Provins, est nommé lieutenant-colonel. C'est M. Charles Arnoul, qui le remplace comme chef de bataillon. M. Georges Vuaroqueau est nommé lieutenant et détaché aux Eclaireurs de Seine-et-Marne.

La compagnie de Provins, qui avait déjà pris part à la bataille de Champigny, a combattu de nouveau au Bourget. L'état moral et sanitaire est bon. On compte quelques blessés.

---

18 Janvier. — Dès huit heures du matin, on entend le canon au nord et à l'est, à une distance qui paraît peu éloignée. Se battrait-on dans les environs de Meaux, l'armée de Paris aurait-elle réussi à percer les lignes d'investissement?...

C'est peu probable. En tous cas on est fort intrigué à Provins.

— Ici on trouve depuis longtemps que les rapports sur les opérations militaires de Paris sont trop techniquement détaillés dans les communications faites à la presse par les états-majors, nous ne sommes pas seuls de cet avis, à voir par l'extrait suivant du journal le *Temps*, arrivé hier par ballon :

« Si l'ennemi a pu croire que l'affaire de l'avant-dernière nuit n'était qu'une manœuvre destinée à l'attirer hors de ses lignes, le *Journal Officiel* s'est chargé de le détromper. Il lui apprend que c'était une « vraie sortie » conçue par le général Vinoy, commandant en chef de l'une des armées de la Défense et donne ainsi à M. de Moltke l'occasion de se féliciter tout haut d'un nouveau succès, et de rire tout bas de notre ineptie militaire. L'*Officiel* ajoute, avec une naïveté charmante, que nos têtes de colonnes ayant été accueillies par un feu des plus vifs, la sortie n'a pas été poussée à fond. »

« Il est difficile d'imaginer une rédaction plus habile comme fond et plus heureuse comme forme. Mais là où ce journal se surpasse lui-même, c'est quand il étale dans ses colonnes les résultats minutieusement relevés du tir de l'ennemi sur Paris. Tout y est : le nom des rues et le nombre des victimes. Rectifiez votre pointage, Messieurs les Prussiens, l'*Officiel* ne vous accuse réception que de 200 à 300 projectiles par nuit. Vous en tirez plus du double. Beaucoup se perdent vous le voyez, dans des terrains vagues ou dans des jardins, où l'on ne soupçonne pas leur arrivée. Le mal que vous faites est insignifiant et hors de proportion avec la fonte que vous dépensez. Il n'est point étonnant que Paris ne s'émeuve point encore..... Changez vos hausses, morbleu ! et redoublez d'efforts. L'*Officiel* sera content. »

C'est roide ce qu'on dit à l'état-major, mais gageons qu'il ne se corrigera pas et qu'il continuera par ses bavardages à renseigner l'ennemi aussi bien et même mieux que ne le font la plupart de ses espoins !...

Tant pis, pauvres Parisiens, et surtout pauvres Français ! Comment sortira-t-on de là ?...

---

19 Janvier. — De cette année, on n'avait pas encore vu de Prussiens à Provins, à l'exception de ceux qu'on y a amenés prisonniers à diverses reprises ; hier soir il en est venu un détachement, c'étaient des cavaliers du 1er régiment de Reitres Wurtembergeois, ils avaient orné leurs casques de feuilles de houx et chantaient, ils nous ont renseignés sur la canonnade d'hier matin, ce n'était pas un combat. Le roi de Prusse a accepté hier 18, à Versailles, le titre d'Empereur d'Allemagne, une grande fête militaire a eu lieu à ce sujet, chaque régiment actuellement en France y était représenté par une députation. Dans toutes les régions occupées, on a célébré cette solennité, par des messes, des banquets, et des salves d'artillerie.

C'est le canon des Wurtembergeois de Coulommiers que nous avons entendu ici.

Le détachement de cavaliers qui nous a appris cette nouvelle n'a pas couché à Provins, il est reparti après avoir fait coller après la Mairie l'ordre du jour suivant que le roi Guillaume a adressé à ses troupes.

« Soldats des armées Allemandes alliées,

« Nous entrons dans une nouvelle phase de la guerre. La dernière fois que je vous ai adressé la parole, la dernière des armées ennemies qui se trouvait en face de nous au début de la campagne venait d'être anéantie par suite de la capitulation de Metz. Depuis l'ennemi nous a opposé de nouvelles troupes formées par des efforts extraordinaires : une grande partie des habitants de la France ont abandonné leurs travaux pacifiques, auxquels nous n'avions apporté aucune entrave, pour prendre les armes.

« L'ennemi nous a été souvent supérieur en nombre, cependant vous l'avez battu de nouveau, car la bravoure, la discipline et la confiance dans une juste cause valent plus que le nombre des combattants. Toutes les tentatives de l'ennemi pour forcer le passage à travers nos lignes d'investissement ont été repoussées énergiquement, souvent il est vrai au prix de sanglants sacrifices, comme à Champigny et au Bourget, mais aussi avec le même courage héroïque dont vous avez fait preuve à toute occasion.

Les armées de l'ennemi qui s'avançaient de tous côtés pour débloquer Paris sont toutes défaites. Nous avons conquis plusieurs forteresses, et pris un matériel de guerre considérable.

Je n'ai donc qu'à vous exprimer ma haute satisfaction et c'est pour moi un bonheur et un besoin de pouvoir vous le dire. Je vous remercie tous, depuis le général jusqu'au simple soldat. Dans quelques jours nous amènerons probablement Paris à se rendre et si après cela l'ennemi s'obstine à continuer la guerre, je sais que vous persévérerez à faire tous les efforts auxquels nous devons les grands succès que nous avons remportés, jusqu'à ce que nous obtenions une paix honorable, digne des grands sacrifices de sang et de vies que nous avons dû faire.

Quartier général de Versailles.

« GUILLAUME. »

Les cavaliers qui avaient fait coller cette proclamation n'étaient pas encore arrivés à la sortie de Provins, que déjà des mains de patriotes l'avaient enlevée : après en avoir laissé prendre copie à un collectionneur, elle fut mise en morceaux et brûlée.

— Une violente canonnade a été entendue aujourd'hui à Provins, une partie de la journée, dans la direction de Paris. Il doit y avoir eu bataille, ou bien l'ennemi redouble son bombardement. Nous saurons cela dans quelques jours.

— Hier 18, la compagnie des Eclaireurs de l'Aube se trouvait à Saint-Loup, lorsque le capitaine Sourd fut informé qu'à Nangis, plusieurs habitants marchands de grains, de bestiaux et de pétrole, faisaient un trafic considérable avec l'ennemi. Ils enlevaient, disait-on, à force d'argent fourni par les Allemands, toutes les denrées qui se trouvaient sous la halle.

Cédant aux excitations des habitants des villages voisins qui se plaignaient de ne pouvoir s'approvisionner sans être obligés de payer tout très cher, le capitaine des francs-tireurs résolut de faire cesser cet état de choses. Il partit avec sa Compagnie pour Nangis, où il arriva au plus fort du marché qui a lieu tous les mercredis ; des factionnaires furent placés à toutes les issues de la ville, et deux heures plus tard, douze commerçants désignés comme pourvoyeurs des Prussiens étaient arrêtés.

Ces douze personnes, auxquelles on réunit un boucher de Melun, nommé Blondon, arrêté à Dontilly, au moment où il achetait des moutons, furent emmenées le même jour par Rampillon, Meigneux, Sognolles, Montramé et Gouaix, jusqu'à Hermé.

Ce matin, le capitaine Sourd alla à Nogent-sur-Seine, rendre compte au Procureur de la République des arrestations qu'il avait faites ; ce magistrat ne voulant exposer aucune localité aux représailles de l'ennemi, déclara qu'il ne croyait pas devoir recevoir ni garder les prisonniers. Le capitaine Sourd revint alors à Hermé, où il assembla une sorte de conseil de guerre qui se réunit à la Maison d'école pour délibérer.

M. Mandre, notaire et maire de Nangis, ainsi que ses deux adjoints, MM. Prévet et Massé, qui avaient suivi la colonne, réclamèrent avec instance la liberté de leurs concitoyens. Les observations de ces Administrateurs prévalurent, le conseil de guerre renvoya plusieurs des prisonniers sans rançon, d'autres furent renvoyés sous caution, à l'exception de deux négociants en grains, pour lesquels le conseil ne voulut rien entendre.

Le total des cautions s'élevait à 15,000 fr. Cette somme fut versée entre les mains du capitaine Sourd, qui donna reçu à M. Mandre, en l'avertissant qu'aussitôt la paix signée, si les personnes incriminées pouvaient prouver leur innocence, cet argent leur serait remboursé.

Malgré une nouvelle tentative d'arrangement, le capitaine des francs-tireurs ne voulut pas rendre les deux négociants pour la rançon desquels, dit-on, on offrait 50,000 francs (ce qui paraît être exagéré) : « Ils seront envoyés à Nevers, dit-il, la cour martiale les jugera et ils seront fusillés (1).

(1) A Nevers, les choses prirent une tournure moins grave qu'on pouvait le craindre à Nangis : le général Du Temple fit mettre les deux négociants en liberté.

Plus tard, dans le courant de juin 1871, le conseil de guerre de Moulins (Allier), siégeant sous la présidence de M. le général de Curten, condamna le capitaine Sourd pour ce fait, à 3 ans de prison, bien que ce dernier ait fait

Après cet entretien, les Administrateurs de Nangis reprirent le chemin de leur pays avec leurs concitoyens qu'ils venaient de tirer d'embarras. Quant aux Eclaireurs, ils repartirent pour Nogent-sur-Seine, après avoir procédé, à Gouaix, à la vente d'un troupeau de moutons saisi à Dontilly au boucher Blondon. Déjà à Nangis, la veille, ils avaient vendu sur la place publique les bestiaux saisis au sieur Libéron.

Vendredi 20 *Janvier*. — On se hâtait trop ces jours derniers en se félicitant de n'avoir pas eu à Provins la visite des Prussiens depuis le commencement de l'année.

Ce matin, mauvais réveil.

Dès cinq heures et demie, un remuement infernal dans les rues attire tout le monde aux fenêtres. C'est une colonne de Wurtembergeois qui envahit de nouveau la ville.

Les fantassins amenés dans de grands charriots descendent sur la place de l'Hôtel-de-Ville, les cavaliers vont garder les portes et l'artillerie va s'établir en batterie au pied de la côte de Saint-Syllas.

Que veulent encore ces tracassiers?...

La première pensée de tout le monde est que le commandant de cette troupe, qu'on reconnaît pour être le colonel Seuber, de la garnison de Coulommiers, a été avisé de ce qui s'est passé le 18, à Nangis, et qu'il vient voir si les négociants arrêtés par les francs-tireurs ont été amenés à Provins.

Pendant qu'un détachement recherche M. Breton, procureur de la République et son substitut, pour les arrêter, un autre détachement se rend à la prison et se fait ouvrir toutes les cellules. Le colonel Seuber découvre les cinq artilleurs de Poméranie faits prisonniers à Frétoy, le 5 décembre, il les fait sortir et s'empare du gardien-chef, M. Grain, et du commissaire de police, M. Salel.

L'ambulance et l'Hôtel-Dieu sont fouillés de la cave au grenier.

---

ressortir avec énergie qu'il n'avait agi que sous l'empire d'un sentiment des plus patriotiques et pour empêcher le ravitaillement de l'ennemi. En le condamnant, le président qui au cours des débats avait rendu justice à la bravoure du capitaine Sourd, lui dit qu'il regrettait d'être obligé de lui appliquer la loi, attendu que sous l'état de siège, levé maintenant par suite de la signature de la paix, il avait condamné à mort des commerçants qui n'avaient pas fait plus que ceux de Nangis.

Au mois de juillet, le Président de la République gracia entièrement le capitaine Sourd.

Un détachement fait irruption dans les ateliers de l'imprimerie de M. Le Hériché, et brise les presses à coups de masse.

Les Allemands, peuple civilisé, non contents de piller, de rançonner et de fusiller lâchement tout français patriote qui ose tenter la moindre résistance, voudraient encore faire la nuit sur ce qui peut nous apporter quelques consolations, quelques lueurs d'espérance. La presse qui fait connaître à l'Europe leurs procédés odieux et exalte le courage de nos soldats est considérée par eux comme un engin ennemi et traitée comme tel. « *La force prime le droit.* » Ainsi l'entend le colonel Seuber, exécuteur des hautes œuvres de M. de Bismarck, et qui, au retour du détachement envoyé à l'imprimerie, s'inquiète si ses ordres ont bien été exécutés et « si les mécaniques sont hors d'état de servir pour le moment. »

A dix heures, la colonne Wurtembergeoise reprend la route de Chenoise, emmenant ses prisonniers, MM. Grain et Salel à Coulommiers.

— On informe ici que le préfet prussien de Troyes a supprimé l'*Echo Nogentais*.

Hier, c'était le *Journal de Provins* dont on essayait d'entraver la publication en brisant les presses de son éditeur.

Décidément, les journaux français gênent donc bien Messieurs les Allemands.

Samedi 21. — On n'a pas de nouvelles du Gouvernement depuis le 17. Les Wurtembergeois venus hier ont dit à plusieurs personnes que les Français avaient été battus sous Paris, le 19, d'une façon complète et que la capitale ne tarderait pas à être prise ou à se rendre ; nous ne savons pas ce qu'il y a de vrai dans cette communication, mais d'après un journal reçu hier au café de la Comédie, les Allemands considèrent la résistance de Paris comme à peu près terminée, et voici les conditions préparées en vue de la capitulation :

« Le roi Guillaume n'entrera pas dans la ville. Il retournera à Berlin, laissant ses armées sous le commandement des deux princes feld-maréchaux.

« Paris ne recevra pas de garnison allemande. La protection de la cité sera confiée à la garde nationale qui ne sera pas désarmée.

« Les soldats de la ligne et de la mobile seront envoyés en Allemagne.

« Les Allemands occuperont les forts. Le gros de l'armée fédérale occupera la Champagne à titre d'otage jusqu'au paiement des indemnités de guerre.

« L'Alsace et la Lorraine sont considérées dès aujourd'hui comme provinces germaniques.

« Possédant les forts de Paris et la Champagne, les Allemands discuteront les conditions de la paix et laisseront à la France la pleine liberté de constituer son Gouvernement et de continuer la guerre s'il lui convient. »

Comme on le voit, Messieurs les Allemands sont gens prévoyants, rien n'est laissé au hasard. On peut dire qu'ils vendent la peau du lion avant de l'avoir tué. Ainsi, voilà déjà arrêté ce qu'ils feront lorsque Paris capitulera.

Et si Paris ne capitule pas?..... Si au contraire les assiégés battaient les assiégeants et les reconduisaient baïonnette dans les reins jusqu'à la frontière?...

Hélas, chacun le désire, sans oser l'espérer.

Dimanche 22 Janvier. — Encore pas de nouvelles du Gouvernement aujourd'hui. On est fort inquiet, que se passe-t-il donc?...

— Une famille de Provins a reçu tantôt une lettre d'un des siens, elle est datée de Paris 10 janvier. Elle donne des détails très curieux et auxquels on aura de la peine à croire plus tard.

« C'est aujourd'hui le 106e jour du siège, écrit Madame Cave, nous ne manquons point, Dieu merci! ni de pain, ni de vin et nous pouvons défier longtemps la famine. La viande de cheval apporte à l'alimentation un appoint qui nous permettra de pouvoir attendre avec patience la fin du blocus. Ainsi, Paris n'est pas à la veille de se rendre aux Prussiens.

« Que coûtent les denrées à Provins?... Ici, sur les marchés, on paie : une carotte potagère 60 centimes ou 7 francs la botte de douze, un navet 80 centimes, une betterave 4 francs, son prix ordinaire est de six sous ; un pied de céleri 2 francs, un poireau 40 centimes, un oignon 25 centimes, les pommes de terre sont introuvables à aucun prix, un chou 1 franc 50 centimes, le lard 6 francs la livre, le beurre 35 et 40 francs la livre, un œuf de poule 1 franc, la volaille est très rare, on paie un dinde 125 francs, une oie ordinaire qu'on se procurait pour 6 francs, se vend aujourd'hui 85 francs, un lapin, 25 francs, un canard 30 francs, un corbeau 2 francs 50 centimes, un rat 1 franc.

J'ai rencontré ces jours derniers plusieurs de nos petits mobiles Provinois, entr'autres Thevenez, le sergent-major, et Cothenet, le fourrier ; leur bataillon qui a très peu souffert dans les derniers combats est en ce moment à Montreuil, ils font le service des avancées au fort de Rosny et à la redoute de la Boissière. »

---

23 Janvier. — Quelles angoisses !... Toujours rien du Gouvernement, et pourtant il a dû se passer de graves événements sous Paris ces jours derniers, car les Allemands venus ici avant-hier étaient très joyeux.

— A deux heures, M. le Maire de Coulommiers fait passer les nouvelles suivantes : ce sont des dépêches officielles prussiennes, on se bouscule pour en prendre connaissance, puis l'on se retire la rage au cœur. Nos armées ont encore subi des échecs.

PRÉFECTURE DE SEINE-ET-MARNE.

Dépêches officielles Prussiennes.

Versailles, 20 Janvier, soir.

Grande bataille sous Paris.

Une grande sortie des assiégés a eu lieu hier pendant que le Mont-Valérien ouvrait un feu formidable. Cette sortie a eu lieu à la fois vers Nanterre, Rueil, Bougival et Saint-Cloud.

Le combat a duré depuis onze heures du matin jusqu'à six heures du soir. Le carnage a été épouvantable.

Notre artillerie a tiré continuellement des hauteurs de Montretout, mais surtout des positions de Garches et de Saint-Cloud. Notre 5ᵉ corps d'armée a eu à combattre de grandes forces. A Bougival et à Nanterre, les marins français ont un instant fait plier nos soldats. Ils maniaient la hache avec une rage et une dextérité sans égales. A Vaucresson, il y a eu un engagement très vif. Notre artillerie de Garches nous a donné le succès sur ce point.

Les assiégés ont dépassé Roquencourt, mais vers quatre heures du renfort étant arrivé à nos troupes, les assiégés ont dû céder ; ils se sont repliés sur Suresnes et Rueil, mais il ne sont pas rentrés dans Paris.

L'action a repris vers midi. Les assiégés ont opéré un mouvement en avant. Notre 5ᵉ corps a plié un instant. Le bruit court que notre position de Saint-Cloud serait abandonnée. Le feu ouvert par les forts de Vanvres et d'Issy contre notre batterie de Saint-Cloud a été tellement vif que tous les servants de cette batterie succombaient au fur et à mesure qu'on les remplaçait.

Le Mont-Valérien gronde continuellement avec une grande violence. Les pertes ont été hier et aujourd'hui considérables des deux côtés. Notre 5ᵉ corps a particulièrement souffert.

Des combats décisifs ont eu lieu les 17 et 18 aux environs de Saint-Quentin, entre la 1re armée et le général Faidherbe. Ils se sont terminés par la déroute complète de l'armée française qui s'enfuit vers le nord-est, en laissant 6 canons et 12,000 prisonniers entre nos mains.

Les 15, 16 et 17, le général Werder, avant l'arrivée des 2e et 7e corps qui accouraient pour l'assister, avait à soutenir des attaques vigoureuses de la part du général Bourbaki dans ses positions retranchées, entre Villers-Sexel et Montbéliard. Toutes ces attaques furent victorieusement repoussées. Le 19, toute l'armée du général Bourbaki était en pleine retraite, poursuivie par le général Werder.

Versailles, 21 Janvier.

A l'Impératrice-Reine, à Berlin.

Bourbaki, après trois jours de bataille, s'est retiré devant la résistance héroïque du général Werder. La plus grande reconnaissance est due à lui et à ses troupes.

Hier, à midi, l'ennemi s'est retiré entièrement dans Paris. Devant Saint-Cloud, nous avons fait prisonniers 15 officiers et 250 hommes. Le bombardement continue avec bons effets et pertes minimes pour nos armées.

GUILLAUME.

M. le comte de Fuertenstein, le préfet prussien de Seine-et-Marne, a fait remettre hier à M. Louis Michaud, conseiller général du canton de Provins, l'invitation de se rendre à Melun, le mercredi 25 janvier, à une heure, à l'hôtel de la Préfecture.

Cette invitation, qui a dû être adressée à tous les Conseillers généraux du département, porte que le Gouvernement général de Reims désire entendre l'opinion d'hommes éclairés et jouissant de la confiance générale, sur plusieurs matières concernant une répartition équitable des charges, des réquisitions et des contributions de guerre à imposer au département. En conséquence, le préfet a reçu l'ordre d'inviter les conseillers généraux à se réunir au chef-lieu.

« Cette réunion, ajoute le fonctionnaire prussien, dégagée de toute contrainte et de formalités, ne saurait que profiter au bien du département *que j'administre.* »

Fuertenstein en fut encore une fois pour sa prose, car aucun Conseiller ne répondit à son appel.

---

24 *Janvier*. — Depuis quelque temps, il se fait dans nos contrées un commerce très actif de pétrole, presque toutes les nuits des convois importants de ce liquide traversent Provins, se dirigeant par Nangis sur Corbeil.

A Provins même, il y en a un entrepôt considérable établi dans l'ancien four à chaux de la route de Saint-Brice.

Il est certain qu'il y a trafic avec l'ennemi et que plusieurs commerçants de la ville se livrent à ce genre de négoce qui, pour le moment, doit produire d'assez beaux bénéfices.

S'il est regrettable de voir des Français aussi peu soucieux des intérêts de la Patrie et qui n'ont pas honte de servir l'ennemi, il est plus malheureux encore de voir les Administrations fermer les yeux et faire semblant d'ignorer ce qui se passe.

— Tantôt, les francs-tireurs de Provins, auxquels s'était joint un détachement de ceux de l'Aube, ont procédé eux-mêmes à l'arrestation de leur capitaine, Alexandre Neil, un inconnu qui a su s'imposer ici par sa jactance. Ce personnage qui, depuis la création de la Compagnie, a vidé plus de bocks de bière qu'il n'a pourchassé de Prussiens, est accusé d'avoir dilapidé les fonds de l'Etat (15,000 francs environ) qui lui avaient été confiés pour achat des armes et des munitions.

L'arrestation ne se fit pas sans incident : comme le capitaine résistait, un des francs-tireurs le menaça de lui brûler la cervelle d'un coup de revolver. Cette injonction le rendit plus calme. Placé sous la surveillance de deux francs-tireurs de l'Aube, il est parti ce soir, en voiture, pour être conduit à Nevers.

— Les journaux arrivés aujourd'hui nous apprennent qu'une Conférence composée des plénipotentiaires des grandes puissances de l'Europe et ayant pour but d'arrêter la guerre, s'est réunie à Londres le 19 janvier.

Dans cette première séance, on a protesté contre le bombardement de Paris. Lord Granville a déclaré que la continuation de la guerre constitue un péril pour la prospérité et la liberté de l'Allemagne.

« Paris, dit-il, peut tomber, armées sur armées peuvent être battues ; mais la République ne cédera pas. Dans une guerre semblable, l'avantage de la bonne cause est du côté de la nation envahie. Toute l'Europe a intérêt à la cessation de la guerre. Plus que toute autre nation, l'Allemagne elle-même y est intéressée. »

A Londres, on attend M. Jules Favre pour prendre part à la Conférence.

Mercredi 25 Janvier. — Depuis deux jours on ne parle ici que des francs-tireurs. Hier, après l'arrestation du capitaine Neil, son remplaçant a décidé de réorganiser le service d'une *façon sérieuse*. Des patrouilles ont été envoyées dans les campagnes voisines ; les hommes d'une de ces patrouilles ont arrêté plusieurs voitures de marchandises diverses : café, sucre, savon, chandelle, etc., expédiées par un négociant de Sézanne à Madame Jaillant, épicière à Nangis. Sous le prétexte que ces marchandises devaient servir à l'approvisionnement de l'ennemi, les francs-tireurs les ont saisies et amenées à Provins où l'Administration a refusé de les recevoir. Ce que voyant, l'officier des francs-tireurs donna l'ordre de les conduire aux Ormes où elles ont été vendues à des prix dérisoires de bon marché. — Le plus grave, c'est que l'officier a envoyé à Madame Jaillant l'ordre, avec menaces de mort, de payer ces marchandises à celui qui les lui avait vendues.

— On a appris aussi que les francs-tireurs qui s'étaient chargés de conduire le capitaine Neil à Nevers ont fait leur service *si sérieusement* que, cette nuit, au-delà de Bray, leur prisonnier s'est évadé sans qu'ils sachent où il est passé (1).

Triste !... triste !...

— On dit ce soir qu'on vient de recevoir à la Sous-Préfecture des dépêches du Gouvernement, rendant compte de la sortie de Paris. — Il y a beaucoup de détails, on va en faire des copies qui seront placardées demain matin.

En attendant, on se communique la dépêche suivante qui vient des Prussiens :

Versailles, 24 Janvier.

Nos pertes occasionnées par la sortie de Paris, le 19, se sont élevées à 39 officiers et 616 hommes, morts, blessés ou manquant à l'appel. Les pertes de l'ennemi peuvent être évaluées à 6,000 hommes, puisqu'il a été constaté que plus de 1,000 morts sont restés couchés devant notre front.

Les pertes de la 1re armée dans la bataille de Saint-Quentin, le même jour 19, ont été de 94 officiers environ, et de 3,000 hommes, tant morts que blessés.

DE PODBIESKI.

Jeudi 26 Janvier. — Enfin !... on affiche ce matin les nouvelles de Paris, et malgré le froid et la neige qui couvre le pavé, on les entoure aussitôt.

C'est un rapport officiel militaire sur la journée du 19 janvier.

Le gouverneur Trochu, dont le fameux *plan* n'a pas réussi,

(1) Alexandre Neil ne fut jamais retrouvé, c'est par contumace qu'un conseil de guerre l'a condamné à mort le 7 juin 1871.

PROVINS PENDANT L'INVASION

17 DÉCEMBRE 1870

éprouve le besoin d'essayer une justification en rendant compte, heure par heure, des opérations de la sortie sur laquelle on avait fondé de si grandes espérances.

Voici un passage de ce que nous dit le général au plan :

« 4 *heures soir*. — La bataille engagée en avant du Mont-Valérien dure depuis ce matin 9 heures, l'action s'étend depuis Montretout, à gauche, jusqu'au ravin de la Celle-Saint-Cloud, à droite. Trois corps d'armée formant plus de 100,000 combattants et pourvus d'une puissante artillerie sont aux prises avec l'ennemi. Le général Vinoy à gauche tient Montretout et se bat à Garches. Le général de Bellemare et le général Ducrot ont attaqué le plateau de la Bergerie et se battent depuis plusieurs heures au château de Buzenval. Les troupes ont déployé la plus brillante bravoure et la garde nationale mobilisée a montré autant de solidité que de patriotisme.

A la tombée du jour nos troupes occupent Montretout avec de l'artillerie, les hauteurs de Garches et une partie à droite de Saint-Cloud. De fortes réserves sont au repos depuis midi sur les contreforts de Garches et de la Fouilleuse, vers la Seine. »

« 9 *heures* 50 *du soir*. — L'ennemi ayant fait converger sur nous des masses d'artillerie énormes et des réserves d'infanterie, nos colonnes ont dû se retirer des hauteurs qu'elles occupaient et qu'elles avaient gravies le matin. Nos pertes ne sont pas encore connues, nous avons su par des prisonniers que celles de l'ennemi étaient fort considérables. »

Fort considérables !... La dépêche allemande d'hier nous a renseignés : 39 officiers et 616 hommes. Qu'est-ce que cela quand on avoue 100,000 combattants en ligne du côté des Français ?...

Tout le monde commente le rapport de la sortie du 19, personne n'est content, les moins pessimistes commencent à désespérer, d'autres accusent Trochu de trahison, les indulgents penchent pour son incapacité.

— A huit heures du matin, au moment où chacun était sous l'impression des nouvelles de Paris, des gamins descendent en courant la côte de Saint-Syllas, entrent en ville en criant : Voilà les Prussiens !... ils arrivent par la route de la Ferté-Gaucher !...

Un quart d'heure après, en effet, une colonne Wurtembergeoise de la garnison de Coulommiers fait son apparition à la porte de Courloison, la cavalerie et l'artillerie ouvrent la marche, les fantassins sont par derrière, entassés dans des voitures réquisitionnées et conduites par des habitants de la campagne.

La tête de colonne s'arrête près du café de l'Est, au coin de la rue Vieille-Notre-Dame, les hommes s'alignent en bataille dans la rue de Troyes jusqu'à l'entrée de la route de Villenauxe.

Le colonel Seuber (une vieille connaissance déjà pour les Provinois qui n'en sont pas plus fiers pour cela), accompagné d'un état-major formé de deux capitaines et de trois lieutenants et escorté d'un peloton de cavaliers, s'avance jusquà la place du Val ; il monte à l'Hôtel-de-Ville, où le Conseil municipal se réunit immédiatement.

Le colonel annonce qu'il est spécialement chargé d'opérer la perception de la contribution de guerre et des impôts dans l'arrondissement de Provins. Après avoir touché 21,771 fr., représentant la part de la ville, il se retire en laissant, avec ordre de les placarder, plusieurs affiches concernant le paiement des contributions et la défense aux jeunes gens de la classe de 1870, d'aller rejoindre les régiments français.

Pendant que l'état-major Wurtembergeois discutait à la Mairie avec les représentants de la cité, un officier et une escorte se rendaient à l'Hôtel-Dieu pour faire une enquête sur l'enlèvement des soldats allemands par les francs-tireurs de la Loire, au mois d'octobre. Un autre détachement allait à la Ville-Haute faire des perquisitions dans les souterrains, sous le prétexte qu'on y avait caché des armes.

A la Tour de César, tous les recoins sont fouillés. Les Wurtembergeois ne sont pas trop hardis dans les couloirs sombres du vieux donjon, ils laissent des factionnaires à toutes les issues et exigent que le gardien Michel Fleury les accompagne avec une lanterne : ils le font marcher le premier devant la pointe de leurs baïonnettes, et tressaillent de peur toutes les fois qu'en ouvrant une porte, l'écho résonne sous les voûtes. Entendant donner l'ordre de l'emmener, Michel Fleury parvient à s'échapper et fuit se cacher dans les chapelles souterraines de l'église Saint-Quiriace, où il s'enferme.

Dans la rue de Troyes, les officiers stationnant dehors avec la troupe, s'étaient fait apporter des bouteilles de Champagne qu'ils buvaient accroupis, par terre, dans la neige. A quelques pas de là, des pillards avaient enfoncé les portes de la cave de M. Louis Michaud et lui volaient son vin : le commandant, auquel M. Michaud réclamait de faire cesser cet état de choses, lui fit réponse qu'il n'y pouvait rien, que « *c'être un petit malher.* »

A midi, nous étions débarrassés de ces policiers qui sont partis se dirigeant sur Villenauxe.

Si on pouvait ne jamais les revoir !...

— Aussitôt après le départ de la colonne, on colporte en ville plusieurs journaux de Paris, que des officiers Wurtembergeois ont laissés chez M. Colin, au café de l'Europe ; l'un de ces journaux, le *Réveil*, contient un article écrit évidemment par un officier de l'armée de Paris, encore sous l'empire de la rage de la défaite : cet article prouve que dans la capitale on juge aussi très sévèrement les opérations de la grande sortie.

Voici ce qu'on dit :

« Le 19 au soir, les généraux Trochu et Vinoy qui ne paraissent plus être d'accord avec le général Ducrot, se sont enfermés au Mont-Valérien.

Nous avons évacué pendant la nuit les hauteurs que nous occupions et l'ennemi n'a pas contrarié ce mouvement pendant lequel il eût pu nous faire le plus grand mal.

Son manque d'audace, l'attitude absolument défensive qu'il persiste à garder, semble dénoter qu'il s'est sensiblement affaibli par des détachements de corps de troupes envoyés contre nos armées de province.

Une dépêche du Gouverneur nous est communiquée à l'instant : elle constate, comme avec regret, cette réserve de l'ennemi et tous les termes en sont calculés pour faire croire de notre côté à des pertes énormes : « Le brouillard est épais, l'ennemi n'attaque pas. J'ai reporté en arrière la plupart des masses qui pouvaient être canonnées des hauteurs. Il faut à présent parlementer d'urgence à Sèvres, pour un armistice de deux jours qui permettra l'enlèvement des blessés et l'enterrement des morts. Il faudra pour cela du temps, des efforts, des voitures très solidement attelées et beaucoup de brancardiers. Ne perdez pas de temps pour agir dans ce sens. »

« Le but de l'auteur de cette dépêche est évidemment de frapper d'épouvante cette population qui ignore qu'elle va manquer de pain et qui ne veut pas entendre parler de capitulation.

« Assistons-nous au dernier acte de cette grande tragédie qui aura nom *Siège de Paris ?* On le croit. Comment, le 19 janvier, sur près de 400,000 hommes sortis, 100,000 à peine sont entrés en ligne ! nous avions une artillerie formidable pouvant lutter avantageusement avec celle de l'ennemi (plus de 1,000 pièces de canon dont les trois quarts se chargeant par la culasse), et on les a laissées en réserve ! En raison du terrain détrempé, dit le rapport, huit batteries seulement ont pu monter sur le haut des côtes pour soutenir nos troupes.

« Non, il y a dans le fait d'agir de la sorte quelques motifs que la population ne peut s'expliquer. Depuis quelque temps déjà, les troupes actives et la mobile ne fraternisent plus avec les gardes nationaux. Chaque matin, lorsque ceux-ci traversent les campements pour se rendre aux grandes gardes ou en reconnaissance, ce n'est qu'un échange d'invectives qui font peine à entendre : *Ohé ! les guerres à outrances ! Ohé ! les escargots de rempart, les soldats de 30 sous !* — *A bas les moblots ! A bas les machines à Trochu !* Telles étaient les réceptions réciproques.

« Dans une réunion des Membres du Gouvernement et des Maires de Paris, qui a eu lieu le 21, à l'Hôtel-de-Ville, le général Trochu s'est longuement appesanti sur l'inexpérience et le peu de solidité militaire de la garde nationale. Il a conclu en se refusant à diriger une nouvelle sortie ; mais il demande *qu'en récompense de ses services*, on lui permette de tenir la parole qu'il a donnée de ne pas capituler ! ! !

« Il paraît que dans cette réunion, MM. Trochu et Jules Favre se sont livrés à d'amères récriminations contre Gambetta ; le premier l'accuse de lui avoir fait manquer son plan (?), le second lui reproche d'exercer en province une véritable dictature.

« Pendant ces douloureux débats, le bombardement redouble de violence sur la ville. »

Comme on le voit par ces extraits du *Réveil*, à Paris on ne se dissimule pas la gravité de la situation.

Le plus regrettable, c'est que les Prussiens lisent ces articles, ce qui doit singulièrement les édifier sur le patriotisme de ceux qui dirigent la défense.

— D'après un autre article du même journal, nos pertes, dans la journée du 19, s'élèvent à peine à 2,000 hommes, et si quelques bataillons de garde nationale se sont débandés devant l'ennemi, d'autres ont vaillamment fait leur devoir.

---

27 *Janvier*. — Un des journaux laissés hier au café de l'Europe par les officiers Wurtembergeois, *le Gaulois* du 24 janvier, contient une nouvelle qui concerne nos Mobiles ; on se passe ce matin ce numéro de mains en mains, on se montre l'article sur la bataille du 19, où les nôtres se sont bien battus, paraît-il.

Voici l'éloge qu'en fait *le Gaulois* :

« Le régiment de Seine-et-Marne a payé une fois de plus sa dette de sang à la défense de Paris. 221 des Enfants de la Brie sont encore tombés jeudi sur les crêtes de Buzenval, disputant pied à pied le terrain à l'ennemi qui, le soir, appuyé par des renforts et une artillerie formidable, s'efforçait de reprendre ses positions. Lancé vigoureusement par son colonel au moment où la retraite s'accentuait, il prenait, avec les trois bataillons engagés, les positions terribles qui font face à Garches et s'y maintenait énergiquement, couvrant nos colonnes en retraite et repoussant l'agression de l'ennemi. C'est une poignée des enfants de ce régiment qui, se jetant la nuit dans le parc de Buzenval avait l'honneur, de concert avec les zouaves du général Fournès, de rester les derniers à maintenir nos positions.

Comme à la Malmaison, à Bry, à Champigny, à Avron, le régiment de Seine-et-Marne semble réservé, avec les zouaves, au périlleux honneur de soutenir les derniers efforts de la journée. »

Quelqu'un avait eu l'idée de copier ces lignes et de les placarder après l'Hôtel-de-Ville, où chacun pouvait en prendre connaissance ; mais, sous le prétexte que ce renseignement n'avait aucun caractère officiel et qu'il pouvait inquiéter des familles à cause du chiffre des pertes, on le déchira et pourtant il faisait plaisir au plus grand nombre et on se le montrait avec une sorte d'orgueil.

On sut plus tard que ce qu'imprimait *le Gaulois* dans son numéro du 24 janvier, était parfaitement exact : sur les 221 hommes du 38ᵉ régiment provisoire, qui furent mis hors de combat le 19, à la bataille de Montretout, 116 appartenaient au bataillon de Provins. Ce nombre se décompose ainsi : un officier tué (le lieutenant Roger, de Sourdun), 4 autres blessés, 17 sous-officiers et soldats tués, 79 blessés et 15 disparus.

Conduits au feu par leur colonel, M. Frédéric de Courcy, et leur commandant, M. Charles Arnoul, nos compatriotes ont déployé un courage qui leur valut les félicitations des généraux et les applaudissements de leurs compagnons d'armes des régiments de zouaves et d'infanterie, aux côtés desquels ils combattaient. On croit peut-être qu'après cela le Gouvernement n'eut rien de plus pressé que de faire pleuvoir sur le bataillon de Provins une grêle de récompenses semblable à la pluie de balles qu'il avait reçue sur les crêtes de Buzenval ! il n'en fut rien, et pourtant dans les Mobiles qui le composaient, on pouvait souligner les noms de quelques-uns qui ne méritaient pas d'être oubliés (1).

Mais comme toujours, il y eut comparativement beaucoup d'appelés et peu d'élus. Le bataillon reçut une croix d'honneur (le capitaine Michelon, de la 1ʳᵉ compagnie), et quatre médailles militaires (Billy, sergent-major ; Mareschal, sergent ; Demontigny et Vinat, caporaux, tous de la 5ᵉ compagnie).

— Aujourd'hui, vers midi, une terrible nouvelle se répand à Provins, les villages de Marcilly et de Conflans, où les Prussiens ont été attaqués et battus par les Eclaireurs de l'Aube, le 2

---

(1) Voici ceux qui furent proposés pour la médaille militaire, après la journée du 19 janvier :

Léon Dufresne, sergent à la 1ʳᵉ compagnie (La Ferté-Gaucher) ; Emile Lebœuf, sergent à la 6ᵉ (Provins) ; Désiré Taroux, garde à la 2ᵉ (Rebais) ; Alexandre Denizot, caporal à la 3ᵉ (Bray-sur-Seine) ; Oscar Mareschal, sergent à la 4ᵉ (Donnemarie) ; Victor Billy, sergent-major à la 5ᵉ (Nangis) ; Emile Navier, de Provins, sergent, et Honoré Guérard, de Ravigny, garde, tous deux à la 6ᵉ ; Alexandre François, garde à la 7ᵉ (Villiers-St-Georges) ; Louis Roger, sergent-fourrier à la 8ᵉ (Léchelle) ; Louis Vinat, caporal à la 5ᵉ ; Emile Dodillon, (aujourd'hui vétérinaire à Provins), caporal à la 1ʳᵉ ; Alfred Balâtre, sergent à la 2ᵉ ; Isidore Bouron, garde à la 8ᵉ ; Boudier, sergent-major de la 3ᵉ ; Guillaumé (de Provins), garde à la 6ᵉ.

Les hommes dont je viens de citer les noms, n'étaient pas les seuls braves du bataillon, il y en avait heureusement bien d'autres ; mais tous pouvaient compter parmi les plus braves. (Médéric Charot : *Le Bataillon de Provins*).

janvier, ont été incendiés hier par une colonne ennemie envoyés de Reims pour rendre les malheureuses populations responsablee du fait des francs-tireurs.

---

28 *Janvier*. — La nouvelle de la destruction des deux bourgades de la Marne se confirme. Voici le récit que fait de cet acte de barbarie, M. l'abbé Collignon, curé de Marcilly-sur-Seine :

« Hier, 26 janvier, à neuf heures du matin, une escouade de cuirassiers blancs entre à Marcilly, au galop, par la route d'Arcis, en même temps qu'une colonne d'infanterie arrive sur la place publique par la route de Sézanne. A l'air menaçant et farouche de ces soldats on comprend tout de suite ce que l'on en doit craindre. Ils se répandent partout, en un instant, comme une avalanche, pour consommer l'œuvre de destruction à laquelle ils ont été commis.

Je fus saisi, au presbytère, vers midi, par quatre soldats qui me conduisirent l'arme au bras, sur la place publique, où je trouvai plusieurs membres du Conseil municipal saisis comme moi. Là, sept ou huit soldats déroulèrent sous nos yeux des paquets de grosse ficelle nous donnant à entendre que nous allions être pendus au crochet qui sert à suspendre le réverbère pendant les nuits d'hiver. M. le Maire exhibe inutilement au colonel le certificat de bons traitements laissé par les soldats blessés au combat du 2 janvier.

— C'est de la bêtise, répond le colonel furieux ; vous méritez tous le *fusillement*, à commencer par vous, M. le Maire !...

Après environ trois quarts d'heure de station sur la place publique, nous sommes conduits, presque tous les hommes de Marcilly, à l'église, enfermés et gardés à vue par des soldats, l'arme chargée. Il n'était toujours question de rien moins que de nous fusiller tous. Enfin, après une longue attente on nous laissa le choix entre la fusillade ou l'incendie du village.

Nous sortons de l'église pour être ramenés de nouveau sur la place, les coups de pieds et les coups de crosses de fusils nous pleuvent de tous côtés. Je reçois, dans le trajet, un violent coup dans le dos qui m'abat à terre et comme je ne me relevais pas assez vite, le Prussien qui m'avait frappé me relève par les cheveux.

Pendant ce temps-là, les autres soldats, en partie ivres, pleins de vin et de fureur, munis de bidons de pétrole et de torches d'étoupes, envahissent les maisons du village, brisant, pillant, saccageant tout. Ils en chassent les femmes et les enfants qui seuls restaient, afin d'incendier plus à leur aise. On ne saurait dire tous les actes de barbarie qui accompagnaient cette scène d'horreur. Ces enragés voulaient trouver des francs-tireurs jusque dans les pianos. Ils firent sortir de leur lit des filles et des femmes malades, menaçant de les brûler vives ; ils allèrent jusqu'à détacher les bandelettes de la jambe cassée d'un vieillard, prétendant que c'était un franc-tireur blessé d'un coup de feu.

Enfin, des flammes s'élevèrent de toutes les parties du village et 132 bâtiments, tant maisons que granges, furent anéantis à Marcilly. Le dommage net est évalué à 355,000 francs.

Pendant que ces faits se passaient à Marcilly, pareille scène de destruction s'accomplissait à Conflans, même sur une échelle plus grande, car là, on compte 240 bâtiments incendiés et le dommage matériel est évalué à 400,000 francs. Conflans était particulièrement un objet de haine parce que les habitant y avaient formé un petit corps de francs-tireurs.

Il est impossible de relater tous les détails de ces scènes de destruction, pourtant on est heureux de trouver quelques rares faits qui témoignent de l'humanité de certains soldats *moins... Prussiens* que les autres. C'est à ces honorables exceptions que quelques maisons seulement à Marcilly et à Conflans ont dû d'être épargnées, bien que les soldats chargés de mettre le feu eussent fait semblant de vouloir s'acquitter de leur terrible besogne » (1).

— Après avoir assouvi leur passion de vengeance, les Prussiens ont envoyé un détachement à Pont-sur-Seine, arrêter M. Casimir Perrier, ainsi que quelques autres personnes, que la colonne a emmenées avec elle comme otages.

Le soir, les Allemands ont repris la route de Reims.

Dimanche 29 Janvier. — Pas de dépêche du Gouvernement depuis quatre jours.

La colonne Wurtembergeoise qui perçoit les contributions dans l'arrondissement de Provins, était à Bray aujourd'hui. Le colonel Seuber a fait détruire la passerelle dans laquelle on traversait la Seine depuis qu'on a fait sauter l'arche du pont.

— A la nuit, le bruit circule que Paris a capitulé ; ce sont des voyageurs qui viennent de Montargis qui ont apporté cette nouvelle.

---

(1) Quelques jours plus tard, le *Times* et plusieurs autres grands journaux anglais ont signalé à tous les peuples civilisés l'action des Allemands à Conflans, comme étant une atteinte monstrueuse portée aux lois de la guerre.

On colporte aussi la copie d'une dépêche allemande affichée tantôt à Coulommiers. C'est un télégramme daté de Versailles, le 25 janvier, et ainsi conçu :

« Favre est arrivé ici avec des propositions de capitulation. Il demande le passage libre de la garnison avec tous les honneurs militaires. Favre a déjà parlé au comte de Bismarck.

Trochu est malade. Vinoy commande. Les prétentions françaises paraissent inadmissibles. La conclusion des conditions demandera du temps. »

---

30 *Janvier*. — On est toujours dans de mortelles inquiétudes. Absence de communications. Nouvelles incertaines. Bruits de source impossible à contrôler. Rien par la poste ce matin, ni de Bordeaux, ni de Versailles ; rien non plus par le télégraphe dans les stations où il n'a pas été coupé.

Que s'est-il passé à Paris et quels sont les événements de ces jours derniers ?

— A midi, M. de Maussion, maire de Coulommiers, fait parvenir à M. Le Bailly, maire de Provins, les deux dépêches allemandes ci-après, qui sont immédiatement portées à la connaissance de la population.

27 *Janvier, soir*.

Devant Paris, le feu d'artillerie a cessé provisoirement des deux côtés depuis minuit du 26, en suite d'une capitulation.

---

28 *Janvier*.

Le Chancelier de l'Empire, comte de Bismarck et Jules Favre ont signé la capitulation de tous les forts de Paris, et un armistice de trois semaines sur terre et sur mer.

L'armée de Paris reste prisonnière de guerre dans la ville.

Ces nouvelles déterminent dans notre population une vive émotion. Le doute est général, tout le monde se refuse à croire que Paris ait capitulé.

Mardi 31 *Janvier*. — Le temps semble horriblement long. On attend avec une anxiété fiévreuse les dépêches officielles françaises. Il circule ici toutes sortes de bruits les plus contradictoires. On dit que les Prussiens occupent les forts, mais que la ville n'est pas rendue et que la population est résolue à se défendre jusqu'au bout.

— A onze heures, on trouve dans le journal de Troyes, l'*Aube*, deux dépêches allemandes qui confirment celles envoyées hier par le Maire de Coulommiers.

Versailles, 29 Janvier.

A l'Impératrice-Reine, à Berlin.

Hier au soir a été signé un armistice de trois semaines. La ligne et la mobile seront prisonnières de guerre et internées dans Paris. La garde nationale sédentaire sera chargée de maintenir l'ordre. Nous occupons tous les forts : Paris reste cerné et pourra se ravitailler dès que les armes seront rendues. Une Constituante sera convoquée dans quinze jours à Bordeaux. Les armées en campagne conserveront les positions qu'elles occupent, séparées par des zones neutres.

Voilà la première récompense de notre patriotisme, de notre héroïsme et de nos lourds sacrifices. Je remercie Dieu de cette grâce. Puisse la paix suivre bientôt.

GUILLAUME.

Versailles, 27 Janvier, soir.

Nous avons occupé aujourd'hui sans incidents, Saint-Denis et tous les forts de Paris.

PODBIELSKI.

Malgré toutes ces dépêches, le doute persiste, tellement est grande chez presque tous nos concitoyens, la foi dans les destinées de la Patrie.

FÉVRIER.

Mercredi 1ᵉʳ Février. — M. Jaugniot, le messager, arrive de Coulommiers, il dit qu'il a vu les Wurtembergeois chanter et danser en réjouissance de la « prise de Paris. »

— Plusieurs Provinois, sortis hier matin de la capitale assiégée, où ils étaient enfermés depuis quatre mois et demi, viennent d'arriver : MM. Berthier, de la ville-haute ; Dauptain, tuilier à Saint-Syllas ; Tronchon, du *Bon Diable*, et Camuset, ancien commissaire-priseur, toutes personnes dignes de foi ; ils confirment malheureusement la triste nouvelle : Paris a capitulé, les Prussiens occupent nos forts.

Les plus incrédules commencent à ajouter foi aux dépêches allemandes et comme lors de la reddition de Metz, les imprécations de lâcheté et de trahison sont mises en avant, à l'adresse de ceux qui conduisaient la Défense.

Au café de la Comédie, M. Camuset a donné à un grand nombre de personnes qui l'entouraient, des détails sur l'état de Paris, il a raconté les souffrances que la population a endurées pendant ces derniers temps. Le pain composé de 50 parties de blé, 30 de riz, 20 d'avoine et de paille, était rationné à 300 grammes pour les adultes et à 150 grammes pour les enfants au-dessous de cinq ans. Cette composition était vendue à raison de 10 centimes les 500 grammes (1).

Tous nos compatriotes sont d'accord pour dire que l'agitation est grande dans Paris, où la défense militaire n'a pas été conduite comme elle aurait dû l'être. Presque toute la population est armée et ne demandait qu'à combattre.

Il n'y aurait en ce moment que 130,000 Allemands autour de Paris. Dans les premiers jours de janvier, un corps de 40,000 hommes aurait été détaché de l'armée d'investissement pour aller couper la ligne de communication de Bourbaki.

On dit, mais personne ne veut le croire, que l'armée de l'Est est exceptée de la suspension d'armes générale qui a été conclue.

— *Huit heures du soir*. — Enfin... On vient de recevoir les dépêches officielles françaises tant attendues. On les placarde et malgré l'heure tardive, la teneur en est bientôt connue de toute la ville. Les voici :

République Française.

DÉPÊCHES TÉLÉGRAPHIQUES

Bordeaux, 29 Janvier 1871.

La Délégation du Gouvernement à MM. les Préfets.

La Délégation établie à Bordeaux, qui n'avait jusqu'ici sur les négociations entamées à Versailles, que des renseignements fournis par la presse étrangère,

---

(1) Pendant tout le temps du siége, un grand nombre de personnes de notre arrondissement qui s'étaient réfugiées dans Paris ont été l'objet, de la part de MM. Camuset, Henri Greffulhe et Tronchon, représentant à Paris l'Administration de Provins, des soins les plus assidus et les plus dévoués. Tout a été mis en œuvre pour soulager les misères et les privations sans nombre que nos malheureux compatriotes ont eu à souffrir.

Un peu plus tard, informé de cette généreuse intervention, le Conseil municipal de Provins (séance du 27 mars 1871), vota des remerciements à MM. Camuset, Greffulhe et Tronchon, et pria M. Le Bailly, maire de la ville, d'être auprès de ces honorables citoyens, l'interprète des sentiments de reconnaissance des habitants.

a reçu cette nuit le télégramme suivant qu'elle porte à la connaissance du pays, dans sa teneur intégrale.

Versailles, 28 Janvier 1871.

M. Jules Favre, Ministre des Affaires étrangères, à la Délégation de Bordeaux.

Nous signons aujourd'hui un traité avec M. le comte de Bismarck. Un armistice de 21 jours est convenu. Une Assemblée est convoquée à Bordeaux pour le 15 février. Faites connaître cette nouvelle à toute la France. Faites exécuter l'armistice et convoquer les électeurs pour le 8 février. Un membre du Gouvernement va partir pour Bordeaux.

Jules FAVRE.

Un décret qui sera ultérieurement publié fera connaître les mesures prises pour assurer l'exécution des dispositions ci-dessus.

Pour copie conforme :
Clément Laurier.

Certifié :
Le Secrétaire-Général, C. Moiset.

Le doute n'est plus possible. Tout est consommé. Il n'y a plus qu'à pleurer et à se soumettre.

Jeudi 2 Février. — Journée triste, tout le monde est sous l'impression des nouvelles d'hier soir, le ciel est gris et sombre comme si la nature elle-même voulait aussi s'associer au deuil de la France.

— A midi, on affiche à la porte de la Mairie, une copie ainsi conçue :

EXTRAIT
du Journal officiel *du 31 Janvier.*

Paris réduit par la famine a capitulé aux conditions suivantes :
« Reddition des forts, qui seront occupés par l'ennemi. — L'armée prisonnière dans Paris. — Ravitaillement après remise des armes et canons des remparts. — **Deux cents millions** à payer dans quinze jours. — La garde nationale conserve ses armes pour le maintien de l'ordre, plus 12,000 hommes de ligne et 3,600 pompiers et gardes de Paris. Les officiers conservent leur épée. — Armistice de 21 jours. — Chacun conserve ses positions respectives. Il y aura dix kilomètres entre chaque armée. — Chacune des deux armées se réserve le droit de

maintenir son autorité sur le territoire qu'elle occupe. — Election d'une Constituante devant se réunir le 15 février à Bordeaux. — Echange de prisonniers, même nombre, même grade. — A défaut de paix, l'armée de Paris prisonnière de guerre. — Rétablissement des voies ferrées. — Ravitaillement de Paris sans pouvoir prendre dans les pays occupés. — On peut sortir de Paris avec un laisser-passer français et prussien. — On ne peut entrer dans Paris. — Communications par poste de Versailles, lettres ouvertes. — Tous les corps de francs-tireurs seront dissous par ordonnance du Gouvernement français. — La Prusse s'engage à faciliter les élections dans les pays occupés. — Pas de réserve en ce qui touche l'Alsace et la Lorraine. »

Après la lecture de ce document, chacun s'éloigne les yeux mouillés de larmes, le mot d'*armistice* appliqué à la reddition de la capitale aussi bien qu'à la suspension des hostilités en province ne trompe pas l'opinion, tout le monde a le sentiment du grand malheur qui nous frappe.

Vendredi 3 Février. — M. Chazereau, le cantinier de la garde mobile, est arrivé aujourd'hui de Paris ; il rapporte des nouvelles de nos compatriotes de Provins. L'état sanitaire du bataillon est excellent, il a assisté à quatre combats sans que les nôtres aient été trop éprouvés.

Dans la grande sortie du 19 janvier, la compagnie de Provins a eu 15 blessés : Victor Chauché, de la Ville-Haute, a été tué d'une balle en plein front ; Gabriel Roger, de Sourdun, lieutenant à la compagnie de Léchelle, est mort aussi au champ d'honneur, tué sur les hauteurs de Montretout ; le capitaine Dubern de Bois-Landry, de Villiers-Saint-Georges, est mort à l'ambulance ; le lieutenant Ernest Jannaire a été blessé, mais il est rentré au corps ; Victor Billy, sergent-major à la 5ᵉ compagnie, a été blessé d'un coup de feu à l'épaule gauche, il est décoré de la médaille militaire ; Jules Moret, qui fait partie du 47ᵉ bataillon de marche de la garde nationale, a été grièvement blessé d'un éclat d'obus qui lui a emporté une partie de la figure, il est nommé chevalier de la Légion-d'Honneur ; Georges Collot, qui fait partie du même bataillon, a reçu la médaille militaire.

Georges Vuaroqueau, lieutenant, détaché comme officier d'ordonnance auprès du général Fournès, a montré une grande bravoure à la sortie de Montretout, il n'a pas cessé un seul instant de parcourir le champ de bataille à travers les balles pour porter les ordres de mouvement aux différents régiments de la brigade ; il a dû être proposé pour la croix d'honneur.

Larousse, de Beauvais, et Barbeaux, de Provins, sont morts à l'ambulance.

Paris commence à se ravitailler, les provisions reparaissent aux halles et marchés.

— Comme cela a lieu partout, à Provins, les gardes nationaux sont atteints de la *marotte* d'arrêter des espions.

Il y a quelques jours, un habitant des environs de Paris, dont la propriété venait d'être saccagée par l'ennemi, fut forcé de l'abandonner. Il avait loué une voiture pour venir chez un de ses parents résidant en notre ville. Au moment où il traversait la place du Val, le factionnaire de l'Hôtel-de-Ville appela le poste dehors et fit remarquer le véhicule à ses camarades, le caporal descendit le perron pour venir demander au voyageur s'il avait des papiers. Aussitôt les curieux entourent la voiture, la foule s'amasse, les cris : *Arrêtez-le, c'est un espion !... Faut le pendre !...* retentissent. Les murmures vont croissant et couvrent la voix du voyageur qui a mille peines à se faire entendre. Enfin, on l'écoute : il demande à être conduit chez M. Caron, avoué, qui est son parent. Après bien des difficultés, la voiture, toujours escortée des gardes nationaux, parvint à se frayer un passage dans la foule jusque sur la place Saint-Ayoul où M. Caron, averti, vint recevoir son parent et assurer que réellement il y avait méprise.

La foule s'écoule, se vengeant de sa bévue en plaisantant les *découvreurs* d'espions, qui ne sont pas contents.

— Ceux de nos concitoyens qui, au début de la guerre, avaient cru trouver un refuge dans Paris, où ils ont été bloqués, nous reviennent les uns après les autres ; nous ne les reverrons pas tous, malheureusement. M. Audebert, arrivé ce matin, nous a rapporté la nouvelle de la mort de Madame Félix Bourquelot. La veuve de notre regretté compatriote est décédée le 26 décembre dernier, âgée de 47 ans.

Quand les circonstances le permettront, les restes de cette excellente dame seront ramenés au cimetière de la Ville-Haute, près de ceux de son mari, l'historien Provinois.

— On a placardé, ce soir, à Provins, le décret suivant :

CONVOCATION DES ÉLECTEURS.

Les Membres de la Délégation du Gouvernement de la Défense nationale, siégeant à Bordeaux, décrètent :

Article 1ᵉʳ. — Les assemblées électorales sont convoquées pour nommer les représentants du peuple à l'Assemblée nationale.

Art. 3. — Elles se réuniront le *Mercredi 8 Février* prochain, pour procéder aux élections dans les formes de la loi.

Art. 3. — Un décret rendu aujourd'hui règle les dispositions, il va être immédiatement publié.

Fait à Bordeaux, le 31 Janvier 1871.

Extrait du Décret relatif aux Elections :

Ne pourront être élus représentants du peuple à l'Assemblée nationale les individus qui, depuis le 2 décembre 1851 jusqu'au 4 septembre 1870, ont accepté les fonctions de ministres, sénateurs, conseillers d'Etat et préfets. Sont également exclus de l'éligibilité à l'Assemblée les individus qui, aux élections législatives qui ont eu lieu depuis le 2 décembre 1851 jusqu'au 4 septembre dernier, ont accepté les candidatures officielles et dont les noms figurent dans la liste des candidatures recommandées par le préfet aux suffrages électoraux et ont été publiés au *Moniteur officiel*, avec les mentions de candidats du Gouvernement ou de l'Administration ou de candidats officiels.

GAMBETTA.

Tout en reconnaissant les excellentes et patriotiques intentions de M. Gambetta, qui cherche à éloigner de la représentation nationale les hommes qui ont aidé l'Empire à amener la ruine de la France, la plus grande partie des électeurs ne peut s'empêcher de déclarer que c'est un acte césarien qui porte atteinte à la liberté du suffrage universel et comme tel on ne l'approuve pas.

— A côté du décret du Gouvernement, s'étale une affiche de couleur rose, dont voici la teneur :

AUX ÉLECTEURS DU DÉPARTEMENT DE SEINE-ET-MARNE.

« Aux termes d'un décret du 29 Janvier 1871, nous sommes
« convoqués pour le Mercredi 8 Février, à l'effet d'élire par voie
« de scrutin de liste, sept députés à l'Assemblée nationale.

« Nous n'avons pas besoin d'insister sur la gravité de l'élection
« à cette Assemblée, qui est appelée *à se prononcer sur la*
« *question de savoir si la guerre doit être continuée ou à*
« *quelles conditions la paix doit être faite.*

« Pour que le choix de nos représentants soit l'expression
« réelle de la majorité, nous avons pensé qu'il y avait utilité,
« nécessité même, de constituer un Comité électoral.

« Nous faisons donc appel aux Electeurs des communes
« composant le canton de Provins.

« Et les prions de se réunir pour nommer leurs délégués,
« demain Samedi 4 Février, sous la Halle aux grains.

« *Une réunion d'Electeurs.* »

Une réunion générale des Délégués choisis par chaque canton du département aura lieu le Dimanche 5 Février, à midi, à Rozoy, à l'effet d'examiner les titres des candidats et d'en proposer la liste.

Samedi 4 Février. — Hier soir, une réunion publique a eu lieu au Salon d'Apollon, pour s'occuper des élections ; plus de 1,200 personnes emplissaient la salle. M. Plessier, avoué, a été désigné comme président ; MM. Poulain-Salmon, Mayaud, Péclluier et Chamoin, comme assesseurs.

M. Bonifas, médecin à Chenoise, a annoncé qu'il posait sa candidature à l'Assemblée nationale et a lu sa profession de foi. On a voté ensuite pour désigner douze électeurs qui seront présentés demain à la réunion dans laquelle on nommera les délégués qui se rendront dimanche à Rozoy.

Ont été désignés : MM. Plessier, avoué ; Cordier, pharmacien ; Chamoin, Poulain, Pécullier, Bonifas, Lamour, Morand, Augé, Poutrot, Lebœuf et Percheron.

— Les plus mauvaises nouvelles circulent sur notre armée de l'Est, pour laquelle, paraît-il, l'armistice n'existe pas. On dit que le général Bourbaki s'est brûlé la cervelle.

La ville de Belfort non plus n'est pas comprise dans la suspension d'armes, le siége de cette place continue, mais l'héroïque cité, qui a pour commandant le colonel du génie Denfert-Rochereau, se défend toujours énergiquement et fait subir de grandes pertes à l'ennemi.

— Dans notre arrondissement, rien n'est changé, l'état de guerre paraît subsister. Le messager envoyé de Coulommiers, le 30 janvier, pour nous annoncer la signature de l'armistice, était porteur d'une lettre pour le colonel Seuber, commandant la colonne Wurtembergeoise qui percevait les impôts dans notre région, la lettre a été remise à son destinataire ; elle renfermait assurément des ordres contraires à ceux que tout le monde pensait, car le colonel continue ses pérégrinations sans s'inquiéter des protestations des populations qu'il rançonne. Après avoir séjourné à Bray, aux Ormes, à Everly, à Savins, à Maison-

Rouge, à Nangis, il était hier à Jouy-le-Châtel, partout sur leur passage les Wurtembergeois ont brisé les armes des gardes nationaux et touché la part contributive des communes pour les impôts.

— On a reçu ce matin, à la Mairie de Provins, le *Moniteur prussien* publié à Reims, il contient un avis des Autorités allemandes informant que « l'armistice ne change rien à l'administration civile. Les ordonnances, édits et décrets du Gouvernement général de Reims, ainsi que les arrêtés, restent en vigueur, et les contributions et réquisitions imposées avant la signature de l'armistice, devront être payées dans les délais antérieurement fixés. Les communes qui seraient en retard de payements ou de fournitures, sont invitées à se libérer dans le plus bref délai, vu que l'armistice ne les préserverait pas des conséquences fâcheuses qui résulteraient de leur négligence. »

Comme on le voit, il s'agit de nous rançonner tout à fait. En matière de finances, Messieurs les Allemands ne connaissent pas d'arrêt. — Passez à la caisse, Français, ou si non, des otages.

Ah ! malheur, si jamais un jour nous prenions notre revanche et que nous foulions le sol de la Prusse en vainqueurs !...

Mais à quoi bon récriminer, pour le moment la *force prime le droit*, c'est la maxime de M. de Bismarck, et nous sommes vaincus !!!

— Tantôt a eu lieu, sous la Halle, la grande réunion électorale à laquelle avaient été conviés tous les électeurs du canton. Au début de la séance, M. Le Bailly, maire de Provins, a expliqué le motif de la convocation, puis MM. Bonifas, Augé et Morand ont été désignés pour former le bureau et on a procédé à la désignation des sept délégués chargés d'aller à Rozoy arrêter la liste des candidats à l'Assemblée nationale.

Les sept élus sont tous des républicains, ce sont MM. Bonifas, médecin ; Morand, propriétaire ; Auger, coiffeur ; Poutrot (de la Bretonnière) ; Pécullier, avoué, et Prenant, cultivateur au Plessis-aux-Tournelles.

Dimanche 5 Février. — On placarde ce matin encore un décret relatif aux élections. Ce décret est antérieur à celui posé vendredi, il est daté de Paris, le 29 janvier, et porte la signature des membres du Gouvernement : général Trochu, Jules Favre, Emmanuel Arago, Garnier Pagès, Jules Ferry, Jules Simon, Eugène Pelletan, Ernest Picard.

Un article de ce décret porte que les militaires présents sous les drapeaux voteront dans les lieux où ils se trouvent pour l'élection des députés du département où ils sont incrits comme électeurs.

Deux décrets! Auquel accordera-t-on la préférence? Se ralliera-t-on à celui de Gambetta ou à celui de Trochu et Cie?

On attend des explications et les Administrations sont muettes.

Hélas! elles n'en savent pas davantage que les administrés.

Hier après midi, on a affiché après l'Hôtel-de-Ville, et la foule l'a entourée tout le restant de la journée, la liste des Mobiles du bataillon de Provins, tués, blessés ou disparus depuis le 30 novembre 1870. Ce document indique, pour les huit compagnies, les noms de 30 morts, 75 blessés et 14 disparus.

Pour la 6e compagnie, formée des jeunes gens de la ville et du canton de Provins, on y lit :

Désiré Cognot, de Courton, blessé d'un éclat d'obus à la jambe droite et de deux balles à la jambe gauche, le 30 novembre.

Alexandre Mirvaux, de Provins, caporal, blessé au bras gauche d'un éclat d'obus, le 19 janvier.

Félix Toudy, de Provins, caporal, contusion à la tête, le 19 janvier.

Émile Boileau, de Poigny, blessé au genou, par un éclat d'obus, deux balles, le 19 janvier (mort à l'ambulance).

Auguste Vendre, de Chalautre-la-Petite, blessé par une balle à la main gauche, le 19 janvier.

Joseph Rodemburger, de Provins, blessé à la main droite, le 19 janvier.

Alexandre Dumont, de Provins, blessé au talon par un éclat d'obus.

Honoré Guérard, de Ravigny, blessé à la main, mort à l'ambulance.

Firmin Bessonnat, de Septveilles, blessé au bras, le 19 janvier.

Louis Guillaume, de Provins, balle à la main gauche, deux doigts emportés.

Xavier Jolly, de Chalautre-la-Petite, balle à la chute des reins, le 19 janvier.

Charles Douville, de Provins, balle à la cheville, le 19 janvier.

Victor Chauché, de Provins, mort au champ d'honneur, frappé d'une balle au front à Montretout, le 19 janvier.

Alexandre Fenou, de Bois-Bourdin (Mortery), balle à la main gauche, le 19 janvier.

Louis Moreau, de Provins, disparu le 19 janvier.

Larousse, de Beauvais, mort à l'ambulance.

— Une nouvelle désastreuse se répand ce soir à Provins : les Allemands auraient fait savoir tantôt à Coulommiers que l'armée de Bourbaki, pourchassée sans trêve, malgré l'armistice, par trois corps d'armée prussiens, aurait été forcée de se réfugier en Suisse pour éviter d'être faite prisonnière.

Il ne nous manquait plus que ce surcroît de malheur !...

---

6 *Février*. — Dès le jour, on s'inquiète de savoir ce qu'il y a de fondé sur le bruit répandu par les Allemands, relativement à notre armée de l'Est ; des voyageurs arrivés hier soir ont apporté des journaux qui, malheureusement, ne laissent plus aucun doute.

Voici ce que télégraphiait des Verrières, le 1er décembre, le général Clinchant, au Gouvernement de Bordeaux qui l'avait informé que des explications étaient demandées à Jules Favre pour connaître exactement les conditions de l'armistice dans l'Est :

« Tout ce que vous écrivez à Jules Favre, je l'ai tenté inutilement de Manteuffel. Il m'a même refusé une suspension d'armes de trente-six heures pour que le Gouvernement puisse élucider la question. L'ennemi ayant continué les hostilités malgré ma protestation et menaçant de couper ma retraite même vers la Suisse, ce qui entraînait la perte de l'armée et de tout le matériel, j'ai dû me rendre à la dure nécessité de franchir la frontière ; j'ai signé ce matin, à cinq heures, une convention avec le général suisse, Herzog, et à l'heure présente, notre matériel d'artillerie a presque effectué le passage.

Le général Billot couvre notre retraite avec trois divisions du 18e corps.

« CLINCHANT. »

— A midi, on expédie à la Sous-Préfecture les dépêches allemandes placardées à Coulommiers hier. — Ici, on ne les affiche pas, on se contente de les communiquer dans les bureaux aux personnes qui demandent à les voir :

A l'Impératrice Reine a Berlin.

Versailles, 1er *Février*.

L'armée de Bourbaki, forte de 80,000 hommes à peu près, à la suite d'une convention, a passé près de Pontarlier dans la Suisse neutre. C'est par conséquent la quatrième armée française incapable de reprendre les armes.

GUILLAUME.

Les trophées de la 14e division pendant les combats aux environs de Chaffirs et de Sombacourt, le 23 janvier, ont été de 10 canons et de 7 mitrailleuses. Deux généraux, 46 officiers et 4,000 hommes ont été faits prisonniers. — Le 30, la 7e brigade occupa Frasne, elle fit 2,000 prisonniers et captura deux aigles. Ses pertes ne furent que minimes.

En avançant vers Pontarlier, on trouve les routes couvertes d'armes. Toute issue sur le territoire français est fermée à l'armée française de l'Est.

De Podbielski.

— Les délégués de Provins qui se sont rendus hier à Rozoy pour arrêter, de concert avec les délégués envoyés de tous les cantons du département, la liste des candidats de Seine-et-Marne à l'Assemblée Constituante, sont revenus cette nuit. La réunion, qui se composait de 106 votants, après avoir entendu les candidats répondre aux questions qui leur ont été posées, a adopté la liste suivante :
MM. Horace de Choiseul (Melun), 100 voix ; Oscar de Lafayette (Meaux), 81 voix ; Jules de Lasteyrie (Coulommiers), 80 voix ; Othenin d'Haussonville (Provins), 66 voix ; Jozon (Meaux), 65 voix ; Voisin, procureur de la République à Melun, 61 voix ; Belin, maire de Brie-Comte-Robert, 46 voix.

Viennent après ces candidats : MM. Pepin-Lehalleur, de Montereau, 43 voix ; Despommiers, propriétaire à Coulommiers, 42 voix ; Vellaud, maire de Samois, 41 voix ; Tricou, vétérinaire à Fontainebleau, 31 voix ; Louis Ségur, 24 voix ; Hennecart, maire de Tournan, 12 voix ; Bonifas, médecin à Chenoise, 6 voix.

Il est hors de doute que des listes dans lesquelles tous ces différents noms et d'autres encore seront mélangés, vont circuler dans le département.

A la réunion de Rozoy, les électeurs des cantons de l'arrondissement de Provins avaient délégué :

Ceux de Donnemarie : MM. Delettre, De Haut, Moulencq, Durond et Dumont.

Ceux de Bray : MM. Blanc, Givelet, Combe, Macquin, Dupont et Latxague.

Ceux de Provins : MM. Bonifas, Morand, Augé, Poutrot, Percheron, Pécullier et Prenant.

Ceux de Nangis : MM. Rousselle, Thiriet, Beau, Cornet et Moreau.

Ceux de Villiers-Saint-Georges : MM. d'Harcourt, Chancenest, Pigal, Guillaume et Lesage.

---

7 Février. — On colporte ce matin à Provins le *Supplément du* MONITEUR OFFICIEL *du Gouvernement général du Nord de la France et de la Préfecture de Seine-et-Oise.*

En voici un extrait :

Partie Officielle.

Son Excellence M. le comte de Bismarck Schœnhausen, chancelier de l'Empire, a adressé aujourd'hui à M. Jules Favre, ministre des Affaires étrangères du Gouvernement de la Défense nationale, la dépêche suivante :

Versailles, 3 Février 1871.

« On me communique le contenu d'un décret émanant de la délégation du Gouvernement de la Défense nationale à Bordeaux, qui exclut formellement de la faculté d'être nommés députés à l'Assemblée tous ceux qui ont servi l'Empire en qualité de ministres, sénateurs, conseillers d'Etat ou préfets, ainsi que toutes les personnes qui ont figuré comme candidats du Gouvernement au *Moniteur* depuis 1851. Un extrait de la circulaire se trouve joint en copie.

J'ai l'honneur de demander à Votre Excellence si Elle croit que l'exclusion décrétée par la délégation de Bordeaux est compatible avec les dispositions de l'article 2 de la Convention, d'après lequel l'Assemblée doit être librement élue.

Permettez-moi de vous rappeler les négociations qui ont précédé la Convention du 28 janvier. Dès le début, j'exprimais la crainte qu'il serait difficile, dans les circonstances présentes, d'assurer la liberté entière des élections et de prévenir toutes tentatives contre la liberté des électeurs. Inspiré par cette appréhension, à laquelle la circulaire de M. Gambetta semble donner raison aujourd'hui, j'ai posé la question s'il ne serait pas plus juste de convoquer le Corps législatif qui représente une autorité légalement élue par le suffrage universel. Votre Excellence déclina cette proposition en me donnant l'assurance formelle qu'aucune pression ne serait exercée sur les électeurs et que la plus entière liberté resterait assurée aux électeurs.

Je m'adresse à la loyauté de Votre Excellence pour décider si l'exclusion prononcée en principe par le décret en question, contre les catégories entières de candidats est compatible avec la liberté des élections, telle qu'elle a été garantie par la Convention du 28 janvier. Je crois pouvoir espérer avec certitude que ce décret dont l'application me paraîtrait se trouver en contradiction avec les stipulations de la Convention, sera immédiatement révoqué et que le Gouvernement de la Défense nationale adoptera les mesures nécessaires pour garantir l'exécution de l'article 2 en ce qui concerne la liberté des élections. Nous ne saurions reconnaître aux personnes élues sous le régime de la circulaire de Bordeaux les priviléges accordés aux députés à l'Assemblée par la Convention d'armistice.

Veuillez agréer, Monsieur le Ministre, etc. »

Signé : BISMARCK.

Télégramme.

Versailles, le 3 Février 1871.

A M. Léon Gambetta,
Bordeaux.

Au nom de la liberté des électeurs stipulée par la Convention d'armistice, je proteste contre les dispositions émises en votre nom pour priver du droit d'être élus à l'Assemblée des catégories nombreuses de citoyens français. Des élections faites sous un régime d'oppression arbitraire ne pourront pas conférer les droits que la Convention d'armistice reconnaît aux députés librement élus.

Signé : Bismarck.

En même temps que la population de Provins prend connaissance de ce document allemand, elle apprend que M. Jules Simon, au nom du Gouvernement, a transmis à tous les préfets et sous-préfets l'ordre de faire publier et afficher, dans toutes les communes de France, un décret du 4 février, relatif aux élections et qui annule celui de la Délégation de Bordeaux, en date du 31 janvier, établissant des catégories d'éligibles.

La même dépêche (la première depuis quatre jours) annonce que les membres du Gouvernement de la Défense nationale, MM. Jules Simon, Emmanuel Arago, Garnier-Pagès et Eugène Pelletan, sont arrivés hier de Paris à Bordeaux, et que M. Léon Gambetta a donné, ce matin, sa démission de ses fonctions de membre du Gouvernement, ainsi que de ministre de l'intérieur et de la guerre.

Gambetta n'est plus rien !... Notre armée de l'Est est neutralisée !...

Bismarck triomphe sur toute la ligne.

Pauvre France !... Est-ce le commencement d'une irréparable décadence ?

Mercredi 8 Février. — La journée où le suffrage universel doit être consulté débute mal : il fait un temps affreux, la pluie tombe à torrent.

Le décret relatif aux élections contient un article qui porte que le vote d'aujourd'hui aura lieu par canton. Afin de faciliter aux électeurs des communes de la région de l'ouest et du nord de Provins l'approche des urnes, l'Administration a décidé qu'un bureau de vote serait ouvert à Chenoise.

A Provins, on vote à la Mairie pour la ville, et au Tribunal pour les communes.

Malgré le mauvais temps, 2,209 électeurs sur 3,669 inscrits, viennent déposer leurs bulletins.

La ville est assez animée par les allées et venues des électeurs des campagnes. Partout on ne cause que du désastre de notre armée de l'Est sur lequel le Gouvernement, tout entier aux élections, n'a pas encore pris le temps de nous renseigner par une dépêche.

— Si le Gouvernement est muet, les journaux ne le sont pas, heureusement, et, par l'*Aube* de Troyes, nous savons aujourd'hui ce qu'a fait l'ennemi, ces jours derniers :

« La veille de l'armistice, les Prussiens ont imposé à la ville du Mans, où a eu lieu la dernière bataille de l'armée de la Loire, le 12 janvier, une contribution de 4 millions de francs et une fourniture de 40,000 rations par jour. »

Abbeville est occupé par les troupes allemandes en vertu de la convention du 28 janvier, qui fixe aux confins du Pas-de-Calais la limite du territoire attribué à l'ennemi. Malgré les protestations du colonel Villenoisy, délégué du général Faidherbe, le général prussien Von Gœben a exigé que la place fut évacuée immédiatement par les troupes françaises. Il a fallu s'exécuter.

Bourbaki n'est pas mort, malgré le coup de revolver qu'il s'est tiré dans la tête dans un moment de désespoir. Madame Bourbaki, avec un chirurgien de Lyon, sont arrivés le 31, en Suisse, où l'on a transporté le brave et infortuné général dont la blessure est très grave.

— Le *Courrier de la Drôme* nous apporte la proclamation suivante, que le général Clinchant a adressée à son armée, le jour de son entrée en Suisse :

Pontarlier, 31 *Janvier*.

Soldats,

Il y a peu d'heures encore, j'avais l'espoir, j'avais même la certitude de vous conserver à la Défense nationale. Notre passage jusqu'à Lyon était assuré à travers les montagnes du Jura. Une fatale erreur nous a fait une situation dont je ne veux pas vous laisser ignorer la gravité. Tandis que notre croyance en l'armistice qui nous avait été notifié et confirmé à plusieurs reprises par le Gouvernement, nous commandait l'immobilité, les colonnes ennemies continuaient leur marche, s'emparant des défilés déjà entre nos mains et et coupaient ainsi nos lignes de retraite.

Il est trop tard aujourd'hui pour accomplir l'œuvre interrompue, nous sommes entourés par des forces supérieures, mais je ne veux livrer à la Prusse ni un homme, ni un canon. Nous irons demander à la neutralité Suisse l'abri de son pavillon, mais je compte, dans cette retraite vers la frontière, sur un effort suprême de votre part. Défendons pied à pied les derniers échelons de nos montagnes, protégeons le défilé de notre artillerie et ne nous retirons sur un sol hospitalier qu'après avoir sauvé notre matériel, nos munitions et nos canons.

Soldats, je compte sur votre énergie et votre tenacité ; il faut que la Patrie sache bien que nous avons tous fait notre devoir jusqu'au bout et que nous ne déposons les armes que devant la fatalité.

CLINCHANT.

Braves gens !... de quelle impardonnable omission sont-ils les victimes ! La conduite du Gouvernement, qui paraît les avoir sacrifiés, est déjà sévèrement critiquée et comme on le disait hier dans un journal de Paris : « L'histoire se demandera sans doute comment un négociateur français aussi peu éclairé que l'était Jules Favre sur la situation militaire générale, a pu consentir à un armistice dont l'ennemi exceptait d'avance la seule armée qui lui tint encore tête et contre laquelle il pouvait dès lors réunir toutes ses forces, comment dans une convention ayant un caractère purement suspensif, le vice-précident du Gouvernement de la Défense, a pu accepter des clauses telles que la dissolution de tous les corps de francs-tireurs, engageant ainsi un avenir qui n'appartenait qu'à la France, rendant la reprise de la lutte encore plus difficile et aggravant par cela même les conditions de la paix. La réponse aux exigences de M. de Bismarck n'était pas difficile à trouver, il suffisait de dire au chancelier allemand : « Nous sommes ville prise, prenez-nous ; nous avons eu la lâcheté ou l'ineptie de conserver notre matériel de guerre, prenez-le ; mais le reste de la France ne nous regarde pas. Nous ne sommes plus Gouvernement, nous ne pouvons plus l'être puisque nous sommes entre vos mains. Nous ne traitons donc que pour nous, comme le général Urich pour Strasbourg ou Bazaine pour Metz. »

Jeudi 9. — Le dépouillement du scrutin qui a eu lieu hier soir, a donné les résultats suivants pour le canton de Provins, 2,209 votants :

MM. Jozon, 1,802 suffrages ; Voisin, 1,780 ; Despommiers, 1,262 ; de Jouvencel, 1,174 ; Vellaud, 1,157 ; Tricaud, 1,107 ; V. Plessier, 1,065 ; de Choiseul, 1,001 ; Lafayette, 928 ; de Lasteyrie, 875 ; d'Haussonville, 793 ; Belin, 497 ; de Ségur, 393 ; de Courcy, 226 ; Menier, 195 ; Gambetta, 152 ; de Piolenc, 44.

M. Le Bailly, maire de Provins, est parti ce matin à Melun, pour porter les résultats des cantons qui avaient été centralisés ici.

— On placarde un avis extrait du *Moniteur* et qui informe que « M. Jules Favre a obtenu la permission pour les officiers de l'armée de se présenter à la Constituante, contrairement à la décision officielle rendue ces jours derniers.

« Si les officiers ne sont pas nommés, ils devront se constituer *prisonniers* dans Paris, quatre jours après les élections. S'ils sont nommés et non validés, quatre jours après la non validation. »

— C'est en vertu de cette convention que MM. de Courcy, lieutenant-colonel, et de Piolenc, commandant de la garde mobile à Paris, et Paul de Jouvencel, colonel des mobilisés de Seine-et-Marne à l'armée de la Loire, se portent candidats à l'Assemblée pour notre département.

Vendredi 10. — On adresse de Melun le résultat des élections du département, compris les votes des réfugiés civils à Paris, mais non compris ceux de l'armée et de la mobile qui, lorsqu'ils seront connus, pourront bien modifier la situation des trois derniers candidats.

Ont obtenu : MM. de Choiseul, 33,892 voix ; Lafayette, 32,816 ; Lasteyrie, 27,379 ; Voisin, 25,597 ; d'Haussonville, 23,927 ; Jozon, 22,452 ; Despommiers, 14,418 ; Belin, 14,220 ; de Ségur, 13,901.

— M. Le Bailly, maire de Provins, rentre de Melun et rapporte une communication du préfet prussien qui informe les habitants de Seine-et-Marne que le département aura à payer une somme de 660,000 francs pour l'entretien de l'armée allemande pendant l'armistice. La part de la ville de Provins dans ce nouvel impôt est de 12,555 francs.

Paiera-t-on ?... ne paiera-t-on pas ?... On va convoquer le Conseil municipal et les habitants les plus imposés pour aviser sur la solution à prendre.

— Un de nos concitoyens, M. Morand, est arrivé ce matin de Paris et nous a rapporté des nouvelles de la capitale. Mardi, un échange de prisonniers a été fait au pont de Créteil, en vertu de l'article 14 de la Convention de Versailles. Le nombre des prisonniers prussiens faits par les défenseurs de Paris, dans les divers combats livrés depuis le 18 septembre, était de 914 ; ils étaient détenus dans la prison de la Roquette. Les Allemands nous ont rendu en échange de ces 914 soldats, un nombre égal de prisonniers français parmi lesquels se trouvaient cinq mobiles de Seine-et-Marne.

Le donjon de Vincennes avec tous ses approvisionnements de guerre et son arsenal n'est pas compris dans la liste des forts occupés par les Prussiens. M. Jules Favre est parvenu à faire retrancher des ouvrages à livrer la vieille forteresse que les armées alliées n'occupèrent pas non plus en 1814.

Samedi 11. — Le journal la *Feuille* de Provins publiait dans son numéro d'aujourd'hui l'entrefilet ci-après. C'est un souvenir du siége qui nous intéresse :

« On lit sur la maison portant le numéro 15 de la rue Montmartre, à Paris, cette inscription : Mairie de Provins. C'est là en effet que pendant toute la durée du siége, les nombreux réfugiés de Provins ont pu trouver assistance et protection.

Grâce à l'heureuse initiative de notre compatriote, M. Camuset, que la Municipalité de Paris avait nommé Administrateur de la commune de Provins, et auquel s'étaient empressés de s'adjoindre MM. Greffulhe et Tronchon, les Provinois qui étaient venus chercher un asile à Paris ont été de la part de ces généreux citoyens, l'objet des soins les plus assidus. Secours en argent et en nature pour les plus nécessiteux, prêts d'argent pour ceux qui avaient épuisé leurs ressources, logement pour ceux qui en manquaient, rien n'a été épargné pour leur faire supporter avec patience les douleurs de la famine et les regrets de l'éloignement.

Nous croyons être l'interprète de nos concitoyens et de toutes les familles qui avaient des parents à Paris, pour adresser ici à ces Messieurs, les plus sincères et les plus vifs remerciements. »

— On a reçu à Melun les résultats du vote des mobiles, des mobilisés et des soldats appartenant au département de Seine-et-Marne. M. de Ségur l'emporte maintenant sur MM. Belin et Despommiers.

Les sept députés élus sont donc : MM. de Choiseul, Oscar Lafayette, de Lasteyrie, Voisin, d'Haussonville, Jozon et de Ségur. Ils vont se rendre immédiatement à Bordeaux.

— Une dépêche allemande, datée de Versailles, annonce que la contribution de guerre de la ville de Paris, 200 *millions de francs* à payer avant le quinzième jour de l'armistice, a été versée ce matin.

Dimanche 12 Février. — Rien de nouveau ; pas de dépêches du Gouvernement de Bordeaux. On doit être tout entier là-bas à la réception des résultats des élections. — Quelle est l'opinion qui dominera à la Constituante et que fera-t-on ?... Autant de mystères sur lesquels on ne peut hasarder aucune conjecture plausible, vu l'isolement où nous sommes.

Lundi 13. — Un numéro du *Figaro* du 5 février, apporté hier à Provins par un habitant du département de la Marne qui regagne ses foyers, nous apprend que la première expédition de correspondances de Paris pour la province a eu lieu le 4 février. L'agent des postes français s'est rendu au pont de Sèvres où, après avoir traversé la Seine en bateau, il a remis aux employés prussiens, qui l'attendaient, les dépêches qui lui étaient confiées et a reçu en échange une certaine quantité de correspondances provenant des départements et à destination de Paris.

Le service postal interrompu depuis le 15 septembre 1870, se trouve donc rétabli de fait.

— L'article 15 de la Convention d'armistice ne prévoyait pas l'expédition des journaux de Paris, et ce n'est qu'après de longues discussions avec les agents des postes allemandes que l'Administration a obtenu la faculté d'expédier chaque jour *dix journaux* seulement par département.

M. G. Rampont, directeur général des postes qui fait publier cet avis, annonce que « la concession n'a pu être obtenue que sous la condition expresse que chaque éditeur enverrait en même temps gratuitement *trois exemplaires* à la recette des postes allemandes à Versailles. »

Nous ne sommes plus surpris maintenant si les journaux de Paris sont si rares.

Plus tard, lorsque la génération qui nous suivra lira l'histoire de ce que nous endurons en ce moment, on aura peine à croire à la vérité de ce qui se passe.

Dix journaux pour Seine-et-Marne qui compte 352,000 habitants, soit un exemplaire pour 35,000 individus ! Décidément, MM. les Allemands ne paraissent pas tenir beaucoup à ce que la province soit renseignée sur la capitale, sur cette grande vaincue qu'ils craignent encore. On dirait qu'ils redoutent ce qu'a dit un jour un homme d'esprit : « Quand Paris prend du tabac, la France éternue. »

Ainsi, Paris désarmé fait encore peur à Bismarck et à ses 800,000 Prussiens.....

Mardi 14. — A défaut de journaux français, on se renseigne avec les communications du Gouvernement de Reims. Elles disent aujourd'hui :

« Les troupes allemandes entreront à Paris dans la matinée du 20 courant, *soit en amis, soit en conquérants*, ce qui dépendra des résolutions de l'Assemblée de Bordeaux. Les Allemands traverseront la ville. Les maisons situées des deux côtés sur leur passage seront évacuées par les habitants. L'empereur Guillaume restera probablement cinq jours aux Tuileries, puis il quittera la France le 4 mars pour retourner à Berlin. »

Bon voyage !... Nous ne le retiendrons pas.

— On reçoit à la Sous-Préfecture de Provins, le *Journal Officiel* de Bordeaux ; il contient le résultat des élections de Paris.

Les 43 candidats qui ont obtenu le plus de voix sont par ordre :

1	Louis Blanc	16	Schœlcher	31	Millière
2	Victor Hugo	17	Dorian	32	Léon Say
3	Garibaldi	18	Henri Brisson	33	Ledru-Rollin
4	Gambetta	19	Ranc	34	Tolain
5	Edgard Quinet	20	Langlois	35	Floquet
6	Lockroy	21	Sauvage	36	Peyrat
7	Rochefort	22	Martin Bernard	37	Jules Favre
8	Joigneaux	23	Marc Dufraise	38	Farcy
9	Gambon	24	Frebault	39	Razoua
10	Félix Piat	25	Vacherot	40	Edmond Adam
11	Delescluze	26	Clémenceau	41	Chanzy
12	Henri Martin	27	Greppo	42	Thiers
13	Pothuau	28	Jean Brunet	43	Sebert
14	Saisset	29	Cournet		
15	Malon	30	Littré		

Il est à prévoir qu'un certain nombre d'élus de Paris, nommés en même temps en province, opteront pour les départements et que dans quelques jours une nouvelle liste de dix à douze députés sera de nouveau à extraire de l'urne.

— Le résultat que nous a apporté l'*Officiel*, est curieux à méditer. On est étonné que des hommes marquants comme Jules Favre et Thiers ne soient passés que les derniers.

Mercredi 15. — Enfin, on s'est décidé à nous envoyer des dépêches ! Est-ce le Gouvernement, est-ce une administration particulière ? on n'en sait rien ; néanmoins, on les placarde et la foule ne tarde pas à les entourer et à les commenter :

Bordeaux, 4 Février.

Une manifestation belliqueuse a eu lieu à Lyon hier, 1,000 ouvriers se sont promenés en criant : *Vive la Guerre ! Vive la Commune !* et se sont dispersés sur les injonctions du préfet.

Un meeting nombreux a été tenu hier soir à Bordeaux, au théâtre Louis. Il a été résolu de faire une grande démonstration populaire pour demander à

M. Gambetta s'il voulait accepter la présidence du Comité de Salut public et promettre de continuer la guerre.

Le peuple demandera une réponse écrite.

Tous les orateurs ont déclaré que la capitulation de Paris ne lie pas la province.

Ils ont condamné vivement Jules Favre et la convention de Versailles.

Le salut est seulement possible par le Comité de Salut public, anéantissant la réaction et donnant une impulsion vigoureuse à la guerre.

Comme on voit bien que ces *braves* de Lyon et de Bordeaux font de la défense au coin de leur feu ! Pourquoi donc ces courageux patriotes qui crient : *Vive la guerre !* probablement parce qu'ils la suivent à 150 lieues de distance, ne sont-ils pas dans les rangs de ceux qui combattent ? Un peu moins de bruit et plus d'action sérieuse serviraient davantage.

— Un journal de Dijon est arrivé ce matin à Provins, il nous apprend que la Prusse profite de la cessation des hostilités autour de Paris et sur la Loire, pour diriger une grande quantité de troupes sur l'héroïque cité de Belfort, dont le siége est poussé ardemment nuit et jour.

Le 6 février, un parlementaire prussien est venu annoncer au colonel Denfert la capitulation de Paris, en disant que la France n'avait plus d'armées ni de Gouvernement. Le colonel a répondu : « Quoi qu'il arrive, je ne me rendrai pas et lutterai jusqu'au bout. »

Dépêche prussienne de Berlin, le 13 février. — La *Gazette de la Croix*, journal officiel allemand, dit : D'après le résultat des élections en France, on ne peut pas s'attendre à ce que la guerre soit reprise. On ne peut donc guère douter que l'armistice soit prolongé.

Jeudi 16. — Ce matin, on a des dépêches de Bordeaux, elles émanent du Gouvernement et sont datées du 14 février.

L'Assemblée Nationale a ouvert ses séances hier 13. M. Jules Favre a déposé les pouvoirs du Gouvernement de la Défense Nationale entre les mains des Représentants du pays.

Une lettre de Garibaldi annonce qu'il renonce au mandat de député dont il a été honoré par plusieurs départements, en même temps, le général informe qu'il résigne son commandement de l'armée des Vosges, sa mission étant terminée. Le Gouvernement a répondu qu'il acceptait sa démission et le remerciait au nom de la France.

M. Crémieux a donné sa démission de membre du Gouvernement et de Ministre de la Justice. Les bureaux de l'Assemblée procèdent activement à la vérification des pouvoirs. 450 députés sont déjà présents. M. Grévy sera probablement nommé président de la Chambre. On croit aussi que M. Thiers sera président du Conseil. L'Assemblée réserve l'élection du prince de Joinville. Les vice-présidents désignés sont : MM. Trochu, Dufaure, de Larcy, Changarnier.

Glaiz-Bizoin est parti avec Jules Favre. Les généraux Chanzy, Cremer et Billot sont arrivés à Bordeaux.

Vendredi 17. — Le *Moniteur Officiel* arrivé ce matin publie la note suivante :

« M. Henri Penancier, propriétaire à Bray-sur-Seine, arrondissement de Provins, a pris l'engagement de verser au Trésor une somme de 20,000 francs, payable après la guerre et destinée à concourir aux dépenses de construction des batteries de l'artillerie de la garde nationale mobilisée de Seine-et-Marne. »

Bravo ! voilà qui vaut bien le patriotisme des Lyonnais et des Bordelais, qui réclament la Commune et un Comité de Salut public.

— Le grave *Moniteur* répète que dans un article publié ces jours derniers, le *Times* indique que l'Impératrice des Français aurait du consentement de l'Empereur Napoléon III, accepté les conditions que les journaux disent avoir été proposées par M. le comte de Bismarck à M. Jules Favre, pour le rétablissement de la paix entre la France et l'Allemagne.

Il ne manque plus qu'un gavroche pour ajouter :

— De quoi se mêlent-ils ceux-là ?... Et le 4 septembre, on n'y pense donc plus.....

— On a fait la récapitulation des pertes que la population civile de Paris a subies durant les vingt-deux jours de bombardement, du 6 au 27 janvier. On compte 107 personnes tuées par les obus ayant éclaté dans les rues : 31 enfants, 23 femmes et 53 hommes, plus 276 blessés dont 36 enfants, 92 femmes et 148 hommes.

Cent mille personnes de la population civile sont mortes de maladie dans Paris, depuis le 14 septembre au 28 janvier. Le typhus, la variole noire ont fait d'épouvantables ravages.

Triste bilan dont Napoléon III, Guillaume et Bismarck doivent porter la responsabilité.

Samedi 18. — On a des renseignements sur ce qui s'est passé avant-hier jeudi, à la séance du Conseil municipal de Provins, qui s'est réuni pour délibérer sur la nouvelle imposition réclamée à la ville par l'ennemi, relativement à l'armistice.

Soixante habitants notables, commerçants ou contribuables des plus imposés, avaient été convoqués pour venir prendre part à la délibération; sur ce nombre, quarante-cinq ont répondu à l'appel, ce sont :

MM. Fanielle, Parisot, Vuaroqueau, Mirvault, Remy, Germain, Masson, Bongrain, Bretton, Guillard, Sevin, Lebœuf, Gendron, Moricet, Curé, Lestumier, Degois, Etienne Billy, Colas, Antheaume, Raphaël, Caquet jeune, Caquet aîné, Laudier, Deroy, Deforges, Amy, Bertrand, Delamarre, Hubert, Maricot, Michelin, Blanc, Bénard, Guillemot, Froment, Jacques Perrot, Chauvin, Lapérouse, Verrier, boucher, Thuilot, marchand de bois, Moreau, Meignen, Philippe Quiriace et Hacquin.

A l'ouverture de la séance, M. Le Bailly, maire, rappelle le but de la convocation et donne lecture du document suivant, qu'il a reçu de l'Administration allemande :

Melun, le 8 Février.

A MM. les Maires du Département de Seine-et-Marne.

Messieurs,

Une contribution extraordinaire de 660,000 francs a été imposée au département pour subvenir aux besoins et dépenses de l'armée allemande pendant l'armistice.

Répartition faite sur la base des contributions directes, le contingent de votre commune (*Provins*) a été fixé à (12,555 *francs*) qui devront être versés au plus tard LE 17 FÉVRIER à la Caisse de la Mairie de Provins.

Toute réclamation ou sollicitation de délais devra être considérée comme nulle et restera sans réponse.

Le délai expiré, la contribution sera levée dans les communes retardataires par la force armée sans autre avis préalable.

Le Préfet,
Comte DE FUERTEINSTEIN.

En sus de l'imposition extraordinaire, les Prussiens réclament, pour être versé dans la huitaine, sous peine d'exécution militaire, le montant des cinq douzièmes des impôts échus pour les mois d'octobre, novembre, décembre 1870, janvier et février 1871. Ces cinq douzièmes forment une somme de 158,350 francs qui, ajoutés aux 12,555 francs de l'imposition de l'armistice, représentent un total de 170,828 francs.

Après une discussion calme, sérieuse et pleine de dignité, considérant que la population désarmée est hors d'état de résister par la force et pour épargner à la ville des malheurs, l'Assemblée, *à l'unanimité* moins trois voix qui *votent contre* et un membre qui déclare s'abstenir, se prononce pour le paiement.

Un membre propose que la contribution prussienne soit payée à l'aide de l'impôt progressif. Au moyen du calcul auquel il s'est livré, on réaliserait les 170,828 francs réclamés. — Cette proposition est rejetée.

L'Assemblée repousse également la proposition d'un autre membre qui propose de contracter un emprunt de 170,828 francs à un banquier, auquel on assurerait des intérêts à 6 pour 100, et décide que pour donner satisfaction à la réclamation de l'ennemi, on ouvrira une souscription volontaire en créant des obligations de 100 francs payables au porteur avec 5 pour 100 d'intérêt, lesquelles seront remboursées en deux années.

Une Commission prise en dehors du Conseil municipal, et composée de MM. Fanielle, Delamarre, Germain, Bertrand et Jules Michelin, est chargée de recueillir les sommes dont pourraient disposer immédiatement les habitants qui voudraient prêter à la ville.

— Il paraît que la somme est entièrement réalisée aujourd'hui ; plusieurs de nos concitoyens favorisés de la fortune ont mis un empressement des plus patriotiques à faire l'avance de l'argent nécessaire pour satisfaire encore une fois la rapacité des Allemands qui nous grugent de toutes manières.

On ne peut plus dire que travailler pour le roi de Prusse ne rapporte rien, les Provinois en particulier en savent quelque chose : en voilà déjà de l'argent qu'on nous réclame au nom de S. M. Guillaume, et ce n'est peut-être pas encore tout, malheureusement !

Dimanche 19. — Des dépêches de Bordeaux sont arrivées cette nuit :

Dans la séance de l'Assemblée nationale du 17, M. Thiers a été nommé chef du Pouvoir exécutif de la République française ; il exercera ses fonctions sous le contrôle et l'autorité de l'Assemblée et avec le concours des Ministres qu'il aura choisis et qu'il présidera.

Les Allemands ont imposé une contribution de un million de thalers à la ville de Dieppe et une contribution de 23,000 francs à chaque village entourant la ville.

Le total des contributions imposées aux villes et villages de la Seine-Inférieure est de 25 millions.

Un télégramme de Dieppe informe qu'une députation envoyée à Rouen pour obtenir le retrait de la contribution n'a pas réussi.

Les députations des villes avoisinantes n'ont pas eu plus de succès. Dieppe a payé 100,000 francs en numéraire et un million en lettres de change sur Londres.

Un détachement prussien envoyé au bureau de la douane pour s'emparer des fonds n'a trouvé que 69 francs.

C'est partout la même opération, comme on le voit. De l'argent, encore de l'argent et toujours de l'argent. — Comme les Allemands savent bien que c'est là le principal nerf de la guerre !...

— Un journal de Lyon publie une dépêche prussienne de Berlin, le 16 février, ainsi conçue :

En sus de l'Alsace et de la Lorraine qu'on annexerait à l'empire d'Allemagne, on affirme que l'indemnité qu'on doit demander à la France ne dépassera pas un milliard de thalers (3 *milliards* 750 *millions de francs*), somme suffisante pour couvrir les dettes contractées par suite de la guerre actuelle et pour servir les pensions des soldats.

On fait de grands préparatifs pour illuminer brillamment la ville, lors du retour de l'armée. On dépensera pour 25,000 francs de gaz par soirée pour éclairer l'Hôtel-de-Ville.

Quand on prend du galon, on n'en saurait trop prendre.... Si la dépêche allemande est exacte, nous ne sommes pas encore au bout : nous prendre l'Alsace et la Lorraine, plus 3 milliards 750 millions d'indemnité, peste ! comme nos ennemis y vont. Dans leur candeur, les Berlinois nous font la gracieuseté de nous informer qu'ils dépenseront 25,000 francs par soirée pour illuminer rien que leur Hôtel-de-Ville. Les mangeurs de choucroûte n'y regardent pas de si près : c'est la France qui paiera les lampions !

Lundi 20 Février. — Le télégraphe fonctionne constamment, nous connaissons chaque jour les nouvelles de l'Assemblée de Bordeaux.

A l'ouverture de la séance du 19, M. Thiers, chef du Pouvoir exécutif, remercie l'Assemblée du grand témoignage de confiance qu'elle lui a donné ; il déclare qu'il met son dévouement au service du pays, qui doit être d'autant plus obéi, servi et aimé, qu'il est plus malheureux. Il fait connaître la composition du Cabinet dont il se réserve la direction.

Les nouveaux Ministres sont :

MM. Dufaure, à la Justice ; Jules Favre, aux Affaires étrangères ; Ernest Picard, à l'Intérieur ; Jules Simon, à l'Instruction publique ; de Larcy, aux

Travaux publics; Lambrecht, au Commerce; général Le Flô, à la Guerre; amiral Pothuau, à la Marine. Le ministère des Finances est réservé à un représentant non encore arrivé à Bordeaux.

— Un numéro du *Journal Officiel* du 19, est arrivé ce matin à Provins. Entr'autres nouvelles de l'Assemblée de Bordeaux, on y lit :

« A l'ouverture de la séance du 17, M. Keller, député du Bas-Rhin, dépose sur le bureau de la Chambre, en son nom et au nom de ses collègues du Bas-Rhin, du Haut-Rhin, de la Moselle et de la Meuse, une protestation des habitants de l'Alsace et de la Lorraine pour attester qu'ils sont et resteront à jamais Français.

« L'Alsace et la Lorraine, dit M. Keller, ne veulent pas être aliénées. Associées depuis deux siècles à la France dans la bonne et la mauvaise fortune, ces deux provinces, souvent exposées aux coups de l'ennemi, se sont constamment sacrifiées pour la grandeur nationale : elles ont payé de leur sang.

« Si l'Assemblée venait à consentir à l'aliénation de ces provinces, elle s'arrogerait un droit qui n'appartient même pas au peuple réuni dans ses comices.

« L'Europe entière ne peut laisser saisir un peuple comme un vil troupeau et doit à sa propre conservation de ne pas laisser consacrer les iniquités de la Prusse. La paix faite au prix d'une cession de territoire ne serait qu'une provocation incessante à une guerre nouvelle, et cette guerre, je déclare que nous sommes prêts à la recommencer à toute heure.

« Les représentants des Alsaciens et des Lorrains déclarent donc qu'ils entendent considérer comme nuls et non avenus tous actes qui consentiraient à l'abandon de leur territoire et aliéneraient leur droit à jamais inviolable de rester membres de la Nation française. »

Après quelques paroles de M. Thiers, l'ordre du jour ci-après est adopté à la presque unanimité :

« L'Assemblée nationale accueille avec la plus vive sympathie la proposition de M. Keller et de ses collègues, et s'en remet à la sagesse et au patriotisme des négociateurs français. »

Pauvres frères d'Alsace et de Lorraine, il n'est pas besoin d'être grand prophète pour avancer dès aujourd'hui que la Prusse mettra pour première condition de signer la paix, qu'elle gardera vos provinces convoitées par elle depuis longtemps !

— Dans la séance du 19, l'Assemblée, sur la proposition de M. Jules Favre, a nommé une commission de quinze membres qui se rendra à Paris pour assister aux négociations qui doivent s'ouvrir.

Ces commissaires sont : MM. Benoit d'Azy, Teisserenc de Bort, de Mérode, P. Desseilligny, Victor Lefranc, de Lespérut, Saint-Marc Girardin, Barthélemy Saint-Hilaire, le général d'Aurelles, l'amiral de La Roncière Le Noury, Pouyer-Quertier, Vitet, Batbie et l'amiral Saisset.

M. Thiers a invité ensuite l'Assemblée à suspendre ses séances pendant les négociations, afin qu'elles ne soient pas entravées par des propositions qui pourraient avoir une influence fâcheuse.

— Le *Journal Officiel* arrivé tantôt contient une nomination dans la magistrature de Provins. M. d'Hostel est nommé juge d'instruction, en remplacement de M. Néel, décédé le 27 janvier.

---

21 *Février*. — D'après un bruit qui circule à Provins, l'armistice est prorogé jusqu'au 26, avec faculté de renouveler cette prorogation si les circonstances l'exigent. On dit que la reddition de Belfort a été la condition mise par Bismarck pour accorder la prorogation demandée par la France.

A midi, on reçoit la dépêche suivante :

Le Gouvernement trouvant que dans la situation actuelle de nouveaux sacrifices sont inutiles et qu'il y a lieu de s'entendre en ce qui concerne la place de Belfort dont le siége n'est pas interrompu, a fait des démarches et a obtenu que les troupes puissent sortir de la place qu'elles avaient si bien défendue, avec les honneurs de la guerre, emportant armes et bagages et tous les papiers et archives, et surtout celles du génie.

Le 18 février, le colonel Denfert et ses soldats ont quitté la ville sur laquelle les Prussiens, en deux mois, ont lancé 500,000 obus, sans pouvoir prendre un fort.

Belfort et ses courageux défenseurs ont bien mérité de la Patrie !

— Depuis quinze jours qu'on peut entrer à Paris, beaucoup d'habitants de Provins ont entrepris le voyage, ce qui est toute une affaire en ce moment, car en l'absence du chemin de fer qui n'est pas rétabli, il faut faire la route à pied ou en voiture, à petites journées, et être arrêté à chaque pas pour parlementer avec les factionnaires prussiens dès qu'on a dépassé Brie-Comte-Robert ; de cette localité à Paris, on traverse tous les postes de l'armée allemande d'investissement.

Ces jours derniers, trois de nos concitoyens sont revenus, après un séjour d'une huitaine dans la capitale : MM. Prévost, portier-consigne à la Caserne ; Daniel, peintre, et E. Billy, menuisier. Un fait prouvera quelles privations ont dû endurer les Parisiens pendant ces derniers temps : M. Billy est entré à Paris par la barrière du Trône, avec deux pains de 12 livres qu'il avait achetés en passant à Melun. Dès ses premiers pas dans le faubourg Saint-Antoine, il fut entouré et suivi par des groupes de femmes, d'enfants et de vieillards qui lui tendaient les mains en disant : *Oh ! du pain blanc ! du vrai pain blanc !..* Saisi de compassion par les supplications de ces pauvres affamés, M. E. Billy ne put y résister : il partagea ses miches en plus de cent morceaux qui firent autant d'heureux ; ce fut une fête pour les yeux et surtout pour l'estomac de tous ces pauvres gens.

Il paraît que vers les derniers jours du siége, les miches composées de paille hachée et de son n'étaient plus mangeables.

---

22 *Février*. — Que se passe-t-il donc encore à Jouy-le-Châtel, et quand donc les citoyens qui se disputent l'administration de cette commune comprendront-ils qu'en face de l'ennemi il est du devoir de tous vrais patriotes de faire trêve à leurs rancunes ?

Hier, sur une dénonciation adressée au commandant Wurtembergeois de Coulommiers, par un habitant de Jouy qu'on désigne tout haut, un détachement de cette garnison est venu arrêter et emmener prisonniers MM. Bernard, maire ; Mirot, notaire, officier de la garde nationale, et Moritz, tailleur.

— Les journaux arrivés de Troyes ce matin, reproduisent d'après les feuilles allemandes, une proclamation adressée ces jours derniers au Peuple Français par le prisonnier de Wilhemshœhe.

C'est un curieux document qui mérite la peine d'être transcrit, car plus tard on ne voudra peut-être pas croire à son existence. Cette audace de la part de Napoléon III, n'a rien cependant qui devrait étonner lorsqu'on connait le passé.

Au Peuple Français.

« Abandonné par la fortune, j'ai, depuis ma captivité, observé ce profond silence qui est le deuil du malheur. Aussi longtemps que les armées furent en présence, je me suis abstenu de toute démarche, de toute parole qui aurait pu provoquer la discorde.

« Aujourd'hui, devant le profond malheur du pays, je ne puis m'envelopper plus longtemps dans le silence, sans paraître insensible à ses maux.

« Au moment où j'ai été forcé de me rendre prisonnier, je ne pouvais entreprendre aucune négociation sur la paix. Comme je n'étais pas libre, il eût semblé que mes décisions étaient dictées par des considérations personnelles. J'ai laissé au Gouvernement de la Régence qui avait son siége à Paris, au milieu des Chambres, le droit de décider si l'intérêt de la nation demandait la continuation de la guerre. Malgré des revers inouïs, la France n'était pas vaincue ; nos places fortes se trouvaient encore debout ; Paris était en état de défense ; on pouvait encore s'opposer à un plus grand développement de nos infortunes.

« Mais, pendant que tous les regards étaient dirigés vers l'ennemi, une insurrection a éclaté dans Paris ; la représentation nationale a été violée ; l'Impératrice menacée ; un Gouvernement s'est installé, par surprise, à l'Hôtel-de-Ville, et l'Empire, auquel la nation entière venait pour la troisième fois de donner ses suffrages, a été renversé par ceux mêmes qui étaient appelés à le défendre. Etouffant ma légitime indignation, je m'écriai : Qu'importe la dynastie, si la Patrie peut être sauvée ! et, au lieu de protester contre la violation du droit, j'appelai de mes vœux ardents le succès de la défense nationale ; et le patriotique dévouement que toutes les classes et tous les partis ont montré m'a rempli d'admiration.

« Mais, maintenant que la lutte s'est interrompue et qu'après une héroïque résistance, la capitale est tombée, maintenant que toute espérance raisonnable de victoire est évanouie, maintenant le temps est venu de demander, à ceux qui ont usurpé le pouvoir, compte du sang inutilement répandu, des ruines accumulées sans raison, des ressources du pays dissipées sans contrôle.

« Le sort de la France ne peut être abandonné à un Gouvernement sans mandat, qui, en désorganisant l'administration, n'a pas laissé subsister une seule des autorités qui doivent leur origine au suffrage universel. Une nation ne peut donner longtemps son obéissance à un Gouvernement qui n'a aucun droit à commander. L'ordre, la confiance, une paix sûre seront seulement obtenus, quand le peuple aura été appelé à donner son avis sur le choix du Gouvernement qui est le plus capable de délivrer la Patrie de ses maux.

« Au milieu des circonstances solennelles où nous nous trouvons, en face de l'invasion et de l'Europe attentive, il est nécessaire que la France soit unie dans ses efforts, dans ses desseins, dans ses résolutions. C'est le but que tous les bons citoyens doivent s'efforcer d'atteindre.

« En ce qui me concerne, incliné sous le poids de tant d'injustices et d'amères déceptions, je ne réclamerai pas aujourd'hui les droits qui, quatre fois en vingt ans, m'ont été librement conférés. En présence du malheur qui nous environne, il n'y a pas de place pour l'ambition personnelle; mais tant que le peuple réuni régulièrement dans ses comices n'aura pas fait connaître sa volonté, mon devoir sera comme vrai représentant de la nation, de me tourner vers elle et de lui dire : « Tout ce qui se fait sans votre participation directe est illégal : seul, un Gouvernement issu de la souveraineté populaire et qui puisse s'élever au-dessus de l'égoïsme des partis, sera en état de guérir vos blessures, d'ouvrir vos cœurs à l'espérance, les églises profanées à vos prières, de rappeler le travail, l'unité et la paix dans le sein de la Patrie. »

« NAPOLÉON. »

Vilhemshœhe, 4 *Février* 1871.

Incroyable ! Après avoir amassé ruines sur ruines, après avoir fini si tristement à Sedan et amené la troisième invasion que nous subissons, oser encore essayer d'un appel au Peuple !

Si on avait le cœur à chanter, ce serait le cas de répéter le refrain :

> Après tant de brillants hauts faits,
> Français, je vous conjure,
> De bien vouloir faire le succès
> De ma candidature.
> Trente millions de plus
> Ce n'est pas de refus,
> Quand la bourse est souffrante.
> De mon oncle, morbleu,
> Ne suis-je pas le neveu ?
> La Colonne est ma tante !

Jeudi 23 Février. — On ne connaît encore rien d'officiel sur les conditions de la paix. D'après les bruits qui circulent à Versailles et que des voyageurs rapportent à Provins aujourd'hui, aucune cession de territoire ne serait faite à la Prusse ; ce point capital est affirmé.

L'Alsace et une portion de la Lorraine seraient neutralisées pendant dix ans. A l'expiration de ce délai les populations seraient consultées. Au cas où elles se prononceraient pour leur retour à la France, une indemnité en argent serait payée à la Prusse.

Nous aurions, en outre, à payer de suite une somme qu'on porte au chiffre de deux milliards de thalers.

La Prusse demande aussi l'entrée des troupes allemandes à Paris, où elles séjourneraient trois jours. On espère que la population parisienne sera dispensée de loger les troupes.

— Tantôt, vers deux heures après midi, un détachement de 26 cavaliers, des dragons Wurtembergeois venant de Rebais, sous le commandement d'un lieutenant nommé Koller, s'est présenté à la Mairie de Provins, pour réclamer la somme de 12,555 francs, part contributive de la ville dans l'imposition pour les frais de l'armistice.

Après avoir touché la somme et donné un reçu, l'officier a réclamé des billets de logement et des vivres pour ses hommes et les chevaux. Tous ces visiteurs intéressés ont été répartis dans les trois hôtels : au *Coq-à-la-Poule,* au *Dauphin* et à *la Fontaine*.

Vendredi 24 Février.— Les vingt-six dragons qui sont venus hier faire une nouvelle saignée à la caisse des contribuables de Provins, s'en vont ; ils prennent la route de Paris. Le fourgon-caisse, en roulant sur le pavé, rend un son métallique qui fait regretter que l'armistice empêche nos francs-tireurs d'aller faire à ces dragons-financiers l'honneur d'une petite démarche, et d'un échange de procédés à coups de Remington, dans la forêt de Chenoise.

— A deux heures, nous recevons de nouveau à Provins la visite d'un détachement allemand : 70 fantassins du 3e régiment Wurtembergeois, viennent de Coulommiers pour toucher la somme déposée à la Mairie par les communes de Chenoise et de la Chapelle-Saint-Sulpice, pour les frais de l'armistice.

Après avoir consommé 29 kilogrammes de pain, 8 kilogrammes de charcuterie et bu 35 litres de vin, dont ils avaient fait réquisition, ces 70 fantassins sont repartis à quatre heures, se dirigeant sur la Bretonnière et Rouilly.

— Les rapports qui parviennent à la Sous-Préfecture de divers points de l'arrondissement, signalent partout la présence des détachements ennemis qui perçoivent les contributions dans les communes.

— On apprend ce soir que M. Salel, le commissaire de police emmené prisonnier le 20 janvier par les Prussiens, est rentré tantôt à Provins, après une captivité de plus d'un mois dans la prison de Coulommiers, où il a subi les plus mauvais traitements.

— M. Molleveaux est aussi de retour aujourd'hui, après avoir rempli la mission dont il avait bien voulu se charger (porter des secours en argent et des effets d'habillement aux jeunes gens de l'arrondissement à l'armée de la Loire).

Il rapporte sur l'état sanitaire des gardes mobilisés de Seine-et-Marne, actuellement à Nevers et à Issoudun, des renseignements satisfaisants qu'il a déposés à la Mairie de Provins, où ils seront communiqués aux personnes intéressées.

Le Conseil municipal, au nom de la population, remercie M. Molleveaux du dévouement dont il a fait preuve et des services qu'il a rendus en cette circonstance.

Samedi 25. — La poste ne distribue pas encore de journaux de Paris, les quelques numéros que l'on voit de temps à autre, à Provins, y sont apportés par des personnes qui reviennent de la capitale.

C'est un sentiment étrange que celui de l'espèce d'isolement où nous vivons depuis cinq mois, et cette sorte de nuit intellectuelle où nous sommes plongés est une des souffrances morales qui nous pèse le plus; le manque de journaux à lire, c'est comme une asphyxie lente qui étreint et étouffe l'esprit.

Encore un supplice dont les générations à venir auront peine à s'expliquer les effets.

— Le général Du Temple, commandant la région de la Nièvre, adresse à tous les Maires des départements envahis, avec prière de lui donner la plus grande publicité, l'ordre du jour suivant qui a été placardé aujourd'hui à Provins :

« Les francs-tireurs sont tous licenciés : j'apprends que des bandits, usurpant ce nom, exploitent plusieurs départements. Je somme les populations de courir sus à tous ces hommes et au besoin de les livrer à la police prussienne, qui doit maintenir l'ordre. Je demande aux Maires des communes de prendre leurs noms, de recueillir les faits à leur charge, pour qu'ils soient poursuivis et punis selon toute la rigueur des lois, dès que la chose sera possible.

« *Le Général commandant l'armée de la Nièvre*,

« Louis DU TEMPLE. »

Il y a déjà quelques jours que la Compagnie des *Eclaireurs* de l'Aube est venue pour procéder au désarmement de ceux des francs-tireurs de Provins qui refusaient d'entrer dans ses rangs.

Dimanche 26. — Quand les Wurtembergeois se sont présentés avant-hier à la Mairie, M. Le Bailly, après de longues discussions avait réussi à ne verser à l'officier que les 12,555 francs, relatifs aux dépenses de l'armistice, quant aux douzièmes des impôts pour le dernier trimestre de 1870, que le lieutenant Koller réclamait également, on a trouvé un prétexte pour en remettre le paiement à un peu plus tard, espérant que si la paix doit suivre les préliminaires engagés, la ville serait dégagée de cette lourde imposition.

Hélas ! on avait compté sans les instructions suivantes que l'Administration française du département de Seine-et-Marne a fait parvenir aujourd'hui à Provins.

Gouvernement aux Préfets.

Bordeaux, 19 Février.

« Je vous confirme instructions données par prédécesseur, relatives à l'armistice, ainsi formulées et je vous prie de transmettre à vos Sous-Préfets :

« Nourriture et logement des troupes prussiennes et paiement de l'impôt par douzième dû dans les pays conquis (occupés). Toute autre réquisition extraordinaire est un abus contre lequel il faut protester sans toutefois arriver aux extrêmes ; prévenir actes de violences en donnant faible à-compte. Au cas où l'on serait contraint et forcé réclamer sursis. Quant aux occupations contraires et délimitation d'armistice, s'opposer, protester, mais céder à la force plutôt qu'engager conflit ; nous touchons au terme, questions de réparations seront débattues en même temps que questions de paix. La zone neutralisée est à l'abri de toute demande de l'ennemi. »

Le Délégué faisant fonctions de Secrétaire Général
de Seine-et-Marne,
C. VILLIERS.

Comme les choses sont peu intelligemment faites chez nous !... On dirait que tous nos administrateurs ont perdu la tête !... Ainsi voilà une circulaire qui devrait être toute confidentielle et qui a été adressée dans tous les départements envahis, par la voie du télégraphe, dont les trois quarts des stations sont régies actuellement par des employés allemands, de sorte que l'ennemi est averti le premier des semblants de résistance qu'on recommande aux Maires.

Il y a gros à parier qu'avant cinq ou six jours nous aurons à Provins la visite des Wurtembergeois qui viendront toucher les 50 ou 60,000 francs des impôts. On essayera certainement de résister, mais l'ennemi tiendra bon, et comme les instructions portent que l'impôt est *dû dans les pays conquis*, on sera obligé de se soumettre, « *céder à la force plutôt qu'engager conflit,* » telles sont les recommandations de Bordeaux.

On cédera.

Lundi 27 Février. — Journée aux nouvelles : A midi, une dépêche télégraphique envoyée par le Maire de Bray, annonce qu'à Montereau la garnison prussienne se livre à de grandes démonstrations de joie, on aurait lu ce matin à l'ordre des troupes que la paix serait signée dans trois ou quatre jours.

— Cinq heures du soir : Il y a du vrai dans la nouvelle adressée de Bray ce matin ; M. le Maire de Coulommiers vient d'envoyer par un courrier la dépêche suivante, placardée dès ce matin en cette ville par ordre du Commandant de place.

Versailles, 26 Février 1871.

A l'Impératrice-Reine, a Berlin.

Le cœur profondément ému et reconnaissant pour la grâce de Dieu, je t'annonce que les préliminaires de la paix viennent d'être signés.

Il reste encore à attendre le consentement de l'Assemblée nationale de Bordeaux.

GUILLAUME.

— Enfin, à sept heures du soir, on reçoit de Troyes un télégramme ainsi conçu :

« Les préliminaires de la paix contiennent les conditions suivantes : Cession de l'Alsace à l'exception de Belfort; cession de la Lorraine allemande y compris Metz.

Une contribution de **cinq milliards** payable en trois ans. Pendant cette période, des parties du territoire français en dehors des nouvelles frontières, resteront occupées par les troupes allemandes. »

Les conditions sont dures, seront-elles ratifiées ? On voudrait espérer que non.... Mais comment faire, nous n'avons plus d'armée !

Pauvre France ! C'est le cas de répéter le mot de François Ier à Pavie : *Tout est perdu, fors l'honneur !*

Mardi 28 *Février*. — Un détachement de cavaliers Wurtembergeois commandé par un adjudant, est venu hier à Jouy-le-Châtel arrêter de nouveau le docteur Frisson. Un magistrat allemand, l'auditor Hagen, qui accompagnait la troupe, lui a fait subir un interrogatoire et lui a déclaré qu'il avait été désigné par les notables de sa commune comme recélant des armes et engageant les populations à se soulever contre les troupes de S. M. l'Empereur d'Allemagne.

Le docteur Frisson a été emmené prisonnier à Coulommiers.

Il est très regrettable de voir la division qui règne entre les administrateurs et les administrés de Jouy-le-Châtel. Tout cela, paraît-il, n'est qu'une question d'écharpe municipale.

Triste !.. Triste !...

— Des personnes qui arrivent de Paris disent que c'est demain, à dix heures, que les troupes allemandes feront leur entrée dans la capitale de la France ; cette entrée qu'on n'a pu éviter a été réglée entre les Autorités françaises et allemandes. L'effectif des troupes introduites ne dépassera pas 30,000 hommes. Elles occuperont l'espace compris entre la Seine et la rue Saint-Honoré, à partir de la place de la Concorde, jusqu'au quartier des Ternes. L'évacuation aura lieu *immédiatement après la ratification des préliminaires de la paix* par l'Assemblée.

— Cette entrée des Prussiens à Paris ne se fera peut-être pas aussi paisiblement que ceux qui en ont réglé les détails l'espèrent, plusieurs voyageurs que nous avons vus aujourd'hui à Provins disent que la population est très surexcitée. Ces jours derniers, on rencontrait dans beaucoup de quartiers des groupes de gardes nationaux et de citoyens très animés discutant la possibilité d'une résistance. De grandes affiches blanches signées Thiers, Favre et Picard, annonçant l'occupation et faisant appel à la sagesse de la population, ont été déchirées. Une proclamation du général Vinoy a subi le même sort. L'irritation et l'indignation sont à leur comble.

Le général Trochu lui-même, paraît faire cause commune avec les Parisiens ; pris d'un remords de conscience sans doute, il a écrit la protestation suivante qui sera diversement commentée partout :

« Après quatre mois et demi de siége, après huit combats et quatre batailles, dont l'initiative a toujours appartenu à l'assiégé; après le bombardement qui a fait tant d'innocentes victimes, après la convention que la famine seule a pu dicter, l'ennemi devait à Paris les honneurs de la guerre, à moins qu'il n'ait aucun souci des traditions et des règles, qui sont, devant l'opinion, les titres de noblesse des vainqueurs et des vaincus.

Pour Paris les honneurs de la guerre, c'étaient le respect de son enceinte et le respect de son deuil.

L'ennemi veut pénétrer dans Paris, alors qu'il n'a forcé aucun des forts de l'enceinte, pris d'assaut aucun des forts détachés, enlevé aucune des lignes extérieures de défense! S'il en est ainsi, que le gouvernement de la cité lui soit remis pour qu'il ait seul l'odieux et les responsabilités de cette violence, que par une muette et solennelle protestation les portes soient fermées et qu'ils les ouvrent par le canon, auquel Paris désarmé ne répondra pas.

Et laissons à la vérité, à la justice et à l'histoire le soin de juger.

« *Général* TROCHU. »

Tout cela est fort bien, c'est patriotique, mais on trouve que si l'*homme au plan* avait fait des sorties plus souvent au début du siége, alors que l'armée de la Loire après avoir dépassé Orléans s'est approchée jusqu'à Etampes, il n'aurait pas besoin aujourd'hui de gratifier les Parisiens de ses jérémiades.

MARS.

Mercredi 1ᵉʳ. — La poste ne fonctionne pas encore régulièrement, nous ne recevons que rarement des lettres et encore plus rarement des journaux.

On attend avec impatience le résultat du vote de l'Assemblée. Chacun se demande si on va faire la paix ou continuer la guerre.

Plusieurs de nos concitoyens qui reviennent du marché de Nangis, rapportent qu'il y avait ce matin dans cette localité un détachement prussien qui percevait les contributions. Les soldats étaient joyeux, ils annonçaient hautement que tout allait être terminé et qu'ils avaient déjà reçu des ordres pour retourner chez eux.

— M. Ernest Cave est arrivé de Paris tantôt, il a rapporté un exemplaire de la proclamation adressée par MM. Thiers, Jules Favre et Ernest Picard, aux Parisiens, pour les inviter à rester calmes et unis pendant le séjour des Prussiens dans la capitale.

Après avoir annoncé la signature des préliminaires de paix, les trois Ministres ajoutent :

« Pendant le temps nécessaire à l'examen et à la discussion de ces préliminaires, les hostilités auraient recommencé et le sang aurait inutilement coulé sans une prolongation d'armistice qui n'a pu être obtenue qu'à la condition d'une occupation partielle et très momentanée d'un quartier de Paris. Si cette convention n'était pas respectée, l'armistice serait rompu : l'ennemi déjà maître des forts occuperait de vive force la cité tout entière ; vos propriétés, vos chefs-d'œuvre, vos monuments, garantis aujourd'hui par la convention, cesseraient de l'être.

« Ce malheur atteindrait toute la France. Les affreux ravages de la guerre qui n'ont pas encore dépassé la Loire, s'étendraient jusqu'aux Pyrénées. Il est donc absolument vrai de dire qu'il s'agit du salut de Paris et de la France. N'imitez pas la faute de ceux qui n'ont pas voulu nous croire, lorsqu'il y a huit mois, nous les adjurions de ne pas entreprendre une guerre qui devait être si funeste.

« Les négociateurs Allemands avaient proposé de renoncer à toute entrée dans Paris, si l'importante place de Belfort leur était concédée définitivement. Il leur a été répondu que si Paris pouvait être consolé dans sa souffrance, c'était par la pensée que cette souffrance valait au pays la restitution d'un de ses boulevards tant de fois et naguère encore illustré par la résistance de nos soldats.

« Nous faisons donc appel au patriotisme des habitants de Paris en les conjurant de rester calmes et unis. La dignité dans le malheur est à la fois l'honneur et la force de ceux que la fortune a trahis, elle doit être aussi leur espérance d'un meilleur avenir.

« Que tous les bons citoyens qui se sont montrés braves devant l'ennemi reprennent leur ascendant pour maintenir l'ordre dans la cité, et cette cruelle situation d'aujourd'hui se terminera par la paix et le retour de la prospérité publique. »

Cette proclamation qui porte la date du 27 février, a été affichée dans tous les quartiers, en certains endroits elle a été lacérée; mais, d'après les renseignements que nous rapporte M. Ernest Cave, elle a produit son effet, et hier, tout le monde paraissait d'accord sur l'attitude à tenir.

Nous saurons avant peu comment les choses se seront passées, M. Lenoir est parti dimanche avec l'intention d'aller se renseigner *de visu* sur l'entrée de l'ennemi.

Jeudi 2 Mars. — **La Paix est signée.** — Une dépêche télégraphique de Versailles transmise cette nuit de Coulommiers à Provins, annonce que l'Assemblée nationale de Bordeaux a ratifié les préliminaires de la paix. — 546 députés ont voté pour et 107 contre.

Des groupes nombreux s'assemblent ce matin devant l'Hôtel-de-Ville, tout le monde voudrait voir la dépêche, beaucoup de personnes doutent de son authenticité, d'autres sont d'avis qu'il ne faut pas ajouter foi à la dépêche allemande, ils prétendent savoir que contrairement à ce qui est annoncé, la paix a été repoussée à une grande *majorité*.

A force d'être trompé, on ne veut plus croire à rien.

Certains personnages frondeurs profitent de la disposition des esprits et essayent d'organiser une manifestation hostile contre l'Administration municipale en accusant le Maire de ne rien communiquer et prétendant savoir qu'il a reçu une dépêche française de Bordeaux, avec mission de la faire imprimer et afficher.

Comme s'il était possible d'étaler après les murs l'humiliation de la Patrie!...

Quoi qu'il en soit, beaucoup d'habitants trouvent, comme nous, que le silence gardé aujourd'hui est plus digne que la proclamation suivante, élaborée dans une circonstance semblable, lors de l'invasion de 1814, par un magistrat sympathique, mais auquel cependant on a reproché sa versatilité :

Le Maire de Provins à ses Concitoyens.

BRAVES ET GÉNÉREUX HABITANTS DE PROVINS,

« La paix générale est conclue et signée pour votre bonheur, par tous les
« augustes Monarques du Continent. Vos magistrats en ont eu l'assurance de
« la bouche même de sa Majesté François II, empereur d'Autriche, que vous
« avez la faveur de posséder aujourd'hui dans vos murs.

« Un événement aussi mémorable vous engage à manifester votre joie et
« votre gratitude au prince magnanime qui, par tant de sacrifices, vous assure

« une paix si longtemps désirée ; votre Maire vous invite donc à illuminer
« ce soir le devant de vos maisons.

« Le présent sera lu et publié à son de caisse, dans toutes les rues et places
« publiques de cette ville.

« Fait à la Mairie de Provins, ce 2 Juin 1814.

« LAVAL. »

Dans la journée, seconde publication de M. le Commissaire de police ; il y disait : *Qu'à neuf heures du soir, il ferait sa visite dans toute l'étendue de la ville, pour s'assurer de l'exécution de l'invitation de M. le Maire, et que les contrevenants seraient traduits conformément à la loi.*

On peut bien juger que ces démonstrations de commande, sous les yeux de l'ennemi, étaient impossibles à nos pauvres habitants.... Plus fermes dans la circonstance que leur Maire, ils n'illuminèrent pas.

— Vers dix heures, un détachement de 65 soldats du 3ᵉ régiment d'infanterie Wurtembergeoise, accompagnés de deux chariots, venant de Coulommiers et ayant couché cette nuit à Chenoise, vient s'arrêter devant la Mairie. Le lieutenant qui le commande entre au bureau et signifie à MM. Le Bailly, maire, et Lebeau, adjoint, qui étaient présents, qu'il venait pour réclamer la *Taille*, c'est-à-dire le douzième des impôts du mois de décembre 1870, et le douzième des impôts du premier trimestre de 1871, soit au total une somme de 65,000 francs. Il fit aussi pour ses hommes la réquisition de 32 litres de vin, de 31 kilos de pain et de 5 fromages « *de Brie*.» Pendant que ces *goulaffres* dévoraient les provisions sur une table apportée au bas des marches du perron de l'Hôtel-de-Ville, l'Administration parlementait avec l'officier ; M. Le Bailly, suivant les conseils de la dépêche de ces jours derniers, défendait énergiquement les intérêts de la ville et résistait ; mais le lieutenant Wurtembergeois tenait bon aussi. A la fin, impatienté, il exhiba un ordre qui lui enjoignait, en cas de refus, d'emmener le Maire et les Conseillers municipaux prisonniers. Dans l'incertitude où l'on était que la paix ait été votée hier à Bordeaux, il fallut s'exécuter ; le lieutenant Fein consentit à recevoir 27,195 francs représentant le douzième des impôts de 1870.

En attendant le retour de l'officier qui, aidé de quatre de ses soldats, comptait l'argent dans la salle de la Mairie, les autres hommes du détachement charmaient leurs ennuis par des chœurs très harmonieux, entr'autres ils ont chanté le *Bivouac*, de Kuken, que tous nos orphéonistes connaissent :

> Fils de Brennus, chef des Gaules,
> Nous ne craignons rien, sinon
> Que le ciel brisant ses pôles
> S'écroule sur notre front.

Enfin, à deux heures, la réquisition de la *Taille* étant terminée, l'officier donna un reçu en ordre, l'argent fut placé dans un chariot sous la surveillance de deux factionnaires, puis le détachement reprit le chemin de Coulommiers.

Vendredi 3 Mars. — Un signe que le calme va renaître, c'est que depuis deux jours un chef de section et des employés du chemin de fer sont occupés activement à remettre en état la voie de l'embranchement de Provins à Longueville. Le tunnel de Saint-Loup, obstrué au début de l'invasion par l'explosion des fourneaux de mine est déblayé, on rétablit aussi les ponts de Bernières et de Nogent-sur-Marne, qu'on avait fait sauter. On espère que d'ici à une quinzaine de jours le service des voyageurs pour Paris pourra reprendre.

— Aujourd'hui, un envoyé du général Du Temple s'est présenté au parquet du Procureur de la République près le Tribunal de Provins. Cet envoyé est porteur de citations adressées à plusieurs personnes des cantons de Nogent, Provins, Nangis, Bray, etc., pour être entendues comme témoins à Nevers, dans l'instruction ouverte contre des francs-tireurs de l'Aube et le capitaine Sourd, accusés de vols et exactions à main armée.

— Tantôt, deux détachements de cavaliers Wurtembergeois qui se rendent dans diverses communes pour percevoir les impôts, sont arrivés à Provins. Les chevaux sont placés dans les écuries du quartier, les hommes sont répartis en différentes auberges. Ils doivent partir demain matin.

Samedi 4 Mars. — On colporte ce matin en ville, un numéro du *Paris-Journal*, dans lequel on assure que M. Thiers a obtenu de M. de Bismarck, un ordre de faire cesser les réquisitions. M. de Bismarck aurait déclaré que la Prusse tiendrait compte de toutes les réquisitions faites depuis le 28 janvier.

Il serait à désirer que l'information du journal soit exacte, car jamais les Prussiens n'ont mis autant d'empressement à faire rentrer les impôts que depuis qu'il est question que la paix est signée.

— A midi, une grande affluence de personnes envahit les salles et le perron de l'Hôtel-de-Ville de Provins, l'*Officiel* du 2 mars vient d'y être apporté, il contient **la ratification des préliminaires de la paix.** Les dépêches de cette nouvelle adressées de Bordeaux par M. Jules Simon à M. Jules Favre, sont ainsi conçues :

1er *Mars, 6 heures 5 minutes soir.*

On commence le vote du scrutin.

Dans quelques minutes je vous enverrai le résultat, qui n'est pas douteux. La tristesse ici est profonde autant au moins chez ceux qui subissent que chez ceux qui protestent.

7 heures 35 minutes soir.

Pour la validation, 546 voix, contre 107.

L'Assemblée nationale a ratifié les préliminaires de la paix.

Jules SIMON.

Cette fois, il n'y a plus à en douter, la nouvelle insérée au journal du Gouvernement est officielle, pourtant il se trouve encore des incrédules. Il est inutile d'insister, on perdrait son temps à essayer de les convaincre. Ce sont les mêmes personnes qui, avant-hier, prétendaient savoir que la paix avait été repoussée à une grande majorité.

— On a reçu des nouvelles de la capitale. Les Prussiens sont entrés à Paris, mercredi matin, non point comme en 1815, au milieu des acclamations de la foule, mais au milieu d'une population triste et calme, ayant su conserver dans son humiliation toute la dignité qu'elle a montré pendant la longue et cruelle période du siège.

Plusieurs de nos concitoyens qui s'étaient rendus à Paris pour affaires, entr'autres M. Lenoir, conducteur des ponts et chaussées, ont voulu assister à l'entrée de nos vainqueurs; ils nous ont rapporté ce matin à Provins des détails sur ce qu'ils ont vu, et aussi le *Moniteur officiel* et deux petits journaux qui relatent, mais brièvement, le triste incident :

« Mercredi 1er Mars 1871. — Pas de journaux, par un sentiment de patriotisme confondu, tous les directeurs de grandes feuilles ont décidé de ne pas les faire paraître durant l'occupation. On ne crie dans les rues que la *Patrie en deuil*, placard de circonstance, encadré de noir, rédigé par Gromier. Toutes les boutiques, cafés, restaurants sont clos. On lit sur les devantures : *Fermé pour cause de deuil national*. Des drapeaux noirs se montrent sur les Mairies et aux fenêtres des maisons particulières.

Les Champs-Elysées sont un véritable désert : sur la place de la Concorde, des barricades faites de caissons d'artillerie, de voitures et de pavés, marquent la frontière et se dressent à l'entrée de la rue Royale, de la rue de Rivoli et des divers ponts qui joignent la rive droite à la rive gauche de la Seine. Partout la solitude est complète. Des citoyens empêchent eux-mêmes les curieux de s'avancer. Dans les parties qui vont être occupées, les soldats de la ligne et les gardes nationaux placés en faction pour empêcher les Allemands de dépasser leurs limites, ont des crêpes noirs à leurs fusils.

A huit heures et demie du matin, les éclaireurs de l'armée ennemie, des hussards du 14e régiment (hussards de la Hesse), montés sur des petits chevaux alertes et bien dressés sortirent individuellement de l'avenue de l'Impératrice et descendirent les Champs-Elysées jusqu'à la place de la Concorde. Le cavalier qui était en tête s'avançait en exécutant des voltes très rapides ; les autres cavaliers, espacés de dix mètres en dix mètres, manœuvraient de même, de façon à ne pouvoir être visés par un tireur. Huit cavaliers caracolaient ainsi, ils portaient le mousqueton haut et ne perdaient pas de vue les fenêtres et les portes des maisons voisines.

Ces huit cavaliers, au dolman vert soutaché de tresses blanches (1), ne s'arrêtaient pas un seul instant; ils allaient en avant, revenaient en arrière, tournoyant et se communiquant par signe. Après s'être assurés que rien d'inquiétant ne se manifestait, ils remontèrent au galop depuis la place de la Concorde jusqu'à l'avenue de la Grande-Armée, allant au devant des têtes de colonnes dont ils éclairèrent la marche avec une adresse remarquable, une grande intelligence et une véritable bravoure.

La première de ces colonnes déboucha vers neuf heures, sur la place de l'Etoile, ayant à sa tête le lieutenant-général de Kameke, commandant la 14e division d'infanterie du VIIe corps Prussien.

L'ennemi n'entra pas dans les Champs-Elysées en défilant sous l'Arc-de-Triomphe, il fit un circuit à droite et à gauche. Les Parisiens de toutes les classes qui attachaient une véritable importance à ce que les soldats étrangers ne pussent se vanter de l'honneur d'avoir défilé sous les voûtes portant les noms de victoires et de généraux qui sont notre patrimoine national,

---

(1) C'est sans doute ce costume vert qui a fait dire à plusieurs auteurs qui ont écrit sur l'entrée des Prussiens à Paris, que ces éclaireurs étaient des hussards Bavarois.

Il y a là certainement une erreur. La cavalerie des deux corps d'armée formant le contingent de la Bavière et qui marchaient avec la 3e armée allemande pendant la guerre de 1870, se composait en tout et pour tout de six régiments de chevau-légers, d'une brigade de cuirassiers (2 régiments), et d'une brigade de uhlans (aussi 2 régiments).

avaient tendu des chaînes et amoncelé des obstacles sous le monument.

Malgré les accords bruyants d'une musique d'infanterie jouant une marche triomphale qui réveillait tous les échos, les Allemands s'avançaient pas à pas comme des peureux. En face du Palais de l'Industrie, la colonne fit halte. Le général Kameke et son état-major descendirent seuls jusqu'à la place de la Concorde dont ils firent le tour en s'arrêtant un instant devant la statue de la ville de Strasbourg, qui est restée ornée de ses drapeaux et de ses couronnes. Toutes les autres statues des villes de France ont la tête voilée de longs crêpes noirs, des mains inconnues leur ont épargné la honte de voir l'ennemi dans nos murs. Des patriotes avaient proposé de les déplacer.

A dix heures et demie, de nouvelles musiques annoncèrent l'arrivée de régiments Bavarois. Mais le gros des forces ne fit son entrée que dans l'après-midi, à trois heures, après la revue des VI° et XI° corps Prussiens et du Ier corps Bavarois, passée par le roi de Prusse, sur le champ de courses de Longchamps. Le roi Guillaume connaissait ce terrain pour avoir assisté, en 1869, derrière l'empereur Napoléon III, au défilé de notre armée si belle et si vaillante (1).

Le corps d'occupation allemand s'élevait à 30,000 hommes et se composait de trois régiments d'infanterie et de trois bataillons de chasseurs Bavarois, deux batteries d'artillerie Bavaroise, dont une de mitrailleuse ; trois régiments d'infanterie Prussienne, dont un de la Garde royale, un escadron de hussards de la Mort, un escadron de dragons du Rhin, un régiment de uhlans.

L'état-major qui avait pour escorte des cuirassiers blancs, était très nombreux et en disproportion avec le corps de troupes : un grand nombre d'officiers avaient obtenu le privilège de se joindre aux régiments désignés pour entrer à Paris.

Après une hésitation anxieuse, nos vainqueurs s'installèrent depuis l'Arc-de-Triomphe jusqu'à la place de la Concorde. Autour de cette place, des grandes draperies tendues masquaient à l'ennemi jusqu'à la vue des rues et des ponts ; les occupants ne pouvaient rien apercevoir au-delà des limites qui leur étaient assignées.

Les officiers se répandirent dans le jardin des Tuileries. Là aussi, de grands voiles noirs cachaient les entrées du Palais.

Il avait été stipulé dans la convention que les soldats allemands pourraient visiter *deux* seulement des monuments de Paris : le Louvre et les Invalides, mais qu'ils ne pourraient le faire que par escouades et sans armes (2).

---

(1) Général Ambert : *Récits militaires.*
(2) *Journal officiel*, 3 mars 1871.

On réussit à préserver l'hôtel des Invalides de la présence des étrangers, mais il n'en fut pas de même pour le Louvre.

Pendant la visite, les rues et les places avoisinant le palais, étaient couvertes de gardes nationaux, de bourgeois, d'ouvriers et d'enfants, tout le monde était dans une agitation extrême, lorsque tout-à-coup de jeunes officiers Prussiens et Bavarois eurent l'imprudence d'ouvrir la grande fenêtre du Musée au-dessus du balcon dit de Charles IX. A leur vue, la colère et l'indignation s'emparèrent de la foule. Un officier de mobiles jeta un morceau de pain par dessus la grille en s'écriant : « Du pain aux bêtes ! » Un ouvrier lança une pièces de dix centimes aux officiers ennemis en criant : « Voilà le commencement des cinq milliards ! » Il n'eût pas fallu grand chose pour qu'un conflit éclatât.

Ne se rendant pas compte de la grave situation, les officiers Allemands dont la sottise semblait augmenter, faisaient des pieds de nez à la foule, éclataient de rire bruyamment et saluaient en montrant leurs casques. Se sentant protégés par la hauteur des appartements où ils étaient et l'épaisseur des murailles, ils bravaient le peuple de Paris.

Bientôt le tumulte arrivant à son comble, la foule se précipitant contre les barrières et les projectiles redoublant le général Vinoy, logé dans l'aile droite du Palais et qui entendait tout, envoya un certain nombre d'officiers d'état-major, avec le lieutenant-colonel de Champlouis à leur tête, pour mettre un terme à cet incident qui devenait très grave. Ces officiers après mille difficultés réussirent à faire fermer les fenêtres du Louvre et à éconduire les Allemands. La visite du vieux Palais de nos rois, commencée à midi cessa à deux heures.

Sur la place de la Concorde et sur la place de l'Etoile, les photographes étaient nombreux. Prussiens et Bavarois posèrent devant leurs canons couverts de lauriers et de feuillages. Ces images envoyées au-delà du Rhin, feront la joie et l'orgueil des familles allemandes.

Des créatures de mauvaise vie, des femmes sans pudeur qui sont allées souhaiter la bienvenue à l'envahisseur de la Patrie, furent entourées, huées, puis fouettées publiquement à l'entrée de la rue Royale où, les vêtements en lambeaux, elles ont été conduites au poste.

Deux cafetiers du quartier occupé, eurent seuls l'ignoble cynisme de verser aux vainqueurs le Champagne qu'ils buvaient à la ruine de la France : les deux établissements furent mis à sac par le peuple.

Le soir, quand la nuit descendit sur Paris en deuil, les réverbères restèrent éteints et dans l'ombre croissante du crépuscule, au-dessus des colonnes qui forment l'entrée des Champs-Elysées, on voyait vaguement un long voile de crêpe noir qui se balançait frissonnant sur le ciel.

En ce jour de deuil, Paris a volontairement suspendu sa vie. Paris est resté ce qu'il devait être : après avoir été héroïque devant le danger, devant la faim, devant les misères de toutes sortes, il lui restait à se montrer capable d'un courage plus difficile encore : rester calme, digne de lui.

Il l'a été !....

Dimanche 5 Mars. — Le courrier distribue un fort envoi de lettres et journaux. L'entrefilet suivant découpé d'une feuille parisienne est collé à l'endroit où l'on affiche d'habitude les dépêches :

« Confrontation curieuse et terrible !

Le 1er mars, à trois heures, à Paris, l'état-major allemand au trot de ses chevaux fringants, avec un bruit de cuirasses et de sabres, dans un éblouissement de dorures et de panaches, défile en poussant des hurrahs devant l'Arc-de-Triomphe.

Le 1er mars, à trois heures, à Bordeaux, M. Conti monte à la tribune de l'Assemblée pour justifier l'ex-empereur.

Et comme si les tressaillements du sol sacré que violait l'étranger étaient ressentis des rives de la Seine à celles de la Garonne, l'Assemblée nationale, unanime **moins six voix,** sentant passer en elle le frisson des grands devoirs se levait frissonnante et déclarait :

« Dans les circonstances douloureuses que traverse la Patrie,
« en face de protestations et de réserves inattendues, confirme
« la déchéance de Napoléon III et de sa dynastie, déjà prononcée
« par le suffrage universel, et le déclare responsable de la ruine,
« de l'invasion et du démembrement de la France. »

Sur les 660 représentants, il ne s'en est trouvé que six qui ont voté contre la déchéance de Napoléon III, ce sont : MM. Conti, Gavini, comte Murat, Abbatucci, Haentjens et Galloni d'Istria.

— A deux heures, 30 cavaliers du 3e régiment de dragons Wurtembergois arrivent à Provins. L'officier monte à la Mairie, il confirme la nouvelle que la paix est définitive et recommande de ne plus rien payer des réquisitions. Le détachement se divise en petits groupes qui partent immédiatement dans les campagnes à la recherche des soldats qui perçoivent les contributions.

— Une réunion publique a eu lieu aujourd'hui, à deux heures, au Salon d'Apollon. Le bureau était composé de MM. Bonifas, médecin à Chenoise, président; Percheron, secrétaire; Lebœuf, Morand et Pécullier, assesseurs.

On a discuté et adopté une pétition à l'Assemblée nationale demandant le prompt renouvellement, par l'élection, des Conseils municipaux, des Conseils d'arrondissement et des Conseils généraux.

L'assemblée a décidé au vote : que le Maire devait être élu par tous les électeurs et non par les Conseillers seulement, et que les élections autres que les élections municipales, devaient avoir lieu au chef-lieu de chaque canton.

Lundi 6 Mars. — Des voyageurs venant de Paris apportent le *Journal Officiel* du 4 mars, il contient le texte des conditions de la paix, c'est la grande nouvelle du jour, on ne parle que de cela en ville.

Par l'article 1er, la France renonce en faveur de l'empire allemand, à tous ses droits et titres sur les territoires situés à l'est de la frontière nouvellement indiquée en-deçà de l'Alsace, les quatre cinquièmes de la Lorraine nous restent; en Alsace, nous conservons Belfort. Malheureusement, dans la Lorraine, nous perdons Metz.

L'empire allemand possèdera ces territoires à perpétuité, et en toute souveraineté et propriété.

L'article 2, dit : la France paiera à S. M. l'empereur d'Allemagne *la somme de cinq milliards de francs.*

L'article 3 porte que l'évacuation de Paris et des départements de la Somme, de l'Oise et les parties des départements de la Seine-Inférieure, Seine-et-Oise, Seine-et-Marne, situés sur la rive droite de la Seine et les forts situés sur la rive gauche, s'opérera graduellement après la ratification du présent traité et le paiement du premier demi-milliard de la contribution.

Après le paiement de deux milliards, l'occupation allemande ne comprendra plus que les départements de la Marne, des Ardennes, de la Haute-Marne, de la Meuse, des Vosges, de la Meurthe, ainsi que de la forteresse de Belfort avec son territoire qui serviront de gage pour les trois milliards restant et où le nombre des troupes allemandes ne dépassera pas 50,000 hommes.

Les conditions de la paix ont été arrêtées à Versailles, le 26 février, et portent les signatures de MM. A. Thiers, V. Bismarck et J. Favre.

Pendant la discussion de ces conditions si dures pour la France, M. Thiers s'est montré grand patriote et a arraché plusieurs cris d'admiration à ses adversaires.

A un moment, accablé, par une discussion de sept heures, ayant employé toutes les ressources de son éloquence pour obtenir quelques concessions, M. Thiers était déjà fort abattu lorsque le chancelier prussien Bismarck demanda la cession de Nancy.

— Alors prenez toute la France et administrez-la vous-même? répondit l'illustre homme d'Etat, surexcité par la colère et le dégoût.

Puis, après avoir laissé échapper ce cri de douleur, il se remit à discuter pied à pied le sort de notre malheureux pays avec un courage qui surpasse tous les courages.

Mardi 7 Mars. — Le *Journal Officiel* arrivé avant-hier à Provins, renferme le texte de la Convention passée le 28 février et qui met fin aux contributions extraordinaires qui, depuis six mois, ont si lourdement pesé sur Seine-et-Marne et tous les départements occupés par les Prussiens.

L'article 4 de la Convention qui règle ce point essentiel est ainsi conçu :

« Les troupes allemandes s'abstiendront à l'avenir de prélever
« des contributions en argent dans les territoires occupés. Les
« contributions de cette catégorie dont le montant ne serait pas
« encore payé seront annulées de plein droit. Celles qui seraient
« versées ultérieurement par suite d'ignorance de la présente
« stipulation devront être remboursées.

« Par contre, les Autorités allemandes continueront à prélever les impôts de l'Etat dans les territoires occupés, mais seulement jusqu'à la ratification des préliminaires de la paix. »

Voilà qui est bien clairement expliqué et pourtant MM. les Allemands regardent cela comme lettre morte.

Mercredi, aussitôt le vote de Bordeaux confirmé officiellement et après la visite de l'officier Wurtembergeois qui est venu à Provins recommander de ne plus rien payer, M. Le Bailly, maire, et M. Bourgeat, délégué du Conseil municipal, s'empressèrent de partir pour Coulommiers dans l'espoir d'obtenir la restitution des 27,000 fr. versés le 2 mars, c'est-à-dire le lendemain de la ratification des préliminaires de la paix. Cet espoir se fondait sur le fait rapporté que l'argent payé le même jour par plusieurs communes des environs, leur avait été restitué. Mais arrivés à Coulommiers, les délégués Provinois éprouvèrent une déception, M. de Maussion, maire de cette ville, leur ayant communiqué la circulaire suivante qu'il était chargé de faire parvenir aux Maires des cantons de son arrondissement et du nôtre :

Coulommiers, le 6 Mars 1871.

Monsieur le Maire,

D'après une ordonnance du chancelier impérial, M. le comte de Bismarck, les impôts restant jusqu'à la fin du mois de février, ainsi que les amendes de 5 p. 0/0 pour le retard sont encore à lever.

Par conséquent je vous engage, Monsieur le Maire, à verser dans le délai de 24 heures après le reçu de ceci, les montants à payer encore, en annonçant qu'en cas de non-payement après le terme indiqué, l'exécution militaire aura lieu.

Agréez, Monsieur, etc. *Le Sous-Préfet,*
Pauly VIETSCKOVN.

En présence de cette situation, MM. Le Bailly et Bourgeat durent renoncer à donner suite à la démarche qu'ils se proposaient de faire chez le commandant Wurtembergeois et ils revinrent à Provins.

Maintenant on se demande de quel côté doit-on se tourner pour être renseigné : l'*Officiel* dit d'une façon, l'ennemi procède autrement, et comme la force prime actuellement tout, nous serons rançonnés jusqu'au bout.

— Malgré la gravité de la situation, l'esprit gaulois ne perd pas ses droits, on plaisante quand même. Une feuille de l'Aube publie sérieusement qu'on prête à l'Empereur Guillaume l'intention d'anoblir tous les généraux qui ont pris part à la dernière bataille du 19 janvier, sous Paris, avec les noms des localités où elle s'est livrée.

La Prusse va ainsi s'enrichir d'une « baronne de Saint-Cucupha, d'une comtesse de Montretout et d'une duchesse de Longboyau. »

Comme c'est distingué !....

Mercredi 8 Mars. — A défaut de journaux français, les Allemands nous gratifient toujours « *moyennant finances* » du Moniteur Officiel du Gouvernement général de Reims.

Le numéro adressé ce matin à la Mairie de Provins, publie un télégramme de l'empereur d'Allemagne à l'empereur de Russie, daté du 27 février, annonçant la conclusion des préliminaires de paix dont les conditions sont connues.

L'empereur d'Allemagne continue :

« Ainsi nous sommes à la fin de cette guerre glorieuse et
« sanglante à laquelle nous a forcé une frivolité sans exemple.
« La Prusse n'oubliera jamais qu'elle vous doit que la guerre
« n'ait pas pris des proportions extrêmes. Que Dieu vous en
« bénisse.

« Votre ami qui vous en sera reconnaissant toute sa vie.

« GUILLAUME. »

L'empereur de Russie a répondu le même jour en ces termes :

« Je vous remercie de votre communication des préliminaires
« de paix ; je partage votre joie. Fasse Dieu qu'une paix durable
« puisse s'en suivre. Je suis heureux d'avoir pu vous prouver
« mes sympathies comme ami dévoué. Que l'amitié qui nous lie
« puisse assurer le bonheur et la gloire des deux pays. »

Ces deux télégrammes confirment officiellement un fait qui ne pouvait être douteux pour personne : l'entente cordiale des cours de Saint-Pétersbourg et de Berlin en vue de la guerre actuelle. Le langage des deux souverains est parfaitement clair. C'est la Russie qui a empêché que la guerre ne prît de plus grandes proportions, c'est-à-dire probablement que la France ne reçût d'une partie des puissances européennes un secours effectif. S'il s'en est trouvé réellement qui fussent disposées à se liguer avec nous, moins sans doute par amitié pour la France que pour contenir l'ambition prussienne, elles ne peuvent avoir été maintenues que par la crainte de voir la Russie se joindre de son côté à la Prusse.

Il sera intéressant un jour de connaître en détail cette partie de la tragédie qui s'est jouée, derrière la toile, à notre insu.

— A dix heures, Victor Cothenet, le sergent-fourrier de la Compagnie des Mobiles de Provins, rentre de Paris avec plusieurs autres jeunes gens de la ville : ils précèdent le bataillon qui les suit à quelques heures d'intervalle.

Nos concitoyens nous rapportent des journaux.

Les troupes Germaniques, qui étaient entrées si fières et si hautaines, le 1er mars, dans la partie de la capitale qui leur avait été assignée, ont dû évacuer les lieux dès le 3, au matin, après un séjour de quarante-huit heures à peine, alors qu'elles s'étaient installées dans les belles maisons des Champs-Élysées où elles comptaient assurément rester encore plusieurs jours.

Pourtant la clause du traité était formelle : elle portait *qu'immédiatement après la ratification des traités, l'armée quitterait Paris*. Jeudi 2, dans la journée, l'extrait du procès-verbal de l'Assemblée de Bordeaux, dûment scellé et signé par le président et les secrétaires, avait été apporté à Versailles par un messager spécial et mis sous les yeux de M. de Bismarck, qui n'avait plus aucun prétexte pour prolonger le séjour des Allemands dans Paris.

Les troupes qui s'attendaient à pénétrer dans la capitale pour relever leurs camarades furent informées immédiatement, à leur grand dépit, qu'elles ne franchiraient pas l'enceinte : quant à celles qui occupaient les Champs-Élysées et les quartiers voisins, le 3, à onze heures du matin, elles avaient accompli leur mouvement de retraite.

Bien que l'occupation n'ait duré que deux jours et demi à peine, le corps de 30,000 hommes entré le 1er mars avait été presqu'entièrement renouvelé le 2 au matin ; par suite de cette mutation, 50,000 Allemands peuvent dire qu'ils ont foulé le sol parisien.

Le 3 mars, toutes ces troupes ont repassé la Seine, soit au pont de Neuilly, soit au pont de bateaux que l'Empereur avait traversé l'avant-veille en venant à Longchamps passer la revue des 6e et 11e corps, ainsi que du 1er corps Bavarois.

Les journalistes d'Outre-Manche et d'Outre-Rhin se sont donné libre carrière en faisant des récits fantaisistes de l'entrée dans la capitale de la France du roi Guillaume, marchant l'épée nue, à la tête de sa Garde, de M. de Bismarck en colonel de cuirassiers blancs et de M. de Moltke entouré de son savant état-major.

Ces tableaux peuvent charmer les hobereaux de la Germanie, mais ils sont absolument faux.

L'Empereur d'Allemagne n'est pas entré à Paris. Après la revue de Longchamps il était retourné à Versailles, suivi du Prince-Royal.

M. de Moltke n'avait pas quitté son cabinet de travail.

M. de Bismarck, vêtu d'une simple redingote noire, abrité dans une voiture bien close, s'avança jusqu'à l'entrée de l'avenue de la Grande-Armée et ne poussa pas plus loin sa reconnaissance. Le Chancelier passant sa tête à la portière fut reconnu par un groupe de Parisiens. L'un d'eux accompagnant le mot d'un geste menaçant, s'écria : « *Salaud !* »

Le soir même, revenu à Versailles, M. de Bismarck demandait

à ses courtisans : « Qu'est-ce que c'est *salaud ?* Je ne connaissais pas ce mot là. »

Ce petit épisode est parfaitement historique : ce n'est pas pour le plaisir d'ajouter une épithète malsonnante au nom d'un grand homme que nous citons le mot textuel ; mais il est bon dans le récit de l'occupation qu'on sache absolument quelles en furent la portée, la limite et même la forme qu'en devra revêtir dans l'histoire la représentation plastique (1).

— A onze heures, deux bataillons de la garde mobile de l'Aube arrivent à Provins : un accueil des plus cordiaux est fait à ces braves jeunes gens qui regagnent leurs foyers après avoir accompli leur devoir à côté des nôtres, pendant toute la durée du siége de Paris, et avoir été très éprouvés, surtout au combat de Bagneux, le 13 octobre 1870, où leur commandant, M. de Dampierre, fut tué.

— A une heure et demie, le Conseil municipal, la garde nationale sédentaire, la Compagnie des sapeurs-pompiers et une grande partie de la population se portent sur la route de Paris, au-devant du 4ᵉ bataillon de la Mobile de Seine-et-Marne, composé des jeunes gens de Provins et des environs.

Bientôt la colonne qui a fait étape à Rozoy cette nuit, apparaît en haut de la côte. A l'entrée de la ville, M. Bourquelot, adjoint, remplaçant M. Le Bailly, maire, absent de Provins aujourd'hui, adresse à nos jeunes compatriotes, au nom de la population tout entière, l'expression des sentiments qu'excite leur retour dans la cité.

La réception est des plus touchantes ; après les premières effusions de joie échangées entre les parents qui revoient leurs fils ou leurs frères, la colonne poursuit sa marche jusqu'à l'Hôtel-de-Ville, précédée par la Compagnie des sapeurs-pompiers et par les membres du Conseil municipal, suivie par la garde nationale et par une foule nombreuse de parents, d'amis et de curieux.

Sur la place du Val, le capitaine Guillebaud chargé de ramener la colonne ayant déclaré sa mission terminée, les hommes des compagnies de Villiers-Saint-Georges et de Léchelle sont partis séparément pour regagner leurs communes.

Déjà, à Rozoy, ce matin, les compagnies de Nangis, de Donnemarie, de Bray et de la Ferté-Gaucher, avaient quitté la colonne pour regagner leurs cantons respectifs.

---

(1) Général Ambert : *Récits militaires. Siége de Paris.*
Charles Yriarte : *Les Prussiens à Paris.*

Amères réflexions : pendant que ce soir on se réjouira en beaucoup de familles du retour de ceux sur le sort desquels on était si inquiet depuis six mois, il est d'autres foyers où l'on prendra le deuil, où les mères pleureront. Hélas! il y a des vides dans les rangs : Roger, Chauché, Lenoble, Barbeaux, Larousse, Dubern, Guérard, Marie, Charreyron, Lebel, Legras, Blanchard, Delort, Mulot, Pigot, Michon, etc., etc., sont restés ; ils dorment pour toujours sur les côteaux qui dominent Paris, pour la défense duquel ils sont tombés ignorés comme tant d'autres.

Triste... Triste... le tableau de la guerre... Puisse notre France en être délivrée pour toujours.

Jeudi 9 Mars. — Les deux bataillons des Mobiles de l'Aube qui ont logé hier à Provins, ont quitté la ville ce matin à sept heures, ils feront étape aujourd'hui à Romilly.

— Le service postal entre Provins et Melun est rétabli depuis le 6, les dépêches télégraphiques et les journaux du Centre et du Midi nous arrivent à présent directement.

Une dépêche de Bordeaux annonce qu'après un discours de M. Thiers, l'Assemblée nationale a adopté Versailles pour venir tenir ses séances, à la majorité de 461 voix contre 101, et ce, malgré la Commission qui demandait Fontainebleau.

Un amendement ayant pour but de transporter à Paris le siège du Gouvernement a été repoussé par 427 voix contre 154.

— Depuis le 6, le drapeau allemand a cessé de flotter sur le Mont-Valérien et les forts de la rive gauche de Paris qui ont été remis aux autorités françaises. L'empereur Guillaume et son état-major ont quitté Versailles pour venir transférer le grand quartier général prussien en Seine-et-Marne, à Ferrière, dans la propriété de M. de Rothschild.

L'empereur rentrera à Berlin le 16, le comte de Bismarck doit y arriver aujourd'hui.

Vendredi 10 Mars. — Une dépêche informe que c'est à l'hôtel-de-ville de Bruxelles que doivent se réunir les plénipotentiaires désignés pour rédiger le texte définitif du traité de paix entre la France et l'Allemagne. Les Autorités municipales de la capitale de la Belgique font de grands préparatifs pour les recevoir.

— Les premiers avantages du rétablissement du service

postal entre Provins et Melun se font sentir. On nous distribue ce matin les journaux de Paris, d'hier.

Le numéro de *Paris-Journal* contient un article qui fait sensation, c'est le dénouement d'une action criminelle qui s'est passée pendant le siége et dont la nouvelle annoncée alors par ballon, souleva en province une réprobation générale.

Voici l'article du *Paris-Journal :*

QUATRE SENTENCES DE MORT. — Le 3ᵉ Conseil de guerre vient de dire le dernier mot de l'affaire du 31 octobre. Reconnus coupables de complicité d'arrestation et de séquestration illégale des membres du Gouvernement et d'excitation à la guerre civile, Blanqui, Flourens, Levrault et Cyrille sont condamnés à la peine de mort. Le docteur Goupil à deux ans de prison, Jules Vallès à six mois de la même peine. Les inculpés Maurice Jolly, Jaclart, Jénard, Ranvier, Bauër, Régère et Eudes sont acquittés.

— Des voyageurs qui arrivent de Paris disent que le vote du 10 mars, par lequel l'Assemblée nationale en décidant qu'elle siégerait à Versailles, a enlevé à Paris le titre de capitale, a produit une effervescence générale des esprits et indisposé la population contre le Gouvernement de M. Thiers.

Un mouvement est à redouter, les Parisiens sont mécontents de tout et la situation est pleine de périls.

— A cinq heures du soir, un officier Bavarois se présente à la Mairie de Provins, il vient prévenir l'Administration qu'il a laissé à Jouy-le-Châtel un détachement de prisonniers français qu'il était chargé de ramener ici, l'officier demande un récépissé en déclarant que la fatigue a empêché nos soldats de venir jusqu'à Provins, mais que demain de bonne heure nous les verrons arriver.

Samedi 11 Mars. — Par suite de la paix il n'y a plus lieu de maintenir l'organisation actuelle de l'armée et le Président du Conseil, chef du pouvoir exécutif de la République française, a signé ces jours derniers un décret qui dissout les corps d'armée du Nord, du Hâvre, de la Nièvre, des Vosges, de Bretagne, de la presqu'île du Cotentin et ceux de la 2ᵉ armée de la Loire.

Aujourd'hui une colonne de mobilisés de l'Aube, venant du 25ᵉ corps cantonné dans l'Indre, est de passage à Provins, se dirigeant sur Troyes.

— On placarde, sans doute dans l'espoir qu'il servira d'exemple patriotique aux populations de la province, l'extrait suivant d'une lettre écrite par M. Ad. Crémieux, au président de l'Assemblée nationale :

« Souscrivons les cinq milliards, payons-les, et que jusqu'au jour écrit au ciel, la France se souvienne que l'Alsace et la Lorraine sont terre française, que l'abandon de ces deux sœurs est la honte de l'Empire et que la République, levant fièrement la tête, saura prendre sa revanche. Que chacun de nous consulte sa fortune et faisons à la Patrie une avance qu'elle remboursera dans une longue suite d'années, à nous ou à nos enfants.

« Dans la modeste situation de fortune que je me suis acquise depuis plus d'un demi-siècle de travail, j'offre à mon pays *cent mille francs* pour ma souscription. Hâtons-nous! Que dans le courant du mois de mars tout soit souscrit. Habitants des villes qui faites de si nobles efforts pour conserver la République que nous souhaitons, concertez-vous ensemble, apprenez aux habitants des campagnes ce que peut le patriotisme : Un mois encore et si la France le veut, la France sera délivrée.

« AD. CRÉMIEUX. »

— A midi, les prisonniers français laissés à Jouy-le-Châtel arrivent à Provins, ils sont une centaine environ appartenant à toutes les armes, zouaves, turcos, artilleurs, fantassins et mobiles. Ces malheureux qui ont été pris dans différents combats sur la Loire et sous Paris, étaient dirigés sur l'Allemagne lorsque la signature de l'armistice est venue arrêter leur marche. Depuis un mois les Prussiens les gardaient à Tournan, où ils ont enduré les plus dures privations. Beaucoup de ces soldats ont leurs vêtements usés et en guenilles. Une souscription publique s'organise immédiatement dans notre population en faveur de ces pauvres prisonniers qui sont répartis à l'Ambulance et chez les habitants en attendant les instructions de l'autorité militaire.

— Avant-hier, à son retour de Coulommiers, M. Le Bailly, maire, résolut de tenter une nouvelle démarche pour éviter à la ville de Provins de payer les impôts réclamés de nouveau par les Prussiens, il partit immédiatement à Melun pour se renseigner auprès de l'Autorité française. M. le secrétaire général lui exposa qu'il avait eu la veille une entrevue avec le représentant du Ministre de l'intérieur, à Paris, et qu'il résultait de leur entretien « *qu'aucun conseil ne pouvait être donné aux communes*, auxquelles on laissait toute initiative sur la conduite à tenir dans la circonstance. »

M. Le Bailly est rentré hier à Provins, il a informé le Conseil municipal qui, en présence de ces renseignements, a décidé que les habitants les plus imposés seraient convoqués pour savoir s'ils persistaient dans le vote du 18 février, malgré les événements survenus depuis et notamment la ratification des préliminaires de la paix par l'Assemblée de Bordeaux.

La réunion aura lieu demain soir.

C'est 158,000 francs qui restent encore à payer par la ville.

On se demande dans quelle situation nous sommes. Le Gouvernement paraît fermer les yeux sur ce qui se passe et abandonner les populations des pays envahis à elles-mêmes. « Aucun conseil ne peut être donné aux communes, » dit le représentant du ministre de l'intérieur. Or, comme à Provins nous sommes à la merci de nos ennemis vainqueurs, il nous faudra jusqu'au bout subir leur joug et leurs exigences.

Malgré le vote de Bordeaux, rien n'est changé pour nous.

Les détachements de nos rapaces ennemis vont continuer leurs visites dans nos communes ; malheur à celles qui n'ont pas encore pu réunir le montant des impôts réclamés, c'est la sacoche ouverte et la baïonnette appuyée sur la poitrine du retardataire que MM. les Allemands formuleront leurs dernières réquisitions.

On peut juger, du reste, du mode d'exécution et des prévenances employées, par l'ordre suivant dont sont porteurs les officiers ou sous-officiers encaisseurs :

ORDRE.

« Si le paiement ne se fait après sommation faite, le détache-
« ment se rendra, sur la désignation du Maire, de prime-abord
« auprès des contribuables qui n'ont encore rien payé sur leurs
« impositions, ou qui sont restés en retard pour une partie. La
« visite domiciliaire devra se faire à l'effet de la recherche
« d'argent comptant et d'autres objets de valeur qui seront
« saisis.

« La commune a l'obligation de nourrir les troupes de l'exé-
« cution pendant leur séjour dans la commune, de leur donner
« des logements nécessaires et de payer, en outre, au sous-
« officier-chef quatre francs et par chaque soldat deux francs
« par jour.

« *Le Commandant,*

« Von LILIENTHAL.

« 1er Mars 1871. »

Dimanche 12 Mars. — On apprend que MM. Bernard, maire de Jouy-le-Châtel; Mirot, notaire, et Moritz, tailleur, emmenés prisonniers par les Prussiens, le 25 février, ont été mis en liberté hier et sont rentrés chez eux le soir.

Ces trois honorables citoyens arrêtés à la suite d'une dénonciation mensongère d'un de leur adversaire politique, étaient détenus à Coulommiers où ils étaient gardés en cellule et au secret le plus absolu. C'est aux démarches réitérées de M. Julien, ancien notaire, et de M. Liégeois, curé de Jouy, près du colonel Wurtembergeois Seuber, qu'ils doivent leur élargissement.

— A une heure, le Conseil municipal de Provins et cinquante habitants notables ou des plus imposés, se réunissent à la Mairie.

Après avoir entendu les explications fournies par M. Le Bailly sur son entrevue de Melun, l'Assemblée a décidé, à l'unanimité, que devant les nouvelles injonctions et les menaces faites par l'ennemi, en l'absence de toute intervention favorable du Gouvernement français, et dans la crainte d'une réclamation de 5 p. 0/0 par chaque jour de retard du paiement de la contribution, ainsi que cela s'est passé dans certaines localités, il y avait lieu de payer pour éviter les conséquences auxquelles un refus exposerait la ville.

Lundi 13 Mars. — Cette fois, on respire; on va donc pouvoir enfin résister aux rançonneurs allemands et ne pas leur donner les 158,000 francs qu'ils réclament. La délibération d'hier doit être considérée comme nulle.

Une dépêche télégraphique annonce qu'une convention rectificative des préliminaires de paix a été signée hier, 12 mars, à Rouen, entre M. Pouyer-Quertier, ministre des finances de la République française, et M. de Nostitz-Walwitz, commissaire civil de S. M. l'Empereur d'Allemagne :

« Les parties voulant assurer l'exécution facile et loyale du traité signé à Versailles entre la France et l'empire d'Allemagne, le 26 février dernier, écarter toute éventualité de conflit entre l'armée allemande et la population française, et par le maintien de l'ordre arriver à une complète pacification, ont modifié ainsi le traité :

« ARTICLE 1er. — Il a été stipulé par l'article 3 du traité d'armistice et par l'article 4 du traité des préliminaires, qu'à partir de la ratification desdits traités par l'Assemblée nationale siégeant à Bordeaux, et par Sa Majesté l'Empereur, les troupes allemandes s'abstiendront de toute contribution de guerre et de toute réquisition, et, par l'article 8 desdits préliminaires que l'impôt serait perçu par l'autorité allemande jusqu'à la ratification. Cette ratification a eu lieu le 2 mars 1871.

« Le versement de quelques impôts en retard ayant été exigé par des chefs de corps avec menaces d'exécution militaire, *il demeure convenu que les impôts en retard ne seront pas exigés;* seulement, le compte en sera fait entre les deux Gouvernements.

« Le Gouvernement français prendra à sa charge ce qui pourra être dû pour les deux derniers mois de 1870 et les deux premiers mois de 1871, et l'acquittera, sauf son recours contre les départements et les communes. »

. . . .

Il ne reste plus, dit la dépêche, qu'à faire ratifier la présente convention par M. Thiers et l'empereur Guillaume.

Qu'on se hâte, c'est tout ce que nous demandons. Pourvu que le *Journal Officiel* qui promulguera la convention n'arrive pas à Provins comme les carabiniers de l'opéra-bouffe, après la bataille, c'est-à-dire après qu'on aura payé.

Versailles et Ferrières ne sont pas loin de Provins, mais Coulommiers est encore plus près, et les sbires du colonel Seuber sont là avec leurs sacoches béantes : ils n'attendent qu'un mot pour agir.

Mardi 14 Mars. — Retour à Provins des gardes mobilisés, *les Touristes,* comme les appellent certains esprits frondeurs, parce qu'avant de les envoyer aux premières lignes du 25ᵉ corps de la 2ᵉ armée de la Loire, dans le Cher et dans l'Indre, où ils étaient lorsque l'armistice est venu suspendre les hostilités, l'administration de la guerre obligée d'éloigner des régions envahies ses centres d'organisation, avait fait passer nos concitoyens par les camps de Nevers, de Clermont et de Toulouse.

Malgré les difficultés de toutes sortes résultant de l'occupation complète du département, malgré les menaces des Gouverneurs allemands qui avaient fait placarder partout des avis annonçant que les communes seraient frappées de 50 francs d'amende pour chaque jour d'absence des jeunes gens qui iraient rejoindre les armées, les mobilisés de Seine-et-Marne furent des premiers à se rendre à l'appel du Gouvernement de la Défense nationale, au mois de novembre 1870.

En huit jours de temps et seulement sur *un ordre verbal* du Maire de leur localité presque tous ces jeunes gens, usant de mille stratagèmes pour tromper l'active surveillance de l'ennemi et essuyant même en beaucoup d'endroits les coups de feu des sentinelles dont ils forçaient la consigne, en passant outre, malgré les *werda* réitérés, avaient traversé les lignes prussiennes et étaient réunis derrière la Loire, à Nevers.

Les premiers partis s'étaient rendus à Nemours, où la préfecture avait été transférée lors de l'envahissement de Melun ; le lendemain de leur arrivée, la ville fut occupée par un escadron de uhlans, M. Huot, de Darvault, ancien officier de chasseurs à pied, qui était chargé de l'organisation des légions de Seine-et-Marne, fit cerner l'hôtel Saint-Pierre et les rues adjacentes où étaient logés les uhlans. Après deux heures de résistance, l'officier commandant l'escadron et quelques hommes étaient tués, les autres étaient faits prisonniers.

Les mobilisés de Seine-et-Marne furent mis à l'ordre du jour de l'armée et félicités par le Gouvernement pour ce fait. (*Journal Officiel* du 18 novembre 1870).

Moins d'un mois après leur appel, le 20 décembre, les hommes du 1er bataillon de Seine-et-Marne abordaient l'ennemi aux combats de Monnaie et de Notre-Dame-Doé, en avant de Tours. Là, 3,000 Briards et Angevins, sans instruction militaire, à peine armés et mal équipés, tinrent tête, pendant six heures, à 16,000 hommes d'infanterie prussienne, avec six batteries d'artillerie et deux régiments de cavalerie.

Exténués de fatigue et ne recevant aucun renfort, les nôtres durent se replier devant le nombre, mais non sans avoir fait subir des pertes sérieuses à l'ennemi qui n'inquiéta pas leur retraite.

Par suite de l'envahissement successif des principales localités des rives de la Loire, l'organisation des autres bataillons de Seine-et-Marne comme celle des différents régiments de marche qu'on reformait à Nevers avec les débris des armées de Sedan et de Metz, fut entravée par mille difficultés. Après la reprise d'Orléans, l'approche des Prussiens vers la Nièvre amena l'évacuation de Nevers, les troupes de ligne furent envoyées au camp de Cherbourg pour s'y organiser et les mobilisés de Seine-et-Marne furent dirigés sur Toulouse.

A la suite des échecs subis par le général Chanzy, sous les murs du Mans, dans les premiers jours de janvier 1871, ordre fut donné partout d'envoyer des renforts à la 2e armée de la Loire ; le contingent de Seine-et-Marne composé de 3,600 hommes, formant le 2e régiment de marche placé sous le commandement de M. de Jouvencel, ancien député, qui avait quitté Paris en ballon quelque temps auparavant, fut dirigé sur le 25e corps d'armée opérant dans l'Indre et le Cher, sous les ordres des généraux Pourcet et Billot.

L'armistice établissant une zone neutre obligea le régiment de Seine-et-Marne à reculer jusqu'à la limite de la Creuse et de la Haute-Vienne. La signature de la paix le trouva à Guéret. Six jours plus tard, le 9 mars, le régiment était désarmé à Limoges et les hommes ramenés à Paris, où ils arrivèrent le 12. Vingt-quatre heures après, presque tous ceux appartenant à l'arrondissement de Provins avaient franchi à pied et d'une seule traite la distance qui sépare leurs foyers de la capitale : ce fut leur dernière étape. En moins de quatre mois, ils avaient parcouru plus de 2,000 kilomètres.

Si les mobilisés du 2ᵉ régiment de Seine-et-Marne n'ont point fait davantage, c'est qu'on ne leur a pas demandé plus ; ils ont prouvé du moins qu'ils avaient du patriotisme et de la bonne volonté, quand bravant les menaces des Autorités allemandes, ils quittèrent leurs foyers et traversèrent les lignes ennemies pour se rendre aux armées, avant même que le décret qui les y appelait fût rendu exécutoire.

Voici les arrêtés allemands qui furent affichés dans les communes et publiés par ordre de l'Autorité militaire dans différents journaux :

Nous, Gouverneur général siégeant à Reims,
Vu le décret royal du 13 août 1870, abolissant la conscription dans toute l'étendue du territoire français occupé par les troupes allemandes ;
Attendu que les Français qui se mettent en contravention avec cet ordre royal se rendent coupables d'un acte de félonie contre le Gouvernement allemand établi dans les départements occupés ;
Ordonnons ce qui suit :

Article unique

Tout Français domicilié dans un des départements occupés : de la Marne, de l'Aisne, des Ardennes, de l'Aube et de Seine-et-Marne, contre lequel s'élèveraient des charges suffisantes pour prouver qu'il a obéi à un mandat de comparution pour entrer dans l'armée française ou dans un des corps francs formés en but hostile contre les armées allemandes ; tous ceux qui auront coopéré ou aidé pour amener des recrues à l'armée française ou aux corps francs seront *arrêtés et conduits devant l'autorité militaire la plus rapprochée pour y être traduits devant une cour martiale et jugés sommairement.*

Le Gouverneur général,
E. R.
DE ROSENBERG CRUSZCYNSKI.

Dans la crainte que l'arrêté du Gouverneur de la région ne fût pas suffisant pour terroriser les jeunes gens qu'on menaçait de la cour martiale, le préfet prussien de notre département se crut obligé de prendre aussi deux arrêtés. Ce gracieux fonctionnaire renchérissant sur son supérieur, étend les menaces sur les familles des mobilisés et sur les communes où ils résident.

PRÉFECTURE DE SEINE-ET-MARNE.

A Messieurs les Maires du Département.

Melun, 23 Novembre 1870.

Monsieur le Maire,

Les Autorités militaires ayant été informées que les jeunes gens du département avaient été invités par le Gouvernement de la Défense nationale à se rendre à Souppes, ou d'autres endroits, pour y être enrôlés dans la garde nationale mobilisée, je porte à la connaissance de MM. les Maires que la conscription a été abolie dans tous les territoires français occupés par les troupes allemandes, et qu'en conséquence, le départ des jeunes gens pour s'enrôler dans l'armée ou dans la garde mobile est sévèrement interdit.

Si, nonobstant cette défense formelle, des jeunes gens quittaient leur commune pour se faire engager, leurs familles ou tuteurs seraient tenus responsables de leur départ et frappés d'une amende de 50 francs.

En cas que ces jeunes gens n'aient ni parents, ni tuteurs dans la commune qu'ils habitaient, l'amende retomberait sur la commune qui n'a pas empêché leur départ.

En conséquence, je vous envoie deux exemplaires d'un avis que vous ferez immédiatement afficher à la Mairie, et je vous invite à lui donner la plus grande publicité.

Agréez, Monsieur le Maire, l'assurance de ma parfaite considération.

Le Préfet,
Comte DE FUERSTENSTEIN.

AVIS.

Les jeunes gens qui auront reçu l'ordre de se rendre à n'importe quel endroit du département pour s'y faire enrôler, sont avertis que : la conscription ayant été abolie dans le territoire français occupé par les troupes allemandes, non-seulement cet ordre n'a aucun effet, mais qu'en y obtempérant, ils seraient punis d'une amende de 50 fr., laquelle s'ils éludaient la vigilance des autorités, retomberait sur leurs familles, tuteurs ou la commune qui n'aurait pas empêché leur départ.

Melun, le 23 Novembre 1870.

Le Préfet,
Comte DE FUERSTENSTEIN.

Les mobilisés, ainsi que les conscrits de la classe 1870, de Provins et du département, se moquèrent comme de Colin Tampon des ordonnances des Gouverneur et préfet prussiens ; l'ordre des Autorités françaises qui les *invitait* sans contrainte à se rendre à l'armée *sous leur responsabilité personnelle*, fut accepté et suivi par tous avec un empressement on ne peut plus patriotique. A peine, sur près de 3,000 appelés, compta-t-on une trentaine de réfractaires, et encore parmi ces derniers il faut noter ceux qui eurent la mauvaise chance d'être faits prisonniers par l'ennemi, tel est le cas de trois de nos concitoyens de Provins, MM. Martinon, horloger ; Chéret, commis de banque, et Bellemère, cordonnier, qui, signalés comme mobilisés au colonel Seuber, le 19 novembre 1870, furent arrêtés par les Wurtembergeois. Sur les instances de l'Administration municipale, nos trois concitoyens furent rendus à la liberté, mais à la condition qu'ils ne quitteraient pas la ville sous peine que celle-ci serait frappée d'une amende de 5,000 francs pour chacun d'eux qui ne se présenterait pas, dans la suite, à toute réquisition des commandants allemands.

Cette exigence reçut son exécution. A toutes les visites de l'ennemi, MM. Martinon, Chéret et Bellemère étaient appelés à se présenter à l'état-major comme des condamnés libérés placés sous la surveillance de la police.

Mercredi 15 Mars. — On apporte à Provins le *Journal Officiel* du 14, qui promulgue la Convention par laquelle le Gouvernement français reconnaît en principe le droit de l'impôt prussien et se substitue aux communes pour l'acquitter.

— Un officier supérieur prussien se présente à la Mairie et demande divers renseignements pour l'établissement d'une intendance militaire allemande à Provins, qui est désigné comme un des centres d'occupation pour le 6° corps d'armée qui stationnera dans la Brie et la Champagne.

Cet officier informe que toutes les communes des cantons de Bray, Nangis et Donnemarie ont déjà reçu des garnisons depuis deux jours. En même temps, il remet à la Mairie l'avis suivant, qu'il est chargé de faire parvenir dans tout l'arrondissement :

Avis concernant les passages de Troupes allemandes.

« MM. les Maires sont avertis que le passage des troupes allemandes, retournant en Allemagne, aura lieu très prochainement. Il serait utile de s'occuper d'avance des provisions, tant en ce qui concerne les vivres que les fourrages, afin d'éviter tout désagrément.

« Pour les réquisitions de voitures et de chevaux, les arrêtés antérieurs du *Recueil officiel* restent en vigueur jusqu'au moment de l'évacuation complète du département.

« Dans le cas où l'état des routes serait défectueux, MM. les Maires aviseront à les faire réparer de suite. »

Pendant une conversation entamée avec les personnes présentes à la Mairie au sujet du paiement de l'impôt, l'officier prussien exhibe un numéro du *Moniteur Officiel* allemand de Versailles, dans lequel on s'attache à démontrer que les plaintes des Français provoquées par les réquisitions ne sont nullement justifiées, si l'on met en ligne de compte les sacrifices immenses que cette guerre impose à l'Allemagne, et qu'elles sont complètement exagérées si l'on compare les sommes prélevées par l'Allemagne à celles que les Français ont imposées à ce dernier pays pendant les guerres de la République et du premier Empire. On cite à l'appui un ordre du général Hoche qui frappait d'une imposition de 300,000 livres la ville de Bllescastel.

Qu'est-ce que cela prouve?... Que la guerre est toujours la guerre... Que plus cela change, plus c'est la même chose, et que ce sont toujours les vaincus qui paient les frais.

L'OCCUPATION

Provins fut occupé du 16 mars au 14 juin 1871, par une garnison permanente qui variait de 1,500 à 2,800 hommes. Les officiers et une partie des soldats étaient logés chez les habitants, l'autre partie fut installée dans les bâtiments du Quartier de Cavalerie.

— Les 16 et 17 mars, 30,000 hommes environ des 6e et 11e corps de l'armée allemande, traversent la ville. Le 17, le défilé des régiments, commencé vers neuf heures du matin, ne s'est terminé qu'à six heures du soir.

Infanterie, cavalerie, artillerie, pontonniers, génie, ambulances, se suivent sans interruption. De nombreux canons, caissons, fourgons, un admirable matériel d'équipages et de ponts de bateaux, ainsi que des voitures et chariots de toute sorte encombrent nos rues et places.

Une partie de ces troupes suit la grande route de Paris à Bâle, se dirigeant sur la Champagne, l'autre partie prend la route de Villiers-Saint-Georges.

— Le 17 mars, les 23e, 41e, 62e et 63e régiments d'infanterie prussiens, sont logés chez les habitants. Un avis publié par les soins de l'Administration municipale, informe qu'il n'est dû aux garnisaires que le gîte, le feu et la lumière; mais par suite d'une erreur de l'intendance, le 23e régiment n'a pas de vivres et les habitants qui logent des soldats de ce régiment devront pourvoir à leur nourriture. L'Administration allemande déclare qu'elle remboursera 1 franc 50 centimes par homme, sur la présentation du billet de logement.

C'est le cas de dire : « *Ah ! le bon billet qu'a Lachâtre.* »

Ceux des habitants qui se présentèrent pour réclamer chez l'intendant Jacobi, qui s'était installé rue de Changis, dans la maison de M. Remy, furent éconduits avec tous les ménagements dont étaient prodigues nos vainqueurs ; le chef des *Riz-Pain-Sel* allemands et ses estafiers tergiversèrent si bien qu'aujourd'hui, en 1886, les Provinois attendent encore le remboursement de l'avance qu'ils ont faite, le 17 mars 1871, pour le roi de Prusse !

— Tous ces soldats qui, depuis plusieurs mois, campaient aux lignes d'investissement de Paris, n'ont guère eu occasion de dépenser leur solde, ils ont tous la bourse bien garnie ; les débits de boissons, les cafés et les magasins d'orfévrerie ou d'objets de luxe, les bazars sont remplis de consommateurs et d'acheteurs.

Presque tous ces Allemands qui appartiennent aux régiments du 6ᵉ corps sont entrés à Paris, mais déçus dans leur espérance d'y séjourner, ils n'ont pas eu le temps d'y faire des acquisitions et comme ils tiennent tous à remporter des objets pouvant témoigner chez eux qu'ils ont franchi en vainqueurs l'enceinte de la Babylone moderne, ils ont bien soin, dans chaque magasin, de demander si les articles exposés sont des « *Articles de Paris,* » lorsque la marque du fabricant ou du commerçant indique cette provenance, ils ne regardent pas au prix et ils les paient, sans marchander ni faire d'observation, le double et le triple de la valeur réelle.

Samedi 18 *Mars*. — Le passage des troupes allemandes continue, cinq bataillons d'infanterie, deux régiments de cavalerie et de l'artillerie traversent Provins pour aller prendre leur cantonnement dans les campagnes environnantes et dans les villages du canton de Villiers-Saint-Georges.

Avant-hier, dès leur arrivée ici, les Prussiens ont établi un poste à l'Hôtel-de-Ville et des factionnaires ont été placés à toutes les entrées de la ville.

— La journée d'hier, la deuxième de l'occupation, a failli être marquée par de graves incidents.

Dans la soirée, vers quatre heures, le magasin de bijouterie de M. Millière, rue de la Cordonnerie, était rempli de soldats allemands qui faisaient des achats de montres, chaînes, bagues, bijoux, etc., un d'entre eux, ordonnance d'un général, profita d'un moment où le marchand avait le dos tourné pour s'emparer d'une chaîne en or et s'enfuir. M. Millière se mit à sa poursuite, le rejoignit dans la rue du Marché-Neuf, et voulut le ramener chez lui pour le faire s'expliquer devant ses camarades, mais le Prussien qui n'entendait pas ainsi, tira son sabre, fit un moulinet qui fit reculer l'orfèvre, et reprit sa course. M. Millière s'en vint au poste de l'Hôtel-de-Ville faire sa déclaration du vol. On donna ordre à un piquet de se mettre à la recherche du coupable, mais en vertu du proverbe qui dit que « *les loups ne se mangent pas entre eux*, » la patrouille n'inquiéta guère le voleur; elle le poursuivit, pour la forme, par la rue des Barbeaux et la rue du Moulin-de-la-Ruelle et le laissa s'échapper dans un cul-de-sac près de l'Hôtel-Dieu. Avisant au contraire un jeune homme de la campagne qui passait en courant devant l'hôtel de France, le caporal des *patroulers* le fit arrêter et donna l'ordre à deux hommes de le conduire au poste. Plusieurs habitants, témoins de cette arrestation arbitraire, protestèrent et voulurent délivrer notre compatriote : une rixe qui menaçait de prendre des proportions sérieuses s'en suivit. Le jeune homme profita de la bagarre pour se jeter dans le corridor de la maison de madame Fourny, modiste, rue du Val, mais un grand nombre de Prussiens s'élancèrent après lui et le bourrèrent à coups de pied et à coups de poing, ainsi que M. Chapelain, charron au Petit-District, qui s'était garé aussi dans le couloir. La foule s'amassait, les soldats mirent le sabre à la main et l'affaire allait devenir fort grave lorsqu'un officier supérieur, logé au premier étage de la maison de M. Simon et qui suivait la scène derrière les rideaux, ouvrit la fenêtre et cria quelques mots rauques qui firent l'effet d'une douche glacée sur les soldats; de suite, ceux-ci remirent les sabres aux fourreaux et se placèrent de chaque côté des *patroulers* pour les aider à conduire leur prisonnier au poste où il n'eut pas de peine à prouver qu'il n'était pour rien dans le vol et fut mis immédiatement en liberté.

Un habitant de la ville, Thibault Lasnier, garde-particulier de M. Vuaroqueau, qui se trouva pris dans la bagarre de la rue du Val, avec Chapelain, fut aussi arrêté et amené au poste; il ne fut relâché qu'après plusieurs heures de détention et après avoir été violemment battu.

A six heures du soir, M. Millière fut appelé à la « *Commandatur* » pour être interrogé. Au moment où il descendait les marches de l'Hôtel-de-Ville, il aperçut son voleur qui se promenait sur la place. Il le désigna au commandant qui donna l'ordre à un gendarme d'aller l'arrêter. Un général passait au même moment : après s'être fait renseigner sur l'affaire, il ordonna de maintenir l'arrestation du coupable qui a été condamné aujourd'hui même, à un an de prison pour ce fait. La chaîne volée avait été retrouvée hier soir dans le jardin de

M. Victor Garnier, par le jeune Lucien Le Bailly, un des fils du maire de la ville. Dans sa course le voleur s'en était débarrassé en la jetant par dessus le mur, en face de la passerelle, sur le Durteint, dans la rue du Sac.

— Par l'entremise des Allemands qui occupent tous les services publics, le Maire de Provins reçoit deux communications, la première est une dépêche télégraphique adressée par M. le Ministre de la guerre à tous les Maires de Seine-et-Marne, et ainsi conçue :

Paris, 15 *Mars* 1871, 12 *heures* 4 *minutes*.

D'après la nouvelle convention signée à Ferrières, les troupes allemandes doivent se procurer elles-mêmes, sans réquisitions, les vivres et les fourrages qui leur sont nécessaires. Vous n'avez qu'à assurer le logement, autant que possible dans les bâtiments publics, et le chauffage, à charge de remboursement par mon département. Le siège de la sous-intendance française est provisoirement fixé à Fontainebleau.

La seconde communication est une circulaire adressée aussi à tous les Maires des chefs-lieux de canton des départements envahis :

MINISTRE DES FINANCES A MAIRE DE PROVINS.

« Veuillez préparer le relevé général des réquisitions et dommages de toute nature faits par les autorités allemandes, dans toutes les communes de votre canton : 1° des impôts et contributions extraordinaires par la commune ou par les habitants, sous quelque nom que ce soit; 2° réquisitions en denrées alimentaires, foin, avoine, chevaux, voitures et autres; 3° pertes éprouvées par les habitants, propriétaires ou fermiers, industriels ou commerçants. Veuillez me transmettre ce relevé de suite. Les justifications de fournitures seront faites plus tard.

POUYER-QUERTIER.

« Dire aussi quelles sont les ressources alimentaires qui restent dans la commune et quelles espérances peuvent donner les récoltes futures. »

Dimanche 19 *Mars*. — L'occupation de la ville est complète, la garnison se compose des 23e et 62e régiments d'infanterie prussienne (2e et 3e de la Haute-Silésie), et du 15e régiment de cavalerie, dragons bleus (dragons du Rhin).

Le Quartier-Général est établi à la Sous-Préfecture, où s'est installé le général de division Von Hoffmann. Deux autres généraux de brigades sont logés, l'un rue aux Juifs, chez M. de

Saint-André, receveur des finances, et l'autre rue de la Vénière, chez M. Amy, président du Tribunal civil.

La *Commandatur* est placée à l'Hôtel-de-Ville, avec un poste de 25 hommes, qu'on relève tous les jours à midi. Le télégraphe prussien est à l'angle de la rue aux Aulx et de la rue des Marais, et la poste allemande est installée dans le Cloître-Notre-Dame, dans la maison de M. le capitaine Besnard.

— Ce matin, les rues de Provins présentent une animation extraordinaire, on ne rencontre que des Prussiens partout; les uniformes les plus variés se croisent en tous sens; une grande partie des soldats de la garnison auxquels sont venus se joindre beaucoup de ceux qui occupent les villages des environs, se rendent à l'église Saint-Ayoul, où un aumônier catholique célèbre la messe. Un piquet en armes fait le service d'honneur et la musique des dragons du Rhin joue à diverses reprises.

Au Palais-de-Justice, même affluence; mais là, ce sont les protestants. La grande salle d'audience où siège le Tribunal, est transformée en un temple où officie un pasteur à longs cheveux plats et portant des lunettes bleues.

— A midi, arrivée de deux bataillons de chasseurs à pied (du Brandebourg), et des hussards rouges de Blücher (5ᵉ de Poméranie). Ce régiment est composé en grande partie de fils de familles nobles d'Allemagne, habitués à faire les *fanfarons* et ayant peu de relations avec les autres troupes. La réputation de ce corps est mauvaise, les soldats logés chez les habitants n'en parlent à leurs hôtes qu'avec une sorte de haine mal dissimulée.

— A six heures, trois gendarmes de la brigade de Provins, MM. Dufaure, Champonnet et Mouton, qui revenaient de Paris, où ils avaient pris part aux combats du siège, sont arrêtés à la porte de la ville par le factionnaire allemand qui refuse de les laisser passer parce qu'ils sont porteurs de leurs armes. Après de longues explications avec l'officier du poste qui envoie prendre les ordres au Quartier-Général, la consigne est levée, mais à la condition que les gendarmes déposeront leurs carabines à la Mairie; ils ne conserveront que le sabre pour faire le service d'ordre public.

— Le télégraphe allemand communique une dépêche qui annonce que *la Commune* a été proclamée hier à Paris, c'est-à-dire que la capitale aura à l'avenir son Administration particulière qui agira par elle-même sans s'inquiéter du Gouvernement et du reste de la France.

Paris est maintenant partagé en deux camps. Le « Comité central » siége à l'Hôtel-de-Ville, ses délégués tiennent la plupart des ministères et les administrations publiques ainsi que les états-majors. Le Gouvernement légal, représenté par les députés de Paris et les municipalités élues, a son centre à la Mairie du II⁰ arrondissement, couverte par les nombreux bataillons de la milice qui ne reconnaissent que l'Assemblée nationale.

Chacun des deux pouvoirs publie des proclamations, fait acte d'autorité, a des forces armées à sa disposition ; en un mot, le pouvoir de droit et le pouvoir de fait, sont face à face.

Une émeute sanglante a éclaté hier, place Vendôme, une manifestation de citoyens sans armes, faite au nom du suffrage universel et de l'ordre, et dans un but patriotique de conciliation, a été reçue par une fusillade à bout portant des bataillons de la garde nationale partisans du « Comité central. » Il y a eu des victimes et la foule inoffensive dispersée dans tout Paris, y a porté la terreur et le deuil.

Les généraux Lecomte et Clément Thomas, qui essayaient de prêcher la concorde, ont été arrêtés et fusillés par les insurgés, rue des Rosiers.

Ce déplorable conflit provoque l'indignation, il tient suspendue la menace de la guerre civile que les honnêtes gens de tous les partis voulaient à tout prix éviter.

Lundi 20 *Mars.* — On attend avec impatience les journaux pour savoir au juste ce qui se passe à Paris, à la suite de l'insurrection signalée hier.

Cette nuit, on a reçu et placardé ici, la circulaire suivante :

« Le Gouvernement tout entier est réuni à Versailles. L'Assemblée s'y réunit également.

« L'armée, au nombre de 40,000 hommes, s'y est concentrée en bon ordre sous le commandement du général Vinoy. Toutes les autorités, tous les chefs de corps y sont arrivés.

« Les autorités civiles et militaires n'exécuteront d'autres ordres que ceux du Gouvernement légal résidant à Versailles, sous peine d'être considérées en état de forfaiture.

« THIERS. »

Au moment où chacun se livre à des réflexions et à des commentaires sur la circulaire du chef du Pouvoir exécutif, le télégraphe apporte deux nouvelles dépêches qui sont collées immédiatement :

20 Mars, 9 heures 40 matin.

Faites saisir de suite le *Journal Officiel* du 20 mars, daté de Paris ; il est l'œuvre de l'insurrection qui s'est emparée des presses de l'*Officiel*. Prévenez les populations.

THIERS.

A tous les Généraux commandant les divisions et subdivisions, et à tous les Préfets et Sous-Préfets.

Donnez l'ordre à tous les militaires, soldats ou officiers venant isolément ou en troupe, de s'arrêter aux stations de Versailles, Etampes, Corbeil, Melun, Nogent-sur-Seine, Meaux, Soissons, Pontoise, Chantilly, et Poissy.

Donnez le même ordre aux marins ainsi qu'aux fonctionnaires civils.

THIERS.

Toutes ces mesures ne nous indiquent rien de bon. D'un autre côté, quelques-uns de nos concitoyens arrivant de Paris nous rapportent que la situation entre les partisans du Comité central et les partisans du Gouvernement de Versailles est très tendue. On n'arrivera pas à s'entendre, on se battra. Le général Chanzy aurait été arrêté à la gare d'Orléans au moment où il descendait de wagon : le commandant en chef de l'armée de la Loire serait retenu prisonnier au Château-Rouge.

Des bataillons du 88ᵉ et du 136ᵉ de ligne, qui avaient été chargés de garder les canons enlevés de l'enceinte et transférés sur la place Saint-Pierre, à Montmartre, afin de ne pas être remis aux Prussiens, ont levé la crosse en l'air et fraternisé avec les gardes nationaux auxquels les mitrailleuses et les canons ont été livrés sans lutte. Hier soir, au moment du départ des personnes qui nous rapportent ces nouvelles, les tambours et les clairons de la garde nationale battaient le rappel ou la générale dans tous les quartiers de Paris.

Mardi 21 *Mars.* — On se croirait revenu aux plus mauvais jours de la guerre ; l'inquiétude est extrême dans notre population, et malgré les patrouilles et les colonnes des Prussiens qui vont et viennent par la ville, descendant la garde ou relevant les postes, partout des groupes se forment pour causer des évènements de Paris.

A dix heures du matin, on entoure la circulaire suivante, que M. Dubois, le concierge de la Mairie, vient de coller au coin de la rue Victor Garnier :

CIRCULAIRE.

« L'ordre se maintient partout et tend même à se rétablir à Paris. A Versailles, l'Assemblée a voté à l'unanimité une proclamation digne et ferme, et s'est associée au Gouvernement dans l'attitude prise à l'égard de la ville de Paris.

« L'armée réorganisée et campée autour de Versailles, montre les plus fermes dispositions, et de toutes parts on offre au Gouvernement de la République des bataillons de mobiles pour la soutenir contre l'anarchie, si elle pouvait en avoir besoin. Les bons citoyens peuvent donc se rassurer et prendre confiance.

« A Boulogne, M. Rouher, découvert avec une caisse de papiers scellés, a couru les plus grands dangers et aurait été en péril sans l'énergie du sous-préfet de Boulogne et du préfet d'Arras. Il est provisoirement détenu à Arras, au grand regret du Gouvernement qui ne songe pas le moins du monde à se livrer à aucun acte de rigueur. Les frères Chevreau et M. Boitelle, qui l'accompagnaient, sont retournés en Angleterre. Tous les chefs de l'armée qui rentrent viennent offrir leur épée au Gouvernement. Le maréchal Canrobert, se joignant à tous les autres, a fait auprès du Conseil une démarche des plus dignes et qui a reçu l'accueil qu'elle méritait.

« L'adhésion est donc unanime et tous les bons Français se réunissent pour sauver le pays qu'ils réussiront certainement à sauver.

« *Signé :* A. THIERS. »

Comme lorsqu'il s'agissait des dépêches annonçant des victoires françaises, la circulaire du chef du Pouvoir exécutif trouve des incrédules. Malgré les protestations de dévouement dont on paraît entourer le Gouvernement, beaucoup de personnes craignent que les partisans de la Commune soient plus forts que lui.

Les officiers prussiens qui se mêlent aux groupes pour lire la circulaire, ne paraissent pas non plus très rassurés sur l'issue du conflit.

— A sept heures du soir, les trois musiques militaires de la garnison allemande se réunissent sur la place Saint-Ayoul, et exécutent un grand concert suivi d'une retraite aux torches.

Les habitants qui s'empressent tous de rentrer chez eux aux premiers accords des musiciens, se demandent si c'est une nouvelle vexation que l'ennemi nous prodigue, en se réjouissant du surcroît de malheur qui s'abat sur la France : la guerre civile après le bombardement et l'invasion.

Mercredi 22 Mars. — La ville est réveillée dès six heures du matin par des aubades exécutées par la musique des dragons du Rhin, devant le Quartier-Général à la Sous-Préfecture et devant les maisons où logent des généraux ou des officiers supérieurs.

Peu à peu les garnisaires, en grande tenue, joyeux et riants, quittent les toits de leurs hôtes pour se réunir au Quartier de cavalerie. Aujourd'hui, les Prussiens célèbrent avec solennité l'anniversaire de la naissance de S. M. Guillaume, l'empereur d'Allemagne, et la grande retraite d'hier soir était le prélude de la fête.

A dix heures, les régiments défilent pour se rendre au grand terrain de manœuvre, où a eu lieu une cérémonie religieuse, accompagnée de salves de coups de canons et suivie d'une grande revue avec distribution de récompenses.

A midi, les drapeaux et étendards sont reconduits au Quartier-Général, puis le gouverneur de la ville, général Von Hoffmann, entouré d'un brillant état-major et escorté par le régiment des dragons du Rhin, fait une grande promenade à cheval par les rues de la ville.

Tous les soldats sont en liesse, cavaliers et fantassins ont orné leurs casques de feuilles de houx, les musiques jouent et les hommes chantent l'hymne nationale : *la Vaterlandslied,* de Arndt.

O Deutschland, heil'ges Vaterland !
« O Allemagne, sainte Patrie ! »

Le soir, le général Hoffmann a offert un dîner de gala dans les salons de la Sous-Préfecture, aux officiers supérieurs cantonnés dans les environs. Pendant ce temps-là, les cafés et les rues, prudemment désertés par les Provinois, se remplissaient de soldats ivres, hurlant et vociférant avec des hoquets rauques qui étaient loin de ressembler aux accords harmonieux de la matinée.

Les cours de la Caserne et plusieurs maisons décorées d'arbustes et de feuillages, étaient illuminées. Quelques rixes entre des soldats et les habitants qui sont obligés de les loger, ont eu lieu ; mais à la suite du passage des gendarmes allemands, tout est rentré dans le calme.

— Ce matin, la Mairie avait fait publier à son de caisse et coller le morceau de littérature ci-après :

Le Her major commandant, se donne l'honneur d'avertir afin que les habitants ouvrent les fenêtres des maisons à dix heures, ce matin, pour qu'ensuite du vibrement par le canon, les vitres ne soient pas rompues.

Je prie d'ordonner à la Mairie qu'elle informe les habitants de ceci.

Le Commandant,
V. BLOSSNITZ.

Merci, paternel Blossnitz, du soin que tu prends de nos… carreaux. Si après cela les Provinois n'admirent pas ta prévenance, c'est qu'ils ne sont plus capables d'admiration.

Jeudi 23 Mars. — Le Commandant de place fait publier dans la matinée, l'avis suivant :

IL A ÉTÉ PERDU

Le 22ième Mars dans les rues de *Provins* un *Porte-Monnaie* contenant 130 THALERS en billet de Banque Prussienne et *un Thaler* et *dix Gros* en monnaie Prussienne et Française et contenant outre cela une marque de fer signée

L. S. et B. G. n° 20.

Le trouveur honnête recevra une récompense de 15 thaler à la *Commandatur* à la Mairie.

Provins, le 23 Mars 1871.

VERLOREN

Am 22ten Marz, in die gasse *Provins* ein *Porte-Monnaie* enthaltend 130 THALER in Preussischen Banknoten und *einen Thaler zehn Groschen* in Preussischen und Franzosischem Silber und Kupfer gelde und ausserdem die marke

L. S. et B. G. n° 20.

Der redliche Finder erhælt eine Belohnung von 15 Thalern auf der *Commandatur* oder der *Mairie* hier.

Provins, den 23 Marz 1871.

C'est probablement un officier supérieur qui, ayant trop copieusement fêté hier l'anniversaire de l'empereur Guillaume, aura remis son porte-monnaie à côté de la poche.

Cent trente thalers, soit 375 francs !... Si *l'honnête trouveur* est un soldat allemand, celui qui les a perdus est à peu près sûr de *se fouiller*, comme on dit en France : tout est bon à ces ostrogoths-là, pourvu que ce soit ramassé ou volé.

— Les passages des troupes allemandes continuent à Provins et dans l'arrondissement. Hier et aujourd'hui, sont arrivés ici, trois régiments d'infanterie et le 5° régiment de dragons Rhénan; une partie des soldats d'infanterie loge chez les habitants, les cavaliers sont installés à la caserne, où se trouve déjà le 15° dragons.

On se demande dans la population si le séjour de ces hôtes, dont on se passerait bien, doit encore se prolonger longtemps. Il y a des maisons où on héberge jusqu'à quinze Allemands.

Vendredi 24 Mars. — Une grande quantité de troupes prussiennes est passée hier dans le canton de Bray-sur-Seine, suivant la route d'Orléans à Mézières. Toutes les communes en étaient encombrées.

Un terrible incident dont on gardera le souvenir dans ces parages, a signalé cette journée. En voici le récit fait par un témoin oculaire, M. Morin, instituteur :

Hier, vers sept heures du matin, des officiers d'avant-garde du 63° régiment d'infanterie prussienne (4° de Haute-Silésie), arrivèrent à Villiers-sur-Seine, fort village à mi-route entre Nogent et Bray ; ils allèrent trouver l'instituteur qui remplit les fonctions de secrétaire de la mairie, et l'invitèrent à préparer des billets de logement pour 1,200 hommes qui allaient séjourner dans la commune. L'instituteur prit les ordres du Maire et les billets furent remis aux soldats à l'arrivée de la colonne, vers neuf heures et demie. Comme le village de Villiers ne pouvait contenir le bataillon tout entier, on en envoya une partie loger au hameau d'Athis, qui en dépend.

L'auteur de ce récit logeait un jeune capitaine, M. de Holleben. Après le déjeuner, cet officier sortit pour aller voir si tout se passait bien dans le village, mais il rentra bientôt la figure bouleversée. Il fit venir immédiatement le Maire et il lui dit qu'un habitant d'Athis avait tiré un coup de feu sur un soldat allemand.

Il fallait prompte justice et les troupes resteraient à Villiers tant que le coupable n'aurait pas été livré et puni. On se rendit à Athis. Là demeurait un propriétaire aisé, M. Blanchon (frère de madame Loriot, de Provins). Cet homme, animé d'un patriotisme exalté, avait voué une haine implacable à l'ennemi, et plusieurs fois il avait déclaré qu'il ne logerait jamais de Prussiens et qu'il tuerait le premier qui serait à portée de son fusil. M. Blanchon habitait une maison bourgeoise, devant laquelle se trouvaient une cour et un jardin entourés d'une grille. Lorsque les soldats qu'on lui envoyait pour loger arrivèrent, la porte était fermée ; ils sonnèrent, mais ne reçurent pas de réponse. Un voisin leur dit de ne pas s'entêter, qu'on ne leur ouvrirait pas et que s'ils insistaient, quelque malheur pourrait en résulter, il les invita même à bien vouloir le suivre, assurant qu'il les recevrait de son mieux. Un des Prussiens se rendit à cette invitation, quant aux autres, alléchés par la bonne apparence de la maison, espérant sans doute y faire bonnes « lie et chair » aux dépens du bourgeois, ils ne voulurent pas capituler et recommencèrent à sonner. Personne ne donna signe de vie dans la maison. Ils escaladèrent alors la grille du jardin. Aussitôt un coup de feu retentit, le plomb siffla aux oreilles des envahisseurs qui s'enfuirent et allèrent raconter à leur capitaine une partie de ce qui s'était passé, c'est-à-dire en mettant tous les torts du côté de M. Blanchon.

Savait-il, ce Français, dont sept mois de guerre avaient torturé le patriotisme, ce que lui voulaient ces envahisseurs qui avaient brûlé Bazeilles, Châteaudun, Ablis et Saint-Cloud ; ces soldats qui violaient avec brutalité son domicile — la Patrie en petit !... — Il a son idée fixe : lui, vivant, l'ennemi n'entrera pas dans la maison ! On sonne encore, cette fois c'est le Maire de la commune, M. E. Garnier, qui, pressé par un officier prussien somme son administré d'ouvrir. M. Blanchon n'entend plus, mais il voit à sa grille l'uniforme étranger. Il arme son fusil et tire de nouveau : l'officier reçoit la charge en pleine figure et tombe sanglant ; le Maire avait eu la poitrine effleurée.

L'état-major de la colonne allemande se trouvait à Bray-sur-Seine. On courut informer le colonel de cet événement et prendre ses ordres pour une affaire d'autant plus grave que la paix est signée. Le colonel franchit immédiatement les douze kilomètres qui séparent Bray de Villiers, il était suivi d'une suite nombreuse. La maison de M. Blanchon, toujours close, fut cernée. Tous les habitants du village qui étaient réunis, étaient anxieux. Qu'allait-il se passer ? On fit une première sommation à coups de fusils.... Pas de réponse !... Une deuxième.... Rien encore !... Une troisième n'eut pas plus de résultat. Alors la grille fut enfoncée, la maison fouillée ; toujours personne. Supposant que le propriétaire était caché dans quelque coin, le colonel ordonna qu'on apportât des bottes de paille qu'il fit entasser à l'intérieur et à l'extérieur et commanda qu'on y mit le feu, après avoir eu le soin au préalable de requérir les pompiers et la pompe de Villiers, pour empêcher l'incendie de se communiquer aux bâtiments voisins. La maison brûla toute la nuit, éclairant de ses lueurs sinistres tout le village.

Ce matin, la coquette habitation n'était plus qu'un monceau de ruines. Mort ou vif, on n'avait pu retrouver le propriétaire, quand on apprit par un de ses voisins que depuis le commencement de la guerre, M. Blanchon travaillait à la construction d'un souterrain qui devait se trouver sous la cour. Aussitôt les Prussiens y ouvrirent diagonalement deux tranchées qui devaient inévitablement faire découvrir le souterrain, si celui-ci existait. En effet, à environ un mètre de profondeur, on trouva une sorte de galerie allant de la remise au jardin et passant sous la cour. La section n'avait guère qu'un mètre et demi carré, mais la longueur était d'environ trente mètres, avec de petites ouvertures pour donner passage à l'air. On y pénétra à grand'peine et l'on trouva le malheureux Blanchon asphyxié par la fumée qui s'y était engouffrée. Le cadavre étendu à terre était couché sur le côté, la tête reposait sur le bras gauche, la main droite tenait encore le fusil; à côté du corps était une pièce de vin, des cartouches et des vivres de toutes sortes : pain, fromages, noix, pommes, etc.

Le corps fut sorti du souterrain et les Allemands, sûrs maintenant qu'ils n'avaient plus rien à redouter de l'irascible Français, déclarèrent que « justice étant faite, » ils se retiraient.

Samedi 25 *Mars.* — Le *Journal* et la *Feuille* de Provins publient, dans leur numéro d'hier et d'aujourd'hui, la note ci-après :

AVIS.

M. le général de division de Hoffmann, reçoit les habitants de cette ville et des communes de l'arrondissement qui auraient à lui parler, chaque jour, de midi à une heure, à l'hôtel de la Sous-Préfecture.

Quelle prévenance?... Est-ce que le loup se ferait agneau? Les premiers jours, on mettait carrément à la porte tous ceux des habitants qui se présentaient au Quartier-Général pour se plaindre des méfaits de leurs garnisaires.

La mauvaise lune de M. Von Hoffmann est changée, paraît-il !..

— On affiche à Provins, la Loi des échéances des Effets de Commerce, votée par l'Assemblée nationale, le 10 mars, et dont voici un extrait :

ARTICLE 1er. — Les effets de commerce souscrits avant ou après la loi du 13 août 1870, venant à échéance après le 12 avril prochain, ne jouiront d'aucune prorogation de délais et seront exigibles suivant les règles de droit commun.

Art. 2. — Tous les effets de commerce du 13 août au 12 novembre 1870, seront exigibles sept mois, date pour date, après l'échéance inscrite au titre, avec les intérêts depuis le jour de cette échéance. — Les effets échus du 13 novembre 1870 au 12 avril prochain, seront exigibles date pour date, du 13 juin au 12 juillet, avec les intérêts depuis le jour de la première échéance.

. . . .

« Dans les départements occupés en tout ou partie par les troupes étrangères, conformément à l'article 3 du traité du 20 février, les tribunaux de commerce pourront, pendant le cours de l'année 1871, accorder des délais modérés pour le paiement des effets de commerce, conformément à l'article 1244, § 2, du Code civil.

« Les mêmes délais pourront être accordés par les tribunaux de commerce de toute la France, aux souscripteurs d'effets qui, retenus hors de chez eux pour le service de l'armée régulière et de l'armée auxiliaire, seraient momentanément dans l'impossibilité de payer. »

C'est cette loi des échéances, paraît-il, qui a achevé d'indisposer le petit commerce parisien contre l'Assemblée, et qui, venant se joindre à d'autres griefs contre le Gouvernement de M. Thiers, a été une des principales causes du mouvement insurrectionnel qui a éclaté le 18, et sur lequel depuis trois jours on n'a reçu aucune nouvelle.

Dimanche 26 Mars. — Le chemin de fer ne fonctionne pas encore, et par suite de la difficulté des communications, on ne voit plus que rarement de nos concitoyens entreprendre le voyage de Paris. D'un autre côté, MM. les Prussiens n'ont pas encore levé leur restriction en ce qui concerne le nombre de journaux qui peuvent être colportés librement dans les régions occupées, de sorte qu'à Provins nous ne connaissons presque rien de ce qui se passe à Paris en ce moment.

Cette absence de nouvelles est un supplice difficile à définir.

— A midi, on reçoit à la Mairie une longue circulaire de Versailles, datée du 23, et qui annonce que la situation de Paris n'est pas aggravée. L'insurrection est désavouée par tout le monde. Les Maires protestent unanimement et se sont refusés à procéder aux élections pour le 22, comme l'avait décidé le Comité qui s'est installé à l'Hôtel-de-Ville. Sur la demande d'un grand nombre d'officiers et de gardes nationaux, le Gouvernement de Versailles a nommé l'amiral Saisset, représentant de la Seine, commandant supérieur de la garde nationale de Paris.

Le premier acte du commandant, après s'être concerté avec les Pouvoirs de Versailles, a été d'essayer de la conciliation.

Voici comment il s'est adressé aux Parisiens :

PROCLAMATION.

Chers Concitoyens,

Je m'empresse de porter à votre connaissance que, d'accord avec les Députés de la Seine et les Maires élus de Paris, nous avons obtenu du Gouvernement de l'Assemblée nationale :

1° La reconnaissance complète de VOS FRANCHISES MUNICIPALES ;

2° L'élection de tous les officiers de la garde nationale, y compris le *général en chef;*

3° Des modifications à la loi sur les échéances ;

4° Un projet de loi sur les loyers, favorable aux locataires, jusques et y compris les loyers de 1,200 fr.

En attendant que vous confirmiez ma nomination ou que vous m'ayiez remplacé, je resterai à mon poste d'honneur pour veiller à l'exécution des lois de conciliation que nous avons réussi à obtenir et contribuer ainsi à l'affermissement de la République.

Le Vice-Amiral,
Commandant en chef provisoire,
SAISSET.

Il y a lieu de croire que cet essai de conciliation n'a rien produit, car d'après la dépêche suivante, qu'on a placardée ce soir, à six heures, les événements doivent avoir pris une certaine gravité :

Versailles, 25 Mars.

Chef du Pouvoir exécutif aux Préfets.

Faites arrêter sur-le-champ et poursuivre selon toute la rigueur des lois les délégués ou émissaires du prétendu Gouvernement de Paris. Traduisez-les immédiatement devant les Tribunaux.

THIERS.

Lundi 27 *Mars.* — Une grave nouvelle circule ce matin à

Provins. D'où vient-elle? Par qui est-elle répandue? On n'en sait rien :

« M. de Bismarck aurait fait savoir à M. Thiers que Paris serait occupé dimanche si, d'ici là, le Gouvernement n'était pas parvenu à se rendre maître de la situation. »

Il ne manquait plus que cela. Les Prussiens intervenant et prolongeant leur séjour en France, au prix de nouvelles conditions onéreuses pour le pays et les citoyens, voilà la situation qui nous est faite par les partisans de la Commune de Paris.

— Des officiers allemands communiquent aux personnes chez lesquelles ils sont logés, des journaux d'hier; ils contiennent les dépêches suivantes, qui confirment en partie la nouvelle mise en circulation ce matin :

Le général Fabrice à S. Exc. M. Jules Favre.

Rouen, 21 Mars, midi 20 minutes.

J'ai l'honneur d'informer Votre Excellence que, en présence des événements qui viennent de se passer à Paris et qui n'assurent presque plus l'exécution des conventions dans la suite, le commandant supérieur de l'armée devant Paris interdit l'approche de nos lignes devant les forts occupés par nous et réclame le rétablissement, dans les vingt-quatre heures, des télégraphes détruits à Pantin. Nous serions obligés d'agir militairement et de traiter en ennemie la ville de Paris, si Paris use encore de procédés en contradiction avec les pourparlers engagés et les préliminaires de paix, ce qui entraînerait l'ouverture du feu des forts occupés par nous.

Signé FABRICE.

Réponse de M. Jules Favre :

« Je reçois seulement à l'instant le télégramme que Votre Excellence m'a fait l'honneur de m'adresser.

« Le mouvement insurrectionnel qui a triomphé à Paris n'a été qu'une surprise devant laquelle le Gouvernement ne s'est momentanément retiré que pour éviter la guerre civile. Il est l'œuvre d'une poignée de factieux, mais il est désavoué par la majorité de la population, désavoué par les Maires qui y résistent courageusement. Les départements sont unanimes à le condamner et à promettre leur concours à l'Assemblée.

« Votre Excellence ne voudra pas, en présence de ces faits et de notre déclaration formelle, infliger à la ville de Paris le traitement dont il la menace, car ce serait faire expier par des innocents le crime de quelques hommes pervers.

« Le Gouvernement avisera les Maires de la dépêche de Votre Excellence et, grâce au bon sens de la grande majorité de la population de Paris, grâce à la ferme attitude de l'Assemblée, au concours des départements, la cause du droit prévaudra et sous peu de jours il nous sera possible de donner une entière garantie à Votre Excellence.

« Jules FAVRE. »

— Un courrier de Melun vient annoncer à Provins que, par arrêté du Président du Conseil, Ministre Chef du Pouvoir exécutif, en date du 26 mars 1871, M. de Chambon, membre du Conseil général de l'Aube, a été nommé préfet du département de Seine-et-Marne, en remplacement de M. Hippolyte Rousseau, appelé à d'autres fonctions.

Les services de la Préfecture française sont installés provisoirement rue Saint-Ambroise, 8, à Melun, en attendant que le préfet prussien, M. de Fuersteinstein, quitte l'hôtel de la Préfecture, ce qui ne tardera pas, paraît-il.

— Depuis trois jours, Provins n'a cessé d'être traversé par de nouvelles troupes allemandes qui suivent les routes vers la Champagne.

Les passages sont nombreux sur tous les points de l'arrondissement. Les corps d'armée qui opéraient au sud de Paris et sur la Loire se retirent par différents côtés, pour éviter l'encombrement des localités et diminuer les charges que ces passages imposent aux populations.

La garnison qui occupe Provins est augmentée par suite de l'arrivée de divers détachements de cavalerie, infanterie et artillerie qui étaient cantonnés dans les villages environnants; l'effectif des troupes résidant en ville est aujourd'hui de 2,500 hommes.

Le général Von Hoffmann, installé ici depuis le 16 mars, a quitté ce matin son Quartier-Général pour se rendre à Strasbourg, dont il est nommé gouverneur.

Cet après-midi, l'hôtel de la Sous-Préfecture, devenu libre, a dû subir un nettoyage que les habitudes du général et de ses convives ont rendu extrêmement laborieux. Plusieurs placards, dans les appartements, avaient été transformés en vespasiennes, et le jardin, par endroits, pouvait être comparé à une succursale de dépotoir.

D'après les cantonniers de la ville qui ont opéré cette besogne, l'auteur dramatique, Ferdinand Dugué, était encore au-dessous de la vérité lorsqu'il a dépeint ainsi l'*Odeur allemande* :

> Pillant, brûlant selon l'usage,
> Les Allemands ont passé là
> Et jamais les Huns d'Attila
> N'ont mieux fait sentir leur passage
> Que les Badois, Mecklembourgeois,
> Hessois, tous noms rimant en ois,
>   Ceux qu'on appelle
> Silésiens et Poméraniens,
> D'autres encor rimant à chiens,
> En un mot toute la séquelle
>   Par laquelle
> La terre et l'air sont corrompus...
> Qu'on fasse rougir une pelle
> Pour brûler du sucre dessus !

> C'est que les peuplades vassales
> Que Guillaume attache à ses pas,
> D'eau propre ne se servent pas...
> Et la punaise entre les draps,
> La sueur ignoble des bras,
>   Dalle à vaisselle,
> Gueule d'égoût, tas de fumier,
> N'ont pas une odeur comme celle
>   Que recèle
> Cette engeance au crâne obtus.
> Qu'on fasse rougir une pelle
> Pour brûler du sucre dessus !

Pouah !... Pas flatteur pour MM. les Allemands, et cependant, excessivement vrai.

Mardi 28 Mars. — Après les Wurtembergeois, les rançonneurs du colonel Seuber, qui ne nous ont laissé ni trêve ni merci depuis le mois de septembre, pour venir toucher le montant des impôts, voici maintenant que l'Administration française des Contributions directes, qui a repris son service, répand des avertissements pour le paiement des contributions en retard de 1870 !

Pauvres contribuables, bons moutons, à force d'être tondus et retondus, que nous restera-t-il après ce temps-ci ?...

— On ne se gêne pas pour dire tout haut qu'il n'y aurait rien d'étonnant à ce que M. de Bismarck soit le premier et le plus empressé de tous nos ennemis à encourager secrètement les partisans de la Commune, qui comptent dans leurs rangs des individus signalés depuis longtemps comme étant des espions prussiens. On serait tenté de le croire d'après les pièces suivantes que publie le *Journal Officiel* de Paris, lequel, en dépit des ordres de saisie dont il est l'objet de la part de M. Thiers, parvient tout de même, de temps à autre, en province :

COMITÉ CENTRAL.

Citoyens,

Le Comité central a reçu du Quartier-Général prussien la dépêche suivante :

Commandant en chef du 3e Corps d'Armée.

Quartier-Général de Compiègne, le 21 mars 1871.

Au Commandant actuel de Paris.

Le soussigné, commandant en chef, prend la liberté de vous informer que les troupes allemandes qui occupent les forts du nord et de l'est de Paris, ainsi que les environs de la rive droite de la Seine, ont reçu l'ordre de garder une *attitude amicale* et passive tant que les événements dont l'intérieur de Paris est le théâtre ne prendront point à l'égard des armées allemandes, un caractère hostile et de nature à les mettre en danger, mais se maintiendront dans les termes arrêtés par les préliminaires de la paix.

Mais dans le cas où ces événements auraient un caractère d'hostilité, la ville de Paris serait traitée en ennemie.

Pour le commandant en chef du 3e corps des armées impériales,
le chef du Quartier-Général,

Signé : Von SCHLOTHEIM,
Major Général.

Le délégué du Comité central aux relations extérieures a répondu :

Paris, le 22 Mars 1871.

Au Commandant du 3e Corps des Armées impériales Prussiennes.

Le soussigné, délégué du Comité central aux affaires extérieures, en réponse à votre dépêche en date de Compiègne du 21 mars courant, vous informe que la révolution accomplie à Paris par le Comité central, ayant un caractère essentiellement municipal, n'est en aucune façon agressive contre les armées allemandes.

Nous n'avons pas qualité pour discuter les préliminaires de la paix votés par l'Assemblée de Bordeaux.

Le Comité central et son délégué aux
Affaires extérieures.

Est-ce pour ne pas'être en retard avec le Gouvernement de Versailles?... Est-ce une parodie de l'échange de dépêches entre le général Fabrice et Jules Favre ?... — Le fait certain est que cela fait beaucoup causer.

— La tache d'huile s'étend !...

Des journaux apportés ce matin à Provins annoncent que des troubles ont éclaté à Marseille, à Limoges, à Saint-Etienne et à Lyon. Dans cette dernière ville, l'émeute a été maîtresse de la municipalité pendant environ six heures. La Commune a été proclamée et le drapeau rouge arboré. A Saint-Etienne, M. de Lespée, le préfet de la Loire, a été assassiné par un factieux. A Limoges, le colonel Billet, du 9ᵉ cuirassiers, a aussi été assassiné.

Triste !... Triste !...

Mercredi 29 *Mars*. — A onze heures du matin, le 5ᵉ régiment de uhlans traverse Provins et prend la route de Villiers-Saint-Georges. Deux heures plus tard, il est suivi par le 12ᵉ régiment d'infanterie prussienne, commandé par M. le colonel de Roon, frère d'un ministre de l'empire d'Allemagne.

Dans l'après-midi, arrivée de plusieurs escadrons de hussards de la Mort (2ᵉ régiment de hussards de Leib), et d'un escadron de hussards rouges de Blücher (5ᵉ régiment de Poméramie).

Ces régiments qui sont déjà passés à Provins le 15 septembre 1870, font partie de la 4ᵉ brigade de cavalerie du 6ᵉ corps.

Toujours à l'avant-garde de la IIIᵉ armée, commandée par le Prince royal de Prusse, depuis Sedan jusque sous les murs du Mans, ils ont assisté à de nombreux combats ; les hommes avouent avoir fait de grandes pertes, surtout dans les rencontres aux environs d'Orléans, à Toury, Arthenay et Salbris.

Les officiers de ces régiments appartiennent tous aux premières familles nobles d'Allemagne, ils sont hautains, arrogants et toujours enclins aux bravades et aux fanfaronnades.

En voici deux exemples :

Le matin du grand passage du 15 septembre 1870, l'avant-garde qui entra à Provins se composait de 30 hussards de la Mort, lesquels, après avoir fait caracoler leurs chevaux par les rues, s'arrêtèrent sur la place du Val. L'officier monta à l'Hôtel-de-Ville et rédigea la réquisition fantaisiste suivante qu'il fit porter au maire, M. Le Bailly, par un sous-officier :

Bon pour un déjeuner de 30 hussards à servir de suite dans le principal hôtel de la ville, plus 10 bottes de foin.

Provins, le 15 Septembre 1870.

Comte de ROTHKIRCH,
Lieutenant au 2ᵒ Hussards.

Deux jours plus tard, dans la marche sur Orléans, le même officier poussant une pointe hors de son itinéraire, se présentait à Fontainebleau. Il avait fait entrer son escorte dans la Cour du Château et dictait des conditions au Maire de la ville, quand celui-ci, outré du ton d'arrogance du lieutenant, fit fermer les grilles et lui déclara qu'il le gardait prisonnier. L'officier eut beau menacer, le Maire ne céda pas et le 19 septembre, comme le corps d'armée s'était dirigé sur Montargis sans passer par Fontainebleau, M. le lieutenant de réserve comte de Rothkirch-Trach fut envoyé en captivité au Puy, dans la Haute-Loire, avec 2 sous-officiers et 27 hommes (1).

Deuxième exemple :

C'était au Mans, le 9 janvier 1871, les avant-postes avaient fait prisonnier, pendant qu'il était en patrouille, un jeune officier des hussards rouges, le régiment de Blücher et de la reine Augusta, et on l'amena en présence du commandant de la deuxième armée de la Loire.

L'allemand était hautain, dédaigneux et légèrement insolent même.

— On m'a pris par hasard, fit-il, comme s'il parlait à son inférieur ; mais vous pouvez m'échanger contre ce que vous voudrez, un colonel..... un général si vous le préférez ; nous en avons assez pour cela !....

Les officiers de l'état-major de Chanzy, pâles de rage, se tenaient à quatre pour ne pas répondre.

Mais le général en chef imposa silence à tous d'un regard, et, s'adressant au lieutenant prussien avec beaucoup de calme :

— Si vous étiez les vaincus, dit-il, le ton que vous prenez serait très digne et votre allure très brave. Mais vous êtes les vainqueurs et je ne suis plus en face que d'un homme mal élevé. Sortez, monsieur, vous ne serez pas échangé.

L'officier des hussards d'Augusta, M. de Cramer, 2° lieutenant, fut envoyé à Montpellier (Hérault).

---

30 *Mars*. — Les escadrons des 2° et 5° hussards quittent Provins pour aller prendre leurs cantonnements aux environs de Villenauxe-la-Grande.

---

(1) Ce fait est consigné dans la statistique des pertes des armées allemandes dressée d'après les documents officiels allemands, par M. D.-H. Leclert-Mauzié (d'Hermé), capitaine au 101° régiment d'infanterie.

Hier soir, une violente altercation a eu lieu au café de la Comédie, entre plusieurs habitants de la ville et des officiers de ces régiments qui, offusqués sans doute de voir à une des parois de l'établissement l'image d'une Alsacienne et au-dessous la protestation faite à l'Assemblée de Bordeaux, au nom de nos provinces perdues, déchirèrent cette protestation en lançant mille injures à l'adresse de la France et du Gouvernement de la Défense nationale.

Ces hobereaux de Poméranie auront beau faire, ils ne nous feront jamais oublier la date du 1er mars 1871.

Il faut que les générations qui nous suivront, gravent dans leur mémoire et gardent précieusement le souvenir de cette journée pendant laquelle, au moment où se mourait de chagrin M. Küss, l'héroïque maire de Strasbourg, M. Grosjean, député de l'Alsace, montait à la tribune de Bordeaux, et disait :

« Les représentants de l'Alsace et de la Lorraine ont déposé, avant toute négociation de paix, sur le bureau de l'Assemblée nationale, une déclaration affirmant de la manière la plus formelle, au nom de ces provinces, leur volonté et leur droit de rester françaises.

« Livrés, au mépris de toute justice et par un odieux abus de la force, à la domination de l'étranger, nous avons un dernier devoir à remplir.

« Nous déclarons encore une fois nul et non avenu un pacte qui dispose de nous sans notre consentement.

« La revendication de nos droits reste à jamais ouverte à tous et à chacun dans la forme et dans la mesure que notre conscience nous dictera.

« Au moment de quitter cette enceinte, où notre dignité ne nous permet plus de siéger, et malgré l'amertume de notre douleur, la pensée suprême que nous trouvons au fond de nos cœurs est une pensée de reconnaissance pour ceux qui pendant six mois n'ont pas cessé de nous défendre, et d'inaltérable attachement à la Patrie dont nous sommes violemment arrachés. »

Voilà la chaleureuse protestation qui a fait voir rouge hier soir aux officiers des 2e et 5e hussards : l'idée d'une revanche exaspère les Prussiens ; ils n'ont pas oublié Iéna. Ce matin au départ, comme pour nous narguer, plusieurs d'entre eux chantaient, en français, « LE RHIN » de Becker :

« Ils ne l'auront pas le libre Rhin allemand, jusqu'à ce que les
« ossements du dernier homme soient ensevelis dans ses vagues. »

Allez !... Allez !... Vexez-nous tant qu'il vous plaira.... Vous ne chanterez pas toujours. La fortune capricieuse qui a abandonné nos drapeaux nous reviendra, la France se relèvera un jour plus forte que jamais et peut-être ira-t-on vous demander compte de votre insolence d'aujourd'hui qui insulte à notre douleur.

En attendant on peut vous répondre avec Alfred de Musset :

S'il est à vous, votre Rhin allemand,
Lavez-y donc votre livrée,
Mais parlez-en moins fièrement.
Combien au jour de la curée,
Etiez-vous de corbeaux contre l'aigle expirant ?

Qu'il coule en paix, votre Rhin allemand,
Que vos cathédrales gothiques
S'y reflètent modestement ;
Mais craignez que vos airs bachiques
Ne réveillent les morts de leur repos sanglant.

---

31 *Mars*. — La FEUILLE et le JOURNAL de Provins sont invités par l'Autorité militaire à publier l'avis suivant :

« Le Commandant de place porte à la connaissance de la ville que, conformément au traité de paix, les monnaies allemandes de toute espèce devront être reçues partout au cours déjà publié (le thaler 3 fr. 75 c.)

« Les habitants qui ne se soumettraient pas à cette mesure seront, si le cas lui est signalé, condamnés, suivant les circonstances, à loger de 10 à 20 hommes.

Provins, le 30 Mars 1871.

Le Commandant,
« V. BLOSSNITZ. »

— Un de nos concitoyens, M. Jules Lange, est rentré hier soir de Paris ; les choses vont très mal là-bas. Le Gouvernement ne sait rien prescrire, les meneurs profitent de tant de faiblesse pour agir. Effrayés par la perspective d'une guerre civile, un certain nombre de Députés et de Maires ont accepté les élections que le Comité central s'était déjà vu obligé de remettre devant l'attitude de la population ; elles ont eu lieu dimanche, il y a eu énormément d'abstentions, les partisans du Comité ont le dessus dans treize arrondissements. Sur l'invitation des nouveaux Maires, l'amiral Saisset a donné sa démission de commandant de la garde nationale. La Commune proteste de sa ferme résolution de ne point sortir des attributions municipales et repousse toute prétention à la domination de la France, elle réussit ainsi à entretenir une indécision fâcheuse dans les masses de la population ; le travail est nul, l'industrie inactive, les trente sous quotidiens des gardes nationaux assurent à la Commune le concours de tous les ouvriers oisifs. D'un autre côté, les excitations de l'extrême droite de l'Assemblée ont permis d'accréditer des bruits de conspirations monarchistes, le peuple de Paris croit sérieusement à la nomination prochaine du duc d'Aumale comme lieutenant général du royaume. On peut être certain qu'il en viendra à la lutte armée plutôt que de laisser tomber la République.

A Versailles, on paraît décidé aussi à ne pas composer avec la Commune. L'Assemblée a décidé qu'il sera organisé par département un bataillon de volontaires composé d'anciens militaires ou gardes nationaux, sans limite d'âge, et pouvant être mobilisés immédiatement. Les préfets ont reçu l'ordre de s'occuper de suite de l'organisation.

Voilà la situation, il faut s'attendre à de graves événements.

AVRIL

Samedi 1er. — Les troupes prussiennes stationnées dans l'arrondissement de Provins ont reçu, hier soir, l'ordre de suspendre complètement leur mouvement de retraite.

Ce matin, cette nouvelle a été annoncée aux soldats en arrivant à l'exercice ; à leur rentrée chez les habitants où ils sont logés, ils étaient de mauvaise humeur et se laissaient aller à des menaces contre Paris, ils ont grande peur de recommencer les hostilités.

Beaucoup d'officiers disent que l'état-major général manifeste hautement l'intention de réoccuper Paris, dont le prince Frédéric-Charles serait nommé gouverneur.

— Tantôt, au café de l'*Europe*, tenu par M. Colin, au coin de la rue du Puits-Béjard, établissement que les officiers prussiens ont choisi comme lieu de rendez-vous, les généraux et colonels ont discuté longuement une nouvelle apportée par le *National*, annonçant qu'en présence des difficultés rencontrées par l'Allemagne à germaniser les territoires conquis sur la France, M. de Bismarck aurait fait faire à M. Thiers l'offre de laisser à la France ses anciennes frontières en échange d'un supplément d'indemnité.

Dimanche 2 Avril. — C'est encore par les Allemands que nous savons à quoi nous en tenir sur la dépêche de ces jours derniers, adressée au Comité central de la Commune, dépêche qui a fait beaucoup de bruit.

M. Jules Favre, ministre des Affaires étrangères, a reçu du général Fabrice, la lettre suivante :

Rouen, 21 Mars 1871.

Monsieur le Ministre,

Une communication purement militaire, envoyée dernièrement par le chef d'état-major de la 3e armée Allemande à l'adresse du commandant temporaire de Paris, a donné lieu à des commentaires.

On s'est plu à considérer cette notification comme un encouragement donné au mouvement Parisien.

Pour détruire tout soupçon de cette nature, il suffira de rétablir dans son authenticité le texte de la lettre allemande du général Schlotheim. Cette lettre porte qu'en dehors de certaines éventualités qu'il était nécessaire de préciser en présence d'un pouvoir inconnu dont on ignorait les dispositions, les troupes Allemandes conserveraient une attitude pacifique (friedlich) et complètement passive. Le Comité central, en publiant la notification, a cru utile de changer « attitude *pacifique* » en « attitude *amicale.* »

Veuillez agréer, etc. *Signé* FABRICE.

Cette explication suffira à éclairer sur la bonne foi des membres du Comité central, qui tenaient probablement à ne pas laisser oublier qu'en 1814, il se trouva déjà des Parisiens pour crier : Vivent nos amis, les alliés !...

— On apprend par des voyageurs que la situation se tend de plus en plus entre Paris et Versailles, la Commune a fait arrêter ces jours derniers, M. Bonjean, président de la Cour de cassation ; le Comité central prend des otages en vue des éventualités.

Lundi 3 Avril. — On placarde ce matin, à Provins, deux documents. Voici le premier, ce sera probablement le dernier dont nous gratifiera l'Administration civile allemande :

PUBLICATION.

« Le Gouvernement général à Reims a cessé de fonctionner le 30 mars. A partir de ce jour, ses fonctions sont passées aux commandants en chef, commandants des corps d'armée et commandeurs généraux des troupes, à savoir :

« Dans la partie du département de Seine-et-Marne située sur la rive droite de la Seine : le commandant supérieur de la 3ᵉ armée, à Compiègne.

« Et dans la partie du département de l'Aube, située sur la rive droite de la Seine : le commandant général de la 2ᵉ armée, à Chaumont.

« Désormais, toutes les pétitions, etc., qu'on voudra adresser au Gouvernement général devront être remises aux autorités militaires susdites.

« Reims, 31 Mars 1871.

« *Le Gouverneur général,*

« DE ROSENBERT-GRUSZCZYNSKI. »

C'est bon ! C'est bon !... Gruszczynski, gardez vos adresses, c'était déjà beaucoup d'être *forcé* de répondre à vos ordonnances, quant à réclamer volontairement le service de votre ministère vous savez bien que personne ne l'a jamais fait.

— Deuxième document, premier de l'Autorité française :

PRÉFECTURE DE SEINE-ET-MARNE.

Aux Habitants de Seine-et-Marne.

Messieurs,

Le Gouvernement de la République m'envoie dans votre beau département avec mission de réparer, dans la mesure du possible, les dommages de la guerre, d'assurer le religieux respect des conventions qui vous protègent et de vous aider à affirmer les principes d'ordre, de conservation et de liberté auxquels vous vous êtes toujours montrés fidèles.

Je n'ai pas à raffermir vos courages.

Vous êtes trop éclairés pour douter des destinées de la France et pour craindre que la grande nation puisse périr sous les coups de quelques factieux,

Déjà leurs tentatives criminelles ont échoué en province, et, si la province le veut, l'émeute disparaîtra de Paris devant le souffle de la volonté nationale.

Mais pour atteindre ce but, il ne suffit pas de professer un amour platonique pour les grands principes sociaux, ni de se déclarer, au sein du foyer domestique, ami de l'ordre, partisan de la souveraineté nationale, ennemi de l'anarchie et de l'assassinat.

Il faut agir.

Que les assemblées électives protestent contre la plus criminelle des usurpations.

Que les hommes se lèvent!

Nous armerons leurs bras.

Que dans toutes les mairies du département un registre reçoive les noms des VOLONTAIRES.

J'invite MM. les Sous-Préfets et MM. les Maires à me faire connaître immédiatement le résultat de cet appel, adressé à votre patriotisme par un Gouvernement issu de vos libres suffrages.

Il est temps d'en finir avec une minorité turbulente qui tient en échec la société, paralyse les affaires, prolonge les douleurs de l'invasion et soumet les classes laborieuses aux plus cruelles souffrances.

Debout, Messieurs.

Une manifestation énergique préviendra l'effusion du sang et évitera des malheurs irréparables.

Comptez sur mon plus entier dévouement.

Le Préfet,
De CHAMBON.

Il est presque certain que cet appel du représentant de l'autorité restera sans effet. Tout le monde est lassé de la guerre. A la surexcitation du patriotisme de ces derniers temps a succédé chez presque tous la honte de la défaite; la façon dont s'est terminé le siège de Paris, les agissements de l'Assemblée de Bordeaux et la faiblesse qu'on reproche au Gouvernement de Versailles ont amené une démoralisation complète : l'idée de la Patrie et le culte du drapeau semblent avoir disparu. On trouverait encore quelques volontaires s'il s'agissait de reprendre contre les Prussiens les armes qu'on vient de déposer, mais l'idée de marcher contre des Français répugne même aux plus belliqueux. Il faut avouer aussi, tout en le regrettant, que dans nos populations le Comité central rencontre des partisans. Pourquoi!... ils seraient peut-être les premiers embarrassés pour le dire. Dans les masses du peuple, dès qu'il se trouve un porte-drapeau il y a toujours des moutons de Panurge pour le suivre, sans même chercher à savoir de quoi il s'agit. Il est assez aisé de comprendre que lorsqu'on a le caractère aigri par huit mois de souffrances, on ne raisonne guère et on est malgré soi porté à faire chorus avec n'importe quel parti, pourvu que ce parti soit en opposition avec ceux auxquels on reproche de n'avoir pas su triompher et qu'on exècre pour la honte qu'ils nous infligent.

— Chacun commentait l'appel du Préfet de Seine-et-Marne, lorsque le bruit se répandit que des communications télégraphiques allemandes et françaises venaient d'apporter à Provins, la nouvelle d'un combat important entre les troupes de Versailles et les partisans de la Commune.

A six heures, on placardait la circulaire suivante :

2 Avril 1871, à 3 heures 55 du soir,
reçue à Provins, le 3 Avril.

Depuis deux jours des mouvements s'étaient produits du côté de Rueil, Nanterre, Courbevoie, et le pont de Neuilly ayant été barricadé par les insurgés, le Gouvernement n'a pas voulu laisser ces tentatives impunies et a ordonné de les réprimer sur le champ. Le général Vinoy est parti à six heures du matin avec deux colonnes de troupes qui ont enlevé avec un élan remarquable les positions de Courbevoie et la barricade du pont de Neuilly. Les insurgés se sont enfuis laissant des morts, des blessés et des prisonniers.

L'entrain des troupes, hâtant le résultat, nos pertes ont été presque nulles. L'exaspération de nos soldats était extrême, et s'est surtout manifestée contre les déserteurs qui ont été reconnus. A quatre heures, les troupes rentraient dans leurs cantonnements, après avoir rendu à la cause de l'ordre un service dont la France leur tiendra grand compte.

Les misérables que la France est réduite à combattre ont commis un nouveau crime : le chirurgien en chef de l'armée, M. Pasquier, s'étant avancé seul et sans arme trop près des positions ennemies a été indignement assassiné.

Signé : A. THIERS.

Mardi 4 Avril. — Avec le Gouvernement général de Reims, va probablement aussi disparaître son *Journal Officiel,* auquel la ville de Provins, comme toutes les villes de la région occupée, était abonnée forcément depuis le 1ᵉʳ décembre 1870.

M. le chevalier D. A. E. Wollheim da Fonséca, allemand par la naissance, mais lié à la France par sa famille, est rédacteur en chef de cette feuille, dans le premier numéro de laquelle il annonçait qu'il voulait « *réduire à leur véritable valeur les nouvelles qui égaraient l'opinion publique en France.* »

Ce journal écrit en français et rédigé pour des Français, avait dans la forme quelque chose de gracieux de la part du roi Guillaume pour nous, ses nouveaux sujets (1), ainsi on y lisait :

« L'ennemi a été battu. »

L'ennemi, c'était les troupes françaises, nos frères, nos camarades.

« Nous sommes heureux d'apprendre à nos lecteurs la défaite de l'armée de Chanzy, à..... etc. »

---

(1) Ephémérides de Montereau pendant la guerre.

Pour arriver au placement de cette feuille, voici la lettre que le comte de Fuersteinstein, le Préfet prussien de Melun, avait adressée au Maire de Provins, ainsi qu'à tous les Maires du département :

PRÉFECTURE DE SEINE-ET-MARNE.

Melun, 30 Novembre 1870.

Monsieur le Maire,

J'ai l'honneur de porter à votre connaissance qu'il se publie à Reims un journal sous le titre de *Moniteur Officiel du Gouvernement général de Reims*, auquel par décret du Gouvernement toutes les communes du département sont tenues de s'abonner.

En conséquence, j'ai invité MM. les Maires à envoyer le prix de l'abonnement du trimestre courant, qui se monte à 6 francs, à MM. les Maires des villes cantonales qui auront à le verser avec leur propre abonnement, à la caisse départementale de Melun, par l'entremise de la feld-poste la plus prochaine, ou par messager, dans un délai de huit jours après réception de la circulaire présente.

Je joins les numéros 1 jusqu'à 9 de ce journal que vous voudrez bien faire parvenir immédiatement à MM. les Maires du canton.

MM. les Maires sont prévenus que si ces ordres n'étaient pas exécutés ponctuellement, je serais forcé d'employer des mesures de rigueur pour faire rentrer l'abonnement.

Agréez, Monsieur le Maire, l'assurance de ma considération la plus distinguée.

Le Préfet de Seine-et-Marne,
Comte de FUERSTEINSTEIN.

Avec le procédé prussien, ce n'est pas difficile de récolter des abonnés, et il paraîtra sans doute regrettable à certains éditeurs de journaux extravagants, comme par exemple le *Père Duchêne* ou bien encore l'*Anarchiste*, qu'ils n'aient pas la faculté d'agir comme M. de Fuersteinstein.

— Aujourd'hui, à deux heures, a eu lieu l'enterrement d'un fusilier du 62° d'infanterie, nommé Hermann Schotz, âgé de 23 ans, originaire de Domanzé (Silésie).

C'est le premier soldat allemand mort à Provins depuis l'occupation. La cérémonie est faite avec un certain éclat. Huit hommes portent le cercueil sur leurs épaules, les officiers et le régiment suivent sans armes. La musique placée en tête du cortége joue la célèbre marche funèbre de Chopin.

Mercredi 5 Avril. — Enfin, les communications par le chemin de fer sont rétablies entre Provins et Paris !

Hier au soir, la première locomotive a fait son apparition sur notre embranchement, et ce matin, à 8 heures 40 minutes, est parti le premier train emportant des voyageurs. Nous allons pouvoir savoir maintenant comment les événements se passent dans la capitale.

Les Prussiens ont établi un piquet à la gare, et un factionnaire, le fusil sur l'épaule, se promène sur le quai.

L'interruption de la circulation par la voie ferrée a duré 219 jours, le dernier train a quitté Provins le 27 août 1870, à neuf heures du soir, emportant un grand nombre de nos concitoyens qui espéraient trouver dans Paris un asile sûr contre les exactions de l'ennemi. C'était une erreur que beaucoup regrettent aujourd'hui.

— En attendant que les voyageurs nous rapportent des nouvelles *de visu*, le Gouvernement nous en adresse par le télégraphe.

Deux dépêches sont placardées ce soir ; la première, datée du 3 avril et signée par M. Thiers, dit :

« Excités par le combat d'hier, les insurgés ont voulu revenir sur Courbevoie, ils se sont portés en masse sur Nanterre, Rueil, Bougival, Bezon, Chatou et Croissy, mais le Mont-Valérien a ouvert son feu sur leurs colonnes et les a mis en fuite.

Au même instant, à l'extrémité opposée de ce champ de bataille, les insurgés attaquaient nos troupes vers Sèvres, Meudon et le Petit-Bicêtre, mais ils se sont heurtés aux marins dirigés par l'amiral Pothuau et, complètement battus, ils ont fui en désordre vers la redoute de Châtillon. Leur dispersion et leur fuite précipitée sont cause qu'il y a eu plus de morts que de prisonniers. Cette journée, qui aura coûté de grandes pertes à ces aveugles menés par des malfaiteurs, sera décisive pour le sort de l'insurrection ; tout fait espérer qu'elle ne sera pas longtemps à sentir son impuissance et à débarrasser Paris. »

— Seconde dépêche :

Versailles, 4 Avril, 2 heures du matin.

Les insurgés de Paris sont sortis ce matin en grand nombre, se sont dirigés sur Versailles en plusieurs colonnes avec artillerie. Ils ont été mis en déroute sur tous les points et ont subi des pertes sérieuses. Flourens a été tué dans la lutte. L'armée est pleine d'enthousiasme, elle s'est conduite admirablement et témoigne l'intention d'en finir avec les factieux dont la conduite, aujourd'hui dévoilée, révolte les honnêtes gens.

Signé : E. PICARD.

Jeudi 6 Avril. — Hier soir, on a affiché à Provins, sur les murs de l'Hôtel-de-Ville et après la maison du coin de la rue de la Gare, l'appel suivant aux Mobiles, pour aller combattre l'insurrection de Paris :

Officiers, Sous-Officiers et Soldats des Mobiles de Seine-et-Marne.

Après une tâche laborieuse et pleine de dangers, vous êtes rentrés au pays comptant sur le patriotisme de tous et pensant qu'à la guerre succéderait la tranquillité.

Les hommes de désordre que vous n'avez jamais vus à vos côtés aux jours de dangers, compromettent l'avenir de la France et sont cause, aujourd'hui, de la présence des Prussiens sur notre territoire.

L'Assemblée nationale, confiante en votre amour de la Patrie, vous adjure de venir vous grouper autour d'elle pour ramener le calme et la prospérité.

Votre lieutenant-colonel, sachant combien les sentiments d'honneur sont grands parmi vous, est convaincu que vous ne resterez pas sourds à son appel.

A Melun est le rendez-vous général de tous les hommes de cœur et d'ordre.

Votre Lieutenant-Colonel commandant,
E. DE COURCY.

Cette nuit, des mains inconnues ont couvert cette ferme et patriotique proclamation d'injures à l'adresse de M. de Courcy et du Gouvernement de Versailles. Au coin de la rue de la Gare, elle était souillée d'ordures et on avait tracé au charbon, en travers, en lettres très apparentes, le mot « M.... » l'épithète légendaire que Cambronne, luttant à Waterloo avec le dernier carré de la vieille garde, jeta comme un soufflet à la face de l'officier anglais qui le sommait de se rendre.

Cela n'a pas empêché que ce matin, notre sous-préfet, M. Cabarrus, le petit-fils de la célèbre madame Talien, a télégraphié à Melun que la proclamation du colonel des Mobiles avait été fort bien accueillie par tout le monde.

C'est la façon avec laquelle on écrit l'histoire...... dans le monde officiel.

Vendredi 7 Avril. — Les Prussiens ne font pas de manœuvres et célèbrent par une grande cérémonie religieuse la solennité du Vendredi-Saint.

Dès huit heures du matin, les soldats cantonnés dans les campagnes voisines sont venus se joindre à leurs camarades de la garnison. Fantassins, artilleurs, uhlans, dragons, tous en grande tenue, parcouraient les rues de Provins et visitaient les églises pour y remplir leurs devoirs religieux.

Nos garnisaires disent qu'en France nous ne sommes pas bons catholiques ; presque tous ils possèdent dans leur sac, à côté de leurs cartouches, la Bible, et le soir, au repos, l'exercice terminé ou pendant que chauffe leur cuisine, on les voit se livrer à la méditation des préceptes des Saintes-Ecritures.

Les dimanches, des détachements en ordre viennent du dehors, sous la conduite des sous-officiers, pour assister à la messe à l'église Saint-Ayoul. Les soldats qui sont protestants assistent au *Prêche* fait par leur pasteur dans la salle d'audience du Tribunal transformé en temple pour la circonstance.

— Tous les soirs, à neuf heures, les passants s'arrêtent sur la place du Val, devant l'Hôtel-de-Ville, pour assister à la *Prière* du poste de la Commandature. Quelques minutes avant que l'heure sonne, le clairon jette au vent, et par trois fois, une sonnerie grave et plaintive, une sorte d'invocation. Aussitôt que le dernier coup de neuf heures a retenti, le factionnaire pousse le cri : « *Héraus !* » (Sortez !). A cet appel, le poste vient se ranger sur le perron, derrière les fusils qui sont en faisceaux. A un bref commandement du sous-officier, les hommes portent les armes, ôtent leurs casques et baissent les yeux vers la terre. Le sous-officier compte alors à haute voix : *Ein, swei, drei, vier, fünf*, et ainsi de suite jusqu'à cinquante. Pendant ce temps, les soldats sont censés réciter leurs actions de grâces au Seigneur. Au chiffre de cinquante, l'affaire est faite : les casques se relèvent, les têtes se recouvrent, les faisceaux se reforment, le peloton fait demi-tour et rentre en ordre dans le poste. La prière est dite.

— Les Prussiens nous ont communiqué ce matin leurs journaux qui annoncent que le 1er avril, d'après le texte des préliminaires de la paix, une première somme de 500 millions a été payée à l'Allemagne.

Ce n'est pas la faute des révolutionnaires parisiens si le Gouvernement de Versailles a été en mesure de tenir les engagements qui ont été pris et empêcher ainsi la reprise des hostilités. Le Comité central ou plutôt les agents de Bismarck qui en font partie, ont fait tout leur possible pour fournir à la Prusse un prétexte légitime de revenir sur ses pas et d'occuper militairement Paris.

Samedi 8 *Avril.* — Journée aux nouvelles.

On apprend par les journaux qui nous arrivent facilement maintenant par le chemin de fer, que le maréchal de Mac-Mahon est nommé général en chef des troupes réunies à Versailles, pour le rétablissement de l'ordre, et que le général Vinoy est nommé commandant de l'armée de réserve.

— Le *Journal Officiel* publie un décret du chef du Pouvoir exécutif qui nomme notre compatriote, M. le comte Bernard d'Harcourt, de Melz-sur-Seine, ambassadeur à Rome, où son père, M. le duc d'Harcourt, qui a représenté pendant plusieurs années l'arrondissement de Provins comme député à l'Assemblée législative, a rempli les mêmes fonctions après la Révolution de 1848, auprès du pape Pie IX.

M. le comte Horace de Choiseul, député de Seine-et-Marne, est nommé ambassadeur de France en Italie.

— Dans l'après-midi, on placarde une circulaire de Versailles, arrivée dans la matinée :

Un important succès vient de marquer le rétablissement successif de l'ordre. C'est la chute de la Commune à Marseille, où le général Espivent est entré de vive force faisant 500 prisonniers et mettant fin au règne des parodistes de la Commune de Paris. Ainsi toutes les grandes villes sont aujourd'hui ralliées autour du Gouvernement librement élu du pays.

A Limoges, s'est produite une émotion peu dangereuse, mais les communistes, jaloux de se montrer à la hauteur de ceux de Paris, ont assassiné le colonel du régiment de cuirassiers cantonné dans la ville.

Devant Paris, nous avons achevé de couronner tout le plateau de Châtillon. Un feu de peu d'effet s'est échangé entre les défenseurs de l'ordre et les forts d'Issy et de Vanvres. Le Gouvernement, soigneux d'épargner le sang de l'armée, n'a pas voulu ordonner l'attaque de ces forts dont le sort est lié à celui de Paris et qui tomberont avec la capitale quand le moment sera venu. Les insurgés qui ne peuvent plus se dire vainqueurs sont consternés ; ils se proscrivent les uns les autres en attendant qu'abandonnés de toute la population ils trouvent la fin qu'ils ont méritée. Tels sont les faits d'hier et d'aujourd'hui, avec l'exactitude avec laquelle le Gouvernement est résolu à ne jamais s'écarter.

Signé : A. THIERS.

Au moment où chacun se presse pour lire la dépêche, on entend très fortement le canon dans la direction de Paris.

Attendons-nous encore à du nouveau pour demain.

Dimanche 9 Avril. — Ce matin, les premières personnes qui traversèrent la rue de la Gare, s'arrêtèrent devant un odieux appel placardé pendant la nuit et engageant les citoyens à soutenir la Commune et à se révolter contre le Gouvernement de M. Thiers.

Ce document, anonyme bien entendu, et que la majorité des lecteurs désapprouvait complètement, resta collé jusqu'à dix heures, moment où le Commissaire de police, informé de son existence, vint le déchirer.

Lundi 10 *Avril*. — Malgré les ténébreuses manœuvres de quelques esprits exaltés en faveur de la Commune, notre population reste calme.

A la dernière séance du Conseil municipal, M. le Maire, après avoir entretenu ses collègues des faits révolutionnaires dont la capitale est le théâtre, a proposé le vote d'une adresse d'adhésion au Gouvernement. La rédaction suivante a été adoptée à l'unanimité des membres présents :

A la nouvelle des tristes événements qui ont troublé l'ordre à Paris, le Conseil municipal de Provins a été profondément et douloureusement ému. Il croit devoir protester énergiquement contre les faits déplorables à la suite desquels un pouvoir révolutionnaire s'est violemment établi dans la capitale.

Le Conseil municipal déclare, à l'unanimité, qu'il ne reconnaît d'autre Gouvernement légitime que celui de l'Assemblée nationale librement et régulièrement élue par la France entière.

L'Administration municipale et le Conseil viennent offrir au Gouvernement dont le siége est à Versailles, leur concours le plus sincère et le plus dévoué.

Ont signé : V. Le Bailly, Lebeau, Bourquelot, Bourgeat, Charpentier-Denis, Charbaut, A. Arnoul, Gennerat, Michaud, Bellanger jeune, Ch. Mézières, Ozeré, Ad. Charlot, de Salvert, L. Gallot, Guerreau, E. Prieur, Verrier, Chevalier.

Absents à la séance : MM. Boby de La Chapelle, Degois et Cruel.

— Comme nouvelle du dehors, on apprend qu'une résolution importante a été prise dans la séance de l'Assemblée nationale du 8 avril.

A la majorité de 285 voix contre 275, l'Assemblée a adopté l'amendement qui remet aux Conseils municipaux de toutes les communes la nomination des Maires. Les Conseils municipaux nommeront également les Adjoints.

Provisoirement et sur la demande expresse de M. Thiers, qui en a fait une question de démission immédiate, les Maires et Adjoints seront nommés par le Gouvernement dans les villes de plus de 20,000 habitants et dans les chefs-lieux de département et d'arrondissement.

Mardi 11 *Avril*. — Messieurs les Prussiens ont des caprices et chaque jour voit éclore des exigences nouvelles de leur part.

Tantôt le commandant de place a fait parvenir à M. le Maire de **Provins** une réquisition de 1,100 serviettes pour l'usage des soldats du 15e dragons Rhénan, qui occupent le Quartier de cavalerie. En cas de refus, le commandant menaçait de faire loger ses hommes chez les habitants.

Des serviettes !... plus que ça de luxe !... Ainsi voilà des cocos auxquels on a dû faire mettre deux boutons sur les manches de leurs tuniques pour les empêcher de s'en servir en guise de mouchoirs et qui ont la prétention de s'essuyer le museau et les pattes aux dépens des contribuables Provinois!

Malgré la supplication de l'entrepreneur des lits militaires, qui se plaint d'être condamné chaque semaine à opérer des lessives invraisemblables, c'est sans empressement et après une démarche de M. Le Bailly près du commandant prussien qui persiste dans ses prétentions et ses menaces, que le Conseil municipal, voulant avant tout s'efforcer d'alléger autant que possible la lourde charge qui pèse sur les habitants, vote le crédit nécessaire à satisfaire le nouveau caprice des Allemands.

— Dépêche de la journée :

Versailles, 10 Avril, 10 heures du soir.

Rien de nouveau depuis vendredi 7, où nos troupes ont enlevé le pont de Neuilly et les barricades que les insurgés avaient établies au-delà. Aujourd'hui le plus grand calme règne dans nos cantonnements.

L'armée s'organise et s'augmente chaque jour. Ne croyez à aucun des faux bruits qu'on répand. Le Président du Conseil n'a pas songé un instant à donner sa démission, étant parfaitement uni avec l'Assemblée nationale et profondément dévoué à ses devoirs, quelque difficiles qu'ils soient. Quant à une conspiration contre la République qui viendrait la renverser, démentez ce bruit absurde et perfide. Il n'y a de conspiration contre la République que de la part des insurgés de Paris ; mais on prépare contre eux des moyens irrésistibles et qu'on ne cherche à rendre tels que dans le désir et l'espérance d'épargner l'effusion du sang. Que les bons citoyens, sincères dans leurs alarmes, se rassurent; il ne surviendra pas un seul événement sans qu'on le fasse connaître, et il n'y en a aucun de funeste à prévoir ni à craindre.

Mercredi 12 Avril. — Hier, un piquet de Prussiens, en armes, a amené à la Commandature, à Provins, un habitant de la campagne auquel ils avaient ligotté les bras avec des cordes et qu'ils faisaient marcher entre les baïonnettes. C'était M. Alexandre Cucu, fermier à Rupéreux. Dans la journée, il avait eu une discussion avec les soldats logés à sa ferme et qui lui volaient son fourrage. Une collision étant survenue, dans la lutte, M. Cucu a tiré un coup de revolver sur un officier qui a été blessé à la main.

Notre compatriote a payé assez cher son acte de résistance. Traduit devant un conseil de guerre, il a été condamné à six mois de détention qu'il a subis dans la forteresse de Mayence où il a retrouvé plusieurs de nos compatriotes, paysans et citadins français, qui plus heureux que des centaines d'autres qui ont été fusillés, payaient par une dure captivité la velléité d'avoir pris les armes pour essayer de défendre leur foyers envahis.

Quelle iniquité que ce procédé allemand contre les combattants civils et comme il montre bien que les Prussiens ont oublié la fameuse circulaire du roi Guillaume, le père de celui actuel, adressée en 1813 à ses sujets, où il est dit *que pour repousser l'étranger toute arme est bonne; que tous, femmes et vieillards, doivent s'armer de tout ce qui leur tombe sous la main, couper les routes, abattre les arbres, intercepter les convois, en un mot opposer à l'envahisseur une résistance désespérée !* Ce roi patriote excitait ses sujets à faire ce que son fils condamne et réprime si sévèrement dans notre pays.

— Petit à petit notre ville reprend son autonomie particulière.

Ce matin, l'Administration allemande fait savoir aux habitants de Provins, que M. le comte de Fuersteinstein, le préfet prussien pour « *la Seine-et-Marne* » comme ils disent, a cessé ses fonctions et qu'il a quitté Melun pour retourner en Allemagne (1).

On nous fait savoir également que la *Feldpost* ne fonctionne plus pour les besoins de la population civile et que le service des postes françaises est complètement libre, à partir de ce jour, dans tout le département.

Le public est informé aussi qu'une dépêche de Bruxelles a annoncé, mardi soir, que les plénipotentiaires français et allemands ont échangé leurs pleins pouvoirs et ouvert immédiatement les conférences pour la négociation du traité définitif de paix.

A voir l'empressement que le commandant de place Blossnitz met à nous communiquer ces nouvelles, on devine que les Prussiens seraient enchantés, au moins autant que nous, que tout soit terminé pour retourner chez eux. D'un autre côté, il ne coûte rien à notre patriotisme de reconnaître que depuis l'ouverture

---

(1) Le préfet prussien, M. de Fuersteinstein, qui, il faut le reconnaître, administrait nos populations avec plus d'intelligence et d'humanité que ses confrères de la Marne et de l'Aube n'en montraient pour nos voisins, a adressé avant son départ une circulaire d'adieu aux Maires, *ses* fonctionnaires.

M. le marquis de Mun, maire de Lumigny, canton de Rozoy, dans un livre très intéressant : *Un Château en* 1870, fait ainsi le portrait de M. de Fuersteinstein, avec lequel il eut une entrevue à Coulommiers :

« .... « Je trouvais un dragon bleu de ciel, élégant et bien tourné, 45 ans environ, ancien attaché d'ambassade à Paris, parlant français exactement comme vous et moi, poli et de manières fort dignes ; il regrette sa maison, sa famille, son château, n'a qu'un uniforme de fantaisie et n'a jamais tiré son grand sabre. »

des hostilités entre le Gouvernement de Versailles et les partisans de la Commune, beaucoup d'officiers allemands ont toujours mis une grande complaisance à faire connaître aux habitants chez lesquels ils sont logés, les faits qu'ils reçoivent par voie télégraphique et qui précèdent toujours, au moins d'une journée, les communications officielles françaises qui, avant de nous arriver, suivent la voie hiérarchique : ministère, préfecture, sous-préfecture, mairie.

— Depuis que le chemin de fer a recommencé son service, l'émigration parisienne est devenue très marquée à Provins, dont presque tous les habitants ont à s'inquiéter dans ces douloureuses circonstances pour un parent, pour un ami, domiciliés à Paris ; mais l'émigration est devenue considérable surtout depuis avant-hier, parce que Cluseret, soi-disant général de la Commune, ci-devant citoyen américain a décrété : « Font partie des bataillons de guerre, tous les citoyens valides de 17 à 35 ans, les gardes mobiles licenciés et les volontaires de l'armée ou civils. » Une solde de 1 fr. 50, outre les vivres, est allouée à chaque citoyen.

Aussi, à Provins comme dans toutes les localités voisines de la capitale, les habitants qui étaient allés s'abriter à Paris pendant le siége, offrent à leur tour un abri aux Parisiens pendant l'orage qui terrifie cette cité infortunée, encore à moitié investie par l'armée allemande et déchirée à l'intérieur par la guerre civile : guerre impie ! le plus grand des malheurs qui accablent notre pauvre France.

Jeudi 13 Avril. — Un *franc-fileur*, un *envolé* volontaire comme on appelle ici ceux qui ne tiennent pas à être incorporés de force dans l'armée insurrectionnelle et viennent se réfugier chez nous, apporte le document ci-après qui montre qu'il n'y a pas à l'heure qu'il est, dans Paris, un seul citoyen assuré de passer la nuit chez lui :

LA LOI DES SUSPECTS.

La Commune a décidé :

Article 1er. — Toute personne prévenue de complicité avec le Gouvernement de Versailles sera immédiatement décrétée d'accusation et incarcérée.

Art. 2. — Un jury d'accusation sera institué dans les 24 heures pour connaître des crimes qui lui seront déférés.

Art. 3. — Le jury statuera dans les 48 heures.

Art. 4. — Tous accusés retenus par le verdict du jury d'accusation seront les ôtages du peuple de Paris.

Art. 5. — Toute exécution d'un prisonnier de guerre ou d'un partisan du Gouvernement régulier de la Commune de Paris sera, sur-le-champ, suivie de l'exécution d'un nombre triple des otages retenus en vertu de l'art. 4, et qui seront désignés par le sort.

Art. 6. — Tout prisonnier de guerre sera traduit devant le jury d'accusation qui décidera qu'il sera immédiatement remis en liberté ou retenu comme otage.

— Les voyageurs qui arrivent par le train de 4 heures, annoncent que l'archevêque de Paris, le curé de la Madeleine et le premier vicaire de Notre-Dame de Lorette ont été arrêtés cette nuit. Les fédérés déclarent qu'ils veulent retenir comme otages ces membres du clergé, afin d'avoir *un point d'appui* s'ils viennent à traiter avec le Gouvernement de Versailles.

— A la nuit, on affiche à Provins la dépêche suivante :

Versailles, le 12 Avril, 5 heures du soir.

Ne vous laissez pas inquiéter par de faux bruits, l'ordre le plus parfait règne en France, Paris seul excepté. Le Gouvernement suit son plan, et il n'agira que lorsqu'il jugera le moment venu. Les récits de la Commune sont aussi faux que ses principes. Les écrivains de l'insurrection prétendent qu'ils ont remporté la victoire du côté de Châtillon ; opposez un démenti formel à ces mensonges ridicules. Notre armée, tranquille et confiante, attend le moment décisif avec une parfaite assurance, et si le Gouvernement la fait attendre c'est pour rendre la victoire moins sanglante et plus certaine. Bien des intermédiaires sont venus à Versailles porter des paroles, non pas au nom de la Commune, sachant qu'à ce titre ils n'auraient pas même été reçus, mais au nom de républicains sincères qui demandent le maintien de la République et qui voudraient voir appliquer des traitements modérés aux insurgés vaincus. La réponse a été invariable. Personne ne menace la République, si ce n'est l'insurrection elle-même. Le chef du Pouvoir exécutif persévérera loyalement dans les déclarations qu'il a faites à plusieurs reprises ; quant aux insurgés, les assassins exceptés, ceux qui déposeront les armes auront la vie sauve, les ouvriers malheureux conserveront pendant quelques semaines le subside qui les faisait vivre.

Paris jouira comme Lyon, comme Marseille, d'une représentation municipale, et comme les autres villes de France, fera librement les affaires de la cité. Mais pour les villes, comme pour les citoyens, il n'y aura qu'une loi, une seule ; il n'y aura de privilége pour personne. Toute tentative de sécession essayée par une partie quelconque du territoire sera énergiquement réprimée en France ainsi qu'elle l'a été en Amérique. Telle a été la réponse sans cesse répétée, non pas aux représentants de la Commune, que le Gouvernement ne saurait admettre auprès de lui, mais à tous les hommes de bonne foi qui sont venus à Versailles s'informer des intentions du Gouvernement.

A. THIERS.

Vendredi 14 *Avril*. — Malgré la paix, les Prussiens sont toujours méfiants; ils savent pourtant bien que nos populations sont désarmées, puisqu'ils ont brisé tous les fusils des gardes nationaux et mis sous scellés les fusils de chasse, mais ils nous craignent encore.

Voici ce qu'ils font afficher ce matin :

A la Préfecture de Seine-et-Marne.

ORDRE DU JOUR :

Il est défendu aux habitants français de porter des armes dans les endroits qui sont occupés par les troupes allemandes.

Mais afin qui leur soit possible de chasser et parce qu'il est besoin que les gardes des forêts soient armés quand ils sont à leur service, il sera nécessaire que ces personnes soient pourvues de légitimations, afin qu'elles ne soient pas arrêtées par les troupes allemandes.

Je prie d'ordonner aux Mairies qu'elles écrivent pour ces personnes des légitimations dans lesquelles les noms des porteurs seront indiqués, et que ces légitimations me soient envoyées afin que je les légalise par mon nom souscrit et par mon cachet; alors je renverrai ces légitimations aux Mairies.

Les troupes allemandes ont l'ordre d'arrêter toutes les personnes qui n'ont pas ces légitimations et portant des armes.

Général-Major des troupes allemandes,
Au Château de Graville,
commune de La Celle-sous-Moret.

Quel style !... Pauvre langue française, elle est aussi réquisitionnée et torturée que l'ont été les habitants des régions envahies.

— Voilà que cela recommence !...

On dit de nouveau aujourd'hui, à Provins, que le chancelier allemand, prince de Bismarck, a adressé le 10 mars, à M. Thiers, une note par laquelle il met en demeure le Chef du Pouvoir exécutif de dominer l'insurrection de Paris et de se rendre maître de la capitale d'ici au 15 courant.

Si, dans ce délai, le Gouvernement de Versailles n'était pas parvenu à affirmer d'une façon définitive son autorité, M. de Bismarck annonce que le Gouvernement impérial allemand donnerait des ordres pour l'occupation immédiate de Paris, qu'il garderait, comme gage de l'exécution du traité de paix, jusqu'à la complète pacification du territoire français.

Cette nouvelle produit naturellement une émotion dans la population de Provins, mais des officiers supérieurs de la garnison ont dit tantôt chez M. Arnoul, où l'un d'eux est logé, qu'ils savaient de source certaine que ce bruit n'était pas exact.

L'état-major général reconnaît qu'il n'existe aucune raison pour fixer la limite du 15 avril. Eu égard à la situation de la France, on ne saurait préciser aussi exactement l'exécution d'opérations militaires.

Le principal, dit-il, « est de s'assurer si, à Versailles, on a la volonté d'agir avec énergie contre l'insurrection. L'entretien des troupes allemandes revient au Trésor français à 1,250,000 fr. par jour, au moins. Plus le règlement définitif se fera attendre, plus grand sera le dommage causé à la bourse des contribuables français. Cependant il ne peut nous être indifférent que l'anarchie rende la France insolvable pendant des années. »

Toujours pratiques, ces Allemands, l'argent d'abord, la gloire ensuite.

Samedi 15 *Avril*. — Aujourd'hui, la garnison de Provins, à laquelle sont venus s'ajouter plusieurs bataillons d'infanterie et deux batteries d'artillerie cantonnés dans les environs de Villiers-Saint-Georges, a exécuté, de dix heures du matin à cinq heures du soir, de grandes manœuvres de guerre sur le plateau, entre les Filles-Dieu et Voulton.

Les troupes allemandes ne restent pas inactives un seul instant.

Deux fois par jour, le dimanche excepté, les soldats logés à Provins, font l'exercice ; l'infanterie sur les remparts et la cavalerie au terrain de manœuvres. Des compagnies munies de pelles et de pioches sont exercées à faire des tranchées et à élever des redoutes ; en outre, les mardis et vendredis, les régiments font de grandes marches militaires pendant lesquelles les hommes portent tout leur fourniment de campagne sur le dos, ces promenades se prolongent parfois jusqu'à 30 et même 40 kilomètres.

— Depuis quelques jours, le château du Houssay, propriété de Mme de Clercq, est occupé par un haut personnage, le lieutenant général de Stolberg-Wernigerode, commandant en chef la 2e division de cavalerie de la 3e armée allemande. Chaque jour, la musique du 15e dragons va y jouer au réveil, et le soir les officiers supérieurs résidant à Provins vont y dîner.

On y fait, entr'autre consommation de liquide, un débit considérable de vin de Champagne, ou du moins d'un produit qui est vendu pour tel. Ce nectar, dont les Allemands sont très friands, inventé par un marchand de comestibles, distillateur de notre ville, M. Hury, est un mélange de vin blanc et de poiré additionné de sucre candi pour le faire mousser : nos vainqueurs le dégustent en se faisant claquer la langue contre le palais et avec la conviction que c'est un produit supérieur des caves de MM. Moët et Chandon.

Chez eux aussi il y a plus de gourmands que de gourmets.

Le petit subterfuge du distillateur Provinois est déjà un à-compte sur la revanche...

— La *Commandature* allemande procède en ce moment à une enquête des plus sérieuses. Il s'agit d'un vol d'une montre en or, commis par un garnisaire, rue Vieille-Notre-Dame, chez M. Xavier Banaskiewiez, un officier Polonais réfugié et devenu notre concitoyen par son mariage avec une Provinoise, Mlle Adèle Lahaye.

Malgré un grand déploiement de zèle de la part de l'*auditor* et de la gendarmerie prussienne, le voleur soupçonné reste introuvable.

***

Dimanche 16 Avril. — Le gaz a fait sa réapparition hier à Provins, et pour les débuts le feu a failli se déclarer à l'Hôtel-de-Ville.

Depuis la disparition du gaz, on avait suspendu une lampe à pétrole sous la conduite de plomb, dans le poste occupé pendant la guerre par les gardes nationaux et aujourd'hui par le piquet de la Commandature. Hier soir, les Prussiens, qui n'étaient pas avertis, ne firent pas attention; le bouchon de liège fermant la conduite laissa échapper du gaz qui prit feu au contact de la lampe à pétrole; les flammes gagnaient le plafond et les Allemands inquiets, couraient à droite et à gauche, lorsque vint à passer un de nos braves pompiers, M. Silvert Verrine, qui ne fit qu'un bond de la chaussée dans le poste, où il conjura le danger en aplatissant complètement les tuyaux à gaz.

Sans la présence d'esprit de notre concitoyen, l'Hôtel-de-Ville et les richesses artistiques renfermées au Musée du deuxième étage, couraient le risque de subir le sort de leurs devanciers, l'ancien Hôtel-de-Ville de la rue aux Aulx et la Bibliothèque publique, qui furent brûlés dans la nuit du 2 janvier 1821.

— Nos garnisaires sont curieux à étudier :

Tous les jours, à midi, sur la place Saint-Ayoul, a lieu la parade, les musiques des régiments d'infanterie jouent alternativement pendant qu'un officier général passe l'inspection des détachements composant les différents postes. Après la communication des mots d'ordre et de passe, le défilé de la parade commence. Le poste de la *Commandature* est conduit ensuite aux sons discordants des fifres et des tambours à l'Hôtel-de-Ville. Là, les fantassins qui vont être relevés prennent les armes, les chefs échangent leurs instructions, puis les hommes qui prennent la garde chargent leurs fusils et s'installent à la place de leurs camarades.

— Le respect des supérieurs chez les Prussiens est poussé au plus haut degré : dès qu'un soldat aperçoit dans la rue un officier qui vient en sens inverse de lui, il s'arrête à dix pas, fait front du côté où doit passer l'officier et reste immobile jusqu'à ce que celui-ci soit éloigné. Les officiers saluent en portant la main droite au milieu de la visière de leur casquette ou casque.

— Toutes les fois qu'un officier supérieur passe devant un poste, la sentinelle pousse un formidable appel : « *Heraüst!* » les hommes sortent et prennent les armes.

Les honneurs rendus sont à peu près les mêmes que dans l'armée française : pour un général de division, le tambour bat, les hommes crient trois fois : « *Hurra!* » et présentent les armes; pour les généraux de brigade, colonels, commandants, ils les présentent également; pour les grades au-dessous, la sentinelle seule rend les honneurs en portant l'arme.

— La méfiance des Allemands est extrême.

La discipline de la place de Provins avec le service de guerre est rigoureuse et bruyante; le mot d'ordre à la levée des factionnaires, l'appel des postes le jour et surtout la nuit, de sentinelles en sentinelles pour les tenir en éveil, sont accompagnés d'un bruit tapageur, des cris gutturaux assez semblables à des cris de paons. La vie civile et particulièrement le sommeil de la cité, s'accommode mal de ce vacarme militaire et surtout anti-nocturne. Que les Prussiens n'aiment pas les surprises, soit; mais que de leur côté ils ne surprennent pas ainsi, sans aucune nécessité, le repos d'une population désarmée, par conséquent inoffensive et qui n'en peut mais...

Toujours sur le qui-vive, les Prussiens font parade d'une activité que les Français sont loin de montrer avec le même éclat; cinquante fois dans une journée un poste prend les armes. On dirait que ces sauvages-là se font un agrément de nous étourdir avec leur « *Heraüst!* » qu'ils glapissent d'une façon perçante et prolongée. Celui d'entr'eux qui ne se rendrait pas à cet appel ne pourrait invoquer l'excuse de n'avoir pas entendu, car du pied de la ville haute on entend crier le factionnaire de l'Hôtel-de-Ville. Ajoutez à ces hurlements les bans battus par les tambours et vous aurez une idée du vacarme quotidien qui règne en ville.

Au mois de juin 1870, un des familiers des Tuileries, un de ceux des courtisans de Napoléon III qui ont le plus fait pour le

PROVINS PENDANT L'INVASION

GARNISON DE PROVINS
INFANTERIE-RÉGIMENT, N° 23.

LE DRAPEAU
ET SA GARDE D'HONNEUR

(D'après une photographie de M. Magnac).

pousser à entreprendre cette fatale guerre qui coûte à la France ses deux provinces de l'Est et des maux sans nombre, M. Evariste Bavoux, conseiller d'Etat, ancien député de Provins, écrivait en parlant de l'armée allemande, dans une brochure ayant pour titre : *La Prusse et le Rhin :*

« Les tambours prussiens, ronds comme les nôtres, mais infiniment plus plats, pareils à des tambourins ou des tambours de basque, font du bruit sur un ton sec et bref qui n'a rien de la sonorité retentissante des tambours français, et paraissent par leur son grêle plus propres à battre la retraite que la charge : ils ont l'accent plus chétif qu'entraînant. »

M. Bavoux est-il revenu de son erreur?... En dirait-il autant aujourd'hui?

Lundi 17 *Avril.* — Pas de nouvelles de Versailles sur les événements militaires depuis deux jours. Les journaux nous apportent ce matin un arrêté de M. Thiers, chef du Pouvoir exécutif, portant qu'en exécution de la loi votée par l'Assemblée, le 14 avril, les élections pour le renouvellement intégral des Conseils municipaux, auront lieu dans toutes les communes, le 30 avril présent mois.

Un arrêté spécial déterminera, aussitôt que les circonstances le permettront, l'époque des élections municipales dans la ville de Paris et dans les communes du département de la Seine.

— Les Membres du Comité central sont des fous ou des misérables.

Le *Journal Officiel* de Paris publie l'incroyable décret qui suit :

La Commune de Paris,

Considérant que la colonne impériale de la place Vendôme est un monument de barbarie, un symptôme de force brute et de fausse gloire, une affirmation de militarisme, une négation du droit international, une insulte permanente des vainqueurs aux vaincus, un attentat perpétuel à l'un des trois grands principes de la Révolution française : la Fraternité.

Décrète :

Article unique. — La colonne de la place Vendôme sera démolie.

Paris, le 12 Avril 1871.

M. de Bismarck serait bien difficile s'il ne se montrait pas satisfait d'un procédé si délicat des *Communeux* de Paris à l'égard des anciens vaincus de la France.

— M. Raoul Rigault, délégué civil à la Préfecture de police, a fait ouvrir les prisons de Paris et mis en liberté tous les voleurs et autres condamnés dont la plupart ont été immédiatement incorporés dans la garde nationale.

En présence de cet état de choses, le Ministre de l'Intérieur vient d'adresser une circulaire à tous les Maires de France, pour l'exécution stricte de formalité des passeports à l'égard de tous les voyageurs. Le passeport délivré par la Commune de Paris ne saurait être considéré comme un titre régulier. La circulaire arrivée ce matin à Provins interdit la délivrance des passeports à destination du département de la Seine, aux individus dépourvus de moyens d'existence ou dont le voyage paraîtrait n'avoir aucun but légitime.

— A la nuit, on placarde le renseignement suivant :

AVIS.

La télégraphie privée est rétablie dans toute la France, sauf les départements de la Seine et de Seine-et-Oise. Versailles ne reçoit que les dépêches adressées aux députés.

Le Maire de Provins,

LE BAILLY.

— Aujourd'hui une mutation a eu lieu dans les troupes allemandes qui occupent nos environs.

L'état-major et deux bataillons du 63e régiment d'infanterie (4e de la Haute-Silésie) sont arrivés à Provins pour remplacer, dans la garnison, deux bataillons du 62e régiment qui sont partis prendre leur cantonnement dans le canton de Donnemarie.

Afin sans doute de ne pas laisser les garnisaires se lier avec les habitants qui les hébergent, on fait faire aux compagnies la navette entre la ville et les campagnes. A Provins, les billets de logement des soldats sont changés tous les dix jours.

— Quelques prisonniers français blessés, qui étaient à l'Hôtel-Dieu, sont sortis ces jours derniers dans les rues de Provins ; la vue de zouaves et de turcos plus braves que polis sans doute, a motivé la publication, ce soir, de la note ci-après :

Chaque soldat français en tenue doit rendre les honneurs militaires aux officiers de l'armée allemande.

Tout soldat qui ne suivra pas cet ordre sera immédiatement arrêté et sévèrement puni.

Provins, le 16 Avril 1871.

Le Major et Commandant,

V. DE BLOSSNITZ.

Mardi 18 Avril. — Malgré les achats considérables de pain, viandes et fourrages que les Prussiens cantonnés dans les environs viennent faire chaque jour à Provins, on leur expédie d'Allemagne des denrées sèches et des salaisons. Deux fois par semaine, on partage aux hommes de l'orge, du riz et une sorte de gros saucisson composé avec des pois et de la viande, une sorte de conserve Liebig, avec laquelle ils font la soupe.

On s'aperçoit bien qu'ils ne font plus de réquisitions à la force des baïonnettes, les rations individuelles sont loin d'être aussi fortes que pendant la guerre. L'intendance prussienne qui ne laisse rien perdre a fait distribuer hier, 17 avril, du lard qui était complètement gâté et était vert de moisissure, aussi à peine rentrés chez les personnes où ils sont logés, beaucoup de soldats l'ont jeté.

Dans les campagnes, les Allemands mettent les fours à réquisition et cuisent eux-mêmes leur pain. Chaque compagnie ou escadron reçoit à tour de rôle du pain de leur fabrication et du pain blanc qu'ils viennent acheter à Provins.

En comparaison de la maigre pitance d'aujourd'hui, combien nos goulafres vainqueurs doivent regretter celle qui ne leur coûtait rien — que la peine de la prendre !

Voici un aperçu d'une réquisition exigée à Provins par les Bavarois, au mois de septembre 1870 :

« Par ordre de Sa Majesté le roi de Prusse, il sera réquisitionné pour chaque soldat, tous les jours :

« Sept cent cinquante grammes de pain.

« Cinq cents grammes de viande ou deux cent cinquante grammes de lard.

« Cinq cents grammes de pommes de terre avec sel.

« Trente grammes de café noir.

« Soixante grammes de tabac ou cinq cigares.

« Un demi-litre de vin ou un litre de bière.

« Un douzième de litre d'eau-de-vie.

Provins, le 30 Septembre 1870.

CURTIUS,

Colonel-Major du 7ᵉ régiment d'infanterie (Hohenhausen).

Les petites douceurs sont comme le galon : quand on *en prend*, on n'en saurait trop prendre, les Allemands le savent bien, aussi en ont-ils usé et même abusé. Aujourd'hui qu'ils sont nourris au compte du roi de Prusse, ils sont souvent obligés de serrer de plus d'un cran la boucle de leur ceinturon.

Mercredi 19 *Avril.* — Ce matin, le 23ᵉ régiment d'infanterie a rendu les derniers honneurs à un des siens, Geoffroi Delakowitz, originaire de Donnemaurk (Silésie), âgé de 24 ans et 5 mois.

La cérémonie funèbre a eu lieu en grande pompe.

— Depuis trois jours, le Gouvernement n'avait envoyé aucune nouvelle des événements militaires et des journaux de Paris prétendaient que les troupes de Versailles avaient été battues. Ces nouvelles étaient sans fondement, et ce soir, la Mairie fait coller un résumé des dépêches qui embrasse les dates des 14, 16, 17, 18 et 19 avril :

Le Gouvernement s'est tu ces jours-ci, parce qu'il n'y avait aucun événement à faire connaître au public, et s'il parle aujourd'hui, c'est pour que les alarmistes mal intentionnés ne puissent abuser de son silence pour semer de faux bruits. Il n'y a rien eu les 14, 15 et 16, qu'une canonnade tirée inconsidérément par les insurgés à Châtillon et à Courbevoie, contre des adversaires absents ou hors d'atteinte.

Le 17 avril, nos troupes ont exécuté un brillant fait d'armes en enlevant le château de Bezons, sous le feu croisé d'Asnières et de l'enceinte. Le 18, nouveau succès, le régiment de gendarmerie sous les ordres du brave colonel Grémelin, a enlevé le village de Colombes, enfin ce matin, Asnières a été emporté par nos soldats qui, sous la conduite du général Montaudon, se sont jetés sur les positions malgré le feu de l'enceinte et les ont enlevées avec une vigueur extraordinaire.

Ainsi nous avançons vers le terme de cette criminelle résistance à la loi du pays, et la Commune déjà désertée par les électeurs le sera bientôt par ses défenseurs égarés qui commencent à comprendre qu'on les trompe et qu'on sacrifie inutilement leur sang à une cause impie et perdue.

La vérité de la situation, la voilà tout entière, et, pour un certain nombre de jours, elle sera la même. Nous prions les bons citoyens de ne pas s'alarmer si tel ou tel jour le Gouvernement, faute d'avoir rien à dire, aime mieux se taire ; il agit, et l'action ne se révèle que par les résultats, il faut savoir les attendre afin de les hâter, on les retarde en voulant les précipiter.

Le Gouvernement persiste dans son système de temporisation pour deux motifs qu'il faut avouer : c'est d'abord de réunir des forces tellement imposantes, que la résistance soit impossible et dès lors peu sanglante ; c'est ensuite de laisser à des hommes égarés le temps de revenir à la raison.

Signé : A. THIERS.

Jeudi 20 *Avril.* — On commence à s'agiter pour les prochaines élections municipales, MM. Ozeré, géomètre, et Bourgeat, juge au Tribunal, déclinent toute nouvelle candidature et remercient les électeurs qui depuis longtemps leur accordent leurs suffrages.

— Hier soir, à Provins, les officiers et les musiciens des 23ᵉ et 63ᵉ d'infanterie ont donné un *grand concert payant* au Salon d'Apollon, chez M. Michon. Malgré les vives sollicitations des organisateurs, on n'a compté que **trois** *auditeurs* civils : deux francs-fileurs réfugiés parisiens et un habitant de la ville, musicien passionné, qui doit avoir honte de son action aujourd'hui. Les Prussiens s'étonnent que leur soirée, comme tous les concerts qu'ils donnent tous les jours en plein vent, sur les remparts ou sur les places de la ville, n'ait pas attiré les Provinois. La caisse des musiciens des 23e et 63e régiments et leur amour-propre sont également affectés de cette indifférence.

Et pour qu'on juge de la délicate attention de ces Messieurs à nous plaire, voici la composition de leur soirée :

SALON D'APOLLON

Aujourd'hui 19 *Avril* 1871

Ouverture des bureaux à 6 heures 1/2. — On commencera à 8 heures

SOIRÉE LYRIQUE ET CHORÉGRAPHIQUE

PROGRAMME

PREMIÈRE PARTIE

1° *Jubel*, ouverture, C. M. de Weber, par la musique du 23e régiment.

2° *Les Baisers*, musique d'Antonin Louis, chantés par Mlle Rosalia.

3° *Ça fait Tic-Tac*, musique de Liouville, chanté par Mlle Gabrielle.

4° *Oiseau léger*, mélodie allemande, musique de Gumbert, chanté par Mlle Lucile.

5° *La Chercheuse de Clair de Lune*, musique de Lisbonne, chantée par Mlle Stella.

6° *Va, dit-elle*, musique de Meyerbeer, chantée par Mlle Aline.

7° *L'Alsacienne dans le Pétrin*, musique de Wach, chantée par M. Wilhem.

8° *La Tarentelle de la Muette*, pas de deux, par Mlles Davy et Gracia.

DEUXIÈME PARTIE

1° *Ouverture du Tanhaeuser*, Richard Wagner, par la musique du 63e régiment.

2° *Madame de Carabas*, musique de Marc, chantée par M. Wilhem.

3° *Ça ne se peut pas*, musique de Fraiquin, chantée par Mlle Gabrielle.

4° *La Première Feuille*, musique de Lefort, chantée par Mlle Rosalia.

5° *Faust*, scène, musique de Bordèse, chantée par M. Davy.

6° *Les Amours d'une Carotte et d'un Melon*, musique de Batifort, chanté par Mlle Stella.

7° *Les Couplets de Charles VI*, musique d'Halévy, chantés par Mlle Aline.

8° *Foletta*, pas de quatre, par Mlles Davy, Gracia, Francine et Gothon.

PRIX DES PLACES

Premières 3 francs ; — Secondes 2 francs. ; — Troisièmes 1 franc, Buvette 25 centimes.

Quel goût !.. comme c'est choisi ?..

L'*Alsacienne dans le Pétrin,* les *Amours d'un Melon !...* voilà avec quoi les Allemands espéraient attirer les Provinois. Ils en sont pour un *fiasco* complet et n'en sont pas plus contents ni fiers pour cela.

Vendredi 21 *Avril.* — On placarde ce matin, l'extrait suivant des Actes administratifs :

RÉPRESSION DES DÉLITS COMMIS CONTRE LES ALLEMANDS.

Le Préfet de Seine-et-Marne, d'après les instructions de M. le Ministre de l'Intérieur, porte à la connaissance de ses administrés que différentes plaintes lui ont été adressées par l'Autorité allemande, et il croit devoir donner aux habitants du département les avis suivants :

1° En vertu de conventions intervenues le 7 mars, l'Autorité allemande a le droit de traduire devant des conseils de guerre quiconque se sera rendu coupable de dégâts aux fils télégraphiques ou d'attaques contre les soldats allemands. Toute intervention de l'Administration française serait impuissante à empêcher l'exécution des peines rigoureuses prononcées par ces juridictions militaires ;

2° Dans le cas où ces délits seraient commis contre la propriété allemande, les coupables seraient déférés à nos tribunaux correctionnels, pour être poursuivis conformément aux lois françaises.

MM. les Maires sont priés de donner au présent avis la plus grande publicité.

Le Préfet de Seine-et-Marne,
DE CHAMBON.

Peuh ! Cela sent en dessous la couardise envers les Prussiens. M. de Chambon a la main forcée, mais il n'empêchera pas qu'à l'occasion nos paysans rosseront les Allemands, à coups de triques. On n'impose pas de telles instructions à des patriotes contraints et humiliés d'héberger sous leurs toits ceux qui ont bombardé nos villes, incendié nos villages, et fusillé nos frères ou nos compagnons d'armes.

Samedi 22 *Avril.* — Nos garnisaires, vexés de voir qu'on ne fait aucunement attention à toutes leurs avances, ne savent plus quoi inventer.

Grands musiciens, les Prussiens font à tout instant circuler par les rues leurs musiques. Ce ne sont qu'aubades, concerts, prises et reprises de drapeaux, réceptions de corps ou d'officiers ; personne ne se dérange. Tout cela se passe dans un désert. Les régiments traversent la ville aux accents criards des fifres accompagnés de tambourins : un vrai orchestre de montreurs d'ours apprivoisés. Leurs superbes colonnes, cadençant le pas, exagérant la raideur allemande, poussant le maniement d'armes jusqu'au fanatisme, n'entraînent aucun mouvement à leur suite. Elles n'existent pas pour les Provinois. On ne tourne pas la tête, on ferme les portes.

Depuis quelques jours, de midi à une heure, la fanfare des dragons du Rhin joue sur la place de l'Hôtel-de-Ville, et le soir, à quatre heures, la musique du 63ᵉ d'infanterie se fait entendre sur la place Saint-Ayoul.

Cette musique possède une grosse caisse portant une inscription sur plaque d'argent : « *Donnée à la Fanfare de Novion-Porcien (Ardennes), par M. le comte de Biancourt.* »

Un trophée, la grosse caisse de Novion !... Les pendules ne suffisent pas, à ce qu'il paraît, aux Silésiens ? Peut-être la suspendront-ils, une fois rentrés chez eux, aux voûtes de la chapelle militaire de Postdam, à côté des drapeaux de Metz, ombrageant le tombeau du grand Frédéric !... Qui sait ?...

Dimanche 23 *Avril.* — Plus on étudie les Allemands, plus on est forcé de reconnaître que leur organisation, sous tous les rapports, laisse la nôtre bien loin derrière elle.

Le service des correspondances principalement, est d'une exactitude rigoureuse. Tous les matins, à dix heures, les *Feldpost*, grandes voitures jaunes et noires, dont les portières sont ornées de couronnes royales, partent de la grande poste de la place du Cloître-Notre-Dame, escortées par des soldats placés sur la banquette du devant, le fusil chargé, et vont dans les campagnes porter les lettres et paquets arrivés de Prusse ; au retour, elles rapportent les envois qui doivent partir par le courrier du soir.

Les courriers militaires circulent à cheval : ils ont une tunique bleu foncé, serrée à la taille par une écharpe de couleur orange, et portent un cor de chasse en sautoir, avec lequel, dans les localités qu'ils desservent, ils annoncent leur passage.

Une statistique publiée à la suite de la guerre par le grand état-major allemand, relate que pendant la campagne de 1870-71, il a été établi en France par les Prussiens 10,830 kilomètres de lignes télégraphiques et que les 44 bureaux de poste de l'armée ont distribué aux troupes 103 millions de lettres et de journaux, et 67 millions d'espèces.

— Les gendarmes de la prévôté allemande jouissent d'une grande considération dans l'armée. Ils sont craints et respectés des officiers et soldats.

Ils font chaque jour, à Provins, la police des rues et des lieux publics, et leur présence suffit à faire cesser instantanément tout conflit.

Choisis tous parmi les hommes de la taille et de la force de nos cuirassiers français, leur tenue consiste en une tunique verte, ils ont un hausse-col en cuivre doré avec un numéro attaché autour du cou par une chaîne à larges mailles ; ils sont coiffés du casque de cavalerie à pointe, en cuir bouilli, avec garniture argentée ; comme armement, ils ont le grand sabre droit et des pistolets qu'ils portent constamment dans une gaîne de cuir accrochée à leur ceinture.

Ils se servent, du reste, très peu de leurs armes : dès qu'un soldat fait le récalcitrant, c'est à grands coups de bottes dans le... prussien qu'ils le font filer devant eux jusqu'au poste le plus voisin où ils le consignent.

Lundi 24 *Avril*. — Plusieurs de nos concitoyens qui ont réussi à sortir de Paris hier, sont arrivés ici tantôt ; ils nous rapportent que l'anarchie règne en maîtresse dans la capitale ; par ordre du Comité central de la Commune, les gardes nationaux fouillent beaucoup de maisons particulières, sous le prétexte de rechercher des armes, mais, en réalité, c'est pour faire main-basse sur tout ce qu'ils trouvent à leur convenance.

Le *Journal de Paris* dit que chez M. Debrousse, riche entrepreneur de travaux, demeurant, 13, avenue de Marigny, on a saisi pour une somme considérable de valeurs. M. Debrousse, qui est un excellent patriote, avait, pendant le siége, offert deux mitrailleuses à la Défense nationale. Il avait aussi donné pour les pauvres plus de 200,000 francs.

Malgré la terreur inspirée par les faits et gestes de MM. Félix Pyat, Vermorel, Dombrowski, Cluseret et autres, leur pouvoir commence à être discuté. Quelques efforts des honnêtes gens, appuyés par les bataillons de la garde nationale qui refusent de marcher avec la Commune, produiraient certainement une réaction efficace dans la masse de la population. Il est fâcheux qu'il ne se trouve personne assez énergique et influent pour tenter l'action.

— Par suite de sa situation sur la rive gauche de la Seine, la petite ville de Bray, notre voisine, est hors du territoire occupé par les troupes allemandes, mais de temps à autre des soldats cantonnés aux environs, bravant la consigne, vont faire des excursions jusque dans la ville, où tout ne se passe pas toujours tranquillement.

Ce matin, la *Commandature* a envoyé de Provins deux officiers chargés de faire une enquête au sujet d'une plainte arrivée hier soir.

Dans la journée, deux artilleurs prussiens, qui avaient passé la Seine à Jaulnes, vinrent jusqu'à Bray. Ils étaient ivres et entrèrent dans un café où ils voulurent encore se faire servir à boire. Sur le refus du limonadier d'obtempérer à leur désir et vexés d'être mis à la porte, les Prussiens, surexcités par la boisson et la colère, dégainèrent leurs sabres et tournèrent leur rage contre des passants inoffensifs qu'ils blessèrent à coups de pointe.

Déjà les habitants s'amassaient, les cris : « *A l'eau!... à l'eau les Prussiens!...* » retentissaient, et il est hors de doute que les deux artilleurs allaient passer un mauvais quart d'heure, lorsque les gendarmes français accourant, forcèrent ces derniers à rengaîner et les contraignirent, non sans difficultés, à prendre place dans un bateau pour repasser le fleuve.

Si le pont sur la Seine, déjà détruit en 1814, après la bataille de Montereau, pour arrêter la marche des 50,000 alliés commandés par le prince de Schwarzenberg, ne l'eût été de nouveau au début de l'invasion de 1870, il est hors de doute que nos voisins de Bray eussent eu à souffrir plus qu'ils ne l'ont eu depuis six mois, de la visite des Allemands.

Mardi 25 Avril. — L'installation allemande est aujourd'hui complète dans les départements soumis à l'occupation. La 3ᵉ armée (6ᵉ et 11ᵉ corps), les 1ᵉʳ et 2ᵉ corps Bavarois et la 4ᵉ division de cavalerie occupent Seine-et-Marne, Seine-et-Oise, ainsi que les forts sous Paris, de Nogent, de Rosny, de Noisy et de Romainville.

Le 5ᵉ corps, qui appartient également à la 3ᵉ armée, est cantonné dans la Champagne.

L'arrondissement de Provins est placé sous les ordres du général de cavalerie de Tumpling, commandant en chef le 6ᵉ corps.

La ville et les environs ont pour garnisaires les troupes de la 12ᵉ division d'infanterie, major-général de Hoffmann. —

24ᵉ brigade : 23ᵉ et 63ᵉ régiments d'infanterie ; — 23ᵉ brigade : 22ᵉ et 62ᵉ d'infanterie (cantons de Nangis et Donnemarie), 15ᵉ régiment de dragons, 3ᵉ de Silésie (à la caserne de Provins), 3ᵉ section à pied du 6ᵉ d'artillerie (canton de Villiers-Saint-Georges), 1ʳᵉ et 2ᵉ compagnies de pionniers avec équipage de pont de bateaux (Savigny, Voulton, Gimbrois), 1ᵉʳ détachement de santé, 1ʳᵉ et 2ᵉ batteries de la section à cheval d'artillerie de corps, 2ᵉ section à pied du 6ᵉ régiment (canton de Bray), 3ᵉ détachement de santé, section des colonnes du régiment d'artillerie, 6ᵉ bataillon du train (environs de Provins).

Une partie de la 4ᵉ division de cavalerie commandée par S. A. R. le prince Albrech (frère de l'empereur Guillaume), celui-là même qui, lors du passage du 15 septembre, s'est logé, à Provins, dans la maison de M. Victor Arnoul, rue de la Charronnerie, occupe nos environs, concurremment avec l'infanterie.

La 8ᵉ brigade : 5ᵉ cuirassiers, de la Prusse occidentale, et 10ᵉ uhlans, de Posen (canton de Villiers-Saint-Georges) ; — 9ᵉ brigade : 1ᵉʳ uhlans, de la Prusse occidentale, et 6ᵉ uhlans, de Thuringe, environs de Provins (Chenoise, Saint-Hilliers, etc.) ; — 10ᵉ brigade : 2ᵉ de hussards, de Leib, et 5ᵉ dragons, Rhénan (partie des cantons de Donnemarie, Nangis et Bray).

— Les passages de troupes sont complètement finis, mais tous les deux jours la ville de Provins est traversée par d'interminables convois de vivres se dirigeant sur Paris, conduits et escortés par des soldats du train des équipages, coiffés d'énormes schakos en cuir bouilli, luisant et ressemblant pour la forme à un seau à houille renversé. La capture d'un convoi prussien, sous le rapport de la valeur du matériel, n'est pas une affaire importante, si on en juge par ceux que nous voyons passer et qui se composent uniquement de grands charriots en échelles, comme en possèdent nos *Tire-à-chiens* ou les bohémiens, marchands de paniers, qui séjournent quelquefois aux portes de la ville.

Mercredi 26 Avril. — Tous les convois de vivres qui traversent Provins y font une halte de quelques heures, pendant que les conducteurs vont à l'*Etapen Commando* prendre les ordres de l'officier chef d'étapes et ceux de l'intendance. Depuis le commencement de l'occupation, notre ville a été choisie pour résidence par un des officiers généraux qui ont la haute direction de ce service de l'armée, le célèbre Jacobi, personnage à la raideur cassante et à la prétention tyrannique, dont le Maire de

Versailles garde le souvenir avec l'original de ce poulet officiel :

Versailles, 25 Septembre 1870.

La ville de Versailles reçoit l'ordre de payer 2,000 fr. jusqu'à demain matin, 10 heures, parce qu'elle n'a pas exécuté l'ordre de livrer une selle et l'autre harnachement pour un officier de la gendarmerie.

L'Intendant en chef de l'Armée 3º Allemande,
JACOBI,
« Conseiller intime. »

M. Jacobi a été pris d'une fantaisie pendant son séjour à Provins, mais cette fantaisie, contrairement à ses habitudes, ne fut pas vexatoire : il a tenu à faire faire son portrait, et un photographe a eu l'avantage princièrement rétribué (70 fr. pour une douzaine) de faire poser le personnage devant son objectif.

Voilà comment les Provinois ont pu voir exposée longtemps encore après l'évacuation de la ville, l'image de l'intendant Jacobi avec sa figure de fouine, cachant des yeux fauves derrière des lunettes ; à côté s'étalait la photographie de son sous-intendant, un fort bel homme celui-là, possesseur d'une immense barbe qui lui descendait jusqu'à la ceinture et lui donnait l'air d'un sapeur.

— Tantôt les Prussiens ont exécuté une grande manœuvre qui a été très curieuse à étudier. Ils ont simulé la prise de Provins par un corps d'armée venant du côté du nord.

Le combat a commencé vers le bas de la Bretonnière, où les pontonniers ont jeté un pont sur le Durteint, en abattant des peupliers. La cavalerie, après avoir passé la rivière, s'est avancée en reconnaissance par le plateau jusqu'aux vieilles fortifications de la ville haute, les colonnes d'infanterie se rapprochaient de la ville en suivant la vallée et la route à mi-côte. L'artillerie des troupes de défense, qui avait pris ses positions aux abords de l'Hôpital-Général, repassa la ville au galop, suivie de fortes réserves d'infanterie pour grimper la rue du Murot, traverser la ville haute et se mettre en batterie sur le chemin qui sort par la porte de Jouy et descend aux Courtils, de là le feu des pièces balayait la vallée et la route. Les hommes des colonnes d'attaque gravirent alors les champs en face, pour aller s'abriter derrière les murs de l'Hôpital.

Les troupes de défense étaient échelonnées sur les remparts, des Grandes-Planches à la porte de Courloison ; chaque tête de chemin était occupée fortement.

L'ennemi, débouchant derrière l'Hôpital, fit avancer ses tirailleurs vers la ville à travers la pièce de terre sise en face de l'Ermitage et par le chemin de Fontaine-Riante ; mais, à mi-côte, ils furent arrêtés par le feu de ceux des défenseurs de la place qui étaient embusqués, couchés dans les fossés de la route et sur le bord du petit terrain de manœuvres ; bientôt ces derniers durent se replier devant le nombre. Les colonnes d'attaque, enlevées alors par les « *vorwærtz* » (en avant) des officiers, franchirent au pas de course la distance qui les séparait des ponts. Les généraux engagèrent en ce moment les troupes de réserve et les portèrent rapidement à la tête du pont des Boulançois qui était sérieusement menacé. Les pelotons de défense formés en bataille sur trois lignes en créneaux, exécutaient des feux de file et de salve très serrés, les hommes du premier rang ayant un genou à terre.

L'état-major, suivi d'une escorte de uhlans et de dragons qui se tenait à la barrière de la rue Sainte-Croix, se porta ventre à terre près des troupes qui défendaient le pont, mais avant qu'il n'y fût arrivé, les « *hourrahs!*... » poussés par les soldats des colonnes d'attaque annonçaient que la position était prise. Les vainqueurs se répandirent à leur tour sur les promenades en faisant des prisonniers.

A ce moment, le général Von Fabech, *commandeur* de la brigade, fit sonner par un trompette la cessation du feu, puis il réunit aussitôt tous les officiers supérieurs qui vinrent à cheval former le cercle autour de lui, et, pendant près d'une heure, les chefs de cet état-major firent la critique de la manœuvre, pendant que les soldats, couchés sur l'herbe à droite et à gauche, prenaient un peu de repos qu'ils avaient bien mérité.

Ces grandes manœuvres, utiles aux Allemands, causent un préjudice considérable à nos cultivateurs. On dirait que nos vainqueurs, non contents de nous imposer des milliards, voudraient encore nous détruire nos récoltes : les colonnes d'infanterie circulent à travers champs, couchant toutes les emblaves sous leurs grosses bottes ; la cavalerie et l'artillerie poussent des charges dans les terres en écrasant tout sur leur passage.

Jeudi 27 *Avril*. — L'Administration municipale donne communication d'un résumé des circulaires du Gouvernement de Versailles :

Les jours écoulés viennent de se passer en travaux du génie et en concentration de troupes. Les camps formés à Cherbourg, Cambrai et Auxerre avec les prisonniers revenus d'Allemagne, sont venus prendre position à Versailles et y ont été remarqués par leur tenue à la fois sévère et ferme. On reconnaît parmi eux les vaillants soldats de Gravelotte, qui, en combattant un contre deux, ont livré sans fléchir l'une des plus grandes batailles du siècle ; ils forment deux corps séparés, sous les ordres des généraux Douai et Clinchant.

Les opérations actives ont commencé le 25 avril; trois grandes lignes de bataille ont ouvert leur feu sur les forts de Vanvres et d'Issy ; le soir, ce dernier ne tirait presque plus.

Dans la journée du 26, les opérations ont continué, notre artillerie a maintenu son feu avec une supériorité marquée et surtout décisive contre le fort d'Issy. La nuit dernière, le brave général Faron, à la tête de 100 fusiliers marins, 300 hommes du 110e de ligne et 4 compagnies du 135e, a enlevé la position des Moulineaux. Nous ne sommes plus qu'à 900 mètres du fort d'Issy. Tout se prépare pour rendre nos opérations aussi efficaces que rapides.

Signé : A. THIERS.

Vendredi 28 Avril. — Les événements de Paris préoccupent beaucoup les Prussiens de la garnison de Provins. Les officiers qui, presque tous, connaissent la langue française, lisent assidûment les circulaires et dépêches de Versailles qu'on placarde et ils se mêlent aux groupes des habitants pour les commenter. Ceux des soldats qui passent les nuits en faction dehors, racontent à leurs camarades qu'ils entendent le canon ; tous sont dans un état de perplexité impossible à décrire, tant ils ont peur de recommencer la guerre. Les officiers profitent des dispositions d'esprit de leurs hommes pour leur faire des leçons de politique et tâcher de leur faire comprendre l'avantage qu'il y a d'être gouverné par une monarchie comme ils le sont ; aussi si vous leur parlez de la République, vous êtes sûr, neuf fois sur dix, d'obtenir la réponse : *Rébiplique ! nix bonne ! Rébiplique ! grande malheir !*

Afin d'éviter aux soldats un trop long contact avec leurs hôtes, les billets de logement, qu'on changeait dans les premiers temps de l'occupation tous les dix jours, sont changés maintenant tous les cinq. Les compagnies qui sont cantonnées dans les villages voisins viennent loger à Provins, et celles de la ville vont les remplacer. De cette façon on évite aux soldats un séjour prolongé chez les habitants qui pourraient leur inculquer des idées d'émancipation et de liberté.

Malgré toutes ces précautions, beaucoup d'Allemands commencent à ne plus avoir trop peur des « *Franzosen republikaner,* » comme ils nous appellent, et chez ceux qui sont originaires de la Saxe, de la Bavière et de la Pologne, il n'est pas rare de rencontrer des socialistes dont les idées politiques sont au moins aussi exagérées que celles des partisans de la Commune de Paris aujourd'hui.

A part quelques exceptions, la généralité de nos garnisaires sont en proie à une sorte de tristesse qui les accable, ils trouvent que leur absence de leurs foyers se prolonge trop. Dans les confidences qu'ils nous font, Napoléon III, Guillaume et Bismarck sont sans cesse maudits. Beaucoup parlent en pleurant de leurs enfants et de leur femme qu'ils craignent de ne plus revoir.

Il faut avouer que leur sensiblerie ne nous touche plus guère, nous la connaissons, ce n'est plus comme aux premiers jours de l'invasion, en septembre 1870 : nous y sommes habitués. Il n'y a, dans les soldats allemands, rien de ces allures joyeuses, de cette franche gaîté alerte, vive et cordiale, qui caractérise le troupier français. Par un contraste de leur nature, les Allemands grossiers et brutaux, ont une très grande disposition à pleurer. Dès que la discipline ne les tient plus debout et raides, ils retombent dans un accablement lourd qu'ils soulagent par des larmes (1).

Le canon de la Révolution de Paris, qui retentit jusqu'à Provins, achève de les démoraliser; journellement ils nous répètent : *Nix bataille!... La paix!... la paix!...* Mais aujourd'hui que nous savons à quoi nous en tenir sur la composition de leurs fibres qui n'est pas délicate, mais molle, il n'est que plaisant pour nous de voir ces grossières natures gémir comme des enfants en murmurant entre deux soupirs : « Napoléon, Guillaume, Bismarck, *capout.* »

Dans les campagnes, où les officiers ne sont pas si à même qu'à Provins d'exercer une active surveillance sur leurs hommes, on s'aperçoit encore davantage du caractère servile et bas de nos vainqueurs. D'arrogants et de brutaux qu'ils sont en masse, ils deviennent polis, doux, prévenants, obséquieux même, quand ils sont isolés. Gourmands comme des chapons, avec l'appât d'un verre de vin, les paysans en font ce qu'ils veulent : ils cirent les souliers des enfants, labourent le jardin et aident volontiers à curer les bestiaux. Pour un petit verre de cognac ils crieraient : Vive la République !

Plus tard, l'empereur Guillaume pourrait bien avoir à se repentir d'un trop long séjour de ses sujets chez nous.

Samedi 29 *Avril.* — Est-ce que la torpeur, la défaillance allemande s'étendraient à nos concitoyens? C'est demain que doivent avoir lieu les élections pour le renouvellement des Conseils municipaux et, ce matin, on n'a encore vu circuler qu'une liste de candidats.

Après les remerciements aux électeurs de MM. Bourgeat et Ozeré, voici que la *Feuille de Provins* publie aujourd'hui ceux de MM. Mézières, Bourquelot, Guerreau, Ad. Bellanger, et les

---

(1) Général Ambert: *Gaulois et Germains, Récits militaires.*

protestations de MM. Noël fils, mécanicien, Joseph, tailleur, et Brissot, marchand de fer, qui annoncent que c'est contre leur gré et à leur insu que leurs noms figurent parmi ceux des candidats aux fonctions municipales.

« J'ai essayé, dans la mesure de mes forces, de payer ma dette de dévouement. A chacun son tour, » dit M. Mézières.

« J'adresse mes vifs remerciements aux électeurs qui ont bien voulu m'honorer plusieurs fois de leurs suffrages et me confier un mandat que, pendant onze ans, je me suis efforcé de remplir avec conscience et dévouement, » dit M. E. Bourquelot.

— Dans l'après-midi, on affiche après les murs, à tous les coins de rue, une proclamation signée : *Un groupe d'Electeurs*, qui propose une liste de 23 candidats dans lesquels il n'y a que deux membres de l'ancien Conseil, MM. Le Bailly et Charbaut, architecte.

Dans le public, on trouve que l'écartement, par le groupe, de plusieurs membres du Conseil qui, depuis longtemps, siègent à l'Hôtel-de-Ville, est une mesure trop radicale. Sous le prétexte de nuance d'opinions politiques, on paraît oublier trop facilement les services qu'ils ont rendus et leur dévouement au pays, surtout en ces derniers temps.

Les électeurs seront seuls juges.

Dimanche 30 *Avril*. — Elections municipales. Le vote a lieu au Palais-de-Justice, Messieurs les Prussiens ayant établi leur poste principal à l'Hôtel-de-Ville.

Sur 1,769 électeurs inscrits, 1,159 seulement ont voté.

Huit conseillers ont obtenu le nombre de suffrages voulu pour être élus à ce premier tour, ce sont :

MM. Le Bailly 1,047, Lebeau 759, Charbaut 713, Gennerat 671, Poulain-Salmon 633, Charpentier-Denis 617, Gallot-Meunier 608, Dr Chevalier 588.

Viennent ensuite :

MM. Michaud 566, Molleveaux 553, Charlot 542, Bourquelot 525, Cruel 517, Verrier 516, Etienne Prieur 507, de Salvert 504, Guerreau 498, A. Arnoul 494, Lebœuf 494, Plessier 488, Ozeré 484, Lange 483, Montillot 461, Mézières 456, Ad. Bellanger 436, Cordier, pharmacien, 430, Augé 423, Chamoin 419, Bourgeat 399, Lamour 381, Percheron 375, Marchand 372, Caquet-Brébant 357, Péculier 350, Marniau 327, Chauvin 290, Rondeau 281, Noël fils 269, Pagot jeune 260, Longuet 242, Fourny 210, Calixte Leclert 204, Camuset 197, Lefrançois 179, J. Bellanger 177, Garnier, mécanicien, 165, Cavo 161, Etienne Billy 160.

MAI

Lundi 1ᵉʳ. — La crainte de retourner sous Paris, la nostalgie, l'ennui de ne pas revoir leurs pays et leurs familles, produisent des effets désastreux chez les Allemands qui occupent Provins; beaucoup sont malades, il y a des salles entières à l'Hôtel-Dieu remplies par eux ; pendant la semaine qui vient de s'écouler, il en est mort cinq :

Godefroi Aller, 27 ans, attaché à la colonne d'approvisionnements du 6ᵉ corps d'armée, né à Madenfeld (Silésie). — Louis Leloneck, 27 ans, soldat au 23ᵉ régiment d'infanterie, né à Mylowitz (Silésie). — Joseph Krausé, 24 ans, soldat au 15ᵉ dragons, né à Hennerdorf (Silésie). — Joseph Muche, 24 ans, soldat à l'ambulance du 6ᵉ corps, né à Heinrichswalde (Silésie). — Charles Harnofs, 31 ans, soldat au 63ᵉ régiment d'infanterie, né à Sufscurde (Silésie).

Les inhumations des soldats allemands sont toujours célébrées en grande pompe. Lundi dernier, le convoi de Aller était très imposant ; le cercueil disparaissait entièrement sous des fleurs et des feuillages, et au cimetière, le ministre protestant a prononcé un long discours sur la fosse.

Chez les Prussiens, l'homme qui donne sa vie pour la Patrie reçoit de grands honneurs. Huit hommes portent le cercueil sur leurs épaules, les tambours battent en sourdine une marche lente, la musique joue par intervalle, le cortège est formé par tout le régiment du défunt, suivant sans armes, et au cimetière le piquet d'escorte tire trois salves.

En Prusse, en temps de paix, dans les villes ou les villages, l'ancien soldat, lorsqu'il meurt, a autour de son cercueil les anciens militaires du pays, sous la direction des Autorités municipales. Si le défunt s'est distingué dans son service, des emplois rétribués par l'Etat sont réservés à sa veuve et à ses enfants.

Il serait à désirer qu'en France il en fût ainsi. L'esprit public une fois entré dans cet ordre d'idées, réveillerait bientôt le sentiment militaire de la nation.

Mardi 2 Mai. — Les journaux qui nous arrivent sont remplis de renseignements sur le grand mouvement qui se produit dans toute la France pour les élections municipales. Partout on rend le régime déchu responsable de nos revers, aussi dans chaque ville, dans chaque commune, il s'est trouvé des patriotes soucieux de l'avenir, qui essayent de réagir contre l'espèce d'indifférence politique où les masses populaires étaient arrivées au moment du plébiscite du 8 mai 1870.

Les gens sérieux disent avec raison qu'il faut bien reconnaître que ce n'est pas seulement l'armée qui a été vaincue, mais bien la France démoralisée.

Nulle part, avant nos revers, on ne savait le mal aussi profond. Les uns, placés au sommet, oubliaient que l'autorité impose de sévères devoirs ; les autres, au sommet inférieur, vivaient d'intrigues. Tout le monde voulait de l'or, des honneurs, les masses ne réclamaient que l'aisance ou les plaisirs. L'honnête homme, s'il ne possédait ni or ni pouvoirs politiques, ne trouvait que dédain, quel que fût son mérite.

D'après les articles des journaux de ces derniers jours, on paraît comprendre enfin qu'il faut que les pouvoirs publics songent constamment et sérieusement aux intérêts qui leur sont confiés, si non, la société s'engloutira dans un abîme.

A Provins, comme partout, on se réveille. Si la semaine dernière s'est passée silencieuse relativement aux préparatifs électoraux, il ne paraît pas que celle-ci doive être de même. Notre population compte aussi des hommes d'initiative et des comités sont en train de se former.

Déjà ce matin on a placardé un avis invitant MM. Bellanger, Bourgeat, Bourquelot, Guerreau, Ozeré et Mézières à déclarer s'ils persistent à ne pas accepter de nouvelle candidature, et, en cas de négative, de vouloir bien expliquer leur changement de volonté. Les électeurs désirent être fixés, ajoute l'avis.

Dans notre population, on n'est pas habitué à voir se produire de pareille mise en demeure vis-à-vis de nos mandataires, aussi les agissements du groupe d'électeurs qui paraît avoir pris sur lui de secouer la torpeur publique, ont-ils un peu surpris ; mais, il faut le dire, sans être approuvée par tous, son initiative rencontre énormément de partisans.

— On n'a reçu aucune nouvelle des opérations militaires contre la Commune de Paris, depuis le 28 avril.

Mercredi 3 Mai. — Aujourd'hui, le général Malachouski, aide-de-camp de l'empereur Guillaume, est venu à Provins faire une grande distribution de croix du Mérite et de médailles militaires aux officiers et soldats du corps d'occupation cantonnés dans tout l'arrondissement.

Cette distribution a été l'occasion d'une cérémonie imposante qui a eu lieu sur le petit terrain de manœuvres ; toutes les troupes, infanterie, artillerie, cavalerie en grande tenue, étaient sous les armes. Les musiques jouaient l'hymne national et la *Grande Marche de Duppel*, et les soldats chantaient le *Die Wacht am Rhein* (la Garde aux bords du Rhin.)

Au retour de la cérémonie, au moment où les Prussiens rentraient en ville, il s'est produit un incident qui a vivement impressionné tous ceux qui en ont été témoins :

Le brillant état-major allemand, composé des généraux Malachouski, de Tumpling, de Sandrart, de Gordon, de Gersdorff, de Kirchbach, et de plusieurs colonels et officiers supérieurs, tous chamarrés de décorations et de dorures, traversait la place Saint-Ayoul au pas des chevaux, lorsque le général Malachouski, l'aide-de-camp de l'Empereur, qui marchait à côté du général de Tumpling, aperçut dans la foule, arrêté devant la maison de M. Caron, avoué, un vieux sous-officier de chasseurs d'Afrique rentrant de captivité et regagnant son village natal, dans le canton de Villiers-Saint-Georges. Malgré son pantalon de treillis tout boueux et sa veste en lambeaux sur laquelle s'étalait glorieusement la croix d'Honneur, le vieux sous-officier, à la vue des Allemands, faisait bonne contenance et esclave de la discipline portait la main à sa calotte déteinte, pour le salut militaire. Le général Malachouski qui l'avait remarqué le premier, le désigna du doigt aux autres généraux : aussitôt le brillant état-major s'arrêta et tous les officiers supérieurs portèrent la main à leurs casques.

Il est hors de doute pour les témoins de cette marque de déférence de nos vainqueurs envers un soldat français, que parmi ces officiers généraux il s'en trouvait qui avaient assisté à la bataille de Sedan et se souvenaient de la charge légendaire du plateau d'Illy, fournie par la division de cavalerie composée des 1er hussards, 6e chasseurs, 1er, 3e et 4e régiments de chasseurs d'Afrique.

Conduits par le colonel de Beauffremont, remplaçant le général Margueritte qui venait d'être blessé à mort, nos cavaliers se sacrifièrent pour sauver notre infanterie. Mitraillés, décimés par un feu d'enfer, les chasseurs d'Afrique revenant sans cesse à l'attaque, chargèrent huit fois les lignes profondes de l'ennemi qu'ils ne parvinrent pas à entamer et qui les foudroyaient presque à bout portant.

A la vue de cet héroïsme sublime, l'empereur Guillaume, posté sur un plateau voisin, ne put s'empêcher de porter la main à son casque et de s'écrier : « *Oh ! les braves gens !...* »

C'est cette scène sans doute que revoyaient sur la place Saint-Ayoul les généraux allemands en apercevant le vieux chasseur d'Afrique : ils entendaient de nouveau le cri d'admiration arraché à leur vieux souverain, et c'est pour cela certainement que nos vainqueurs n'ont pas hésité à honorer devant tous leurs régiments ce soldat français, tant il est vrai que les grandes actions s'imposent d'elles-mêmes au respect de tous et tant est minutieux chez les Prussiens ce soin de faire entrer sous toutes les formes dans l'esprit de l'armée, l'admiration pour le soldat qui se distingue à l'ennemi.

Jeudi 4 Mai. — On s'arrêtait ce matin devant une circulaire du Gouvernement de Versailles, du 2 mai :

Le fort d'Issy accablé par le feu de nos batteries, avait arboré le drapeau parlementaire et allait se rendre, lorsqu'un envoyé de la Commune arrivant soudainement, a empêché les défenseurs de déposer les armes. Le feu a recommencé sur-le-champ et a continué ses ravages. A l'heure actuelle, le fort complètement investi et isolé de Paris, sera bientôt en notre pouvoir, ou par reddition ou par force. Nos opérations continuent en vertu d'un plan bien mûri et de manière à amener des résultats prochains.

Pendant ce temps la Commune, délaissée par les électeurs de toute la France et menacée par notre armée, commet des actes qui sont ceux du désespoir : elle arrête ses généraux pour les fusiller et institue un comité de salut public qui indignera tout le monde sans faire trembler personne. Elle est évidemment au terme de son délire et il ne lui reste que la ressource dont elle use tous les jours, d'annoncer aux Parisiens qu'elle est partout victorieuse ; toujours est-il qu'en quatre jours le fort d'Issy a été éteint et isolé entièrement de Paris par un investissement actuellement complet.

Signé : A. THIERS.

— A Provins, après chaque repas, et le soir, la journée faite, beaucoup d'ouvriers ont l'habitude de se réunir sur la place de l'Hôtel-de-Ville, c'est un rendez-vous des travailleurs qui a toujours existé. Aujourd'hui, à huit heures, le sous-officier du poste de la *Commandature* ayant cru remarquer que pendant que les soldats faisaient publiquement leur prière du soir sur le perron de la Mairie, ils étaient l'objet de moqueries de la part de plusieurs jeunes ouvriers stationnant sur la place, fit sortir deux patrouilles qui vinrent cerner les groupes et, croisant la baïonnette, poussèrent ceux qui les formaient vers d'autres soldats du poste qui, prévenus, leur mirent la main au collet. Une collision eut lieu, plusieurs jeunes gens arrêtés jouant des coudes et des jambes réussirent à s'échapper, mais cinq ouvriers, les frères Caquet, Guillemain, J. Pommier et Dauxerre, furent battus et enfermés au violon ainsi qu'un autre habitant, M. Hoteplin, blanchisseur.

Vendredi 5 Mai. — La scène d'hier soir nous vaut ce matin la notification suivante, placardée après l'Hôtel-de-Ville et au coin de la rue de la Gare.

AVIS.

Des attroupements ont eu lieu hier au soir à la sortie des ateliers de la ville, la population ouvrière de Provins, qui jusqu'à présent a fait preuve de cet esprit d'ordre que tout bon citoyen doit considérer comme son premier devoir, est exhortée à s'abstenir de toute agitation.

Les patrouilles militaires et les gendarmes ont ordre de disperser par la force et sans sommation préalable, les attroupements et à faire taire de même les cris et les chants.

Tout individu qui s'opposerait à une patrouille ou à un gendarme serait arrêté et jugé d'après les lois militaires.

Provins, le 5 Mai 1871.

Le Major et Commandant de Place,
V. BLOSSNITZ.

Le major commandant la place fait savoir qu'il a condamné Antoine-Louis Hoteplin, âgé de 56 ans, blanchisseur, rue des Barbeaux, à deux jours de prison, pour avoir pris, étant ivre, le sabre d'un soldat prussien et pour avoir à plusieurs reprises, proféré, dans un lieu public, des injures contre le chancelier de l'empire d'Allemagne, prince de Bismarck, et contre Sa Majesté l'Empereur Guillaume.

Provins, 5 Mai 1871.

Il ne fait pas bon parler mal de leurs princes devant les Allemands ; en général, ils ont l'amour de leur souverain et de leur pays. Chez les officiers, qui appartiennent tous à la noblesse, ce sentiment est élevé aux limites extrêmes ; dans les réunions ou cérémonies, chaque fois que les mots : *Patrie allemande* sont prononcés, tous se découvrent. Avant les repas, au moment de se mettre à table à l'hôtel de la Boule d'Or et à l'hôtel de la Fontaine, les officiers, debout, saluent le portrait de l'empereur Guillaume qu'ils ont fait placer dans leur salle.

Un trait entre mille montrera à quel point les Allemands poussent le respect du nom du souverain :

Au mois de janvier 1871, l'auteur de ces souvenirs de l'invasion, qui servait dans un régiment d'infanterie auxiliaire du 26e corps de l'armée de la Loire, fit un jour partie d'une section chargée d'escorter un petit convoi de prisonniers prussiens qu'on conduisait en arrière de nos lignes pour les envoyer à Montpellier.

Pendant le trajet, ceux des prisonniers qui parlaient le français, avaient engagé la conversation avec les hommes d'escorte ; un d'entre eux, un officier maugréant contre le sort qui l'avait fait tomber entre nos mains, se consolait en nous répétant :

— C'est égal, nous avons pris Napoléon ; nous avons fait prisonnier votre Empereur !...

Un loustic des nôtres lui répondit :

— Vous croyez donc que nous y tenons tant que cela à Napoléon !... Vous pouvez bien en faire de la charcuterie, des andouilles ou du fromage de cochon si vous voulez !...

Cette sortie irrévérencieuse eut pour résultat de mettre fort en colère l'officier allemand qui ne pouvait en croire ses oreilles et aurait certainement fait un mauvais parti à « l'insolent Franzozen, » en toute autre situation.

Cet officier se nommait M. de Riedesel, il était lieutenant en second au 2ᵉ régiment de chevau-légers de la Hesse.

Samedi 6 Mai. — Une importante réunion publique pour les élections municipales a eu lieu hier soir, chez M. Michon, au Salon d'Apollon. Plus de 600 électeurs étaient présents. M. Chevalier, médecin, présidait la séance, dans laquelle on a entendu plusieurs citoyens soutenir des motions ou faire des propositions. La parole a été successivement donnée à MM. Chalanton, ancien huissier ; Morand, propriétaire ; Emile Lebœuf, Lebœuf père, négociant en vins ; Salel, commissaire de police ; Montillot, médecin ; Pécullier, avoué ; Augé, coiffeur ; Chamoin, agent d'assurances ; Louis Michaud, propriétaire ; et Emile Lefèvre, un vieux républicain qui présidait les clubs en 1848.

Les malheureux événements dont Paris est le théâtre, ont été l'objet de discussions longues ; un orateur, M. Morand, ayant proposé le vote d'une adresse de conciliation entre le Gouvernement de Versailles et les membres du Comité central de Paris, M. le docteur Montillot est monté à la tribune, où il n'a pas craint de dire ouvertement et avec chaleur son opinion sur la Commune et ses partisans, dont il a courageusement flétri les actes.

M. Louis Michaud a parlé dans le même sens et a aussi combattu le projet de voter l'adresse.

— En réponse à l'avis aux anciens Conseillers municipaux placardé mardi, M. Adolphe Bellanger, par la *Feuille de Provins* d'aujourd'hui, fait savoir aux électeurs qu'il persiste à ne plus accepter de nouvelles fonctions.

MM. Bourgeat et Ozeré maintiennent également leur résolution de rester à l'écart.

MM. Bourquelot et Guerreau font connaître qu'en présence des voix qui leur ont été données spontanément dimanche dernier, ils déclarent que dans le cas où les électeurs persisteraient à leur maintenir leurs suffrages au second tour de scrutin, ils se feraient un devoir d'accepter ce nouveau témoignage de confiance.

M. Charles Mézières, avoué, écrit aux électeurs :
« Ce n'est point un sentiment de défaillance qui m'a porté à
« décliner l'honneur de vous représenter de nouveau au Conseil
« municipal. Mes occupations professionnelles m'ont seules
« imposé cette détermination. Aussi reste-t-elle inébranlable
« malgré les 446 suffrages récalcitrants dont vous venez de
« m'honorer et dont je sens tout le prix exceptionnel.
« Agréez donc mes remerciements et ne votez pas pour moi :
« ce serait autant de voix perdues. »

Deux autres candidats, MM. Cordier, ancien épicier, et Caquet-Brébant, portés sans avoir été prévenus sur les listes, déclinent toutes fonctions municipales.

Les événements terribles que la France vient de subir et la situation difficile que font au pays presque partout les partis extrêmes, monarchistes et intransigeants, ainsi que la lutte fratricide entre le Gouvernement et les égarés de Paris, sont d'une grande influence sur les hésitations des hommes qui pourraient représenter dignement leurs concitoyens et aider à la pacification générale des esprits.

— L'acte d'indépendance et de franchise dont a fait preuve, hier soir, le docteur Montillot, lui a suscité des adversaires. On distribue des listes de candidats où son nom, accepté hier, est rayé ce matin. Cette exclusion est très commentée, car il est hors de doute que ce qu'a eu le courage de dire tout haut M. Montillot, la masse des citoyens français le pense tout bas (1).

---

(1) Quinze jours plus tard, on pouvait voir par les journaux de Paris, que les idées de M. Montillot sur la Commune étaient aussi celles de républicains éminents dont on n'a jamais suspecté ni les opinions ni le patriotisme.

M. Louis Blanc répondait la lettre suivante à un journaliste qui l'invitait à donner son avis sur les actes de la Commune :

« Monsieur,

« Je lis dans un article signé de vous que le parti républicain honnête est en droit d'attendre de moi une protestation contre les abominations dont Paris a été le théâtre et la victime. Cette observation me surprend. Quel honnête homme pourrait, sans se manquer de respect, se croire obligé d'avertir le public, que l'incendie, le pillage et l'assassinat lui font horreur ?... Je

Dimanche 7 Mai. — Grande agitation en ville, pour le deuxième tour de scrutin des élections municipales. De nombreux groupes d'électeurs stationnent devant l'Hôtel-de-Ville, où on vient de placarder une dépêche de Versailles :

Le 4 mai, nos soldats ont enlevé la position du Moulin-Saguet, fait 300 prisonniers et pris 8 pièces de canon ; le reste de la troupe des insurgés s'est enfui à toutes jambes, laissant 150 morts ou blessés sur le champ de bataille. Telle est la victoire que la Commune pourra célébrer dans ses bulletins ; du reste, nos travaux d'approche avancent avec une rapidité admirée de tous les hommes de l'art, ce qui promet à la France une prompte fin de ses épreuves, et à Paris surtout, la délivrance des affreux tyrans qui l'oppriment.

Signé : A. THIERS.

— Les Prussiens ont peur des pompiers !...

A midi, la compagnie des sapeurs-pompiers de Provins traversait la ville tambours battant, pour aller sur les remparts faire la manœuvre habituelle du premier dimanche du mois, lorsque l'officier commandant le poste de la *Commandature* envoya un chef de patrouille donner l'ordre au capitaine Argant de faire cesser de sonner le clairon et battre la caisse. Le capitaine, qui avait à la main un petit sabre d'ordonnance d'infanterie, fut averti que la population étant désarmée, il ne devait pas sortir avec son « *glaive* » (sic).

En présence de ces dispositions hostiles de nos vainqueurs, les pompiers retournent remiser leur matériel d'incendie à Vauluisant, et ajournent leurs exercices jusqu'au jour où la ville sera redevenue libre.

— A dix heures du soir, on procède au Tribunal au dépouillement du scrutin ; il y a eu 1,142 votants, soit 17 de moins qu'au premier tour.

Sont élus Conseillers municipaux :

M. Calixte Leclert 657 voix, Plessier 571, Michaud 571, Molleveaux 558, Bourquelot 555, Cordier 546, Augé 537, Charlot 533, Lebœuf père 532,

---

m'estime assez, Monsieur, pour juger que, de ma part, une pareille déclaration est complètement inutile. Aussi bien quand l'indignation publique est si légitime et si grande, il n'est que trop dans la nature des partis de faire tourner cette indignation au profit de leurs ressentiments ou de leurs calculs ; il ne faut pas les y aider, de peur que la colère, se mettant à la place de la justice, les innocents ne soient enveloppés dans le châtiment des coupables. Vous n'ignorez pas, Monsieur, que, dans les tribunaux, le silence des assistants est de rigueur, tant il est vrai que le devoir de chacun est de se taire quand le juge va parler.

« Agréez, Monsieur, toutes mes civilités.

« Louis BLANC. »

Guerreau 531, de Salvert 530, Rondeau 519, Etienne Prieur 518, Camuset 515, et Chamoin 504.

A l'exception de ceux qui avaient décliné une nouvelle candidature, tous les anciens Conseillers sont réélus.

Malgré les agissements de quelques politiciens aussi ambitieux que remuants et qui avaient essayé de changer tout, les électeurs se sont souvenus que l'ancien Conseil avait lutté avec dévouement durant les mauvais jours. Il eût été de la dernière ingratitude d'oublier si vite que MM. Gennerat, Bourquelot, Gallot, Chevalier et Charbaut ont payé pour toute la ville, quand les Prussiens les ont enlevés comme otages et emmenés prisonniers.

Lundi 8 Mai. — Des mesures importantes sont prises depuis quelques jours à la gare du chemin de fer, à Provins, à l'égard des voyageurs. On ne délivre plus de billets pour Paris, et sous aucun prétexte il n'est possible d'en obtenir. Les trains s'arrêtent à la station de Nogent-sur-Marne, et la formalité du passeport est absolument obligatoire pour toutes les personnes qui circulent.

Les convois de bestiaux à destination de la capitale sont également suspendus.

Les voyageurs qui sortent de Paris ne sont pas empêchés dans leur circulation ; seulement, à leur arrivée dans les localités où ils se rendent, ils sont interrogés et invités à exhiber leurs papiers.

Sur la ligne, on fait descendre à Troyes, des trains de passage, les voyageurs à destination de Paris, et on leur rembourse la différence du prix du voyage qu'ils se trouvent forcés d'interrompre.

Mardi 9 Mai. — Entre tous les peuples, le peuple Allemand est celui qui a le plus conservé sa foi religieuse, affirment les historiens. Les garnisaires de Provins sont très dévôts, ou du moins ils font ce qu'ils peuvent pour nous le laisser croire.

En dehors de la messe du dimanche, où les soldats vont prier par détachements sous les ordres de sous-officiers, ils se rendent aussi avec empressement au *Salut du Mois de Marie*. Tous les soirs, l'église Sainte-Croix en est remplie.

Il n'est pas jusqu'à leur équipement qui ne leur rappelle constamment qu'il y a un Maître au-dessus de tout : l'aigle qui orne la plaque des casques et des schakos de l'infanterie, de l'artillerie et de la cavalerie porte la devise : *Mit Gott, für der Koënig, und die Vaterland* (avec Dieu pour le Roi et la Patrie). La plaque de leur ceinturon de sabre et la médaille commémorative de Sadowa, portent en exergue autour d'une couronne royale : *Gott mit uns* (Dieu avec nous).

Les Allemands prétendent que leurs victoires tiennent moins à leur supériorité numérique et à leurs canons, qu'au respect de leurs institutions militaires et surtout civiles.

Tandis que chez nous, en ces derniers temps, l'armée se recrutait avec peine de tous ceux qui ne pouvaient fournir 1,500 fr. pour se faire exonérer, la noblesse allemande pas plus que la bourgeoisie ne cherchait à se soustraire au service militaire : chez eux, toutes les classes obéissent fièrement à la loi et ne foulent pas aux pieds les traditions des ancêtres.

Dans les discussions qu'ils soutiennent chaque jour avec les familles où ils sont logés, les Allemands prétendent que nous sommes un peuple perdu. Imputant à la nation française les vices d'une capitale cosmopolite, les hobereaux du Brandebourg répandent sur elle les plus viles calomnies. « C'est Sodome ! c'est Gomorrhe ! » Ils ont reçu la mission de la Providence de châtier la race qui corrompait les peuples européens. Dieu les a appelés à jouer le rôle d'Attila ou du feu du ciel ! « Vous êtes trop heureux que nous soyons venus vous régénérer, » nous disaient après la chute de Paris les officiers prussiens, tous puritains rigides que nous voyons chaque soir, depuis deux mois déjà, sortir ivres de nos cafés et cabarets. L'occupation de nos campagnes et de nos villes doit bien les désabuser de leurs préjugés, si l'orgueilleux est susceptible de s'amender, quand ils ont vécu côte à côte avec les familles laborieuses et attristées d'honnêtes gens, debout devant ces héros du nombre et sans haine hostile contre eux. Ils peuvent juger si c'est là l'attitude d'hommes avilis, ou celle des rejetons de la Grande-Armée ! Ils doivent sentir que ces vaincus ont déjà été à Berlin et qu'ils sont capables de tenter d'y aller encore (1).

Conviction ou simagrée, nous n'en voyons pas moins chaque jour tous les Prussiens des postes sortir dehors pour réciter publiquement la prière du soir, et très souvent on surprend des soldats se promenant isolément la Bible à la main et paraissant méditer, ainsi que le font les curés ou vicaires de nos paroisses avec leur bréviaire.

L'hypocrisie allemande a fait dire à M. Ferdinand Dugué, en parlant des Bavarois :

> Ces gens que Von der Thann commande,
> Sujets de Louis le Crétin,

---

(1) *La Situation :* Millet, de Provins.

> Sont la race la plus gourmande,
> La plus acharnée au butin ;
> De toute l'armée allemande
> Ce sont les plus détrousseurs enfin.
>
> . . . .
>
> Et notez qu'ils sont catholiques,
> Disant professer mieux que nous
> Les préceptes évangéliques,
> Et quand ils ont avec courroux
> Criblé d'obus nos basiliques,
> Ils vont y prier à genoux.

Mercredi 10 *Mai*. — Hier, M. de Chambon, préfet du département, a fait convoquer en réunion et non en séance les Membres du Conseil municipal de Provins, à l'Hôtel-de-Ville, pour les inviter à désigner ceux d'entre eux qu'ils désirent voir investis des fonctions de Maire et d'Adjoints. La demande du Préfet soulève des discussions, enfin la majorité décide qu'elle désignera seulement le Maire auquel on laissera la faculté de choisir lui-même ses Adjoints.

Un vote à bulletin secret désigne M. Le Bailly par 17 voix sur 21 votants. Aussitôt ce dernier prie MM. Lebeau et Bourquelot de vouloir bien continuer, comme par le passé, à l'aider à administrer la ville. Malgré de vives instances, M. Bourquelot ne consent pas à accepter de nouveau les fonctions d'Adjoint : il veut rester seulement Conseiller municipal. M. le docteur Chevalier est alors choisi par M. Le Bailly pour deuxième Adjoint.

— Depuis quelques jours, un bruit rapporté par des personnes venant du dehors, court avec persistance à Provins. M. de Bismarck aurait fait tenir à M. Jules Favre une note conçue à peu près dans ce sens : « A en croire les rapports au grand chancelier par les généraux allemands, le siège régulier de Paris demanderait, pour arriver au résultat cherché, jusqu'au mois de septembre. Si l'opinion des généraux allemands n'était pas démentie par le Gouvernement français d'une façon irréfutable, le grand chancelier se verrait dans l'obligation de faire entrer les troupes prussiennes dans Paris, pour garantir d'une manière efficace l'exécution des préliminaires de la paix. »

— Des voyageurs qui viennent de Montereau nous rapportent que, dimanche, cette ville a été le théâtre d'une petite manifestation des partisans de la Commune.

Le soir, à la suite de la clôture des opérations électorales qui s'étaient accomplies avec calme et régularité, un groupe de perturbateurs où dominaient les étrangers au pays et des enfants attirés par la curiosité, se porta devant la Mairie, criant et chantant des obscénités contre le Gouvernement de Versailles. Un peuplier, au faîte duquel on attacha un drapeau rouge, fut planté ; on força le curé à venir le bénir. La caserne de gendarmerie fut assaillie et le tocsin retentit toute la nuit au clocher de la paroisse. Vainement les Autorités essayèrent de s'opposer à ces actes ; comme souvent, en pareil cas, les amis de l'ordre se tinrent prudemment chez eux.

Lundi matin, le Préfet s'est transporté à Montereau, il parcourut les rues, adressant aux ouvriers des paroles de conciliation et d'apaisement. On l'écouta, le drapeau rouge fut abattu, les groupes se dispersèrent et bientôt il ne restait plus trace de l'émotion populaire. Sept des principaux meneurs de l'échauffourée ont été arrêtés et conduits à la prison de Fontainebleau.

Jeudi 11 *Mai.* — Dès cinq heures, ce matin, toute la garnison de Provins était sous les armes. Peu à peu les compagnies d'infanterie, la cavalerie et l'artillerie, avec les 40 pièces parquées dans les plaines du Houssay, arrivaient successivement des campagnes en ville. Le bruit se répandit aussitôt que les Prussiens retournaient sur Paris, mais il n'en était rien, il s'agissait d'une grande revue qui a été passée au petit champ de manœuvres par le commandant en chef du 6ᵉ corps, le général de Tümpling.

— On dit toujours : « *A quelque chose malheur est bon.* » Les restaurateurs, limonadiers et bijoutiers n'auront pas à se plaindre de l'occupation, chaque jour leurs établissements et magasins regorgent d'Allemands.

Tantôt surtout, après la revue, il y avait à la porte des horlogers de véritables processions de nos envahisseurs ; ces cocos-là ont un tic très prononcé pour les montres et les pendules, ceux qui n'ont pas pu en voler quand ils mettaient les villages français à sac, viennent faire les yeux doux à celles qui sont exposées dans les vitrines des magasins. Ils sont enchantés de posséder une montre, aussi les horlogers leur vendent-ils jusqu'à leurs derniers rossignols, des vieux *oignons* à boîtiers de cuivre gros comme des œufs et datant du règne de Louis XVI.

Une autre toquade commune à ces guerriers qui se croient le peuple le plus civilisé de la terre et qui ne se servent de leur mouchoir de poche que pour épousseter leurs souliers, c'est d'avoir leur photographie pour envoyer à leurs Greetchens, qui les attendent en Prusse.

Vaniteux et gourmands à l'excès, les Allemands tiennent à montrer qu'ils ont bu du vin de France. Voyez les photographies exposées chez MM. Moraux et Nonat, chaque personnage, fantassin, cavalier ou artilleur, et même infirmier, a voulu poser avec un verre et une bouteille, dont il n'a jamais manqué d'absorber le contenu avant de lever la séance.

Ils ne paraissent pas non plus briller pour le bon goût des poses, beaucoup tiennent à faire voir leur pipe, ustensile en porcelaine peinte et de grande dimension généralement, qu'ils portent à la bouche ou laissent pendre sur la poitrine, accroché avec leur blague après un bouton de la tunique.

Vendredi 12 Mai. — Dès le matin, une bonne nouvelle circule en ville. Une dépêche arrivée cette nuit annonce que le fort d'Issy, après huit jours d'attaque, a été occupé mercredi par le 33ᵉ de ligne. On y a trouvé beaucoup de munitions et d'artillerie.

— A dix heures, on placarde après la Mairie, où elle est entourée aussitôt par la foule à laquelle se mêlent beaucoup d'officiers allemands, une proclamation que le Gouvernement a fait répandre, le 10 mai dans Paris.

C'est un sage et patriotique appel à la concorde qui mérite d'être conservé pour l'histoire des mauvais jours de la France :

Le Gouvernement de la République Française
AUX PARISIENS.

La France, librement consultée par le suffrage universel, a élu un Gouvernement qui est le seul légal, le seul qui puisse commander l'obéissance, si le suffrage universel n'est pas un vain mot. Le Gouvernement vous a donné les mêmes droits que ceux dont jouissent Lyon, Marseille, Toulouse, Bordeaux, et à moins de mentir au principe de l'égalité, vous ne pouvez demander plus de droits que n'en ont toutes les autres villes du territoire.

En présence de ce Gouvernement, la Commune, c'est-à-dire la minorité qui vous opprime et qui se couvre de l'infâme drapeau rouge, a la prétention d'imposer à la France ses volontés. Par ses œuvres, vous pouvez juger du régime qu'elle vous destine. Elle viole les propriétés, emprisonne les citoyens pour en faire des otages, transforme en désert vos rues et vos places publiques où s'étalait le commerce du monde, suspend le travail dans Paris, le paralyse dans toute la France, arrête la prospérité qui était prête à renaître, retarde l'évacuation du territoire par les Allemands, et vous expose à une nouvelle attaque de leur part, qu'ils se déclarent prêts à exécuter sans merci, si nous ne voulons pas nous-mêmes comprimer l'insurrection. Nous avons écouté toutes les délégations qui nous ont été envoyées, et pas une ne nous a offert une condition qui ne fût l'abaissement de la souveraineté nationale devant la révolte, le sacrifice de toutes les libertés et de tous les intérêts ; nous avons répété à ces délégations que nous laisserons la vie sauve à ceux qui déposeraient les armes, que nous continuerions les subsides aux ouvriers nécessiteux ; nous l'avons promis, nous le promettons encore, mais il faut que cette insurrection cesse, car elle ne peut se prolonger sans que la France y périsse.

Le Gouvernement qui vous parle aurait désiré que vous puissiez vous affranchir vous-mêmes des quelques tyrans qui se jouent de votre liberté et de votre vie. Puisque vous ne le pouvez pas, il faut bien qu'il s'en charge, et c'est pour cela qu'il a réuni une armée sous vos murs, armée qui vient, au prix de son sang, non pas vous conquérir, mais vous délivrer. Jusqu'ici, il s'est borné à l'attaque des ouvrages extérieurs, le moment est venu où, pour abréger votre supplice, il doit attaquer l'enceinte elle-même. Il ne bombardera pas Paris comme les gens de la Commune et du Comité de Salut public ne manquent pas de vous le dire. Un bombardement menace toute la ville, la rend inhabitable, et a pour but d'intimider les citoyens et de les contraindre à une capitulation.

Le Gouvernement ne tirera le canon que pour forcer une de vos portes, et s'efforcera de limiter au point attaqué les ravages de cette guerre, dont il n'est pas l'auteur. — Il sait, il aurait compris lui-même, si vous ne le lui aviez pas fait dire de toutes parts, qu'aussitôt que les soldats auront franchi l'enceinte, vous vous rallierez au drapeau national, pour contribuer avec notre vaillante armée à détruire une sanguinaire et cruelle tyrannie. Il dépend de vous de prévoir les désastres qui sont inséparables d'un assaut. Vous êtes cent fois plus nombreux que les sectaires de la Commune, réunissez-vous, ouvrez-nous les portes qu'ils ferment à la loi, à l'ordre, à votre prospérité, à celle de la France.

Les portes ouvertes, le canon cessera de se faire entendre, le calme, l'ordre, l'abondance, la paix rentreront dans vos murs. Les Allemands évacueront votre territoire, et les traces de vos maux disparaîtront rapidement. Mais si vous n'agissez pas, le Gouvernement sera obligé de prendre, pour vous délivrer, les moyens les plus prompts et les plus sûrs. Il vous le doit, à vous, mais le doit surtout à la France, parce que les maux qui pèsent sur vous pèsent sur elle, parce que le chômage qui vous ruine s'est étendu à elle et la ruine également ; parce qu'elle a le droit de vous sauver, si vous ne savez pas vous sauver vous-mêmes.

Parisiens, pensez-y mûrement, dans très peu de jours, nous serons dans Paris. La France veut en finir avec sa guerre civile. Elle le veut, elle le doit, elle le peut, elle marche pour vous délivrer ; vous pouvez contribuer à vous sauver vous-mêmes, en rendant l'assaut inutile, et en reprenant votre place dès aujourd'hui au milieu de vos concitoyens et de vos frères.

— Hier soir, à Provins, un aide-vétérinaire du 15ᵉ dragons de Silésie, qui avait bu plus que de raison, croisa dans la rue du Minage, une femme très honorable de la ville. Le blond Germain fêtant Bacchus et Cupidon hasarda des propos galants à notre concitoyenne qui, effrayée, courut se réfugier dans la maison de M. Chollet père, grainetier, où l'Allemand la suivit en faisant tapage. M. Jules Chollet fils, essaya de parlementer avec l'ivrogne et le repoussa : furieux, ce dernier tira son sabre en criant comme si on l'attaquait. A ses appels, une trentaine de soldats accoururent. Déjà de tous côtés les sabres sortaient des fourreaux et une collision était imminente lorsque fort heureusement les gendarmes prussiens intervinrent. Du premier coup d'œil ils virent de quoi il s'agissait, ils appréhendèrent l'ivrogne et donnèrent l'ordre aux soldats de se disperser, tous obéirent, l'incident se termina là.

Deux civils avaient été légèrement blessés par des coups de pointe.

Samedi 13 *Mai*. — Les troupes allemandes ne restent pas oisives ; toutes les heures de la journée sont employées en manœuvres, marches militaires ou petite guerre.

Depuis une quinzaine de jours, les régiments de la garnison de Provins ont reçu des recrues venant des dépôts restés eu Prusse, et du matin au soir on les voit pivoter à l'exercice dans la cour du Quartier de cavalerie.

Pour un observateur de ces exercices, il y a trois différences frappantes avec les méthodes françaises : le développement donné 1° à l'instruction individuelle ; 2° aux exercices gymnastiques ; 3° à l'escrime à la baïonnette.

Un sous-officier s'empare d'un homme et le fait marcher tout seul pendant fort longtemps ; il s'occupe uniquement de cet homme, corrige, critique et redresse chacun de ses mouvements ; l'officier même intervient, fait ses observations, ses commentaires : c'est une véritable consultation, et cela sur chaque sujet successivement. La marche est toujours l'ancienne, celle du grand Frédéric, abandonnée maintenant dans toutes les autres armées de l'Europe, où pendant longtemps elle avait été adoptée. Cette marche consiste à projeter fortement la jambe tout d'une pièce, en avant, très haut, et de même à la reposer à terre toujours raide. Il est certain que ces mouvements mécaniques, automatiques qu'on fait encore exécuter aujourd'hui, en 1885, aux soldats allemands, disait récemment M. P. Deschanel dans les *Débats*, ne sont point conformes à la nature, et il faut croire qu'on les a reconnus défectueux au point de vue de la guerre, puisqu'on les a supprimés partout ailleurs ; mais il est bien clair aussi que ce système, en distendant tous les muscles de la jambe, l'assouplit : à regarder un peloton de dos et la position des jambes, on voit qu'elles ont été soumises à un rude travail préparatoire.

De même pour la gymnastique : on fait passer chaque homme, tous les jours, pendant des heures, au crible des exercices les plus variés ; on le rompt, on le désarticule ; le cou, les bras, les jambes, tous les muscles y passent. A-t-il manqué un détail, il doit recommencer jusqu'à ce qu'il ait réussi. Le sous-officier le prend par l'amour-propre, il se moque de lui devant ses camarades et c'est ainsi que le plus lourd *paours*, le paysan le plus gauche, arrive à sauter sans effort apparent de larges fossés, de hautes barrières.

L'exercice à la baïonnette n'est pas, comme chez nous, purement théorique et fictif, un simulacre où comme pour tous les exercices, un peloton entier manœuvre à la fois et au commandement. Chez les Prussiens, c'est un duel véritable : deux adversaires luttent l'un contre l'autre, comme dans l'escrime à l'épée ou au sabre ; ils ont un masque en fil de fer, un plastron de cuir fort qui couvre les deux tiers du corps et un tampon en chanvre pressé, gros comme un œuf, au bout de la baïonnette. On comprend la supériorité que doit assurer au soldat cette excellente pratique qui le rend particulièrement apte à l'attaque et à la défense, sûr de son arme et de ses coups en même temps que les mouvements qu'il est obligé de faire, l'assouplissent et le fortifient.

Dimanche 14 Mai. — Les Allemands tiennent à nous faire sentir qu'ils sont encore nos maîtres !...

On placarde, à Provins, un ordre du commandant en chef de l'armée d'occupation allemande, qui vient de décréter l'état de siège dans le département de Seine-et-Marne. En raison de cette décision aucune réunion particulière ne peut avoir lieu sans une autorisation tacite ou expresse des chefs de corps qui occupent chaque localité. Tant qu'un tel état de choses subsistera, les réunions des sociétés départementales resteront suspendues.

— Sept heures du soir. Une dépêche de M. Thiers, chef du pouvoir exécutif, fait connaître en province la prise du couvent des Oiseaux, à Issy, et l'occupation du lycée de Vanves. Nos soldats ont pris huit canons, plusieurs drapeaux et fait des prisonniers. L'occupation de Vanves a amené les troupes à quelques centaines de mètres de l'enceinte. Ainsi, dit M. Thiers, sur tous les points, nous approchons du terme final de nos opérations et de la délivrance de Paris.

Lundi 15 Mai. — M. Deloutre, arrivé de Paris cette nuit, rapporte que la colonne Vendôme est tombée !... Elle a été abattue le 12 mai : les membres de la Commune et huit bataillons de la garde nationale assistaient à l'opération.

Belle besogne !...

Par ordre du Comité de Salut public, en date du « 21 floréal an 79 » et signé Arnaud, Eudes, Gambon et Ranvier, on a démoli la maison de M. Thiers, sur la place Saint-Georges.

Combien les Prussiens doivent se réjouir de ces folies furieuses des insensés qui gouvernent momentanément Paris, la ville des lumières, la première capitale du monde civilisé !...

— Des journaux de Versailles distribués à midi, contiennent la note suivante qui confirme la nouvelle :

Ordre du jour du maréchal Mac-Mahon.

A l'Armée.

Soldats !

La colonne Vendôme vient de tomber.

L'étranger l'avait respectée. La Commune de Paris l'a renversée. Des hommes qui se disent Français ont osé détruire sous les yeux des Allemands qui nous observent, ce témoin des victoires de vos pères contre l'Europe coalisée.

Espéraient-ils, les auteurs indignes de cet attentat à la gloire nationale, effacer la mémoire des vertus militaires dont ce monument était le glorieux symbole ?

Soldats ! si les souvenirs que la colonne nous rappelait ne sont plus gravés sur l'airain, ils resteront du moins vivants dans nos cœurs, et, nous inspirant d'eux, nous saurons donner à la France un nouveau gage de bravoure, de dévouement et de patriotisme.

Maréchal de Mac-Mahon, *duc de Magenta.*

— A quatre heures du soir. Un grand remue-ménage a lieu parmi la garnison de Provins, les Prussiens s'abordent et s'entretiennent avec des marques de joie non dissimulées : ils ont reçu l'ordre de se tenir prêts au départ pour demain matin.

Au Quartier, les soldats chargent les fourgons et les voitures d'équipages ; par toutes les rues on ne voit que transport des caisses et bagages des officiers, les soldats font leurs adieux avec force poignées de mains aux habitants chez lesquels ils sont logés.

Bon voyage et au plaisir de ne jamais les revoir.

Mardi 16 Mai. — La ville est réveillée par les bruits discordants des tambours et des fifres, les rues sont noires d'uniformes allemands, le cliquetis des armes, le piaffement des chevaux et le roulement des canons ajoutent au vacarme.

Les Prussiens quittent Provins se dirigeant sur Paris.

Il faut voir la mine des soldats qui, hier soir, ignorant leur nouvelle destination, croyaient prendre ce matin la route d'Allemagne. La tristesse a remplacé la joie. Cette marche rétrograde sur Paris ayant évidemment pour cause les graves événements qui s'y accomplissent, les remplit de consternation : beaucoup partent en pleurant.

Pour essayer de les consoler, les officiers disent tout haut à ceux des habitants qui les questionnent, que la division du général Tümpling, qui occupe l'arrondissement de Provins, va dans les environs de Melun, remplacer un corps Bavarois renvoyé en Allemagne.

Jusqu'à midi, la ville est traversée par des bataillons d'infanterie venant du côté de Villiers-Saint-Georges et qui prennent également la route de Paris.

— Le *Journal officiel* publie :

« Par décret du Chef du Pouvoir exécutif, en date du 15 mai,
« M. Le Bailly, propriétaire, ancien maire, est de nouveau
« nommé Maire de Provins.

« Sont nommés Adjoints :
« 1° M. Lebeau, imprimeur-libraire, ancien adjoint ;
« 2° M. Chevalier, docteur en médecine. »

Mercredi 17 Mai. — Le passage des troupes allemandes qui retournent sous Paris, se continue. Tantôt, la ville fut traversée par le régiment de pontonniers, cantonné à Gimbrois, Voulton, Savigny, Courchamp, etc. Les compagnies traînent leur équipage de pont, imposant matériel composé de 400 madriers ou plats-bords de six mètres de longueur, et de 32 bateaux blindés de fer, placés sur des charriots à quatre roues et attelés de chacun six chevaux.

Les 38 pièces de canon parquées dans les plaines du Houssay sont aussi passées tantôt à Provins.

— A six heures du soir, une explosion formidable venant dans la direction de Paris, retentit jusqu'en ville, les personnes qui travaillaient dans les vallées du Durteint et de la Voulzie, assurent que la détonation que l'écho a répercutée pendant près de cinq minutes, n'est pas comparable au bruit du canon qu'on entendait les jours de sortie pendant le siége, elle est beaucoup plus forte : il doit s'agir d'un événement considérable.

Les partisans de la Commune ont peut-être fait sauter un quartier de Paris ?...

Une grande anxiété règne dans notre population.

Jeudi 18 Mai. — Aucune dépêche ni aucun journal de Versailles.

M. Jaugniot, le messager, rapporte le premier numéro de l'*Eclaireur* de Coulommiers, qui vient de reparaître, après avoir suspendu sa publication depuis les premiers jours de septembre 1870.

Avec la réapparition de l'*Eclaireur*, la presse départementale est maintenant au complet.

M. Jaugniot dit qu'à Coulommiers on est aussi très intrigué de la formidable explosion d'hier au soir. Dans plusieurs villages de la vallée du Morin, il y a eu des vitres de brisées par la commotion.

— On apprend ici que dans l'arrondissement de Fontainebleau il s'est produit des manifestations révolutionnaires à propos du deuxième tour de scrutin des élections.

A Souppes, sur 600 électeurs, 59 seulement ont voté ; à Château-Landon, le drapeau rouge a été arboré à l'église, mais non content de cette ridicule proclamation de la Commune, les quelques individus qui faisaient partie de la manifestation se sont présentés à la Mairie, se sont emparés des urnes et ont lacéré les bulletins qu'elles recélaient.

— Un des ballons lancés dans les départements par la Commune de Paris, est passé aujourd'hui, vers une heure, au-dessus du territoire de Courtacon, et a laissé tomber plusieurs paquets d'imprimés contenant de violents appels adressés aux populations rurales.

Les gendarmes de Courtacon ont apporté ces imprimés au Parquet et à la Sous-Préfecture de Provins.

Vendredi 19 Mai. — Un de nos concitoyens, M. Barbier-Barry, arrivé cette nuit de Paris, nous apprend la cause de l'épouvantable détonation entendue avant-hier soir : c'est la cartoucherie de l'avenue Rapp qui a sauté. L'amas de munitions qui avait été accumulé en cet endroit par la Commune, constituait un véritable volcan. On ne connaît, paraît-il, encore aucun détail sur les conséquences précises de cet événement, dont la cause est attribuée par les uns au tir de la batterie de Montretout, par les autres aux imprudences des gens de la Commune.

— Ce matin, un détachement du 1er régiment de uhlans vient à Provins chercher de fournitures. Ces cavaliers sont cantonnés à Chenoise, ils ne quittent pas leurs logements, la brigade dont ils font partie n'a reçu aucun ordre de retourner sous Paris.

Plusieurs de ces uhlans, en payant des acquisitions particulières, ont mis en circulation des pièces de 10 centimes très originales et comme on n'en avait pas encore vues ici : les commerçants qui en ont reçu les montrent comme curiosité.

Sur l'un des côtés, au lieu de : Empire français, on lit : *Vampire français;* à la place d'un aigle on voit un vampire, et au-dessous les deux dates sinistres : 2 *décembre* 1851 — 2 *septembre* 1870. L'autre côté montre l'effigie de l'Empereur, dont la tête est coiffée d'un casque prussien, tandis que le cou est entouré d'un collier portant le nom de : *Sedan*, et finissant en une corde, et tout autour, en exergue, la légende : *Napoléon III, traître*.

Samedi 20 *Mai*. — Nous voilà retombés en pleines ténèbres. Depuis le 14 mai, aucune nouvelle officielle n'est venue du Gouvernement, et une grande inquiétude domine tous les esprits.

Des voituriers de Provins, qui avaient été réquisitionnés, mardi, pour conduire les bagages des Prussiens, sont de retour. Ils disent avoir marché toute la journée du 17, jusqu'à neuf heures du soir, heure à laquelle ils sont arrivés en vue des forts de Paris. Du côté d'Ivry, la canonnade tonnait entre les troupes de Versailles et les fédérés ; dans la brume de la nuit, on suivait les courbes lumineuses des obus qui, des forts, allaient s'abattre sur les batteries de l'enceinte.

La marche de la journée du 17 a été très fatigante pour les soldats des 23ᵉ et 63ᵉ d'infanterie prussienne ; la chaleur était étouffante, aussi, il y a eu beaucoup de retardataires. A Brie-Comte-Robert, une partie des soldats qui formaient la garnison de Provins s'est dirigée sur Melun.

Dimanche 21 *Mai*. — Un envoyé du Gouvernement de Versailles est arrivé tantôt à Provins, il est à la recherche des ballons qui ont pu tomber dans nos parages ces jours derniers. Ce fonctionnaire, qui est attaché au Ministère des Postes et qui fait partie de la Société des Aérostiers officiels, a donné à la Mairie de curieux renseignements sur les opérations de sa Société en ces derniers temps.

Pendant le siège, l'Administration des Postes a fait partir de Paris 54 ballons qui ont emporté 162 personnes et environ 2 millions 500,000 lettres, représentant un poids total de 10,000 kilogrammes.

Il est intéressant, pour l'avenir, de conserver les noms de ces ballons et la date de leur départ.

Le *Neptune*, parti le 23 septembre ; *Città di Firenze*, le 25 ; *Etats-Unis*, le 29 ; *Céleste*, le 30 (celui-ci est le seul qui ait été chargé de cartes-postes) ; *Armand Barbès*, parti le 7 octobre (a emporté Gambetta et les premiers pigeons) ; *Washington*, 12 octobre ; *Louis Blanc*, 12 ; *Godefroy Cavaignac*, 14 (départ de Kératry) ; *Guillaume Tell*, parti le 14 octobre, à midi (1) ; *Jules Favre*, le 16 ; *Jean Bart*, le 16 ; *Victor Hugo*, le 18 ; *Lafayette*, le 19 ; *Garibaldi*, le 22 (emportant M. de Jouvencel, député de Seine-et-Marne, qui devint colonel des Mobilisés de Provins) ; *Montgolfier*, le 25 ; *Vauban*, le 27 (tombé près de Verdun, dans les lignes prussiennes : les aéronautes s'échappèrent) ; *Colonel Charras*, parti le 29 octobre ; *Fulton*, le 2 novembre ; *Ferdinand Flocon*, le 4 (capturé par les Prussiens) ; *Ville de Châteaudun*, le 6 ; *Gironde*, le 8 ; *Daguerre*, le 12 (capturé) ; *Niepce*, le 12 ; *Général Uhrich*, le 18 ; *Archimède*, le 21 (a atterri en Hollande) ; *Ville d'Orléans*, le 24 (a atterri en Norwège) ; *Jacquart*, le 28 ; *Jules Favre* (second du même nom, parti le 30 novembre, paraît s'être perdu en mer) ; *Franklin*, le 5 décembre ; *Denis Papin*, le 7 ; *Général Renaut*, le 11 ; *Ville de Paris*, le 15 (tombé dans le duché de Nassau (Allemagne) ; *Parmentier*, le 17 ; *Guttemberg*, le 17 ; *Davy*, le 18 ; *Général Chanzy*, le 20 ; *Lavoisier*, le 22 ; *Délivrance*, le 23 ; *Tourville*, le 27 ; *Bayard*, le 29 ; *Armée de la Loire*, le 31 ; *Newton*, le 4 janvier 1871 ; *Duquesne*, le 9 ; *Gambetta*, le 10 ; *Kléber*, le 11 ; *Général Faidherbe*, le 13 ; *Vaucanson*, le 15 ; *Poste de Paris*, le 18 ; *Général Bourbaki*, le 20 ; *Général Daumesnil*, le 22 ; *Torricelli*, le 24 ; *Richard Wallace*, le 27 ; *Général Cambronne*, le 28 janvier (ce fut le dernier, la capitulation de Paris était signée de la veille).

Il est parti 26 ballons de la gare d'Orléans, 16 de celle du Nord, 3 de la gare de l'Est, 3 de la place Saint-Pierre, à Montmartre, 2 du jardin des Tuileries, 2 du boulevard d'Italie, 1 de Vaugirard, 1 de la Villette.

On doit ajouter la mention de quelques ballons qui, n'étant pas chargés d'une mission spéciale, ne figurent pas dans ce relevé officiel :

Le *Georges Sand*, parti le même jour que l'*Armand Barbès*; la *Liberté*, de M. Wilfrid de Fonvielle, enlevé par le vent le

---

(1) A quatre heures du soir, le *Guillaume Tell*, monté par MM. Tissandier, Ranc et Ferrand, passait au-dessus de Provins ; les aéronautes ont tiré des coups de pistolet pour attirer l'attention des personnes qu'ils apercevaient dans les champs ; ils ont laissé tomber, entre Provins et Nogent, sept sacs de dépêches contenant 250,000 lettres. Le ballon a atterri, vers six heures du soir, à la ferme du Fresnoy, entre Montpothier et Villenauxe-la-Grande.

17 octobre, avant d'être monté; l'*Egalité*, parti le 25 novembre; la *Bataille de Paris*, parti le 30 novembre, et enfin le *Volta*, parti le 1er décembre, emportant M. Jansen, chargé d'une mission scientifique.

Les sept journées comprenant du dimanche 21 au samedi 27 mai constituent la période de l'année terrible 1870-71, qui restera désignée dans l'histoire sous le titre de *la Semaine sanglante*.

Jamais la France, l'Europe, ni le monde civilisé, n'avaient vu aux heures les plus néfastes des révolutions, pareille lutte fratricide, pareille vengeance de révoltés vaincus, égarés, aveuglés, semblable à celle dont Paris, la cité-reine, porte aujourd'hui la sinistre et sanglante auréole.

Durant les jours qui précédèrent cette terrible semaine, partout en province les affaires étaient paralysées, la vie administrative suspendue, les populations haletantes, tous les esprits étaient tendus vers le Gouvernement de Versailles qui, depuis le 14 mai, n'avait expédié aucun télégramme sur la marche des événements.

Dans toute la région avoisinant la capitale, l'anxiété était plus grande qu'ailleurs, parce que les populations se trouvaient augmentées de 100,000 Parisiens qui, fuyant les décrets et ordonnances des chefs de la Commune, avaient cherché un refuge momentané dans les villes voisines en attendant la fin de la tempête.

Provins, pour sa part, donnait asile à plus de 500 *envolés volontaires*. Il n'est pas une famille qui ne s'était augmentée d'un parent ou d'un ami. Aussi, on comprendra les transes par lesquelles on passait chaque fois que l'écho apportait jusqu'à nous le retentissement du canon de Paris.

Le *Dimanche 21 Mai*, à huit heures du soir, devant l'inquiétude générale et en l'absence de toute dépêche officielle, l'Administration municipale, d'accord avec le Sous-Préfet, prend le parti de faire coller une communication que vient de faire passer à Provins une personne digne de foi et qui informe que :

> Le Gouvernement touche enfin au but de ses efforts. Les troupes sont à cent mètres de l'enceinte. Les membres de la Commune sont occupés à se sauver. M. Henri Rochefort, voyageant sous le nom de comte de Saint-Luce, et son secrétaire Eugène Mourot, associé de Vermesch au *Père Duchesne*, partis de Paris en voiture, ont été arrêtés hier à Meaux, au moment où ils

prenaient des billets en gare du chemin de fer pour essayer de gagner la frontière d'Allemagne.

Le Sous-Préfet de Meaux a fait partir immédiatement son prisonnier pour Versailles.

Cette affiche qui, jusqu'à onze heures du soir, fut entourée par la foule, était l'objet de toutes les conversations de la ville.

Lundi 22 Mai. — Le Chef de gare de Provins a reçu cette nuit l'ordre de ne plus expédier à Paris ni voyageurs ni marchandises.

— Plusieurs exemplaires de l'appel aux armes fait par la Commune aux habitants de la province et tombés ces jours derniers d'un ballon passé au-dessus de nos environs, circulent ce matin à Provins. Cet appel provoque un certain sujet de curiosité ; c'est là, probablement, tout ce qu'il fera.

AUX GRANDES VILLES.

Après deux mois d'une bataille de toutes les heures, Paris n'est ni las ni entamé.

Paris lutte toujours, sans trève et sans repos, infatigable, héroïque, invaincu.

Paris a fait un pacte avec la mort. Derrière ses forts, il a ses murs ; derrière ses murs, ses barricades ; derrière ses barricades, ses maisons ; qu'il faudrait lui arracher une à une, et qu'il ferait sauter au besoin, plutôt que de se rendre à merci.

Grandes villes de France, assisterez-vous immobiles et impassibles à ce duel à mort de l'Avenir contre le Passé, de la République contre la Monarchie ?

Ou verrez-vous enfin que Paris est le champion de la France et du Monde, et que ne pas l'aider, c'est le trahir ?...

Vous voulez de la République ou vos votes n'ont aucun sens ; vous voulez la Commune, car la repousser ce serait abdiquer votre part de souveraineté nationale ; vous voulez la liberté politique et l'égalité sociale, puisque vous l'écrivez sur vos programmes ; vous voyez clairement que l'armée de Versailles est l'armée du bonapartisme, du centralisme monarchique, du despotisme et du privilége, car vous connaissez ses chefs et vous vous rappelez leur passé.

Qu'attendez-vous donc pour vous lever ? Qu'attendez-vous pour chasser de votre sein les infâmes agents de ce gouvernement de capitulation et de honte qui mendie et achète, à cette heure même, de l'armée prussienne, les moyens de bombarder Paris par tous les côtés à la fois ?

Attendez-vous que les soldats du droit soient tombés jusqu'au dernier sous les balles empoisonnées de Versailles ?

Attendez-vous que Paris soit transformé en cimetière et chacune de ses maisons en tombeau ?

Grandes villes, vous lui avez envoyé votre adhésion fraternelle ; vous lui avez dit : « De cœur, je suis avec toi ! »

Grandes villes, le temps n'est plus aux manifestes : le temps est aux actes quand la parole est au canon.

Assez de sympathies platoniques. Vous avez des fusils et des munitions : Aux Armes ! Debout les villes de France !

Paris vous regarde, Paris attend que votre cercle se serre autour de ses lâches bombardeurs et les empêche d'échapper au châtiment qu'il leur réserve.

Paris fera son devoir et le fera jusqu'au bout.

Mais ne l'oubliez pas, Lyon, Marseille, Lille, Toulouse, Nantes, Bordeaux et les autres....

Si Paris succombait pour la liberté du monde, l'histoire vengeresse aurait le droit de dire que Paris a été égorgé parce que vous avez laissé s'accomplir l'assassinat.

Le délégué de la Commune aux relations extérieures,

Paschal Grousset.

A midi, on se jette sur les journaux que nous apporte le courrier de Troyes, malheureusement ils ne renferment aucune nouvelle qui ne remonte à moins de huit jours. On en est réduit à mille commentaires, lorsqu'enfin le bruit se répand partout qu'il y a une dépêche collée à l'Hôtel-de-Ville :

Versailles, 21 Mai 1871, à neuf heures du matin.

La porte de Saint-Cloud vient de s'abattre sous le feu de nos canons ; le général Douay s'y est précipité et il entre en ce moment dans Paris avec ses troupes. Les corps des généraux Ladmirault et Clinchant s'ébranlent pour le suivre.

A. THIERS.

Mardi 23 Mai. — Une animation extraordinaire règne dans nos rues. Dès le matin, tous les réfugiés parisiens sont debout, on ne cause que de la dépêche d'hier, en même temps qu'on entoure celle qui vient d'arriver :

Versailles, 22 Mai, 4 heures du matin.

Une moitié de l'armée est déjà dans Paris : nous avons les portes de Saint-Cloud, de Passy, d'Auteuil, et nous sommes maîtres du Trocadéro. Arrêtez tous les ballons que vous apercevrez et les hommes qui en descendraient ; arrêtez tous les voyageurs venant de Paris et pouvant donner lieu à des soupçons.

A. THIERS.

« Une moitié de l'armée est dans Paris, » cette phrase est pour les réfugiés qui se la répètent, comme l'arc-en-ciel qui, à la suite de l'orage, annonce le retour du beau temps.

— A la nuit, nouvelle dépêche :

Versailles, 23 *Mai*, 2 *heures du soir*.

Les événements suivent la marche que nous avions le droit de prévoir. Il y a 90,000 hommes dans Paris ; le général de Cissey est établi de la gare de Montparnasse à l'Ecole militaire, et achève de border la rive gauche de la Seine jusqu'aux Tuileries ; les généraux Douay et Vinoy enveloppent les Tuileries, le Louvre, la place Vendôme, pour se diriger ensuite sur l'Hôtel-de-Ville. Le général Clinchant, maître de l'Opéra, de la gare Saint-Lazare et des Batignolles, vient d'enlever la barricade de Clichy. Il est ainsi au pied de Montmartre, que le général Ladmirault vient de tourner avec deux divisions. Le général Montaudon, suivant par le dehors le mouvement du général Ladmirault, a pris Neuilly, Levallois-Perret, Clichy et attaqué Saint-Ouen, il a pris 500 bouches à feu et fait un grand nombre de prisonniers.

La résistance des insurgés cède peu à peu, et tout fait espérer que si la lutte ne finit pas aujourd'hui, elle sera terminée demain au plus tard et pour longtemps. Le nombre des prisonniers est déjà de 5 à 6,000, il sera double d'ici à demain ; quant au nombre des morts et des blessés, il est impossible de le fixer, mais il est considérable.

L'armée, au contraire, n'a fait que des pertes peu sensibles.

A. THIERS.

Mercredi 24 Mai. — Une canonnade intermittente retentit depuis six heures ce matin jusqu'à ce soir huit heures.

Aucune dépêche.

— Tantôt, on se passait un numéro du *Petit Moniteur universel* du 24 mai, contenant l'entrefilet suivant :

« La *Ligue de l'Union républicaine* affecte toujours de le prendre de très haut vis-à-vis du Gouvernement. Hier, elle sommait l'Assemblée nationale de se dissoudre. Aujourd'hui, elle déclare que le Chef du Pouvoir exécutif encourt la peine de la dégradation civique. Les arrêts sont signés par M. André Lefèvre, secrétaire de service, au nom de la Ligue. — C'est trop de secrétaires, ce n'est pas assez de ligueurs. »

M. André Lefèvre est un de nos compatriotes, il est né à Provins le 9 novembre 1834 ; c'est un homme instruit, un écrivain distingué, un vrai poëte, il est archiviste paléographe, ancien élève de l'Ecole des Chartes. Il a toujours professé les idées les plus avancées.

Jeudi 25 Mai. — Vers midi, M. G. Lebœuf, négociant en vins, rue de la Gare, annonce à des groupes qui stationnent sur la place de l'Hôtel-de-Ville, qu'il vient d'apprendre que le Palais des Tuileries brûle et que la moitié de Paris est en flammes. Cette terrible nouvelle est propagée comme l'éclair.

On voudrait pouvoir douter de l'exactitude de la nouvelle, malheureusement on est forcé de s'incliner devant le télégramme que l'Administration fait placarder, vers deux heures.

Versailles, 25 Mai 1871, à 7 heures 25 du matin.

Nous sommes maîtres de Paris, sauf une très petite partie qui sera occupée ce matin. Les Tuileries sont en cendres, le Louvre est sauvé. La partie du Ministère des Finances qui longe la rue de Rivoli a été incendiée. Le Palais du quai d'Orsay, dans lequel siégeait le Conseil d'Etat et la Cour des Comptes, est en flammes. Tel est l'état dans lequel Paris nous est livré par les scélérats qui l'opprimaient et le déshonoraient. Ils nous ont laissé 12,000 prisonniers et nous en aurons certainement 18 à 20,000 ; le sol de Paris est jonché de leurs cadavres ; ce spectacle affreux servira de leçon, il faut l'espérer, aux insensés qui osaient se déclarer partisans de la Commune; la Justice, du reste, satisfera bientôt la conscience humaine indignée des actes monstrueux dont la France et le monde viennent d'être témoins. L'armée a été admirable, nous sommes heureux dans notre malheur de pouvoir annoncer que, grâce à la sagesse de nos généraux, elle a essuyé très peu de pertes.

A. THIERS.

Vendredi 26 Mai. — Une dépêche télégraphique datée d'hier soir, 10 heures 50 minutes, et adressée par le Préfet de Seine-et-Marne au Sous-Préfet et au Maire de Provins, demande le concours des sapeurs-pompiers de bonne volonté, de la ville, pour aider à l'extinction des incendies allumés à Paris par les insurgés de la Commune.

A onze heures, cette dépêche est communiquée au capitaine Argant : le rappel est battu immédiatement et bientôt presque tous les pompiers sont réunis à l'hôtel Vauluisant. Lorsque le capitaine fait connaître à ses hommes le télégramme ministériel réclamant le secours de la province pour sauver la capitale en feu, tous veulent partir, mais il est nécessaire pour assurer le service local de laisser dans notre ville une partie de la compagnie. A une heure 30 minutes, un détachement composé de 18 hommes emmenant deux pompes et les accessoires du matériel : seaux, crochets, échelles, etc., est parti par le train se dirigeant sur Paris.

C'est un spectacle émouvant et consolant à la fois, que de voir l'ardeur avec laquelle nos pompiers se disputent le périlleux honneur de courir au danger.

Malgré la pluie, une foule considérable, parmi laquelle se trouvent presque tous les Parisiens réfugiés ici, s'est portée à la gare et acclame nos concitoyens lorsque le train se met en marche.

— Dans l'après-midi, on colle après l'Hôtel-de-Ville, une communication qui ramène un peu de tranquillité :

25 Mai 1871, à 2 heures 10 minutes du soir.

PRÉFET A SOUS-PRÉFET.

Je reçois du Ministre de l'Intérieur la dépêche suivante :

« Rassurez les populations, l'insurrection est vaincue ; elle ne tient plus que dans quelques retranchements où elle est cernée. La population indignée acclame l'armée qui l'a délivrée des oppresseurs et des incendiaires. Le Louvre est sauvé ainsi que la Banque et la Bibliothèque nationale, menacées par les flammes des Tuileries. Les pompiers sont accourus des départements voisins au premier appel et donnent leur concours le plus dévoué.

ERNEST PICARD.

Versailles, 25 Mai, 11 heures 20 soir.

PRÉFET DE POLICE A COMMISSAIRE DE POLICE.

Laissez libre circulation à tous envois d'approvisionnements se dirigeant sur Paris par une voie quelconque.

Samedi 27 Mai. — Que va-t-on apprendre aujourd'hui sur les événements de Paris ?... Une grande anxiété règne toujours.

Un ami de M. Breton, procureur de la République, qui a pu quitter la capitale hier soir, à neuf heures, et est arrivé à trois heures du matin à Provins, a apporté des renseignements qui se répètent de bouche en bouche.

Les maisons qui font face à la colonnade du Louvre sont en feu. Tout le pâté de l'Hôtel-de-Ville est en flammes.

Les communards occupaient encore la rue Rambuteau, le faubourg Saint-Martin, les Buttes-Chaumont, Ménilmontant et Belleville. On se battait à la gare de l'Est.

A six heures, arrivaient à Paris, les longues files de fourgons chargés de pompes et remplis d'hommes de bonne volonté venant de Rambouillet, de Chartres et de diverses autres villes de la ligne de l'Ouest, pour combattre les incendies qui s'élevaient de tous côtés.

— Ces terribles nouvelles de Paris n'empêchent qu'on s'occupe aussi en ville des travaux de l'Assemblée de Bordeaux, et que la majorité des électeurs critique très vivement la décision qu'on a relevée hier à l'*Officiel* :

« Sur la proposition de M. Cazenove de Pradines et plusieurs de ses collègues, l'Assemblée nationale, à la majorité de 413 voix contre 3 votants, a prescrit des prières publiques dans toute la France, « pour supplier Dieu d'apaiser nos discordes civiles et de mettre un terme aux maux qui nous affligent. »

Les députés de Seine-et-Marne qui ont donné leur suffrage à cette proposition, sont : MM. Oscar de Lafayette, de Ségur, Voisin.

Cent soixante-six députés se sont volontairement abstenus. Dans ce nombre, MM. d'Haussonville, de Lasteyrie, Jozon.

Absent par congé, M. de Choiseul.

Sans être trop sceptique ni trop irrévérencieux, il est bien permis de supposer que MM. d'Haussonville, de Lasteyrie et Jozon, trouvent sans doute, comme beaucoup de leurs électeurs, que « *des prières* » seront toujours d'un effet moins efficace que des canons et des chassepots chaque fois qu'il s'agira de rétablir l'ordre troublé.

— Dans l'après-midi, les Prussiens reparaissent à Provins. Un peloton de cuirassiers blancs traverse la ville et prend la route de Villiers-Saint-Georges.

Quand on dit « cuirassiers blancs, » c'est un qualificatif inutile, car tous les cuirassiers prussiens portent la tunique blanche ; ceux que nous voyons aujourd'hui appartiennent au 6ᵉ régiment de Brandebourg (empereur Nicolas de Russie), ils forment l'avant-garde du corps d'armée qui revient des environs de Paris, et va de nouveau occuper notre région.

Dimanche 28 Mai. — Ce matin, beaucoup d'habitants sont réunis sur la place du Val. On cause un peu de tout. Depuis deux jours, on n'a reçu aucune dépêche de Versailles.

— Les courriers et facteurs ruraux nous apprennent que de fortes colonnes de troupes prussiennes ont traversé, ce matin, les cantons de Nangis et de Villiers-Saint-Georges, se dirigeant vers le département de la Marne. Tous les villages de la partie nord de l'arrondissement de Provins, ont eu hier soir des soldats à loger. Une colonne de 1,500 hommes qui occupait Jouy-le-Châtel, est partie ce matin par la route d'Allemagne qui passe à Courtacon.

— *Midi :* Enfin ! une dépêche de Versailles. C'est à peine s on donne le temps au brave père Dubois, le concierge de la

Mairie, de la coller ; on se bouscule pour la lire :

Versailles, 27 Mai, 5 heures 15 du soir.

Nos troupes n'ont pas cessé de suivre l'insurrection pied à pied, lui enlevant chaque jour les positions les plus importantes de la capitale et lui faisant des prisonniers qui s'élèvent jusqu'ici à 25,000, sans compter un nombre considérable de morts et de blessés. Tandis qu'au dehors de l'enceinte, notre principal officier de cavalerie, du Barral, prenait avec des troupes à cheval, les forts de Montrouge, de Bicêtre et d'Ivry ; au dedans, le corps de Cissey nous procurait toute la rive gauche de la Seine. Le général Vinoy s'est porté vers la place de la Bastille, a enlevé la position et s'est emparé du faubourg Saint-Antoine jusqu'à la place du Trône ; les troupes ont pris position aujourd'hui à l'est et au pied de Belleville, dernier asile de cette insurrection qui, en fuyant, tire de sa défaite la monstrueuse vengeance de l'incendie. Les corps Douai, Clinchant, Ladmirault, après avoir enlevé avec vigueur les Magasins Généraux, les gares du Nord et de l'Est, se sont portés à la Villette et pris position au pied des Buttes-Chaumont. Ainsi, les deux tiers de l'armée, après avoir conquis successivement toute la rive droite, sont venus se ranger au pied des hauteurs de Belleville qu'ils doivent attaquer demain matin. Après quelques heures de repos, nos soldats termineront la glorieuse campagne qu'ils ont entreprise contre les démagogues les plus odieux et les plus scélérats que le monde ait vus, et leurs patriotiques efforts mériteront l'éternelle reconnaissance de la France et de l'humanité. Du reste, ce n'est pas sans avoir fait des pertes douloureuses que notre armée a rendu au pays de si mémorables services ; le nombre de nos morts et de nos blessés n'est pas grand, mais les pertes sont sensibles. Ainsi, nous avons à regretter le général Le Roy de Dais et le commandant Segoyer, du 26e bataillon de chasseurs à pied, qui a été pris et immédiatement fusillé par les scélérats qui défendaient la Bastille. Ce fait concorde avec la conduite de gens qui incendiaient nos monuments et qui avaient réuni des liqueurs vénéneuses pour empoisonner nos soldats presque instantanément.

A. THIERS.

Lundi 29 Mai. — Nos braves pompiers qui étaient allés porter secours à Paris, sont rentrés cette nuit. Tantôt, nous aurons des détails sur ce qu'ils ont vu et fait.

— En exécution du vote de l'Assemblée nationale, des prières publiques ont été dites hier, à l'issue de la grand'messe, dans les églises de Provins et dans toutes celles du diocèse de Meaux. On a chanté le psaume *Levavi oculos meos* et le *De Profundis*, pour les victimes de la guerre.

— La colonie parisienne réfugiée ici et qui est si intéressée à connaître les nouvelles, fait circuler plusieurs journaux qui publient une dépêche que l'Administration n'a probablement pas encore reçue, sans cela elle serait placardée :

Versailles, 28 Mai, 2 heures 15 du soir.

Nos corps d'armée chargés d'opérer sur la rive droite, étaient dès hier soir rangés en cercle au pied des Buttes-Chaumont et des hauteurs de Belleville. Cette nuit, ils ont surmonté tous les obstacles ; le général Ladmirault a franchi le bassin de la Villette, l'abattoir, le parc aux bestiaux, et gravi les Buttes-Chaumont et les hauteurs de Belleville. Le jeune Davoust, si digne du nom qu'il porte, a enlevé les barricades et, au jour, le corps Ladmirault couronnait les hauteurs. De son côté, le corps Douai partait du boulevard Richard-Lenoir pour aborder par le centre même les positions de Belleville. Pendant le même temps, le général Vinoy a gravi le cimetière du Père-Lachaise, enlevant la mairie du 20ᵉ arrondissement et la prison de la Roquette. Les marins ont partout déployé leur entrain accoutumé. En entrant à la Roquette, nous avons eu la consolation de sauver 169 otages qui allaient être fusillés ; mais, hélas ! les scélérats auxquels nous sommes obligés d'arracher Paris incendié et ensanglanté, avaient eu le temps d'en fusiller 64, parmi lesquels nous avons la douleur d'annoncer que se trouvaient l'archevêque de Paris, l'abbé Deguerry, le meilleur des hommes, le président Bonjean et quantité d'hommes de bien et de mérite.

Signé : A. THIERS.

Vers midi, alors que tout le monde se passait les journaux contenant cette dépêche, l'Administration la recevait et la faisait coller immédiatement après l'Hôtel-de-Ville. A la suite du texte ci-dessus, il y avait une deuxième partie que les journaux ne contenaient pas.

Versailles, 28 Mai, 10 heures soir.

Suite de la Circulaire.

Après avoir égorgé le généreux Chaudey, cœur plein de bonté, républicain invariable, qu'ils pouvaient épargner, maintenant rejetés à l'extrémité de l'enceinte, entre l'armée française et les Prussiens qui leur ont refusé passage, ils vont expier leurs crimes et n'ont plus qu'à mourir ou à se rendre. Le trop coupable Delescluze a été ramassé mort par les troupes du général Clinchant ; Millière, non moins fameux, a été passé par les armes après avoir tiré trois coups de revolver sur un caporal qui l'arrêtait. Ces expiations ne consoleront pas de tant de malheurs et de tant de crimes surtout, mais elles doivent apprendre à ces insensés qu'on ne provoque, qu'on ne défie pas en vain la civilisation, que bientôt la Justice répond pour elle. L'insurrection, parquée dans un espace de quelques centaines de mètres, est vaincue, définitivement vaincue.

La paix va renaître, mais elle ne saurait chasser des cœurs honnêtes et patriotes la profonde douleur dont ils sont pénétrés.

A. THIERS.

Ces dépêches produisent une pénible impression. Sans leur

source officielle, on se refuserait à croire à ce qu'elles renferment. Il n'y a qu'une voix pour dire que jamais guerre civile n'a abouti à pareilles extrémités.

Mardi 30 *Mai*. — Les pompiers sont les héros du moment; tout le monde les questionne sur leur campagne de Paris.

Ce n'est pas sans peine que nos courageux concitoyens ont pu accomplir leur voyage. Partis de Provins, vendredi, à une heure après midi, ils gagnèrent rapidement Nogent-sur-Marne, où les factionnaires prussiens et les employés de la gare arrêtèrent le convoi par signaux, les rails étant enlevés en avant du pont-viaduc. Après diverses tentatives infructueuses auprès des Autorités municipales de Nogent, pour se procurer des moyens de transport, la colonne, traînant à bras ses deux pompes, se dirige sur Vincennes; mais là, nouvelles difficultés, elle est arrêtée par la canonnade : un combat violent se livrait à la barrière du Trône.

Au moment où la petite phalange Provinoise passait près du donjon de Vincennes, elle éprouva sa première émotion de cette campagne de trois jours qu'elle vient de faire.

— Retirez-vous, retirez-vous, vite !... leur crie-t-on. Les communards vont faire sauter le donjon !...

Mais nos pompiers furent rassurés aussitôt par les Prussiens qui montaient la garde au pied de la forteresse, sur la plateforme de laquelle on apercevait environ 300 fédérés groupés sous un immense drapeau rouge flottant au vent.

Les Prussiens firent comprendre, autant par signes que par paroles, qu'ils bloquaient les insurgés, lesquels seraient tous *capout* quand ils n'auraient plus de vivres (1).

Quelques Provinois s'avancèrent en curieux vers Paris, mais les projectiles du combat de la barrière du Trône sifflant à leurs oreilles et blessant des soldats allemands qui, comme eux, cherchaient à voir ce qui se passait, les firent bien vite se replier sur Vincennes, où la petite colonne passa la nuit.

Le lendemain, avant le jour, nos pompiers partent enfin pour Paris; comme le combat de la veille durait encore, on leur conseilla de passer par Charenton, ce qu'ils firent, mais encore au milieu des plus grands embarras. Il s'agissait de traverser

---

(1) Ces fédérés appartenaient tous au 99ᵉ bataillon de la garde nationale; ils étaient sous les ordres du commandant Faltot, décoré de la Légion d'honneur à Buzenval; ils se rendirent, le 27 mai, aux Prussiens qui les livrèrent au Gouvernement de Versailles.

les lignes ennemies, les Prussiens laissèrent passer, mais refusèrent un guide ; enfin après un parcours de plusieurs kilomètres, par une pluie tombant à torrents, dans un pays inconnu, à travers des terrains défoncés, couverts d'obstacles et à la lueur des immenses flammes qui s'élevaient au-dessus de Paris, on atteignit la porte de Charenton.

A l'appel du factionnaire français, les officiers et les hommes du poste apparurent sur les talus des fortifications et le capitaine essaya de dissuader nos pompiers d'entrer :

— Vous feriez mieux de retourner chez vous, disait-il. D'ailleurs, j'ai l'ordre de ne laisser entrer personne. Vous ne passerez pas !...

Pour toute réponse, le capitaine Argant piqua au bout de son sabre la dépêche ministérielle, qui demandait le secours des pompiers de Provins, et la tendit à un jeune sous-lieutenant penché sur le talus ; celui-ci, après l'avoir lue, décida son chef à faire abaisser le pont-levis.

Une fois dans l'enceinte, les pompiers se dirigèrent vers l'intérieur, en suivant les quais. C'est alors qu'ils commencèrent à voir dans toute son horreur la guerre civile. Partout des cadavres de fédérés couvrant les trottoirs et les chaussées des rues ! Il fallait faire de nombreux détours pour pouvoir passer avec les pompes. Un caporal, Jules Saussier, s'étant approché d'un fédéré qu'il croyait mort et le voyant faire un mouvement et se tordre avec d'horribles contorsions, se trouva mal d'émotion.

Le petit détachement ne s'arrêta qu'au pont de la Concorde : le capitaine Argant remit le commandement au sous-lieutenant Saussier, pendant qu'il allait prendre des ordres au Ministère des Affaires étrangères, comme le lui prescrivaient ses instructions. De là, on envoya nos concitoyens à la caserne du Vieux-Colombier, à la disposition du colonel des pompiers de Paris.

Ici se place un petit incident qui mérite d'être relaté : Depuis l'entrée de l'ennemi à Provins, les pompiers n'avaient pas eu une seule occasion de revêtir leur équipement et aucun d'eux n'avait songé que la Révolution du 4 Septembre devait nécessairement faire supprimer « l'Aigle de l'Empire » qui ornait leurs casques ; sur les observations de leurs collègues de Paris qui les informèrent qu'ils risquaient de se faire huer par la population parisienne, déjà surexcitée par mille mécontentements, les Provinois, avant de sortir de la caserne, procédèrent à une exécution en règle de l'emblème du régime déchu.

Voilà pourquoi nos pompiers, à leur retour, n'avaient plus de plaque à leurs casques.

Une heure après leur arrivée au Vieux-Colombier, les pompiers de Provins prenaient le service : une pompe avec six hommes fut envoyée au carrefour de la Croix-Rouge ; l'autre pompe, avec le même nombre d'hommes, fut dirigée vers la Préfecture de Police. Mis immédiatement en manœuvre, ils combattirent vivement l'incendie qui menaçait toute la rue de Jérusalem et restèrent à leur poste jusqu'au lendemain matin, à onze heures. De temps à autre, et afin de prendre un peu de repos, ils étaient relayés par les pompiers de Paris.

Là, comme partout, le brave sous-lieutenant Saussier étonna ses collègues par son courage et sa hardiesse : sans prendre la peine d'ôter son sabre, il grimpa à l'échelle à crochets jusqu'au quatrième étage pour sauver les archives dans la salle du Greffe de la Préfecture de Police.

Dimanche, à deux heures, le colonel Villermé, des sapeurs-pompiers de Paris, ayant tous ses postes occupés, plus de 500 pompes venues de tous les points de la France à sa disposition (et il lui arrivait encore de Londres et de Bruxelles des pompes à vapeur), remercia les premières compagnies accourues du dehors. Il félicita chaleureusement le capitaine Argant et les pompiers de Provins de leur concours dévoué, et leur délivra le certificat nécessaire pour obtenir le droit de quitter Paris (1).

Ils se mirent en route dans la soirée pour Nogent-sur-Marne, où une dernière épreuve les attendait. Partis de Provins à la hâte et avec plus de bon vouloir que d'argent, nos compatriotes s'aperçurent à la gare qu'ils n'avaient pas de quoi payer leur place pour le retour. Le chef de gare voulut bien se contenter de la parole du capitaine qui promit d'adresser le montant dès son arrivée. Enfin, après quatre heures de trajet, ils rentraient dans leurs foyers pour prendre un repos qu'ils avaient si bien mérité.

Les noms des courageux citoyens qui ont pris part à cette douloureuse et patriotique campagne doivent être conservés :

MM. Argant, capitaine ; Saussier, sous-lieutenant ; Daniel, adjudant ; Desbouy, Dreux et Porcheret, sergents ; Chouard,

---

(1) Quelques mois plus tard, on pouvait lire au *Journal Officiel* :

« Sur la proposition du Ministre de l'Intérieur, le Président de la République a accordé une Médaille d'honneur spéciale à M. Argant, capitaine-commandant des sapeurs-pompiers de Provins, pour services rendus lors des incendies de Paris, en mai 1871. A la Médaille est jointe une lettre de félicitations, afin de perpétuer dans sa famille et au milieu de ses concitoyens, le souvenir de son honorable et courageuse conduite.

« Paris, 10 Janvier 1872.
« A. THIERS. »

M. Argant, comme tous les officiers et sapeurs-pompiers de la province qui ont reçu cette médaille (il y en a 14 en Seine-et-Marne), sont autorisés à la porter suspendue par un ruban tricolore.

sergent-fourrier; Pierre Ditsch, caporal-sapeur; Ducreux, clairon; Jules Saussier, caporal; Honoré Agron, Jorré, Blondelot, Henri Corbière, Bourdeaux, Mille et Gausson, sapeurs-pompiers.

— La province continue à envoyer des secours à Paris. Hier soir, des pompiers de bonne volonté, avec les pompes de Mesgrigny, Romilly et Nogent-sur-Seine, sont passés à Longueville, se dirigeant vers la capitale.

Mercredi 31 Mai. — Un des signes précurseurs que les terribles événements qui préoccupent tout le monde touchent à leur fin, c'est le retour des Prussiens.

Les 23e et 63e régiments d'infanterie, qui avaient quitté Provins le 16 mai pour aller renforcer les lignes devant Paris, sont rentrés ce matin en notre ville. Des batteries d'artillerie, un régiment de pontonniers et deux bataillons du 41e, ne font que traverser et vont reprendre dans les villages voisins leurs anciens cantonnements.

Le commandant supérieur des troupes d'occupation des environs de Provins, le général Malakoschky, qui remplace le général Von Hoffmann, nommé gouverneur de Strasbourg, a installé son Quartier-Général rue Christophe Opoix, dans la maison qu'habitait M. Néel.

— Le *Journal Officiel* nous a apporté le texte exact du traité de paix, arrêté à Francfort et communiqué en ce moment à l'Assemblée nationale par M. Jules Favre.

Ce document, qui contient dix-huit articles, stipule entre autres conditions, que :

La cession de l'Alsace et de la Lorraine devient définitive.

Le paiement de 500 millions aura lieu dans les trente jours qui suivront le rétablissement de l'autorité du Gouvernement français dans la ville de Paris. Un milliard sera payé dans le courant de l'année 1871, et un demi-milliard au 1er mai 1872. Les trois derniers milliards resteront payables au 2 mars 1874, ainsi qu'il a été stipulé par le traité de paix préliminaire.

L'évacuation des départements de l'Oise, de Seine-et-Oise, de Seine-et-Marne et de la Seine, ainsi que celle des forts de Paris, aura lieu aussitôt que le gouvernement allemand jugera le rétablissement de l'ordre, tant en France que dans Paris, suffisant pour assurer l'exécution des engagements contractés par la France.

Dans tous les cas, cette évacuation aura lieu lors du paiement du troisième demi-milliard.

Toujours pareils !... Messieurs les Allemands se montrent d'une rapacité insatiable. L'assurance de palper nos milliards avant tout!... Ils ne sont pas gens à lâcher la proie pour l'ombre, et plus que jamais ils prouvent qu'ils savent que « l'argent est le nerf de la guerre. »

Dure leçon pour notre malheureuse France!...

JUIN.

Jeudi 1ᵉʳ. — Plusieurs bataillons du 23ᵉ d'infanterie, qui ont couché cette nuit ici, continuent ce matin leur route sur la Champagne, ils se dirigent sur Villenauxe-la-Grande et Sézanne.

— A Provins, les garnisaires, officiers et soldats, ont repris pour la plupart les logements qu'ils avaient en ville avant leur départ.

Les soldats racontent qu'ils sont bien contents d'être de « *ritour.* » Les incendies de Paris qu'ils voyaient de leurs campements, les inquiétaient beaucoup. Ils croyaient chaque jour qu'ils allaient être attaqués par les fédérés. Ce qu'ils ont vu les confirme dans ce que nous leur disons depuis qu'ils logent chez nous : que si Paris n'avait pas été réduit par la famine, ils ne l'auraient jamais vaincu par les armes.

Quant aux officiers, toujours aussi hautains, aussi présomptueux et arrogants, on croirait qu'ils sont vexés que l'armée de Versailles ait atteint si vivement le but poursuivi. Il n'y a pas quinze jours que les généraux du grand état-major allemand affirmaient qu'il faudrait six mois de siège régulier pour reprendre Paris aux communards.

Depuis le commencement des événements de la capitale, les Prussiens, auteurs de tous nos maux, nous contemplaient avec une impassibilité farouche. Leur Gouvernement espérait sans doute que les flammes de Paris, gagnant de proche en proche toutes les intelligences françaises, allaient donner le signal d'un incendie moral immense, et que de nouveaux excès viendraient généraliser la guerre civile et la terreur. La nouvelle de la combustion des Tuileries les a trouvés en pleine discussion de l'annexion de l'Alsace et de la Lorraine. La seule remarque de M. de Bismarck a été la demande de treize mois de dictature. La seule preuve de sensibilité qu'il ait donnée fut de déclarer que l'on *pouvait compter désormais* sur le paiement des échéances de l'indemnité due par la France!...

Tas de Juifs, va!... Si jamais nous prenons notre revanche!...

Vendredi 2 Juin. — Grand remue-ménage toute la journée dans la colonie des réfugiés Parisiens. Une dépêche télégraphique a annoncé ce matin, à Provins, que Paris est en libre communication avec la France.

Le Gouvernement a décidé qu'à partir du 3 juin, la circulation serait rétablie sur les routes et les chemins de fer, pour l'entrée et la sortie de la capitale, sauf l'action de la police pour constater dans certains cas l'identité des personnes.

Le service des trains de Provins à Paris, commencera demain matin.

On comprend la hâte de tous les émigrés à vouloir mettre à profit la cessation de l'interdit pour regagner leurs foyers, surtout quand on lit la nomenclature funèbre des monuments publics incendiés, que nous apportent les journaux du 30 mai :

Les Tuileries absolument consumées, hors les gros murs. Le Louvre sauvé, moins la bibliothèque. Le Palais-de-Justice en ruines. Le Palais-Royal, toute la partie qu'habitait le prince Napoléon anéantie, maisons environnantes préservées. Théâtre-Français intact. Le Châtelet brûle encore. Les Arts-et-Métiers consumés. Le Grenier d'Abondance n'est qu'un énorme débris fumant.

L'Hôtel-de-Ville avec ses archives, ses documents, sa bibliothèque, l'histoire de Paris, en un mot, un anéantissement.

L'église Saint-Eustache, un commencement d'incendie produit par une bombe à pétrole ; on a pu l'éteindre ; le clocheton seul effondré sous les obus. La Légion d'Honneur en cendres. Le Conseil d'Etat et la Cour des Comptes en cendres. Le Ministère des Finances brûlé en partie. Le Théâtre de la Porte-Saint-Martin brûlé. L'Odéon brûlé. Le Mont-de-Piété brûlé. L'Entrepôt en flammes.

La Sainte-Chapelle est sauvée, malheureusement les Gobelins ont été livrés aux flammes. Des bouteilles à pétrole ont été trouvées dans la Bibliothèque Mazarine, les insurgés se préparaient à y mettre le feu lorsque les troupes sont arrivées. La Bibliothèque Sainte-Geneviève a été épargnée, un obus lancé de la batterie du Père-Lachaise est tombé dans la salle supérieure, quelques livres seulement ont été perdus.

Samedi 3 Juin. — Paris est à peine ouvert que déjà notre population, sous le rapport économique, s'en ressent : impossible de se procurer aujourd'hui aucun légume, ni viande, ni volaille, ni beurre, ni œufs, sans être obligé d'y mettre un prix exorbitant. Les émigrés ont dévalisé tout le marché, les boutiques de revendeurs et les boucheries de Provins, pour faire leur rentrée dans leurs foyers. Il est de fait que depuis plus d'un mois il n'est guère entré d'approvisionnements dans Paris et que beaucoup de choses doivent manquer.

Vers quatre heures, un troupeau de 200 bœufs traverse les rues Provins : il est destiné à l'alimentation de la capitale.

Abondance de... bifteaks ne nuit pas.

Dimanche 4 Juin. — Presque tous les réfugiés sont partis. On sait les événements de Paris terminés, les esprits sont moins tendus et la ville reprend son calme ; sans les allées et venues des soldats allemands et les prises d'armes de leurs postes, nos rues auraient leur physionomie des temps de paix.

Nous ne savons combien durera encore l'occupation, mais différents indices nous font supposer que la fin de nos maux approche.

— Tantôt un bataillon du 63ᵉ régiment d'infanterie prussienne a traversé Provins, venant de Donnemarie et se dirigeant sur Sézanne.

Petit à petit les corps allemands se rapprochent de la frontière.

Lundi 5 Juin. — La bourse des officiers prussiens n'est pas une mine inépuisable !...

Durant la première période de l'occupation, ils semaient l'argent à pleines mains, rien n'était jamais assez beau ni assez cher pour eux, ils payaient princièrement les moindres objets qu'ils achetaient pour expédier en Prusse, et de plus il ne se passait guère de soirée sans qu'il y eût repas de gala ou dîners de réception. Depuis leur retour de Paris, ces messieurs visent à l'économie ; dans les maisons où ils sont logés, beaucoup demandent à partager les repas de famille : « Nous ne sommes plus ennemis, la paix est faite, » disent-ils !...

Malgré d'obséquieuses sollicitations et les offres des officiers de payer ce qu'on exigerait d'eux, il faut dire, à la louange des Provinois, que tous ont su garder la dignité qui convient à des vaincus ; on ne compte qu'une exception, et encore le garnisaire est un médecin-major, un Polonais du grand-duché de Posen, qui ne cache pas ses sympathies pour la France.

A l'exemple de leur second maître, le prince de Bismarck, tous ces guerriers du Nord sont de grands mangeurs, de grands fumeurs et surtout de forts buveurs. Ces puritains rigides, qui ont la prétention de nous régénérer, de nous moraliser, délaissent volontiers Cambrinus pour Bacchus ; ils ont tellement consommé de vin de Champagne depuis leur arrivée, qu'il serait peut-être impossible d'en trouver une bouteille aujourd'hui à Provins. Mais cela ne les prive qu'à demi : à défaut de l'Ay mousseux, ils se rabattent sur le Bordeaux, le Bourgogne et même des crus inférieurs ; souvent nos rues ne sont pas assez larges pour les zigs-zags qu'ils décrivent en regagnant leurs gîtes, et les lits de leurs hôtes subissent les conséquences forcées de leurs libations. Chez un habitant de la rue du Val, où logeait un officier supérieur, ce noble guerrier s'oublia au point que, pendant trois jours de suite, l'on dut changer les draps et les couvertures de son lit !

Mardi 6 Juin. — Hier au soir, un piquet d'infanterie en armes a amené à la *Commandature*, à Provins, sept jeunes gens d'Everly et de Chalmaison, ayant les mains attachées derrière le dos avec des cordes et marchant entre deux rangs de baïonnettes.

Dimanche, nos compatriotes ont eu une rixe chez un marchand de vin, avec des soldats cantonnés dans le village ; les coups de sabres et de bâtons tombaient drus de part et d'autre, un Prussien est resté sur le carreau avec le nez fortement endommagé par un coup de trique.

Après un interrogatoire sommaire au poste, devant l'*auditor*, les sept patriotes qui ont déjà commencé la revanche, sont conduits au Quartier, et enfermés et gardés à vue.

Ce matin, et en vertu de la convention du 7 mars, qui enlève aux tribunaux français (1) pour les soumettre aux Conseils de guerre, les délits commis contre les Allemands, les sept « *grands coupables* » ont été jugés par une Commission composée d'officiers des différents régiments cantonnés à Provins.

Le jugement, qui est affiché à la porte de la *Commandature*, mentionne :

« Pour avoir maltraité un soldat allemand, le nommé Châtelut est condamné à six semaines de prison, et le nommé Thouzard est condamné à 14 jours de la même peine.

« Les nommés Souflet, Coutrot, Doisy, Garnier et Pinguet sont acquittés. »

Six semaines de prison pour avoir cassé le nez à un Prussien !... c'est payer la fantaisie peut-être un peu cher ; mais vaincus comme nous le sommes, il n'y a qu'à se soumettre et à répéter, mais tout bas encore de peur d'être entendu : « Laissez passer la justice du roi Guillaume. »

---

(1) Le chancelier Bismarck trouvait que nos jugent acquittaient les prévenus ou ne les punissaient pas assez sévèrement.

— Cent cinquante hommes environ, appartenant à la landwehr et pris dans tous les régiments de la division qui occupe notre arrondissement, sont arrivés ce matin à Provins par le chemin de fer, venant de Nangis, où ils avaient été réunis pour l'inspection d'un général avant d'être renvoyés en Allemagne.

Tantôt tous ces hommes, avec leur épuipement, mais sans armes, sont partis, dans de grands charriots par la route de Villiers-Saint-Georges. En traversant les rues, ils chantaient en chœur des ballades plaintives et levaient leurs casquettes, criant adieu à ceux de leurs camarades et aux habitants qu'ils connaissaient.

Mercredi 7 Juin. — La Commune est définitivement vaincue.

Le dimanche 28 mai, la proclamation suivante a été apposée sur les murs de la capitale :

Habitants de Paris,

L'armée de la France est venue vous sauver. Paris est délivré. Nos soldats ont enlevé à quatre heures les dernières positions occupées par les insurgés.

Aujourd'hui la lutte est terminée, l'ordre est rétabli, le travail et la sécurité vont renaître.

Au Quartier-Général, le 28 Mai 1871.

Le Maréchal de France, commandant en chef,

MAC-MAHON, Duc DE MAGENTA.

Une autre affiche informait les habitants qu'ils devaient remettre dans le délai de douze heures, à leur Mairie respective, les armes à feu, armes blanches et munitions dont ils sont détenteurs. Passé le délai, des perquisitions seraient faites et les contrevenants arrêtés et poursuivis.

Jeudi 8 Juin. — Les Prussiens de la garnison de Provins ne font aucune manœuvre, ils sont en grande tenue dès le matin et célèbrent avec beaucoup de solennité la Fête-Dieu. Une grande partie des garnisaires de la campagne sont arrivés ici pour assister à la messe : les rues qui conduisent aux églises sont remplies d'uniformes allemands.

A la suite du concert de la musique des dragons de Silésie, qui a eu lieu lors du défilé de la parade des postes sur la place Saint-Ayoul, à midi, le général commandant la division a annoncé aux officiers supérieurs qu'il venait de recevoir l'avis de se tenir prêt au départ.

Cette fois, la nouvelle est officielle : notre région va être évacuée.

Vendredi 9 Juin. — Paris est ouvert et chaque jour les trains du chemin de fer amènent un grand nombre de familles qui viennent en province se remettre des violentes émotions par lesquelles elles ont passé depuis un mois.

Par les personnes qui s'installent ici, nous connaissons en détail la lutte des fédérés dans la dernière semaine de résistance et les terribles représailles qui l'ont suivie.

C'est le 23 mai, à neuf heures du soir, que les Communards, voyant que les troupes étaient définitivement maîtresses de Paris, transférèrent les otages de la prison de Mazas à celle de la Roquette. C'est le lendemain, mercredi 24, qu'eut lieu la première exécution : 52 victimes tombèrent ce matin-là sous les balles des assassins, parmi lesquelles l'archevêque de Paris, le président Bonjean, Gustave Chaudey, du *Siècle,* l'abbé Deguerry, des prêtres, des gendarmes et des soldats. Samedi 27, au moment où les fédérés allaient massacrer leurs prisonniers, les troupes s'emparèrent de Mazas et de la Roquette et délivrèrent 169 otages.

D'après les rapports officiels, on évalue à 4,000 hommes tués ou blessés les pertes de l'armée de Versailles qui se composait de 130,000 hommes. Les pertes des insurgés peuvent, au minimum, être appréciées à 18,000 hommes, dont 7,294 tués.

Un douloureux détail sur lequel on voudrait jeter un voile, mais que tout historien impartial doit enregistrer, c'est qu'à la suite des batailles des rues, soit du 21 au 27 mai, 29,804 fédérés, pris les armes à la main, ont été fusillés sommairement.

On a fusillé également 26 des principaux officiers ou agents de la révolte, condamnés par jugements des conseils de guerre, de la cour martiale de la Tour Saint-Jacques ou de la grande prévôté du Luxembourg.

Il faut ajouter à ces chiffres celui de 60,917 individus arrêtés et conduits à Versailles, Satory, Saint-Cyr, Saint-Germain, etc., où ils sont parqués dans des camps et maintenus au besoin par le feu des batteries qui les dominent. On en a déjà transporté aussi sur des pontons, au large, dans les rades de Cherbourg et de Brest.

Le nombre des tués, fusillés et arrêtés donne un total de 98,041 Communeux sur lesquels, d'après les renseignements officiels relevés à l'état-major, on comptait 52,000 étrangers de nationalités diverses et 17,000 repris de justice.

Ces chiffres se passent de commentaires.

Samedi 10 Juin. — Un grand nombre de chefs et de combattants de la Commune, ayant réussi à se sauver de Paris, les administrations locales et les gendarmeries de province ont reçu des ordres précis pour les rechercher.

Il y a trois jours, un individu ayant, dit-il, exercé la profession de chiffonnier à Paris, a été arrêté à Courtacon, canton de Villiers-Saint-Georges. Il serait parvenu à gagner la campagne lors de la prise du fort d'Issy par l'armée française.

A Saint-Hilliers, on a également arrêté un nommé Witte, accusé d'avoir servi dans l'armée de la Commune et qui avait quitté la capitale il y a un mois environ pour venir se réfugier dans notre pays. Vitte est un ancien sous-officier du 4ᵉ chasseurs à cheval, autrefois en garnison à Provins. Incorporé dans la garde nationale de Paris, il avait successivement occupé les grades de capitaine, de chef de bataillon et de chef de légion. Nommé commandant du fort d'Issy, il a résigné ses fonctions huit jours plus tard, jugeant qu'il ne pourrait tenir en raison de l'indiscipline des bataillons placés sous ses ordres. Traduit devant un conseil de guerre de la Commune, présidé par Rossel, on reprocha à Witte d'avoir abandonné son poste, mais il n'eut pas de peine à faire comprendre la véritable situation à ses juges, qui étaient presque tous d'anciens officiers de l'armée régulière, et il fut acquitté.

L'individu arrêté à Courtacon et Witte, qui avaient été amenés à la prison de Provins, ont été dirigés ce matin sur Paris.

Dimanche 11 Juin. — Nos garnisaires, qui attendent à toute minute l'ordre de retourner en Prusse, sont d'une amabilité excessive, la fièvre du départ les travaille tous, ils sont d'une expansion peu ordinaire. Plusieurs ont des journaux allemands qui contiennent l'avis suivant, ils se le repassent de main en main et ceux qui parlent le français nous traduisent l'article ainsi :

« Conformément à un ordre impérial inséré au *Militair-Wockenblatt*, la garde royale, les 5ᵉ et 17ᵉ corps d'armée, plus la 17ᵉ division d'infanterie du Slewig-Holstein ont commencé à évacuer le territoire français par chemin de fer à la date du 7 juin.

En outre, le 2ᵉ corps d'armée Bavarois, le 12ᵉ corps fourni par la Saxe royale, la division Wurtembergeoise, la 25ᵉ division dite contingent de Hesse-Darmstadt, la division du Slewig-Holstein, se sont mis en marche par les routes ordinaires vers la frontière de l'Est, pour de là regagner leurs foyers en chemin de fer.

Toutes ces troupes forment un total de sept corps d'armée, et à raison de 30,000 hommes par corps, un effectif de 210,000 hommes. »

— Les Prussiens qui ont au plus haut degré le culte des morts viennent, avant de quitter Provins, de faire poser des croix sur les tombes de leurs camarades décédés ici, ainsi que sur celles des officiers et soldats du 3ᵉ d'infanterie Wurtembergeoise enterrés dans le cimetière de la ville basse à la suite du combat de Nogent, le 25 octobre 1870.

De petites plaques avec inscriptions rappellent les noms et grades de chacun des décédés. Une grande croix en fer ornée de la croix du Mérite militaire de Prusse, occupe le centre du carré (1) et porte la mention suivante peinte en caractères allemands :

Den hier ruhen den Deutchen, Kriegern gemidmet,
Von Kameraden.

Ce qui peut se traduire ainsi :

A LA MÉMOIRE DES GUERRIERS ALLEMANDS QUI REPOSENT ICI,

« *Elevé par leurs Camarades* »

Que le vieux sol Provinois soit léger à ces étrangers qui dorment sur la terre de France, où, selon leur devise, ils sont tombés « *avec Dieu, pour le Roi et la Patrie !* »

Il n'y a plus d'ennemis après la mort... Salut aux mânes de nos adversaires d'hier.

— A deux heures après midi, les rues de Provins prennent un aspect inaccoutumé, un brouhara assourdissant frappe toutes les oreilles, les Prussiens fourmillent de tous côtés, effarés, pressés ; le général Malachowski vient de recevoir par télégramme l'ORDRE DE COMMENCER L'ÉVACUATION DE LA VILLE DEMAIN MATIN.

Le départ des colonnes s'effectuera en trois jours ; nos gar-

---

(1) Plus tard, en exécution de la loi du 4 avril 1873, sur la concession à perpétuité et l'entretien réciproque convenus entre la France et l'Allemagne, pour l'entretien des sépultures des soldats morts pendant la guerre de 1870, les restes de tous les Allemands décédés à Provins ont été réunis dans une fosse commune entourée d'une grille et creusée tout au bout, à droite de l'allée principale du cimetière.

nisaires se rendront par étapes à Nancy ; là, ils prendront le chemin de fer pour rentrer en Prusse.

Ils sont dans une joie indescriptible !... La nôtre est plus **grande encore** !...

Lundi 12 Juin. — Les Allemands partent... A six heures du matin, un bataillon du 63ᵉ régiment d'infanterie et le 6ᵉ régiment d'artillerie sont rangés en bataille de la place Saint-Ayoul à la place du Val. Après un simulacre de revue passée par le général, l'ordre du départ est donné, les fantassins se forment par section en ligne, mettent le fusil sur l'épaule *gauche* et la colonne s'ébranle aux accords de la musique jouant la grande *Marche de Duppel*, que les soldats accompagnent en chantant.

L'arrière-garde de la colonne emmène avec elle les deux jeunes gens d'Everly, Châtelut et Touzard, condamnés à la prison pour avoir frappé un soldat prussien (1).

— Dans l'après-midi, le 6ᵉ bataillon de chasseurs de Silésie (chasseurs verts) qui a évacué ce matin les communes des cantons de Nangis et Donnemarie, arrive à Provins où il doit faire séjour.

Les bataillons de chasseurs de Silésie, dont l'effectif est de 2,500 hommes, sont des corps d'élite organisés à la manière de nos chasseurs à pied ; les hommes, tous de taille moyenne et alertes, sont armés de carabines bronzées, à double détente et dont le canon est de forme octogone (huit pans).

Une des principales conditions pour être incorporé dans ces bataillons, est d'exercer une profession libérale ou indépendante : les domestiques, les manouvriers ou les ouvriers de culture n'y sont pas admis, paraît-il.

Mardi 13 Juin. — Provins est le siège d'une grande concentration de troupes. Les régiments du 6ᵉ corps ont l'ordre de s'y rallier, aussi la ville prend aujourd'hui l'aspect d'une place de guerre à la veille d'une bataille. Infanterie, cavalerie, artillerie, génie, pontonniers, ambulances défilent tour à tour et établissent leur campement provisoire sur tous les points : au Quartier, à

---

(1) Nos deux compatriotes ont été emmenés jusqu'à Nancy, ils ne furent rendus à la liberté qu'après avoir accompli entièrement la peine que leur avait **appliquée le conseil de guerre allemand**.

la Gare, à l'Emprunt du chemin de fer, sur le Petit-Terrain de manœuvres, sur les Remparts et sur la place du Marché-Neuf.

En regardant passer ces régiments qui se succèdent, marchant avec une précision à rendre des points à notre bataillon de Saint-Cyr, un observateur impartial doit reconnaître que l'armée allemande est une machine gigantesque parfaitement organisée et sur laquelle, au début de la guerre, la plus grande partie de nos généraux français paraissaient n'avoir qu'une bien vague idée, pour ne pas dire qu'ils ne la connaissaient pas du tout.

Tous ces bataillons qu'on nous dépeignait se mouvant lourdement, sont au contraire d'une vigueur alerte. Que les files restent toujours serrées, que les jambes s'emboîtent exactement les unes dans les autres, qu'on n'entende qu'une botte frappant le sol, cela ne surprend guère, c'est de la méthode ; ce qui étonne, c'est l'allure de ces fantassins : les pieds se lèvent lestement et assez haut, les mollets sont tendus arqués au dehors, le corps et la tête toujours droits. Un bataillon allemand est comme une cote de maille très serrée, très forte, mais en même temps légère et souple, dont chaque anneau a dû coûter beaucoup de peine à forger et à polir, et dont l'ensemble est un chef-d'œuvre.

Le régiment d'infanterie, se compose de trois bataillons (douze compagnies) ; les quatre premières forment le premier bataillon : *les grenadiers ;* les 9°, 10°, 11° et 12° forment le bataillon de *fusillers ;* les soldats de ce bataillon portent des buffleteries noires ; les 5°, 6°, 7° et 8° compagnies forment le bataillon de *mousquetiers*, les hommes portent des buffleteries blanches comme les grenadiers.

La compagnie compte 223 hommes (sans les officiers) dont 24 gefreites, 20 sous-officiers, 6 tambours ou clairons, un aide d'ambulance, deux soldats du train avec deux chevaux, deux porteurs de blessés. Quarante pelles, pioches ou haches sont portées par les hommes dans des gaines de cuir.

La compagnie est commandée par un capitaine chef de compagnie, il est à cheval, et a sous ses ordres un premier lieutenant et trois lieutenants en second.

Le bataillon d'infanterie est fort de 1,043 hommes y compris 22 officiers. Il y a 69 officiers dans le régiment sans les 6 médecins et le payeur.

Le régiment d'artillerie prussienne se compose de 15 batteries avec 70 officiers et 2,133 hommes.

Le régiment de cavalerie ne mobilise que quatre escadrons à 150 hommes ; il ne compte que 23 officiers.

Un mot sur le costume : Le fantassin porte la petite botte à mi-jambe. Cela doit être préférable au *godillot* français sur lequel nos généraux et nos intendants (ceux qui n'en usent pas, comme toujours, et traitent le sujet comme un aveugle parle des couleurs) ont beaucoup discuté pour ou contre. Tout ce que peuvent dire ceux qui ont porté le godillot, c'est que la guêtre n'adhère jamais assez pour préserver le pied de l'eau et de la boue ; marche-t-on dans un marécage ou un terrain détrempé, le sous-pied usé est exposé à se détacher, comme nous l'avons vu cent fois durant l'hiver 1870-71, et voilà le fantassin dans une précaire situation inconnue avec la demi-botte.

Le soldat allemand est habillé avec soin : sa tunique est bien ajustée, son pantalon n'est pas trop large ; il a trois coiffures, le casque en cuir bouilli (grande tenue et tenue de campagne), la casquette (tenue de service), et la toque (petite tenue).

Le costume des officiers, même des officiers généraux, diffère très peu de celui de la troupe : la casquette est la même, point de galons, fort peu d'épaulettes. Quand un général d'infanterie porte sa capote, son grade ne se reconnaît qu'à la bande rouge du pantalon. On n'est pas plus austère.

Dans la cavalerie, les hussards seuls (comme les hussards de toutes les nations du reste) ont du galon. Les hussards allemands sont cousus des pieds à la tête de broderies, passementerie et chamarres, mais l'uniforme des autres armes est d'une sévère simplicité. En tout cas, comme le costume de l'officier et celui du soldat sont à peu près pareils, sur le champ de bataille et à quelque distance, on ne doit pas aisément les distinguer ; ainsi les chefs allemands ne se signalent pas inutilement à l'ennemi...

L'armée allemande possède encore beaucoup de choses qu'on devrait bien introduire dans la nôtre. Il faut citer entre autres la *marmite de campagne*, cet ustensile paraît énorme lorsqu'on ne fait que de le voir attaché sur le sac du fantassin où à la selle du cavalier, mais sa disposition intérieure est des plus pratiques ; la marmite est séparée en quatre compartiments, de façon qu'une fois installée au feu, on peut faire à la fois cuire la viande, bouillir la soupe, le café et chauffer de l'eau. Chaque soldat a sa marmite et ses vivres particuliers, de cette façon il est toujours sûr de manger. Chez nous, les vivres et ustensiles sont répartis entre les hommes de l'escouade, l'un porte la viande, un autre le sel, un autre le café, un autre la marmite. Après un combat, si un des hommes manque à l'appel, l'escouade est privée de ce qu'il portait.

Une autre innovation qui doit être fort utile aussi, c'est la petite plaque de fer blanc sur laquelle le nom du soldat et celui de son pays natal sont repoussés, et que tous les hommes portent cousue sous le plastron de la tunique. Après une bataille, lorsqu'on fait le relevé des morts et qu'un soldat n'a plus son sac ni son livret, ce qui arrive souvent, avec la plaque on établit de suite son identité.

Sans les incorporer dans ses rangs, l'armée allemande n'exempte pas de service, comme cela se fait en France, les individus ayant subi des condamnations infâmantes. En temps de paix, ils sont assignés à des compagnies spéciales. On les reconnaît à ce qu'ils ne portent pas à leur casquette la cocarde nationale qui décore celles de tous les soldats, et ceux qui ont subi les travaux forcés ont un petit anneau de fer rivé à l'oreille droite. En temps de guerre, les condamnés libérés sont désignés pour les expéditions dangereuses, ils creusent les tranchées sous les feux de l'ennemi, forment les postes avancés, etc., etc. En un mot, on leur procure les moyens de se réhabiliter tout en exigeant d'eux qu'ils paient le service que tout citoyen doit à son pays.

Mercredi 14 *Juin*. — A six heures, le général de Tumpling, deux colonels, l'intendant Jacobi, tout le personnel de son administration qu'il avait installée dans la maison de M. Remy, près le Quartier, le 5ᵉ dragons Rhénan et le 23ᵉ régiment d'infanterie prussienne qui fait partie de la garnison de Provins depuis le 16 mars, quittent la ville. Les chasseurs de Silésie arrivés avant-hier, les suivent ainsi que quatre batteries du 6ᵉ régiment d'artillerie de campagne, et le 6ᵉ régiment de uhlans (Thuringe).

Les aumôniers militaires, catholiques et protestants, qui chaque dimanche célébraient les offices de leur culte respectif à Provins depuis le premier jour de l'occupation, prennent également la route d'Allemagne. Le pasteur protestant, un personnage roux, long et sec, aux yeux fauves qu'il cache derrière des lunettes bleues, suit la colonne, monté sur un cheval ; son aide, son sous-diacre, l'accompagne, il est aussi à cheval, et de grosses valises bourrées jusqu'au fermoir des objets servant au culte, pendent de chaque côté de sa selle, accrochées en compagnie d'une paire de poulets.

Un souvenir de France moins fragile à emporter qu'une pendule, ces poulets !... Le coq, un gaulois non dégénéré, a dû protester contre son rapt et lutter avec son ravisseur, car il a le cou à moitié déplumé. — Honneur au courage malheureux !.....

— A midi, arrivée de trois bataillons du 62ᵉ régiment d'infanterie qui viennent du canton de Donnemarie, rejoindre la portion du corps cantonné ici et avec laquelle ils partiront demain.

— Ce matin, après le départ des garnisaires, beaucoup d'habitants de Provins se sont aperçus qu'ils avaient été victimes de différents larcins : aux uns il manquait du linge, à d'autres des menus objets, montres, bagues, porte-monnaie, couteaux, brosses, peignes, etc., etc., jusqu'à un tuyau de clyso-pompe pris chez Madame Dupré-Verrine ! On ne compte pas les friandises ni les bouteilles de vin qu'ils ont chipées pendant leur séjour, l'énumération en serait trop longue.

Partout les Allemands se sont conduits de la sorte.

Le *Petit Journal* rapporte qu'à Donnemarie, trois soldats prussiens se sont empoisonnés par gloutonnerie avec le contenu d'une bouteille dérobée à la pharmacie de M. Prudhomme.

On est étonné d'une seule chose, c'est que ces cas d'empoisonnement n'aient pas été plus nombreux. On ne peut pas se figurer, en effet, ce que les estomacs de nos voraces ennemis ont ingurgité : il est vrai que comme gourmets nos envahisseurs n'étaient pas d'une délicatesse exquise. Tout le monde, à Provins, a pu en voir beaucoup qui, avec leur pain, mangeaient des harengs saurs, tout crus, sans les montrer au feu et sans en jeter ni la tête ni les arrêtes.

A Fontainebleau, un jour de grand passage, le jour où le menaçant colonel du 3ᵉ régiment de dragons de réserve disait au Maire de la ville, que ses hommes n'avaient pas été polis *par ordre* et qu'ils pourraient l'être moins encore une autre fois, un de ces sauvages qui avaient envahi les magasins et vidaient les fioles au hasard, a bu de l'eau de javelle chez un épicier. Quelques nausées suivies d'une restitution l'ont eu bien vite soulagé, puis il s'est remis de plus belle à boire et à manger.

Chez un pharmacien, les Prussiens ont absorbé une préparation à l'eau de Cologne qu'ils ont trouvée excellente. Un autre jour, ils ont avalé avec délices, chez un carrossier, une bouteille de vernis à l'esprit de vin.

On n'en finirait pas, dit le *Petit Journal*, si l'on voulait établir le catalogue de tout ce qu'ils ont absorbé. Tout leur était bon, pourvu que ce fût volé, et le cas n'était pas rare.

Ils n'avaient pas leurs semblables pour fureter partout. A Nangis, dans une maison où ils étaient logés, quatre soldats trouvèrent, dans une boîte en forme de tabatière, de la poudre de charbon pour les dents ; aussitôt, croyant faire une farce au propriétaire, ils se font force politesses et se bourrent le nez de ce produit. Si encore, par ses qualités désinfectantes, le charbon avait pu neutraliser l'affreuse odeur qu'ils laissent après eux.

Jeudi 15 *Juin*. — Les dernières troupes allemandes quittent la ville.

A cinq heures, les compagnies des 18ᵉ, 38ᵉ et 51ᵉ régiments d'infanterie, ainsi que le 2ᵉ détachement de santé et le 6ᵉ bataillon du train, campés tous dans les villages voisins, étaient déjà arrivés et alignés sur la place Saint-Ayoul, attendant le signal du départ qui leur a été donné, à six heures moins cinq minutes, par le général Malachowsky, lequel a voulu être le dernier à sortir de la place de Provins, qu'il commandait.

Le défilé du matériel et des bagages a duré plus d'une heure. A sept heures et demie, le dernier fourgon prussien traversait le pont de la porte de Courloison et s'engageait sur la route de Villiers-Saint-Georges. C'est les larmes aux yeux et la rage au cœur que nous avons constaté que nos prolonges d'équipages, celles qui avaient appartenu aux voltigeurs de la garde impériale et portaient encore la date : « Metz, 15 octobre 1870, » servaient à nos ennemis pour leurs transports.

L'arrière-garde de la colonne était formée du 62º régiment d'infanterie, d'un bataillon du 63º et du 15º régiment de dragons.

L'excellente musique du 62º, qui avait joué presque tous les jours sur les places de Provins depuis le 22 mars, date de la fête de l'empereur Guillaume, mais sans attirer un seul auditeur civil, se fait encore entendre pendant toute la traversée de la ville. C'est le cas de répéter ce qu'écrivait en 1815, dans une circonstance analogue, au départ des Alliés, un historien Provinois, l'abbé Pasques : « Ils nous rendent du *son* pour de la farine. »

L'état-major se mit en route à huit heures. Arrivés au-dessus de la tuilerie de M. Dauptain, dans la côte de Saint-Syllas, le major-général Malachowsky et le lieutenant-général de Gordon s'arrêtèrent pour contempler une dernière fois le magnifique panorama qu'offrent au soleil levant les vallées et les plateaux qui environnent Provins. Dix minutes plus tard, le groupe d'officiers généraux et les cavaliers d'escorte poussèrent des « hurras, » prirent le galop et disparurent dans un nuage de poussière.

— *Neuf heures du matin.* — Enfin..., nous voilà débarrassés... L'évacuation de Provins est maintenant un fait accompli.

Les Allemands sont partis. On respire plus librement, chacun est soulagé.

On arrache et on brise en morceaux le grand tableau portant l'inscription « *Commandature* » accroché au balcon de l'Hôtel-de-Ville, et on y arbore de suite le drapeau tricolore. Beaucoup d'habitants en font autant aux fenêtres de leurs maisons.

A la vue de nos couleurs nationales cachées depuis si longtemps à nos regards, la joie de toute la population éclate et les cris de : *Vive la France!* retentissent partout d'une façon si formidable que l'arrière-garde allemande aurait pu les entendre.

Ce soir, tout l'arrondissement de Provins doit être complètement évacué.

Il est difficile à ceux qui ne l'ont pas subie, de se faire une idée des souffrances morales endurées par nos populations pendant cette funeste invasion.

Cette promiscuité périlleuse du vainqueur et du vaincu avait quelque chose d'atroce qu'on ne peut définir. Partout la lourde botte ferrée, le sabre qui sonnait, le casque qui reflétait notre soleil. Partout des faces étrangères qu'épanouissait le sourire du triomphe arrogant. Partout les instruments de notre ruine, les témoins de notre honte et le rire tudesque.

Toute la journée, la fréquentation des garnisaires avec leurs hypocrites protestations auxquelles on répondait par des soins hypocrites, parce qu'on les craignait : ils étaient les maîtres.

Et le soir, dans l'ombre, on se rongeait les poings, on s'enfonçait, pour ne pas rugir, les ongles dans la poitrine et l'on se demandait avec désespoir si ce martyre devait avoir un terme.

Hélas! ce martyre commencé le 12 septembre 1870, a duré pour Provins, **neuf mois et quatre jours,** une éternité... Il va continuer maintenant pour nos malheureux voisins de l'Est (de la Marne à la frontière). Qui sait pour combien de temps encore !...

Deux ou trois jours après le départ des Allemands, lorsque le premier moment d'émotion est tout à fait calmé, une préoccupation vient de nouveau assombrir les fronts.

Si par un caprice imprévu les Prussiens allaient revenir !...

On n'ignore pas que Provins et son arrondissement ont été évacués par anticipation et que comme tous les territoires situés sur la rive droite de la Seine, ils sont encore, administrativement, réputés *occupés*, bien qu'ils ne le soient plus effectivement.

Nos voisins de Coulommiers, Meaux et Melun possèdent toujours leurs garnisaires et on ne prévoit pas encore l'époque au juste où Seine-et-Marne sera complètement libre.

Bien que la satisfaction de la population de Provins d'être délivrée, soit tempérée par le doute et l'appréhension de voir réapparaître l'ennemi, chacun se remet à l'œuvre pour ramener le calme et la vie ordinaire qui manquent depuis si longtemps.

Dimanche 18 *Juin.* — On procède à des élections pour remplacer au Conseil municipal MM. Plessier et Charbaut : le premier, qui est le beau-frère de M. Lebeau, ne peut siéger et son élection a été annulée ; le second est démissionnaire. Sur 1,766 électeurs inscrits, 887 seulement se présentent aux urnes ; il n'y a pas de résultat.

Les candidats sont MM. Pécullier, avoué ; Percheron, huissier ; Lefrançois, avoué ; Verrier, vétérinaire, et Longuet, cultivateur, qui se porte en remplacement de M. Antoine Cruel, lequel représentait depuis vingt-deux ans au Conseil les habitants de Fontaine-Riante.

Dimanche 25 Juin. — Après une lutte très vive où les circulaires et les professions de foi des candidats ont donné lieu à une polémique corsée dans les journaux de la ville, on procède au deuxième tour de scrutin. 1,500 électeurs votent : MM. Pécullier (492 voix) et Percheron (461) sont élus.

M. Verrier obtient 458 suffrages, M. Lefrançois 448 et M. Longuet 68.

Mardi 27 Juin. — Afin de parer aux charges générales résultant de la guerre et hâter le plus vivement possible la libération du territoire, le Gouvernement ouvre une souscription pour un Emprunt national de **deux milliards.**

Le nombre des souscripteurs dans le département de Seine-et-Marne a été de 8,155, se répartissant ainsi par arrondissement :

Melun, 1,876 — Coulommiers, 622 — Fontainebleau, 1,777 — **Provins, 2,987** — Meaux, 1,491.

Le total des rentes souscrites s'élève à 2,470,490 francs. Par suite, le capital souscrit est de 40,763,085 francs. Les versements opérés en billets ou numéraire sont de 11,398,426 francs 86 centimes.

Pour l'arrondissement de Provins, on relève les résultats suivants : 2,987 souscripteurs, dont 1,887 à la Recette des finances et 1,100 chez les percepteurs, dans les communes. — Rentes souscrites : 159,220 francs, dont 107,265 francs à la Recette et 51,955 francs chez les percepteurs. — Capital souscrit : 2,627,130 francs. — Argent versé comptant : 670,192 francs 12 centimes à la Recette et 480,336 francs 17 centimes chez les percepteurs.

Au total, 1,150,528 francs 90 centimes pour la souscription de l'arrondissement de Provins.

Dans la nuit, le télégraphe a annoncé à Provins que l'Emprunt de deux milliards était couvert deux fois et demi et la souscription fermée.

Que vont penser de ce résultat MM. les Allemands?...

Le trio Guillaume, Bismarck et de Moltke, ces généreux et sensibles compères, qui faisaient chorus pour nous écraser et empêcher de longtemps le relèvement de notre nation, doivent regretter maintenant de s'être arrêtés à *cinq milliards* pour la rançon de la France.

Nos ennemis ont dû singulièrement méditer deux jours plus tard en lisant les paroles suivantes prononcées à la tribune de l'Assemblée nationale par le Président, M. Jules Grévy :

« L'Etat avait demandé 2 milliards à la France ; la France
« a répondu par une offre de près de 5 milliards.

« Un pays qui, au lendemain de tant de désastres, sait tirer
« de son sein de telles ressources, est toujours la Grande Nation.
« Les revers ont pu la courber, ils ne l'ont point abattue. Il
« dépend de ceux qui la dirigent qu'elle reprenne bientôt la
« grande place qui n'a jamais pu cesser de lui appartenir. »

JUILLET.

Lundi 3 Juillet. — Les armées ennemies occupaient le tiers de la France lorsque l'Assemblée nationale se réunit à Bordeaux le 8 février 1871. Les ruines accumulées par la guerre appelaient une réparation immédiate. Aussi dès ses premières séances et avant même que la paix fût définitivement signée, l'Assemblée s'occupa-t-elle des mesures à prendre dans ce but. Sur la proposition d'un grand nombre de ses membres, elle chargea huit commissions, de quarante-cinq députés chacune, de dresser l'état des ressources de la France.

Une de ces commissions eut pour mission spéciale de rechercher et de faire connaître à l'Assemblée la situation des départements envahis.

Elle invita les Conseils municipaux de toutes les communes intéressées à rédiger un état de tous les dommages résultant de l'invasion.

Ce travail est maintenant terminé partout, et aujourd'hui, à deux heures après midi, la Commission instituée par le Gouvernement pour examiner et contrôler les réclamations des communes du canton de Provins, s'est réunie à l'Hôtel-de-Ville,

A cette réunion assistaient MM. Louis Michaud, conseiller général; Bourgeat et Delondre, conseillers d'arrondissement; Victor Arnoul, président de la Chambre d'Agriculture; de Neuilly d'Eberstein, juge de paix; Renon, percepteur de Chenoise, et les Maires des 14 communes du canton.

M. Louis Michaud a été nommé président et M. Delondre, secrétaire.

Il résulte du travail de récapitulation de la Commission que, pour le canton de Provins, le montant total des réquisitions, contributions et pertes de toute nature, relevées jusqu'au 2 mars 1871 seulement, s'élève à la somme de **268,402 francs 64 centimes,** dont 152,173 FRANCS pour la ville de Provins.

Dans ces chiffres, les frais d'occupation allemande, calculés suivant les instructions du Gouvernement, à raison de 20 centimes par homme et 20 centimes par cheval, se montent, pour le canton, à 84,582 francs, et pour la ville de Provins seule à 33,000 francs.

Les réquisitions en nature, estimées en argent, ont atteint, pour les 14 communes du canton, la somme de 52,311 francs 29 centimes.

En ce qui touche le logement des troupes chez l'habitant, cette charge ayant pesé sur tous dans des proportions incalculables, à Provins comme partout, les Commissions ont écarté sur ce point toute demande d'indemnité.

Le département de Seine-et-Marne vient le troisième (après Seine-et-Oise et la Seine) dans la liste de ceux qui ont le plus souffert de l'invasion et de l'occupation allemande.

Depuis le 12 septembre 1870 jusqu'au 2 mars 1871, il a payé à l'ennemi ou éprouvé des dommages pour une somme de **cinquante-cinq millions** 123,880 francs 98 centimes (1), savoir :

Contributions de guerre	1.916.119 fr.	82 c.
Impôts perçus par les Allemands	1.321.217	61
Réquisitions de toute nature	26.066.496	74
Dégâts et pertes par suite d'incendie ou autres causes	12.011.926	72
Valeurs, titres, meubles et objets mobiliers enlevés sans réquisitions	13.808.120	59
	55.123.880	98

(1) Une somme de 227,383 fr. 34 c. de contributions et impôts payés aux Allemands, après le 3 mars, date de la signature de la paix, est comprise dans ce total.

Lundi 10 *Juillet*. — En Allemagne comme en France, on sait maintenant ce qu'a coûté la guerre. Les journaux officiels des deux nations publient chaque jour des statistiques curieuses, mais douloureuses à constater pour nous.

Le dernier bulletin rédigé par le grand état-major prussien contient de nombreux détails sur les différents services de l'armée :

Ainsi le 1er août 1870, c'est-à-dire quinze jours après l'ordre de mobilisation, la Confédération de l'Allemagne du Nord avait réuni sur le Rhin, prêts à commencer les hostilités, 950,000 hommes armés, équipés, nourris et pourvus de 196,000 chevaux.

En ajoutant les contingents de l'Allemagne du Sud, qui étaient prêts aussi, les armées allemandes pouvaient, dès le début de la campagne, fondre sur l'armée française avec 1,236,000 hommes et 222,000 chevaux (1).

Le nombre des soldats allemands qui ont passé la frontière et envahi la France au mois d'août 1870, a été de 780,723 ; pendant le cours de la guerre, 222,762 hommes ont été envoyés de l'intérieur comme renforts, ce qui porte le chiffre des troupes d'invasion à UN MILLION 3,485 soldats. L'effectif moyen des troupes restées en Allemagne a été de 400,000 hommes.

En octobre, les armées allemandes comptaient 1,210,000 hommes ; en novembre, 1,217,000 ; en décembre, 1,245,000 ; en janvier, 1,312,000 ; en février, 1,350,000.

Au mois de mars, à l'expiration de l'armistice, l'armée allemande comptait en France 936,915 soldats et 265,000 chevaux.

L'armée qui bloquait Paris a eu un effectif moyen de 180,000 hommes.

Il a été livré 766 batailles ou combats.

A la signature de la paix (3 mars), la perte totale de l'armée allemande s'élevait à 129,700 hommes, soit 40,862 morts et 88,838 blessés.

17,573 Allemands ont été tués à l'ennemi, 10,710 sont morts de suites de leurs blessures, 316 par accidents, 30 par suicide, 6,965 du typhus, 2,000 de dyssenterie, 261 de petite vérole, 159 de fièvre gastrique, 502 de maladie de poitrine, 1,288 de maladie interne, 93 de mort subite et 968 de maladies diverses.

La bataille de Gravelotte (18 août) a coûté 20,159 hommes ; 38 régiments d'infanterie perdirent 204 officiers. La bataille de Mars-la-Tour (14 août) a coûté 16,790 hommes, dont 222 officiers sur 21 régiments d'infanterie engagés. Wœrth, 10,542. Sedan, 3,324. Le siége de Paris, 12,500, et celui de Metz, 5,571.

La bataille la moins meurtrière, surtout en proportion du plus grand résultat, fut Sedan.

Quant aux grades, il est mort 11 généraux, 24 colonels, 19 lieutenants-colonels, 77 majors, 277 capitaines, 1,082 lieutenants en premier et en second, 168 vice-feldwebel, 163 officiers aspirants de ligne, 3 aumôniers, 25 méde-

---

(1) Forces fantastiques qu'on n'aurait pu assembler, pourvoir et mouvoir, autrefois, au temps où il n'y avait pas de chemin de fer, en moins de quatre à six mois. — LECLERT-MAUZIÉ : *Statistiques des Pertes des Armées allemandes*.

cins, 7 employés militaires. Le nombre des officiers de landwehr compris dans les chiffres ci-dessus est de 53.

La consommation des munitions a été de 362,662 coups de canons de campagne, et de 30 millions de cartouches. La consommation la plus forte a été celle du 3ᵉ corps, à Mars-la-Tour, dont les 25 bataillons engagés ont usé 720,000 cartouches, et les 15 batteries d'artillerie 10,500 gargousses.

Un relevé qui est plein d'un douloureux intérêt pour nous, est celui des trophées conquis sur la France :

107 drapeaux et fanions, 7,441 pièces de canons de tous calibres et 873,000 fusils et pistolets sont passés aux mains des Allemands.

Durant toute la campagne, il a été capturé 50 aigles et 20 drapeaux. A Wœrth, 2 aigles; à Sedan, 1 aigle et 2 drapeaux; à Toul, 1 aigle; à Metz, 53 aigles et drapeaux; à Dreux, 1 drapeau; à Epuisy, 1 drapeau; devant Le Mans, 2; à Rocroy, 1; à Amiens, 2; à Longpré, 3; à Moulineaux, 3; à Danjoutin, 1; à Villersexel, 2 aigles; à Langres, 1 drapeau; autour de Pontarlier, 3; près de Belfort, 2. Les autres drapeaux et fanions ont été remis lors du désarmement de différentes places.

Quant aux canons, à Sedan il en a été pris 480; à Toul, 197; à Strasbourg, 1,670; à Metz, 511; à Thionville, 200; à Longwy, 200; à Paris, 1,959.

Il a été capturé de plus 171 mitrailleuses.

Sans compter la garnison de Paris, qui comprenait 200,000 hommes, 383,341 prisonniers ont été envoyés en captivité en Allemagne.

Aux célèbres batailles de Vionville et de Gravelotte, il n'a été fait respectivement que 2,036 et 3,000 prisonniers; pas un canon n'a été pris.

A Strasbourg, 17,000 prisonniers; à Metz, 173,000; au Mans, 25,000; à Pontarlier, 15,000; à la capitulation de Sedan, 84,433; à la bataille près Sedan, 25,000; à Orléans et à Saint-Quentin, chaque fois, 10,000. Ce sont là les journées où il en a été fait le plus.

Voilà la statistique relevée avec soin par le grand état-major allemand. Les chiffres brutaux sont là qui nous montrent l'étendue de nos désastres. Pour des cœurs français, c'est un douloureux calvaire à parcourir; mais il est utile de le faire pour juger et se souvenir.

Pour la France, voici l'état de nos pertes, d'après un état publié à l'*Officiel* :

89,000 hommes ont succombé sur les champs de bataille ou par suite de leurs blessures.

26,000 à Reischoffen, à Forbach et autour de Metz; 10,000 à Sedan, 17,090 à Paris, 22,000 à l'armée de la Loire, 8,600 aux armées de l'Est, 3,500 à l'armée du Nord. Enfin le reste aux sièges de Strasbourg, Toul, Bitche, Belfort, etc.

Le traité de paix nous impose la perte de l'Alsace et de la Lorraine, plus 5 milliards qui seront payés comme rançon à l'Allemagne. — 2 milliards ont été dépensés au cours des hostilités. On estime qu'il faudra consacrer 3 milliards à la reconstitution de notre matériel de guerre : en tout **10 milliards** (1).

Par suite de l'obligation de payer les intérêts de ces 10 milliards, les charges du pays s'augmenteront de 500 millions par an.

Triste bilan !...

———

Jeudi 13 *Juillet.* — En attendant que l'Assemblée nationale vote des indemnités aux victimes de la guerre, les nations étrangères font leur possible pour venir en aide à nos malheureuses provinces dévastées. Des souscriptions publiques sont ouvertes en Angleterre, en Suède, en Italie, en Russie et jusqu'en Amérique. La Suède a déjà envoyé 195,000 francs à la Société des Agriculteurs de France ; l'Italie vient de faire parvenir 50,000 francs pour l'achat d'instruments agricoles, enfin de Saint-Pétersbourg, on annonce l'envoi de 300,000 francs et d'une grande quantité de semences et objets de toutes sortes.

La Société anglaise de secours pour les départements envahis, a mis à la disposition de M. Othenin d'Haussonville, député de Seine-et-Marne, une somme de 12,000 francs dont elle l'a chargé d'opérer la répartition entre les communes de l'arrondissement de Provins, qui ont le plus souffert de la guerre.

Sur la demande du député, on s'est occupé aujourd'hui à la Sous-Préfecture, de désigner deux délégués par canton auxquels on confierait le soin de cette répartition.

———

Vendredi 14 *Juillet.* — La grande nouvelle du jour, celle dont on cause partout en ville, est l'apparition d'une brochure de M. Evariste Bavoux, intitulée : *Les Causes de la Guerre, Solution à la crise actuelle.*

La solution que propose l'ancien député de Provins, plus tard conseiller d'Etat de l'Empire, est renfermée dans cette question : Le *plébiscite* ou l'appel au peuple n'est-il pas la forme la plus propre à fixer nos destinées ?...

———

(1) A la suite de la seconde invasion, le 23 avril 1815, « nos libérateurs, les Alliés, recevaient par la Convention de Paris, 52 places fortes, 12,000 canons, 43 vaisseaux de ligne, 30 frégates et un milliard d'approvisionnements divers !!! »

Napoléon III n'a rien à envier à son oncle Napoléon Ier.

Un de nos concitoyens qu'on ne taxera pas de convictions républicaines trop avancées, M. Aug. Lenoir, dit à ce sujet dans le *Journal de Provins :*

« Le parti bonapartiste, **oubliant que la légende napoléonienne est bien morte à Sedan,** ne cesse cependant pas d'en appeler au suffrage universel qui, par trois fois, a si favorablement répondu à l'Empereur tombé. »

Pour tous les Provinois qui connaissent le passé de M. Bavoux, il n'y a rien qui étonne dans ses nouveaux agissements. N'a-t-il pas été un des plus ardents promoteurs de la guerre, un des auteurs de la terrible leçon infligée aux électeurs français qui ont eu confiance dans le plébiscite du 8 mai, et auxquels on disait :

« Voter OUI, c'est à l'intérieur la liberté sans désordre, à l'extérieur la sécurité *sans la guerre !* »

Dans la préface d'une brochure qu'il fit paraître au commencement de 1870, sous le titre : *La Prusse et le Rhin*, l'ancien député de Provins parlant des préoccupations que causait à certains personnages politiques la question des frontières de l'Est, a écrit :

« J'ai longtemps hésité à publier ces quelques pages, mon hésitation tenait à la crainte de contrarier, de gêner peut-être le gouvernement de l'Empereur que j'aime et que je sers avec autant de fidélité que de conviction.

L'Empereur, à l'ouverture de la session législative du 18 janvier 1869, proclamait hautement son désir de maintenir la paix. Avec sa nature généreuse et chevaleresque, le souverain a raison d'invoquer l'harmonie générale comme l'espérance suprême. Mais à quelles conditions est-elle possible ?

L'intérêt public, si sagace, si fin, si infaillible, est là pour répondre de ses doutes par ses incertitudes à ces questions complexes, mystérieuses, indéfinissables qui préoccupent aujourd'hui l'opinion publique.

Qu'on l'avoue ou qu'on ne l'avoue pas, la solution à cet état de choses, c'est sur les rives du Rhin *qu'il faut aller la demander à la Prusse.*

C'est là que je suis allé cette année encore la chercher avec anxiété.

C'est là que je crois l'avoir trouvée, ou tout au moins aperçue. Puisse le patriotisme, puisse la fortune de la France, en assurer le succès.

. . . .

D'ailleurs, cette vie au jour le jour, stérile, inféconde, n'est pas digne d'une nation puissante et courageuse comme la France, d'un gouvernement puissant et courageux comme l'Empire.

A ces inspirations d'un patriotisme, selon moi sage dans son énergie, pourquoi ne pas ajouter une considération à mes yeux sérieuse ?

Les anciens partis n'ont jamais désarmé en France, et même les libertés nouvelles loin de les calmer leur ont fourni des armes plus acérées, mieux fourbies au combat.

. . . .

La guerre, ce terrible fléau si souvent inévitable dans la vie des nations, la guerre commandée, soutenue, il le faut, par des sympathies nationales, offre du moins cette consolation morale *de rallier les opinions dissidentes*, d'éteindre, d'étouffer les misérables querelles, les divisions intestines. Et sans conseiller un remède héroïque plus grave et plus redoutable que le mal lui-même, il est permis d'entrevoir dans cette épreuve suprême des combats, si jamais elle devenait nécessaire, une de ces conséquences forcées, une de ces consolations patriotiques : l'union du pays dans un sentiment commun. »

Plus loin, M. Bavoux ajoute encore :

« Vienne l'heure prévue par tous et vous verrez cette France, si pacifique aujourd'hui, se lever tout entière pour la revanche, saisie de ce frisson électrique qui la met sur pied comme un seul homme.

Qui ne se rappelle ce mouvement national soulevant toutes nos populations, les précipitant avec enthousiasme autour du souverain quand il quittait Paris pour la guerre d'Italie, jusque-là pourtant si contestée!

Que serait-ce donc contre la Prusse, au souvenir brûlant de 1815.....

Vienne le signal du départ et vous verrez l'entraînement de nos phalanges, vous verrez notre héroïque armée qui aujourd'hui surtout est aussi formidable qu'incomparable. Cet élan vous le partagerez tous, amis ou adversaires politiques, tous vous bénirez du fond de votre conscience, si ce n'est de votre cœur, la Providence et le souverain qui vous auront donné cette grandeur et ce repos. »

Quand on a tenu un pareil langage et surtout quand on l'a écrit et qu'on peut constater ce qui est advenu, il ne devrait plus y avoir qu'un parti à prendre : courber la tête, se frapper la poitrine et garder le silence.

M. Bavoux, l'ancien député de Provins et l'ancien secrétaire de Ledru-Rollin, en 1848, par sa brochure d'aujourd'hui, a oublié tout cela.

Dimanche 16 Juillet. — Un signe que le calme renaît :

Pour la première fois depuis le 2 août 1870, la Musique municipale de Provins se fait entendre. Nos musiciens ont repris tantôt les concerts qu'ils donnaient habituellement sur les promenades, ils ont été très fêtés ; la population dont les oreilles ont été si longtemps assourdies par les tambours et les fifres prussiens a été sympathique à nos concitoyens, et à diverses reprises elle a témoigné par ses bravos combien elle était heureuse de la distraction qui lui était ainsi ménagée après ses épreuves.

Jeudi 27 Juillet. — On apprend à Provins, de source certaine, que l'occupation du département de Seine-et-Marne par les Prussiens, malgré tous les efforts du chef du Pouvoir exécutif, se prolongera jusqu'au mois de septembre au moins.

L'ajournement du départ des troupes tiendrait au temps

qu'exige le paiement en espèces. Les à-comptes que la France verse entre les mains des autorités allemandes sont payés en espèces métalliques. Les Prussiens, au lieu de peser les sacs, s'obstinent à compter les pièces, et quinze employés ont bien de la peine à arriver, au bout d'un lot de 500,000 francs, en pièces de 5 francs, en un jour. Ce système, d'une déplorable lenteur, a pour effet de retarder le délai d'évacuation.

C'est ce que cherchent les Prussiens.

— Par une décision de M. le Ministre des Finances, c'est un de nos compatriotes, M. Alphonse Fourtier, né à Provins, le 21 juillet 1814, payeur général de l'armée du Rhin, liquidateur de toutes les trésoreries qui ont accompagné les diverses armées ayant opéré depuis le mois d'août 1870, qui est appelé aux fonctions de payeur central du Trésor de France, et comme tel, chargé de liquider la rançon de 5 milliards aux Allemands.

Samedi 29 *Juillet*. — On se liquide partout des charges créées par la guerre.

Tantôt, le Comité de l'ambulance de Provins s'est réuni à l'Hôtel-de-Ville, sous la présidence de M. Cabarrus, sous-préfet, à l'effet d'entendre l'exposé de la situation financière et de déterminer l'emploi à faire des sommes non dépensées et des objets qui ont été laissés à l'ambulance.

Les recettes se sont élevées à 12,697 francs 45 centimes, et les dépenses faites à 2,951 francs 50 centimes. Le comité a décidé que le restant, soit 9,645 francs 95 centimes, serait versé dans la Caisse départementale ouverte en faveur des blessés des armées de terre et de mer, et des victimes de la guerre.

Le linge et les divers objets seront distribués aux établissements de bienfaisance de la ville.

Le Comité, avant de se séparer, a voté des remerciements aux Dames Célestines, et notamment aux Sœurs Sainte-Rosalie et Sainte-Prudence, pour le dévouement avec lequel elles se sont consacrées au service des malades ou blessés français et allemands recueillis à l'ambulance.

Dimanche 30 *Juillet*. — Les gardes nationaux de Provins, convoqués par leur commandant, M. de Salvert, se réunissent au Quartier de cavalerie, pour délibérer sur l'emploi à faire d'une somme de 189 francs remise par l'administration des contributions indirectes, comme part des prises faites sur les contrebandiers en tabac, par les gardes nationaux, les 28 octobre et 1ᵉʳ novembre 1870, ainsi que d'un reliquat de 35 francs provenant d'une quête faite pour l'acquisition de manteaux destinés à abriter les gardes pendant les heures de faction au poste de l'Hôtel-de-Ville.

D'un commun accord, il a été décidé que la somme disponible formerait le premier fonds de la caisse d'une Société de secours mutuels à établir entre les habitants de Provins (1).

Lundi 31 *Juillet.* — Combien les Provinois avaient raison de ne pas se réjouir trop vite et d'appréhender la réapparition de l'ennemi !

Hier, nous avons eu une alerte. Vers une heure après midi, le cri : Les Prussiens !... Les Prussiens !... retentit tout à coup dans nos rues et se propagea en une minute aux quatre coins de la ville.

Notre population était surprise, en effet, par l'arrivée de trois colonnes, de dix hommes chacune, du 4ᵉ régiment de chevau-légers Bavarois. Les officiers arrêtèrent le détachement sur la place du Val et montèrent à l'Hôtel-de-Ville réclamer des billets de logement pour les hommes et les chevaux sans vouloir dire pourquoi, ni pour combien de temps, ils venaient à Provins.

C'est une chose à constater que, durant toute la guerre, les commandants des détachements allemands arrivant dans une commune se refusaient constamment à indiquer d'une manière précise aux Autorités municipales, combien de temps ils devaient séjourner et le nombre d'hommes qu'ils commandaient ; ils en grossissaient souvent le chiffre comme moyen d'intimidation : rarement des billets de logement étaient délivrés.

Bien qu'ils fussent pourvus de leurs vivres de campagne, c'est-à-dire d'une provision de leur fameuse *saucisse aux pois*, la terreur des dyspepsiques et des gastralgiques de la réserve et de la landwer allemande, les Bavarois, à peine arrivés tantôt, firent une réquisition de pain et de charcuterie, on la leur refusa ; ils durent acheter de leurs deniers ce qu'ils essayaient encore de nous soutirer par surprise.

---

(1) C'est la Société qui existe aujourd'hui et compte 176 membres actifs et 112 membres honoraires.

AOUT.

Mardi 1ᵉʳ Août. — Hier, on rencontrait sur les routes et dans les champs, dans un rayon assez étendu autour de Provins, les cavaliers Bavarois arrivés dimanche. Munis de chaînes d'arpentage, de mires et de graphomètres, ils relevaient exactement les chiffres des altitudes et des repères indiqués par le service d'état-major français, aux têtes de ponts et après les Mairies dans les communes, afin de faire les rectifications nécessaires sur leurs cartes avant d'évacuer définitivement Seine-et-Marne.

Ce matin, les Bavarois reprenaient la route de Rozoy, par où ils étaient venus.

Ces 32 cavaliers du 4ᵉ régiment de chevau-légers (le Roi) furent les derniers soldats allemands en armes qui foulèrent le pavé de Provins.

Jeudi 3 Août. — Encore un écrit politique qui fait du bruit dans notre région, c'est la brochure que vient de faire paraître M. le docteur Bonifas, de Chenoise, sous le titre : *La France monarchique et la France républicaine.* La plupart des journaux du département et divers grands journaux de Paris, au nombre desquels *le Temps,* rendent compte de cette brochure dont ils font l'éloge.

M. le docteur Bonifas, qui a été candidat à l'Assemblée nationale aux élections du mois de février est, dit-on, neveu du célèbre Guizot, le ministre de Louis-Philippe.

Dimanche 6 Août. — La ville de Provins, elle aussi, continue à liquider son bilan de la guerre.

Hier soir, à la séance du Conseil municipal, on a examiné les comptes de la Commission dite des Travaux communaux, qui était chargée en même temps de l'acquisition des blés pour l'approvisionnement de la ville.

Au début de la guerre, sur la proposition d'un notable habitant, M. Honoré Curé, président honoraire du Tribunal civil, l'Administration municipale, afin de venir en aide aux souffrances des ouvriers sans travail, par suite de la fermeture de beaucoup d'ateliers, avait décidé l'exécution de divers travaux : construction, réparation ou rectification des chemins des Filles-Dieu, du Plessis, de la Poudrière, de la rampe de Chalautre, etc., etc., et la reconstruction de la Maison d'École communale.

La Commission nommée pour assurer le fonctionnement de ces projets qui furent immédiatement mis à exécution, se composait de MM. Ozeré, Charbaut, Molleveaux, Etienne Prieur, Cruel, Charpentier-Denis, Guerreau, Gennerat et Degois-Lebœuf, quincaillier.

En raison de la situation financière de la ville, on aurait été obligé, dès le mois de décembre, de suspendre les travaux sans l'offre généreuse de notre concitoyen, M. Octave Deroy, meunier, qui avança une somme de 10,000 francs à la ville, prêt dont le Conseil le remercie aujourd'hui.

On se rendra compte des difficultés qu'ont eu à surmonter MM. Molleveaux, Ozeré et Charbaut, qui étaient spécialement chargés de la comptabilité de l'entreprise, quand on saura que la Caisse municipale fut épuisée moins de quinze jours après les débuts. La circulation étant interrompue partout, les entrées en ville ne se faisant plus, les octrois ne produisaient rien. Sur l'avis de M. Molleveaux, on créa une sorte de papier-monnaie que le commerce accepta, des livrets de boulangerie furent délivrés aux travailleurs qui recevaient en pain pour leur famille une partie de leur salaire. N'ayant à sa disposition qu'une somme de 10,000 francs d'abord, et ensuite une autre de 4,000 francs, bien que les opérations se soient élevées à 90.000 francs, la Commission a mené les choses au mieux des intérêts de tous, et le résultat, par suite de la revente des farines non occupées, donne actuellement à la ville un bénéfice de 15,000 francs qui atténuera d'autant les charges existantes.

Le Conseil, appréciant tout le dévouement de la Commission dans l'exécution de son mandat et les soins apportés dans les achats de blés et de farines qui ont eu pour résultat de faire baisser le prix du pain de 40 à 32 centimes le kilogramme et de le maintenir constamment à ce taux (bénéfice dont toute la population a profité) et de procurer du travail aux ouvriers pendant la terrible période traversée, vote à l'unanimité des remerciements à MM. Ozeré, Molleveaux, Charbault, Prieur, Cruel, Charpentier-Denis, Guerreau, Gennerat et Degois.

Des remerciements sont également votés à M. Victor Arnoul, qui a prêté gratuitement son grenier du Griffon pour emmagasiner les blés et farines.

Mercredi 8 *Août.* — L'Assemblée a commencé, avant-hier, la discussion du projet de loi sur les indemnités à accorder aux départements qui ont subi l'invasion.

On a placé sous les yeux des députés le tableau des 34 départements envahis, avec le nombre des communes qui ont été occupées par l'ennemi et le chiffre des pertes évaluées par les commissions cantonales (1).

Départements.	Communes occupées.		Pertes.
Aisne,	803 sur	837	31.091.950
Ardennes,	466	478	40.499.033
Aube,	445	445	10.461.433
Calvados,	47	764	805.886
Cher,	15	29	107.813
Côte-d'Or,	638	717	12.123.687
Doubs,	605	639	7.893.280
Eure,	700	700	12.762.020
Eure-et-Loir,	426	426	28.047.794
Indre-et-Loire,	212	281	6.951.492
Jura,	429	584	9.216.043
Loir-et-Cher,	276	297	20.973.217
Loiret,	336	349	41.861.913
Marne,	666	666	33.987.967
Haute-Marne,	484	550	11.037.382
Mayenne,	50	274	871.748
Meurthe-et-Moselle,	605	605	40.382.000
Meuse,	586	586	34.928.334
Nièvre,	2	232	5.618
Nord,	89	660	2.239.835
Oise,	700	700	19.187.898
Orne,	288	510	5.012.797
Pas-de-Calais,	124	904	2.496.749
Haut-Rhin (Belfort),	106	106	6.640.169
Haute-Saône,	561	583	17.071.374
Saône-et-Loire,	7	588	31.171
Sarthe,	376	386	24.290.920
Seine,	71	71	96.632.635
Seine-Inférieure,	706	759	29.456.282
SEINE-ET-MARNE,	**528**	**528**	**55.123.880**
Seine-et-Oise,	684	684	167.421.829
Somme,	819	833	32.650.180
Vosges,	548	548	9.488.570
Yonne,	432	433	9.332.005

Le montant total des pertes, pour les trente-quatre départements envahis, s'élève à **821 millions 087,980 francs 52 centimes.**

---

(1) Tous les chiffres et les renseignements qui suivent sont de la plus rigoureuse exactitude : ils sont extraits du travail officiel publié par le ministère de l'intérieur sous le titre : *Rapport sur la Réparation des Dommages de l'Invasion*, par M. Henri Durangel, conseiller d'Etat, avec la collaboration de M. Boulan, chef du service de liquidation des dépenses de la guerre. (Paris, Imprimerie Nationale, 1876).

Sur cette somme les Allemands ont prélevé à titre d'impôts, 61,622,566 francs.

Soit, avant le 2 mars (la paix),   54,692,310 francs.
Et postérieurement à cette date,   6,530,254 francs.

On comprendra ce qu'il a fallu de patriotique résignation à des populations qui ont vu leurs contrées occupées tour à tour par les armées françaises et par les troupes ennemies, pour réaliser une pareille somme. Les Municipalités après avoir, le cas échéant, épuisé leurs ressources disponibles, faisaient appel aux particuliers qu'elles taxaient selon leur fortune ou leur force contributive, ou contractaient des emprunts le plus souvent sans intérêts, de sorte que les citoyens réunissant tous leurs efforts, faisant même souvent l'abandon de toutes leurs épargnes, sont venus apporter, sous une forme ou sous une autre, le complément nécessaire au rachat de la communauté.

Jeudi 10 Août. — Les journaux qui publient le compte-rendu des séances de l'Assemblée nationale sont avidement lus dans notre région de l'Est.

La discussion de la question des indemnités n'avance guère vite et les villes qui ont souffert et surtout les campagnes ont besoin, avant les semailles, avant la fin de l'année, de recevoir les moyens de reprendre les travaux de l'agriculture. Partout les malheureuses populations à moitié ruinées attendent un soulagement à leurs maux.

Il y a quelques mois, pendant que se discutait la paix et que les Commissions communales faisaient partout le relevé de nos désastres, le Gouvernement, de son côté, avait provoqué une rapide enquête afin de mettre en temps utile entre les mains des plénipotentiaires chargés de les représenter aux conférences de Bruxelles, toutes les pièces et documents de nature à établir auprès des représentants de l'Allemagne, les charges imposées sous différentes formes à nos populations.

Le but poursuivi ne fut pas atteint. Les plénipotentiaires allemands opposèrent une fin de non recevoir absolue à nos revendications ; ils prétendirent que l'Allemagne s'était affranchie de toutes les demandes soulevées par l'occupation prussienne en abandonnant un milliard sur *les six milliards* qu'elle avait d'abord exigés.

La Prusse refusant de les indemniser, les populations ruinées par la guerre chargèrent leurs représentants légitimes de faire valoir leurs revendications légitimes contre l'Etat français.

Le 7 mars 1871, M. Claude (de la Meurthe) et quatre de ses collègues, députés des départements de l'Est, déposèrent, sur le bureau de l'Assemblée, une proposition tendant à faire supporter par toute la nation française les contributions de guerre, réquisitions et dommages matériels de toute nature causés par l'invasion.

Une Commission fut nommée pour examiner la question.

Dans la séance du 26 mai 1871, M. Albert Grévy, rapporteur de cette Commission, déposa son rapport dont les conclusions consacraient le principe de la responsabilité de l'Etat, en justifiant les considérations d'équité, de justice et d'intérêt politique qui, dans la pensée de la Commission, ne permettaient pas de laisser à la charge des départements envahis les sommes qu'ils avaient dû payer et les dommages qu'ils avaient subis.

M. Albert Grévy invoquait, à l'appui de sa thèse, les lois de 1792, de 1793 et 1816, qui avaient accordé des indemnités aux victimes de l'invasion.

Répondant à ce discours, M. Thiers, chef du Pouvoir exécutif, préoccupé surtout des embarras du Trésor, repoussa énergiquement la théorie de la Commission.

Après lui, d'autres orateurs soutinrent que les événements de guerre ne constituaient qu'un cas de force majeure ; d'après eux, la loi du 11 août 1792 proclamait, non le principe d'une dette, mais *purement et simplement l'accomplissement d'un devoir*.

Les partisans du projet n'en persistèrent pas moins dans leurs opinions et, comme l'a dit le rapporteur, la guerre étant un fait général, un fait national, la nation devait en supporter les conséquences et réparer les dommages qui en étaient les résultats directs et immédiats. Le principe de la solidarité n'a jamais été méconnu en France, et la guerre ayant été faite au nom de la France entière, c'était le pays tout entier qui devait en souffrir, comme la nation entière en aurait profité si la victoire nous eût appartenu.

Malgré ces arguments, il n'était pas douteux que le principe de la dette ne serait pas reconnu. M. Emile Leroux, le président de la Commission, jugea utile de faire des concessions et on finit par se mettre d'accord en reconnaissant le principe de l'indemnité.

Quelques députés ayant proposé que les *amendes* infligées par le vainqueur pour punir les actes d'hostilité et de résistance devaient être exclues du bénéfice de la répartition, M. Albert Grévy s'est élevé avec force contre cette prétention.

« La France, a-t-il dit, ne doit pas laisser ce noble mais ruineux fardeau à la charge exclusive de ceux qui ont déjà payé de leur personne et subi pour la cause commune tant d'autres dommages, tant de pertes irréparables. Une pareille injustice ne serait rien moins qu'un encouragement aux trop faciles capitulations. »

Enfin, dans la séance du 8 août, les idées de *dette* et de *droit* étant abandonnées, l'Assemblée nationale, sans entendre déroger aux principes posés dans la loi du 10 juillet 1791 et dans le décret du 10 août 1853, adopta la nouvelle rédaction d'un deuxième projet de loi, admettant l'obligation par l'Etat de dédommager tous ceux qui ont été victimes de la guerre et décréta que, provisoirement, une somme de 100 millions serait mise immédiatement à la disposition du ministre des finances pour être répartie entre les ayants-droit les plus nécessiteux et les communes les plus obérées, après une nouvelle enquête qui sera exécutée dans le délai le plus rapproché.

La troisième délibération a été renvoyée au 5 septembre.

Dimanche 20 Août. — Une bonne nouvelle circule ce matin à Provins. Les journaux confirment officiellement le bruit qui courait déjà depuis plusieurs jours de l'évacuation de Seine-et-Marne par l'armée allemande.

Le mouvement qui comprend aussi la Seine et Seine-et-Oise, commencerait le 31 août et serait entièrement terminé le 5 ou le 6 septembre. Des négociations très actives sont engagées en ce moment entre M. Pouyer-Quertier, la Banque de France et plusieurs banquiers étrangers pour que le 25 ou le 30 au plus tard, le dernier versement du troisième demi-milliard puisse être complètement opéré.

Lundi 28 Août. — Un petit fait, simple et touchant à la fois, s'est produit aujourd'hui.

Par un sentiment qui leur fait honneur, ainsi qu'à M. Lacour, le maître dévoué qui les dirige, les élèves de l'Ecole communale de Provins, en raison des malheurs qui ont accablé la France, ont unanimement exprimé le désir de voir verser dans la Caisse de secours aux blessés de notre brave armée la somme qui leur est destinée annuellement par l'Administration municipale pour les prix et récompenses de leurs travaux scolaires.

Ce vœu des jeunes patriotes Provinois doit être soumis au Conseil municipal à la réunion de jeudi.

Les élèves désignés pour les prix d'honneur (livrets Garnier) sont : Octave Laumône, Albert Saussier, Louis Mégret, Gustave Volondat et Georges Monot.

Une dépêche annonce que le baron d'Arnim est arrivé avant-hier à Versailles, porteur des pleins pouvoirs de l'empereur Guillaume, pour traiter du paiement de l'indemnité et de l'évacuation de l'Oise, de l'Aisne, de Seine-et-Marne, Seine-et-Oise et de la Seine. On espère à Versailles qu'à la fin du mois cette évacuation sera terminée.

En attendant, un de nos concitoyens de Provins, qui arrive de Meaux, rapporte que les garnisons allemandes, occupant les villages entre Raincy et Meaux, viennent d'être diminuées. Un bataillon de Saxons et un bataillon de Bavarois sont partis ce matin de Meaux par la ligne de l'Est, pour retourner dans leurs foyers.

SEPTEMBRE

Vendredi 8 Septembre. — Enfin l'Assemblée nationale a voté, dans sa séance du 6, la loi qui ouvre un crédit de 100 millions destinés à indemniser les victimes de la guerre. Dans cette première répartition, le département de Seine-et-Marne reçoit une allocation de 6,646,400 francs (1).

La Commission départementale chargée, sous la présidence de M. le Préfet, de répartir cette somme, se compose de MM. Blavot, Despommiers, Lebœuf de Montgermont, Ouvré, Dubourg, le baron de Rothschild, Belin, Hennecart, Marc de Haut et Sallard, tous membres du Conseil général.

Dimanche 10 Septembre. — Une dépêche de la préfecture informe qu'hier, à deux heures, la garnison bavaroise de Melun — chasseurs et chevau-légers — a quitté la ville pour se rendre à petites journées à Saint-Denis, où a lieu une concentration des troupes allemandes avant leur départ.

Le moment de la délivrance approche.

---

(1) Plus tard, le 7 avril 1873, la Chambre vota un second crédit de 211 millions 950,719 francs 50 centimes pour les victimes de la guerre. Seine-et-Marne reçut de nouveau 816,715 francs, ce qui porta le chiffre total des indemnités à 7,463,115 francs, qui ont été réparties entre 24,167 perdants. Il a été délivré 55,393 bons de liquidation.

Mercredi 20 *Septembre*. — Dans quelques heures, Seine-et-Marne sera complétement évacué. Une dépêche de la sous-intendance de Fontainebleau nous annonce pour aujourd'hui l'arrivée, à Provins, d'une compagnie d'infanterie devant y tenir garnison en attendant l'envoi d'un régiment de cavalerie.

Il faut avoir été privé de la vue de l'uniforme national pendant si longtemps et avoir été forcé de subir la présence et le joug de l'ennemi, pour se faire une idée de l'enthousiasme des Provinois à l'annonce de cette bonne nouvelle.

Deux heures après midi. — **Nous sommes libres!... Vive la France!!!**

Tous les cœurs battent. On entend résonner les fanfares françaises ; spontanément les fenêtres se garnissent de drapeaux tricolores et les habitants courent avec un empressement patriotique au-devant de nos petits soldats. En l'absence du Maire, les adjoints, MM. Lebeau et Chevalier, et tous les Conseillers municipaux sont à l'entrée de la ville pour recevoir le détachement qui vient de Nangis.

C'est, mêlés à la foule heureuse de leur presser les mains et de leur offrir des bouquets qu'ils placent dans le canon de leurs fusils, que les soldats de la compagnie, qui appartient au 44e de ligne en garnison à Fontainebleau, arrivent sur la place, devant la Mairie, où des rafraîchissements sont préparés à leur intention.

Chez tout le monde, l'enthousiasme déborde, on trinque à l'armée, à la France, et c'est avec une satisfaction manifeste, d'autant plus bruyante qu'elle a été longtemps contenue, qu'est acclamé le drapeau qu'on apporte pour être placé à l'Hôtel-de-Ville.

Un moment d'émotion solennelle s'empare de tous à l'instant où, attaché au balcon, on entend pour la première fois clapoter à l'air libre le vieux lambeau aux trois couleurs, frangé d'argent. C'est un vieux drapeau de la garde nationale de 1848, qu'a offert M. Lebeau, adjoint, lequel a réussi à le cacher depuis un an à toutes les perquisitions des Allemands.

Par une délicate attention, le capitaine du 44e fait ranger sa troupe, rompre les faisceaux et présenter les armes pendant que les clairons saluent en sonnant aux champs. Un frisson patriotique parcourt alors la foule : instinctivement toutes les têtes se découvrent et beaucoup de nos concitoyens ont les larmes aux yeux. Ah! il faut avoir été soldat, l'avoir suivi au dehors de son pays natal, ou avoir vu, comme tout le monde l'a vu ici, le 30 septembre 1870, l'importance que l'ennemi mettait à nous le ravir, pour comprendre, pour sentir tout ce que renferme dans ses plis ce simple lambeau d'étoffe, symbole sacré qui représente l'image de la Patrie.

En présence de la manifestation unanime qui se passe sur la place du Val, on sent que la nation n'est pas morte, que chez nous le sentiment de l'amour du pays n'est pas éteint et que chacun peut redire ce que disait Béranger après Waterloo :

> Reine du monde, ô France! ô ma patrie!
> Soulève enfin ton front cicatrisé.
> Sans qu'à tes yeux leur gloire en soit flétrie,
> De tes enfants l'étendard s'est brisé.
> Quand la fortune outrageait leur vaillance,
> Quand de tes mains tombait ton sceptre d'or,
> Tes ennemis disaient encor :
> Honneur aux enfants de la France!

Oui, honneur aux enfants de la France! honneur à la France elle-même! Elle a donné un spectacle que l'Europe regardait avec stupéfaction et que l'histoire admirera toujours.

Jeudi 21 Septembre. — Les Prussiens paraissent encore dans nos murs, mais cette fois ce n'est pas en vainqueurs.

Les gendarmes de Villiers-Saint-Georges traversent les rues de Provins, escortant trois sous-officiers d'infanterie qui ont quitté le département de la Marne pour venir à Villiers, où ils ont séjourné précédemment. Après interrogatoire, on les dirige sur Epernay pour y être mis à la disposition de l'autorité allemande.

Presque au même instant, un soldat allemand déserteur qui demande à s'engager dans la légion étrangère, vient également se faire arrêter par la gendarmerie.

— On apprend que les forts de la rive droite ont été remis hier aux officiers français, après l'accomplissement des formalités ordinaires en pareil cas et que les derniers soldats allemands ont évacué le voisinage de Paris. La cavalerie qui se trouvait à Lagny et dans les communes voisines est partie en deux convois sur des wagons venus tout exprès d'Allemagne.

A Meaux, les soldats sont montés en wagons à onze heures du soir.

L'occupation était finie pour le département de Seine-et-Marne. Commencée le 10 septembre 1870, elle avait duré plus d'un an.

Aux termes du dernier traité dont l'Assemblée nationale venait d'approuver les bases, l'occupation se trouvait restreinte à six départements : la Marne, les Ardennes, la Meurthe, les Vosges, la Meuse, la Haute-Marne et l'arrondissement de Belfort.

Le chiffre des troupes étrangères qui occupaient ces points était de 50,000 hommes et 12,239 chevaux. Les populations ne devaient aux Allemands que le logement, ils devaient pourvoir eux-mêmes à leur nourriture et à leurs autres frais. La somme à fournir par la France pour l'entretien de ces troupes était payée par quinzaine et d'avance.

Des évacuations partielles eurent lieu en septembre 1872 et août 1873, à mesure des paiements de l'indemnité. Enfin, le 16 septembre 1873, trente-deux mois après la signature de l'armistice, le dernier milliard était soldé et le sol de la Patrie était délivré.

Voici la dépêche télégraphique qui annonça partout cet heureux dénouement :

Amanvilliers, 16 Septembre, 1 heure 30 soir.

Le dernier Allemand a franchi la frontière à trois kilomètres de Gravelotte, aujourd'hui 16 Septembre, à neuf heures 30 du matin.

France. . . . .
Des peuples chancelants, tu restes l'espérance,
Le Teuton les promet à sa sordide loi :
Si tu t'endors une heure, oubliant la vengeance,
L'Europe se réveille esclave ainsi que toi.

V. DE LAPRADE. — *Espérance.*

En terminant ce journal où nous avons essayé de relater consciencieusement, ponctuellement et avec franchise, non pas tout ce qui s'est passé, sans exception, mais tous les événements, petits et grands, arrivés à Provins et dans nos contrées, et qui sont venus à notre connaissance, — événements à la plus grande partie desquels nous avons tous assisté et même souvent pris part — nous dirons à nos concitoyens : Retrempés dans nos malheurs, instruits par une épouvantable expérience, dirigeons nos actions vers un seul but, le relèvement moral et la réorganisation du pays. Ne cherchons pas au fond des consciences pour y trouver la preuve de défaillances de quelques-uns d'entre nous qu'on aurait cru plus fermes au moment du danger, recueillons-nous, unissons-nous et au lieu de dépenser nos colères en vaines récriminations contre le passé, préparons-nous pour l'avenir.

La Prusse, mise à deux doigts de sa perte par la défaite d'Iéna, sut profiter des leçons de l'expérience : loin de chercher à effacer le souvenir de son humiliation, elle perpétua avec soin la date de ses jours néfastes et ne cessa de s'inspirer de ce douloureux enseignement pour diriger ses actes et sa ligne de conduite. Sa prudence et sa circonspection la gardèrent des folles entreprises ; son patriotisme la préserva des tentatives des factions ; son désir de répandre l'instruction lui rendit faciles les privations les plus dures ; tout le monde enfin fut soldat, et personne ne recula devant la dette du sang. En moins d'un siècle, la persévérance dans cet ordre d'idée a fait de la petite Prusse d'alors un puissant État qui domine sur l'Allemagne entière et a triomphé de deux nations qui lui étaient de beaucoup supérieures en population et en richesses : l'Autriche et la France.

Il est donc bon pour nous aussi de ne pas taire les leçons du passé, de ne point oublier les tortures physiques et morales de l'invasion, de puiser dans les faits accomplis un enseignement qui nous préserve de nouveaux désastres.

En entreprenant la publication de la relation qu'on vient de lire, un motif dominait nos actes, c'était l'espoir d'apporter aussi notre faible concours à l'œuvre poursuivie par tous les patriotes qui n'ont qu'un seul but, un seul désir : le relèvement de la Nation.

Comme l'a dit un écrivain militaire regretté, Amédée Le Faure : « La France a pu subir des revers momentanés, mais il ne faut pas désespérer de l'avenir. Quand, comme nous, on a été témoin des efforts tentés par nos valeureux soldats, on ne peut croire à l'indifférence du dévouement au pays. Pour nous abattre, il a fallu l'imprévoyance de nos généraux, le nombre, la faim. Combien sont tombés de ces héroïques enfants qui n'avaient qu'un mot sur les lèvres : laPatrie ! — Quand la France écrasée a lutté, non plus pour la victoire, mais pour l'honneur, ils n'avaient plus qu'une espérance : la revanche :

« LA REVANCHE !

« Puisse ce jour glorieux luire bientôt ! »

Comme le général Ambert, dans ses *Récits*, nous dirons à notre tour : « Il faut songer à la revanche nuit et jour, mais n'en parler jamais ; s'y préparer sans cesse, mais en silence, sans forfanterie et sans mise en scène. Un travail opiniâtre, des sacrifices constamment renouvelés, de profondes méditations, la pensée tournée vers l'Alsace et la Lorraine peuvent seuls, avec l'aide de Dieu, nous conduire à la revanche. »

Les discordes politiques nous en éloignent, ne l'oublions pas, et évitons-les le plus possible pour nous grouper sous un seul drapeau, celui de nos trois couleurs nationales, celui qui a déjà flotté dans toutes les capitales du monde, sans en excepter Berlin.

Déjà, grâce à l'active propagande des membres de la Ligue des Patriotes, grâce à la formation des Sociétés de gymnastique et de tir, un revirement s'est produit : l'apathie chez nous, n'est pas si grande qu'on pourrait le croire. De l'autre côté du Rhin, on le sait et on veille.

Dans un livre dont on a beaucoup parlé tout récemment, le R. P. Didon, qui a passé six ans en Prusse, a écrit :

« L'Allemand ne comprend pas la fraternité des peuples : l'Allemand n'aime que la patrie allemande et l'unité germanique ne s'est faite pour lui que par la haine de la France.

« L'unité politique de l'Allemagne n'est pas le fruit spontané de l'évolution normale de son génie, elle lui est venue du dehors : les Etats confédérés n'ont été fusionnés et pétris qu'avec le sang de la France par la main habile et violente de la Prusse. Ils le savent et ils sont convaincus qu'une défaite pourrait détruire ce qu'une victoire a créé. Pour briser cette unité, il suffirait d'un coup d'épée de la France : Voilà ce qu'il importe à tout prix d'éviter et de prévenir. Cette crainte fatale est le grand ressort de la politique étrangère du chancelier Bismarck.

« La France vaincue est le cauchemard de l'Allemagne ; elle ne se rassurerait que devant la France morte et démembrée.

« Là tendent toutes ses pensées, tous ses efforts : Son armée est à l'heure actuelle la plus formidable machine militaire qu'on ait vue dans les temps anciens ou modernes : elle est prête à marcher à l'Est, contre les Slaves ; mais surtout elle est prête à marcher à l'Ouest... nous savons contre qui. »

Nous sommes avertis : A nous de serrer nos rangs par la concorde, à nous de nous rallier à la politique que nous ont léguée en mourant trois grands citoyens qui aimaient leur pays, Thiers, Gambetta et Henri Martin, cette politique qui ne veut pas que l'on se détache de ce que nous avons perdu, et qui entretient avec un soin jaloux, tout au fond de l'âme française, l'étincelle vivace qui peut un jour rallumer le feu sacré ; cette politique généreuse qui ne craint pas de reporter nos mémoires vers le passé lugubre et qui affirme au contraire qu'elle espère bien un jour marcher vers le soleil levant et le voir briller plus tôt, le matin, du haut des Vosges.

Souvenons-nous, et si quelques-uns paraissaient faiblir et oublier le passé, crions-leur bien fort :

Qui Vive ?.... France !.... Quand même !....

C'est la noble devise de la Ligue des Patriotes.
Gardons-la fidèlement et travaillons.

L. ROGERON.

FIN.

Par décision en date du 15 Avril 1886, le Conseil supérieur de la Société Nationale d'Encouragement au Bien a décerné UNE MÉDAILLE D'HONNEUR *à l'Ouvrage* PROVINS PENDANT L'INVASION.

Cette Récompense et le Diplôme qui la consacre ont été remis à l'Auteur dans la Séance publique annuelle de la Société, le 16 Mai 1886, au Cirque d'Hiver, à Paris.

PROVINS. — IMPRIMERIE A. VERNANT

Terminé d'imprimer le 24 Juin 1886.

www.ingramcontent.com/pod-product-compliance
Lightning Source LLC
Chambersburg PA
CBHW071942220426
43662CB00009B/965